맑스주의와 근대성

주체 생산의 역사이론을 위하여

맑스주의와 근대성— 주체 생산의 역사이론을 위하여

초판 1쇄 발행 _ 1997년 12월 20일
개정판 1쇄 인쇄 _ 2014년 1월 20일
개정판 1쇄 발행 _ 2014년 1월 25일

지은이 이진경
펴낸곳 (주)그린비출판사 | **주소** 서울시 마포구 동교로17길 7, 4층(서교동, 은혜빌딩)
전화 02-702-2717 | **이메일** editor@greenbee.co.kr | **등록번호** 제313-1990-32호

ISBN 978-89-7682-780-7 03300
이 도서의 국립중앙도서관 출판시도서목록(CIP)은 서지정보유통지원시스템 홈페이지(http://seoji.nl.go.kr)와 국가자료공
동목록시스템(http://www.nl.go.kr/kolisnet)에서 이용하실 수 있습니다.(CIP제어번호: CIP2013028949)

나를 바꾸는 책, 세상을 바꾸는 책 www.greenbee.co.kr

트랜스 소시올로지
Trans Sociology 018

맑스주의와
근대성

주체 생산의 역사이론을 위하여 ____ 이진경 지음

응B
그린비

"함께 전복을 꿈꾸며 탈주하던,
결코 그 흔적이 지워지지 않을 한 시대의 동료들에게"

서문

이 책에서 나는 맑스의 지도제작법과 다른 지적인 '동료'들의 지도제작법을 뒤섞어 자본주의와 역사, 혁명에 관한 또 하나의 새로운 지도를 그리려고 했다. 지도가 달라진다는 것은 전투가 벌어지는/벌어질 지형이 달라진다는 것을 뜻한다. 아니, 반대로 변화된 지형을 포착하고, 그에 따라 변화되어야 할 전투의 새로운 지대와 방법을 이해하기 위해서 새로운 지도를 만들려는 것이라고 해야 한다. 변환된 지대, 변화된 공간으로 이미 다가오는 시간을 미리 당겨보는(protention) 것이 맑스주의에서 이론이 할 일이라면, 그것은 분명 실패와 붕괴로 귀착된 하나의 역사를 다시 당기는(retention) 가운데, 그 이중의 당김/긴장(tension) 속에서 새로운 지도를 그리는 것일 수밖에 없지 않을까?

여기에 그려진 것은 아마도 사람에 따라선 당혹스러운 지도일 수도 있으며, 이전의 맑스주의적 지도에 익숙한 사람에겐 더욱 당혹스러운 것일 것이 분명하다. 그것은 어쩌면 맑스주의를 구성하는 가장 기본적인 이론적 전제들을 비판하고 부정하는 것처럼 보이기에. 나는 그것을 애써 부인하려고 하지 않을 것이다. 그것은 확실히 내 자신 역시 공유하고 있던,

이제까지 지배적이던 맑스주의의 가장 기본적인 이론적 출발점에서 벗어나는 데서 시작하며, 그것을 비틀고 비판하는 방식으로 진행된다.

우선 "맑스주의는 진리이기에 전능하다"면서, 맑스주의의 힘을 '진리'와 '과학됨'에서 찾았던 통념에서 벗어난다. 맑스를 통해 맑스의 철학혁명을 제약하는 그 근대적 사유의 공간을 벗어나면서 맑스의 사유를 다시 사유하는 것, 그것이 2장의 주제다. 그런 만큼 그것은 아직도 '과학만이 유일하게 정당한 지식'이라는 통념의 비난을 피하기 힘들 것이다.

다음으로는 맑스의 정치경제학 비판이라는 기획을 근대 비판 내지 근대적 사유에 대한 근본적 비판으로 이해하려고 했다(3장). 여기서 불가피하게 충돌하고 대결하게 되는 것은 노동가치론이다. 맑스주의 정치경제학의 포기할 수 없는 기초였던 노동가치론, 맑스주의자 여부를 판가름하는 지표로 사용되기도 했던 노동가치론에 대해 맑스의 '비판'을 대립시킨 셈이다. 여기에 베르그송과 괴델은 맑스의 동맹자로서, 맑스가 노동가치론에 대한 최초의, 가장 근본적인 비판가임을 볼 수 있게 해준다. 이역시, 이런 주장이 노동가치론에 대한 비판이요, 따라서 맑스주의에 대한 비판이며, 맑스주의를 벗어나는 것이라는 정치경제학적 비난을 감수해야 할 것으로 보인다.

4장에서는 역사유물론의 대상을 이중화함으로써, 즉 생활양식 내지 활동방식이라고 불리던 개념을 '주체생산양식'의 개념으로 밀고 나감으로써 역사유물론은 생산양식에 대한 과학이라는 통념과 충돌한다. 그리고 근대적 주체를 생산하는 주체생산양식의 기본적인 성분들을 베버나 푸코와 결부하여 추출하려고 했다. 5장에서는 이런 성분들을 통해서 『자본』에서 근대적 주체의 생산을 포착할 수 있는 요소를 찾아 보려고 했다. 명시적으로, 또한 실질적으로도 자본주의 생산양식을 대상으로 연구하고 있는 그 책의 '여백'에서, 맑스의 직관이 스치듯 포착해 놓은 것을, 일상적으로 개개인을 근대인으로 생산하는 근대적 노동의 체제에 관한 미시정치적 이론을 추출하고 그것을 한층 더 확장하려는 것이다. 『자본』 혹은 자본의 미시정치학.

6장은 맑스의 문제설정에서 정체성/동일성을 인간조건으로 간주하는 사회학 내지 정신분석학의 전제에 대한 비판을 읽어 내는 것으로 시작했다. 그것은 주체의 형성을 포착하는 하나의 방법 —— '주체화'와 결부되어 있는—에 대한 비판이자, 정체성을 형성하는 메커니즘 속에서 작동하는 권력에 대한 비판이다. 여기서 푸코와 맑스는 헤어졌다가 다시 만나며, 그 만남의 지점에서 형성되는 탈주선을 '횡단의 정치' 내지 '생성의 정치'라는 들뢰즈/가타리의 개념을 빌려 명명하려고 했다.

7장은 이전의 맑스주의자 가운데 매우 두드러진 '이탈'의 사례를 보여 주는, 말하자면 '야생적 별종'(l'anomalie sauvage)으로서 로자 룩셈부르크에 관한 것이다. 이 경우 로자는 지배적인 맑스주의의 기초였던 근대성이라는 지반 자체에 대해 비판하며, 그것에서 벗어나 그것을 전복하려고 시도하고 있다는 점에서, 근대 비판가로서의 맑스의 훌륭한 동료 가운데 하나일 수 있다고 생각했다. 이는 레닌과 명시적으로 대립되며, 카우츠키/제2인터내셔널과 스탈린/제3인터내셔널 모두에 의해 버려지고 묻혀졌던 목소리라는 점에서 분명히 '별종적인' 것이며, 그런 만큼 이를 다시 언급하는 것이 아직도 '복권'(復權)이라는 법적이고 다수적인(majeur) 통념으로 판단하는 태도——이것이 바로 '정통적인'(ortho-doxa) 태도인데——와 감각에 거슬릴 것이란 점은 분명하다.

마지막으로 8장에서는 코뮨주의로의 이행기로서 사회주의를 정의하는 맑스주의의 공식적 정설에 반하여, 반대로 이행을 통해 코뮨주의를 정의하려고 했다. 코뮤주의는 자본주의나 사회주의 모두에 '내재하는 외부'라는 것이다. 3장에서 명시했으며, 그 뒤에도 반복하여 나오는 이 개념은, '내적 경계'를 통해 이행의 문제를 근본적으로 다시 사유할 수 있는 방향을 표시한다. 이를 통해 매우 상이한 혈통과 방향을 갖는 이 잡다하고 혼혈적인 사유에 나름의 '일관성'을 형성하려고 기도했던 셈이다. 그리고 바로 그것이, 기존의 맑스주의를 벗어나는 이러한 시도가 차라리 맑스의 문제설정에 기대어 가능했다는 생각을 하는 이유기도 하다.

하이데거에 따르면, 고대 그리스인들에게 과학 내지 기술을 뜻했던 '테크네' 안에서 그들에게 보이는 세계는 언제나 새롭고 경이로운 것이었다고 한다. 그것은 끊임없이 변형되면서 세상을 새롭게 보게 해주는 창이었던 셈이다. 반대로 근대 이래 과학은 세상에서 일어나는 모든 것을 매우 간명한 공식 몇 개로 환원할 수 있게 해주었다. 이 놀라운 능력은 사람들을 매혹시켰다. 이제 어떠한 현상이라도 그러한 공식과 이론에 적합하게 되어야 그들은 편안해했고, 또 그렇지 못한 것에 대해서는 매우 불편해했다. 이제 세상에는 어떠한 경이도, 새로운 것도 없게 되었거나, 그래야 하는 것이 되었다. 과학 안에서도 새로운 방식으로 보고, 새로이 절단하려는 시도들은 대부분 그러한 불편함을 야기하는 것이었기에 비난받았다. 그 비난 속에서 칸토어는 미쳐갔고, 플랑크는 외면당했으며, 헬름홀츠는 자살했다. 반면 그 광인들의 사유를 더 이상 불편하지 않도록, 안정된 공리계 안으로 재영토화한 사람들은 거대한 영광과 찬사를 받았다. 힐베르트로 인해 수학자들은 칸토어가 발견한 것을 편안한 것으로 만드는 법을 알았고, 그래서 그 낙원의 안정성을 흔드는 사람들을 또 다시 비난하기 시작했다. 그리고 또⋯⋯.

비슷하다. 처음에, 아니 처음부터 맑스주의는 적어도 나로선 세상을 전혀 다른 방식으로 보고 사유할 수 있게 해주었던 창이었다. 그것을 통해 부닥치는 사건과 현상 하나하나는 너무도 새롭게 경이로운 것이었고, 그런 만큼 처참한 것은 더욱 끔찍하고, 열정적인 것은 더욱 신나는 것이었다. 나는 그것을 통해 새로운 세계를 보았다. 그것은 새로운 책을 보도록 자극했고, 새로운 사람들을 만나도록 촉구했으며, 새로운 삶을 살도록 추동했다. 하지만 사회주의 사회의 붕괴라는 극도의 당혹 속에서 돌아본 그것은 어느새 모든 문제에 대해 익숙한 방식으로 반복하여 보게 해주는 벽이 되어 있었다. 어떤 문제도 그 안에서 해석될 때, 그리하여 "역시 결론은……"이라는 판단을 반복할 때 나는 편안함을 느꼈던 것이고, 그렇지 못할 때 불편함을 느꼈던 것이다. 그런 만큼 모든 것을 그 안에서 해석하려고 하는 것은 어쩌면 당연한 일인지도 모른다. 그러나 그 대신 "하늘 아래 새로운 것은 없다"고 생각하게 되었고, 새로운 것이 제공하는 어떤 경이감도 사라져 버렸다.

그것은 세계를, 삶을, 운동을, 혁명을 새로이 보고 새로이 사유할 수 있는 지대가 극도로 축소되어 버렸음을 뜻하는 것이었을 게다? 물론 모든 것이 이론 자체를 변환시키지는 않는다. 그러나 분명히 새로이 사유하며 이론 자체를 변이시켜야 할 지점에서도, 그것을 기존의 사고 안에 끼워 맞춤으로써 기존의 이론과 운동을 보존하고 유지하는 것처럼, 기존의 정형화된 삶과 활동의 방식을 유지하는 것처럼 삶과 활동, 운동, 혁명에 유해한 것이 또 어디 있을까? 정말 맑스의 명구처럼 "죽은 자가 산 자를 사로잡고 있"는 것은 아닐까? 그리고 바로 그것이 사회주의 내지 맑스주의의 역사를 비극으로 끝나게 했던 것은 아닐까?

끊임없이 이질적이고 새로운 것이 침입할 수 있는 '외부'는, 공리계화된 이론마저도 전혀 다른 정리와 결과들을 생산하게 되는 혼혈의 지대를 형성한다. 그것은 닫힌 체계로 나아가는, 피하기 힘든 논리적 과정이 결코 폐쇄할 수 없는 한계지대이며, 봉쇄불가능한 개방성을 형성한다. 그것은 어쩌면 괴델이 우리에게 준 가장 중요한 선물인지도 모른다.

맑스에게서 '외부'의 개념, 그것은 맑스 자신의 이론적 형상을 끊임없는 변이 가능성에 대해 개방하는 것이다. 그것은 우리의 해석이, 아니 이떠한 해석도 또 다른 해석의 생성을 멈추게 할 수 없는 생성의 지대다. 이제 그것을 통해 무수히 많은 맑스의 가면이 만들어지기를!

이 책에 모아 쓴 여덟 개의 글은 지난 7, 8년간 사유하고 공부했던 것이다. 그것은 뒤의 1장에서도 밝히겠지만, 사회주의의 붕괴 내지 맑스주의의 붕괴라는 현실적 역사가 좋든 싫든 할 수밖에 없도록 밀어붙였던 것이다. 그것은 또한 그 이전에 정립되었던 내 자신의, 하지만 결코 개별적인 것만은 아닌 어떤 이론 내지 사유와, 극도의 긴장 속에서 대결하고 싸운 결과물이기도 하다. 일단 이러한 대결과 싸움의 기회를 제공한 비극적 역사에 감사드리고 싶다. 더불어 이 싸움을 위해 선택되었던, 괴델, 니체, 로자, 비트겐슈타인, 푸코, 들뢰즈와 가타리, 네그리 등의 '동료'들에게도 감사해야 한다. 마지막으로, 이러한 싸움의 추동력을 선-형성한, 함께 전복을 꿈꾸며 탈주하던, 지금은 이미 과거가 되어 버렸지만 그 흔적은 결코 지워지지 않을 한 시대의 동료들에게 가장 커다란 감사의 인사를 해야 한다. 그들이 여기 쓰인 글의 내용이나 이 글을 쓴 사람의 입장에 동의하는가 여부는 이 감사의 인사에 아무런 문제가 되지 않는다.

여기에 실린 글들은 대개 새로 쓴 것이지만, 어떤 것은 이미 예전에 썼던 것을 수정한 것도 있고, 최근에 썼던 것을 약간 가필한 것도 있다. 제

2장은 1994년에 『모더니티란 무엇인가』(민음사)에 실었던 것을 수정한 것이고, 4장의 일부는 예전에 박태호라는, 이미 '잃어버린 이름'으로 산업사회연구회의 『경제와 사회』(1994년 겨울호)에 발표했던 것을 크게 수정하고 가필한 것을 포함하고 있으며, 6장은 『경제와 사회』(1997년 가을호)에 발표했던 글에 약간 가필한 것이며, 7장은 『문화과학』(1994년 겨울호)에 발표했던 것을 크게 수정한 것이다. 이로 인해 약간의 (불가피한) 중첩과 반복이 눈에 거슬린다. 또한 개인적인 사정으로 말미암아, 함께 다루고 싶은 중요한 주제 ──가치법칙에 대한 것, 시간과 화폐, 노동에 관한 것 등──를 담지 못했다. 이는 이후 다른 기회를 빌려야 할 것 같다.

대부분의 글은 서울사회과학연구소에서 발표하고 토론했던 것이며, 약간의 예외를 제외하면, 1997년 여름에 서울사회과학연구소에서 '맑스주의와 근대성'이라는 제목의 강의에서 다루었던 것이기도 하다. 토론을 통해 많은 결함의 일부나마 미리 수정할 수 있게 도와준 여러 분들께 감사드린다.

모두 탈고하고 서문을 쓰는 지금 시원함을 느끼는 것은 그것이 지난 7~8년간 마치 시시포스의 짐처럼, 내려놓아도 내려놓을 수 없었던 무거운 짐이었기 때문일 것이다. 그 과정에서 깨달은 것은, 짐은 그 짐을 기꺼이 지려고 할 때에만, 그리하여 그것을 다룰 줄 알게 된 후에만 내려놓을 수 있다는 것이다. 더불어 또 하나 중요한 깨달음은 짐을 내려놓는 것은 또 다른 짐을 지기 시작하는 것이란 점이다.

1997년 11월 25일
이진경

차 례

맑스적 사유의 대지는, 변환되는 경계에 따라 탈영토화되고 재영토화되며 또 다시 탈영토화하기 시작하는 끊임없는 변이의 운동의 장(場)이 될 것이다. 그렇다면 거기서 우리는 언제나 상이한 형태의 이론을 만들어 내고 언제나 상이한 양상으로 개념을 작동시키는 삶의 반복을 볼 수 있을 것이다. 차이화하는 반복, 혹은 차이의 반복. ─ 맑스주의가 반복하여 존재할 수 있다면, 아니 정확하게 표현해서, 맑스주의가 반복하여 생성될 수 있다면, 그리하여 그것이 니체 말대로 '영원히 되돌아올' 수 있다면, 그것은 아마도 반복 안에서 생성되는 그 차이를 통해서일 것이다.

1장_맑스주의의 불가능성?

독일이 통일되었을 때, 정확히 말하면 사회주의 독일이 붕괴되었을 때 나는 '사회주의자'로 기소되어 재판을 받고 있었고, 소련이 해체되었을 때, 정확히 말하면 사회주의 체제 전체가 붕괴되었을 때 나는 '사회주의자'라는 이유로 청주 교도소에서 징역을 살고 있었다. 사회주의자가 교도소에서 맞아야 했던 사회주의의 붕괴, 그것은 그 자체만으로도 충분히 당혹스러운 역설이었다. 문학적이기조차 한 역설. 사유가 새로운 탈주를 시도하기에는 결코 좁지 않았던, 한평 반짜리 공간을 만드는 사방의 벽들은 그날 이후 한 걸음씩 성큼 다가섰고, 새로운 꿈이 자라기에 충분히 높던 천장은 마치 관뚜껑이라도 되는 듯, 날 서 있던 코앞까지 초조하게 내려앉았다.

그렇다. 그것은 조롱하고 비아냥대는 소크라테스 식 반어(反語, irony)처럼 느껴지던 역설(paradox)이었다. 그것은 하나의, 누가 보아도 분명한 지극히 단순한 역설이었지만, 극도로 강한 당혹을 수반하는 강렬한 역설이었다. 그러나 그 당혹의 요인은 결코 단일하지 않았고, 그 점에서 그 강렬함은 아마도 복수(複數)의 역설의 응축에 기인하는 것이기도 했을 것이다. 그것은 최소한 세 가지 상이한 차원의 역설 내지 딜레마를 포함하는 것이었다.

첫째 역설. 사실 80년대의 한국에서 삶에 대해, 함께 사는 사람들의 삶에 대해, 혹은 자신의 삶에 대해 진지했던 사람 가운데, 운동의 장(場)에서 자유로울 수 있던 사람이 얼마나 될까? 그것은 나의 경우도 마찬가지였다. 다른 많은 사람들처럼, 나 역시 맑스주의자여서 혁명을 꿈꾸었던 것은 아니며, 사회주의자여서 운동을 했던 것도 아니었다. 차라리 반대라고 말해야 정확하다. 핍박받는 수많은 사람들의 삶, 억압과 폭력, 강제와 감시 등으로 황폐화된 삶, 나날이 반복되는 지겹고 고통스러운 노동의 삶, 그것이 우리로 하여금 변혁을 생각하게 했고, 그것에 대한 분노가 혁명을 꿈꾸게 했으며, 그것을 뒤집어야 한다는 열정이 두려움과 고통을 감내하며 운동에 나서게 했다. 목숨을 걸고서 말이다. 그렇게 시작된 변혁과 혁명의 꿈, 운동의 열정이 우리로 하여금 사회주의로, 맑스주의로, 혹은 레닌주의로 밀고 가도록 한 것이 아니었던가?

이 경우 '목숨을 건다'는 말은 은유가 아니었으며, 결코 과장도 아니었다. 얼마나 많은 사람이 죽어 갔던가? 바로 옆에 있던 동료가, 함께 토론하던 선배가, 얼굴을 가린 채 함께 달리던 후배가, 혹은 그 주변에서 서성대던 사람들이. 매 맞아 죽고, 떨어져 죽고, 최루탄에 맞아 죽고, 고문당해 죽고, 군대 끌려가 죽고, 의문 속에 죽고, 또 스스로 몸 던져 죽고, 스스로 불살라 죽고, 혹은 이유도 안 남긴 채 죽고. 죽음은 언제나 내 옆에 있었다. 소심함에 떠는 내 등 뒤에 바싹 달라붙어 있었다. 그래도 우리는 달렸다. 그 죽음을 등에 진 채. 멈출 생각도 감히 하지 못한 채. 누구 말처럼 '삶을 내던지며', 혹은 '죽음으로 미리 달려가 보며'. 하이데거는 개념으로 사유했지만, 우리는 몸으로 행했다(그들은 그 말들이 정말 얼마나 가슴 졸이고 끔찍한 것인지 알고 있었을까?).

운동과 혁명이 삶 전체를 건 것이었을진대, 맑스주의나 사회주의가 삶 전체를 건 꿈과 희망이었을진대, 몰락한 사회주의 앞에서, 해체된 맑스주의 앞에서 "이제 그건 끝났어"라며 그것을 쉽게 던져 버릴 수 있을까? 다양한 이념 가운데 맘에 드는 하나를 골라낸 것이었다면, 복수의 체제 가운데 그럴듯한 하나를 선택한 것이었다면 그건 차라리 쉬울 수도 있을 것이다. 그러나 그것이 삶을 건 진지함이었고, 죽음을 무릅쓴 열정이었다면, 그것을 버리는 것은 얼마나 어려운 일인지. 혹은 그것을 버린다는 것은 얼마나 허무하고 허탈한 것인지.──그리고 이런 점에서 쉽게 버리고 발빠르게 다른 '대안'을 찾아낸 영리한 사람에 비하면, 뼛속 깊이 허무를 느끼며 방황하던 사람들은 차라리 얼마나 이해하기 쉬운 것이었는지.

그러나 그렇다고 기존의 맑스주의와 사회주의를 고집하고 그것에 안주하는 것 또한 불가능한 것이었다. 삶을 건다는 것이 낭만주의 소설 속의 주인공처럼 신념에 대한 열정적 고집만을 뜻하는 것은 아니기 때문이다. 그것은 과거와 미래로 무한히 분할되는 현재 속에서, 현재의 문제로서 미래를 제안하는 것이기 때문이다.

여기서 우리는 첫번째 역설, 아니 차라리 딜레마에 부딪친다. 맑스주의, 그것은 삶의 진지함을 포기하지 않는 한 결코 던져 버릴 수 없는 지반이지만, 동시에 그런 만큼 그대로 안주할 수도 없는 지반이라는 역설. 앉을 수도 없고 떠날 수도 없다는 딜레마.

하지만 동시에 그것은 우리로 하여금 새로운 긴장과 조우하게 한다. 결코 던져 버릴 수 없는 그 입지점 안에서 새로운 방식으로 질문을 던지고 새로운 방식으로 사유함으로써만 해결할 수 있는 긴장과. 그렇다면 차라리 우리는 그 긴장을 이용하고, 그 긴장을 통해 막힌 벽을 뚫고 나가야 하며, 그 긴장 안에서 그 지반을 전복해야 하는 것은 아닐까? 이제 우리는 머문 채 떠나야 한다. 앉아서 하는 유목. 기존의 맑스주의를 뒤집고 변이시킴으로써 맑스주의 내지 맑스적 사유를 새로운 방향으로 추동하는 것.

둘째 역설. 붕괴로 끝난 사회주의의 역사, 아니 좀더 정확히는 자본주의로 회귀하는 것으로 귀착된 사회주의의 역사를 이해할 수 있는 맑스주의자가 있을 수 있을까? '국가자본주의'나 '관료사회주의'처럼 비-사회주의를 뜻하는 개념을 끌어들이지 않고, 다시 말해 사회주의를 사회주의로서 정의하고서도, 그 사회주의의 붕괴와 해체, 자본주의적 회귀를 이해할 수 있는 맑스주의자가 있을 수 있을까?

내가 아는 한 그것은 거의 불가능하다. 왜냐하면 '승리'를 선언한 사회주의에서는 잉여가치와 이윤에 기초한 계급이 소멸되었기 때문이고, 사회주의적 생산관계 위에서 타인을 위한 노동을 수행할 수 있는 공산주의적 의식이 형성되었기 때문이고, 모든 인민을 위한 모든 인민의 국가가 적대 없는 사회를 관리하고 있었기 때문이며, 그리하여 사회주의는 이미 돌아올 수 없는 강을 건넜기 때문이고, '불회귀점'을 통과했기 때문이다. 따라서 사회주의의 붕괴란 나 같은 맑스주의자로선 받아들일 수 없는 사실이었고, 자본주의로 회귀하는 사회주의란 나 같은 맑스주의자로선 납득할 수 없는 역사였다.

맑스주의가 유물론을 자처하는 한, 그것의 역사란 맑스주의자들이 생산한 사상과 이론, 이념과 개념의 역사일 뿐만 아니라, 일차적으로는 운동과 혁명, 사회주의의 성립과 '발전', 그리고 결국은 붕괴로 귀착된 사회주의의 역사기도 하다. 그런데 바로 그 역사를, 자신의 이름으로 이루어진 역사를, 사회와 세계에 대한 역사적 분석과 이해로써 스스로를 특징짓던, 그리하여 종종 역사이론이라고 불리던 맑스주의 자신이 이해할 수 없었다는 것이다. 맑스주의자로선 이해할 수 없는 맑스주의의 역사, 혹은 맑스주의의 역사를 이해할 수 없는 맑스주의자. 이보다 더 근본적인 역설이, 적어도 맑스주의 안에 있을 수 있을까?

그렇다면 맑스주의 안에는, 자신의 이름으로 이루어진 역사를 이해할 수 없는 어떤 공백이 있는 것이 아닐까? 혹은 그런 공백이 어디에나 있는 것이라면, 지금 우리가 저 역설을 통해 마주하게 된 공백은 자신의 역사를 이해하기 위해 필수적인 어떤 근본적인 지점을 드러내고 있는 것은 아닐까? 그렇다면 이젠 맑스주의 자체에 대해 다시 근본적으로 질문을 던지고, 그 안의 공백을 새로운 사유가 작동할 수 있는 공간으로 변환시켜야 하는 것은 아닐까? 이로써 기존 맑스주의에 부재하던 외부의 이질적인 요소가 유입되어, 기존의 선들과 섞이면서 새로운 꺾임과 변형을 만들어 내는 프랙털한 선들을 생산하고, 그것을 통해 기존의 구도(plan)와는 다르지만 그렇다고 전혀 다른 것만도 아닌 새로운 구도를 만들어 내는 생성의 공간을 창출해야 하는 것은 아닐까? 이를 위해 차라리 맑스주의의 외부에서 맑스주의를 보고, 맑스주의가 자리잡고 있는 위상에 대해 사유하며, 그 외부를 통해, 그 이질성의 지대를 통해 맑스주의 자체를 변이시키는 것이 필요한 것은 아닐까?

세번째 역설은 해체된 사회주의 사회를 통해, 그 균열의 지점에서 드러난 것으로, '사회주의적 인민 없는 사회주의 사회', 혹은 '사회주의적 주체 없는 사회주의 사회'라는 현실적 역설이었다.

감방 안에서 사회주의의 붕괴와 맞닥뜨려야 했던 사회주의자가 유일하게 할 수 있는 일이라곤, 아마도 "대체 무슨 일이 일어난 것일까?"라는 질문을 가지고 신문을 읽어대는 일이 아니었을까? 적어도 나는 그랬다. 얻을 수 있는 모든 신문을 샅샅이 뒤져 사회주의에 관한 기사라면 하나도 빼놓지 않고 겹치면 겹치는 대로 반복해서 읽었다. 그 중에 두드러지게 눈에 띄는 것, 그래서 아직도 기억에서 사라지지 않은 것이 있었다. 고르바초프의 '쿠데타'가 실패하고 소련이 해체되면서 열대여섯 개쯤 되는 소련의 공화국에는 새로운 대통령이 들어섰는데, 그 대통령 열대여섯 명이 그루지아 한 곳을 빼고는 모두 공산당 간부 출신이었다. 그런데 그들이 대통령이 되자마자 취한 최초의 조치는 공산당의 불법화를 선언하고 공산당의 재산을 몰수하는 것이었다. 공산당에 의해 핍박을 받거나 공산당과 연이 없던 사람이 취한 행동이라면 그것은 매우 자연스러운 일이었을 것이고, 따라서 별다른 강렬한 인상도 남기지 않았을 것이다. 반대로 '얼마나 공산당이 사람들을 못살게 굴었길래 저럴까' 하는 상식적 통념을 떠올리고 말았을 것이다.

그러나 어제까지 공산당 간부를 하던 사람이 취한 조치였기에 그것은 자연스럽지 않았다. 그것을 본 뒤로 맴돌며 떠나지 않았던 질문은 이것이었다. ──그들에게 공산당은 과연 무엇이었을까? 어떻게 그들은 자신의 삶의 많은 부분을 던져 온 자신의 당을, 아무리 상황이 그렇다기로 하루 아침에 등지고 가장 먼저 배신의 칼을 꽂을 수 있었을까? 그것도 한두 사람이 아니라 모두가 한결같이. 그렇다면 그들에게 공산당과 공산주의란 대체 무엇이었을까? 이들은 대체 어떻게 생각하고 어떻게 살았던 것일까?

자본주의에서 (정치하는) 사람들의 모습을 지켜본 우리로선, 그것이 사회주의에서 일어난 일이란 점만 추상하면 매우 쉽게 이해할 수 있을 것이다. 그들에게 공산당이란 자신이 입신하고 출세하는 데 필요한 조직이었고, 공산주의란 그에 필요한 이념이었던 것이다. 그리고 그 덕분에 공화국의 대통령이라는 자리에까지 오를 수 있었던 것이다. 따라서 그것이 자신의 출세와 무관하게 되거나 심지어 방해가 되게 생긴 상황에서 그들은 얼마든지 그것을 불법화하고 내던질 수 있었을 것이며, 재산을 몰수하는 데 아무런 거리낌이 없었던 것일 게다.

이해(利害)에 따라 생각하고 행동하며, 그 이해의 중심에는 언제나 자기가 있으며, 이해의 동질성에 의해 구획되는 공동체의 범위는 가족을 넘은 적이 없으며, 그러한 이해를 위해서는 자신에게 허용된 권력과 권리를 최대한 이용하고, 또 주어진 일과 연관해 주어진 명령 —— 그것이 무엇이든 간에 —— 에 복종하고, 또한 명령에 대한 복종을 당연시하며 요구하는 사람들. 그들은 그런 사람들이었다.

그러나 더욱 근본적인 것은 권력의 주변을 눈치빠르게 떠다니던 그들만이 문제가 아니란 점에 있었다. '문화적 이유에 의한 망명'이라며 "거리에 찬바람"을 남기고 소련으로 떠났던 한 선배는 자신이 체험한 매우 극한적인 장면을 전해 주었다. 그는 국영상점에서 물건을 사기 위해 어떤 상품의 가격을 물었지만 눈 앞의 점원은 아무런 대꾸도 하지 않았다고 한다. 세 번을 물어도 대답이 없자, 그는 항의를 했고, 그 점원은 "그곳은 내 담당 구역이 아니다"라는 냉담한 한마디 말로 일축했다고 한다. 바로 옆의 진열대였는데……. 어찌 그 점원뿐일 것이며, 어찌 점원들뿐일 것인가? 이런 모습의 인민들은, 재빠르게 소련으로 가서 취재를 하던 서방 기자들에 의해 반복하여 보도된 바 있다. 비슷한 시기 중국에서는 증권을 사기 위해 줄을 섰다가 새치기한다며 옆에 있던 '인민'을 때려죽인 '인민'

이 있었다. 어찌 소련뿐일 것인가?

사실 이는 우리가 눈을 좌우로 돌리면 언제나 부딪히게 되는 사람들의 모습이며, 동시에 우리 자신의 모습이기도 하다. 그것은, 사람들의 가치가 화폐로 환원되고, 사람들의 활동이 가치화되는 한에서만 노동으로 인정되며, 사람들의 삶이 자본을 증식시키는 한에서만 지속될 수 있는 세계인 자본주의에서라면 도처에서 발견할 수 있는 사람들의 모습이다. 그것을 언제나 아귀다툼을 벌이는 홉스 식의 '인간'처럼 늑대와 같은 모습으로 표현하든, '보이지 않는 손'에 좌우되는 스미스 식의 공리주의적 경제인으로 표현하든, 관료적인 삶의 방식에 길들어 자신을 위해서 난 문조차 밀치고 들어갈 생각도 하지 못하는 카프카 식의 소시민으로 표현하든 간에.

이를 우리는 '근대인'이라고 흔히 부른다. 지배자 없는 지배를 위해서, 명시적인 지배 없이도 주어진 규범과 규칙에 스스로 복종하는 근대적 주체. 그것은, 이미 자신의 눈에 자리잡은 감시의 시선을 통해서 자신을 보고, 침범에 대한 두려움으로 서로 간의 사이에 제거될 수 없는 거리를 만들며, 그리하여 결국에는 손을 내밀고 마주하고 싶은 욕망이 스스로 위축되면서 한없는 고독의 공간 안에 스스로를 가두게 되는 사람들의 모습이다.

반면 맑스주의자로서 내가 알고 있는 사회주의적 인민 내지 사회주의적 주체는 그런 것이 아니었다. 아니, 결코 그런 것이어선 안 되었다. 그것은 능동적으로 자신의 일을 찾아내고, 다른 사람들 내지 전체 사회의 이익을 위해 적극적으로 활동하며, 가족을 넘어서 전 사회적인 범위로 코뮨적 관계를 확장해 가며, 그 관계 안에서 자기 스스로를 생산하고 관리하는 새로운 유형의 주체가 있었어야 했다. 공산주의적 주체, 아니 좀더 완화시켜 사회주의적 주체가. 그러나 그런 모습은, 전하는 기사들 탓인지 몰라도, 거의 찾아볼 수 없었다. 사회주의 사회에 사회주의적 인민이 없었던 것이다. 반대로 오히려 자본주의에서 일상적으로 접할 수 있는 근대인의 모습이 훨씬 더 극적으로 과장된 양상으로 존재하고 있었던 것이다. '근대적 사회주의'——근대인들로 가득찬 사회주의 사회에 대해 이와 다르게 부를 방법이 있을까?

그렇다면 사회주의가 붕괴한 이유는 차라리 '쉽게' 이해할 수도 있지 않을까? 사회주의 인민 없는 사회주의 사회가 붕괴한 것은 어쩌면 당연한 것이기 때문이다. 마찬가지로 전 인민의 국가가 통치하는 사회주의 사회에 자본주의를 능가하는 거대한 감시와 통제조직이 필요했던 이유도 '쉽게' 이해될 수 있지 않을까? 근대인이란 위계화되고 분절된 통제를 통해 활동하는데, 자본주의에서 이는 많은 경우 자본에 의해 수행되지만, 자본이 자본으로서 존재할 수 없는, 따라서 자본이 통제할 수 없는 사회라면 이를 대체할 별도의 통제와 감시조직이 필요할 것이기 때문이다. 또한 사회주의 사회가 동요하고 해체되는 상황, 그리하여 의사당에 대포를 쏘아대는 상황에서, 대중들이 혁명이나 폭동을 일으키는 것이 아니라 극도의 무관심과 냉담함으로 대처했던 것도 '쉽게' 이해할 수 있지 않을까? 그것은 정치란 자신들의 일이 아니며, 국가 역시 자신들의 국가가 아니고, 체제의 동요나 해체는 자신들의 일이 아니었기 때문이다.

들뢰즈 말대로, 양식(良識, bon sens)이 다양한 방향으로 나아갈 수 있는 사유의 힘을 하나의 방향——좋은 방향(bon sens)——으로 정착시키고 고정시키려 한다면, 역설(paradox)은 반대로 하나로 정착된 통념(doxa)을 거역하여 다양한 방향으로 나아갈 수 있는 길을 연다. 마찬가지로 맑스주의가 부닥친 저 근본적인 역설은 정통적(orthodox) 맑스주의가 가정하고 있는 '올바른 통념'(ortho-doxa)의 일방성(一方性)을 깨고 맑스주의의 양식을 해체한다.

이 세번째 역설은, 앞의 두 역설과 더불어, 이론적이고 역사적인 질문을 던짐으로써 문제 전체를 다시 사유하게 하는 이론적 지대(地帶)를 생성시킨다.

① 이론적 질문 알다시피 맑스에 따르면 '인간은 사회적 관계의 총체'고, 생산양식에 의해 규정된다. 누구의 정의에 따르든, 근대의 소시민적이고 이기적인 인간은 분명히 자본주의적 생산관계에 의해 규정되며, 그 관계 속에서 형성된다. 따라서 생산양식이 바뀌면 인간 역시 바뀌어야 한다. 그러나 사회주의 사회의 대중은 자본주의에서 흔히 찾아볼 수 있는, 그보다 더 극단적 양상을 취하기도 하는 근대인이었다. 생산관계는 사회주의적인 것으로 바뀌었지만 사람들은 사회주의적 인민 내지 공산주의적 주체가 되지는 않았다. 그런데 생산관계 내지 생산양식이 바뀌었음에도 불구하고 사람들은 왜 바뀌지 않은 것일까? 그렇다면 '인간은 사회적 관계의 총체'라는 맑스의 명제는 잘못된 것일까? "사회적 존재가 사회적 의식을 규정한다"는 역사유물론의 기본 명제는 기각되어야 하는 것일까?

여기서 "그것은 진정한 사회주의가 아니었다"는 대답이나 '불충분한 사회주의'라는 말은 많은 맑스주의자들에게 큰 위안이 될 것이 틀림없다. 그러나 대개의 위안이 그렇듯이 그것은 거대한 역사적 '비용'과 희생을 치르면서 드러난 문제를 회피하고 외면하는 것이다. 여기서 필요한 것은 위안이 아니라 정면으로 부딪치려는 용기와 과감함이다.

세번째 역설이 보여 주는 것은 분명히 공산주의적 주체 내지 사회주의적 인민이란, "사회적 존재가 사회적 의식을 규정한다"는 명제에 따라 생산관계를 바꾸면 자동적으로 따라 바뀌는 그런 것이 아니라는 사실이었다. 또한 사람들의 의식을 바꾸기 위해 사회주의에서 다양한 노력을 했던 것이 사실이라고 할 때, 사회적 의식을 통해 이 문제에 접근하려는 것은 처음부터 난망한 것처럼 보인다. 그렇다면 주체 내지 '인민'의 문제는 차라리 의식과는 다른 차원의 문제가 아닐까? 의식이 아닌 차원에서 사람들의 삶을 통제하고 규정하는, 혹은 그것을 특정한 형태로 규정하는 고유한 영역이 있는 것은 아닐까? 그리하여 사람들을 특정한 형태의 주체 내지 '인간'으로 생산해 내는, 굳이 말하자면 '주체생산양식'이라고 부를 수 있는 이론적 영역이 있는 것은 아닐까?

결국 사회주의적 인민이든 자본주의적 인민이든 '주체'의 문제를 포착해야 하는 지대는 의식이나 생산관계로 환원되지 않는 영역인 셈인데, 이를 우리는 프로이트를 따라 '무의식'이라고 부를 수 있다. 다시 말해 사회적 주체에는 생산관계로 환원되지 않는 요소가 있고, 그 요소가 의식에 비하면 차라리 일차적이고 결정적이며, 그것은 바로 무의식이라는 결론에 이르게 한다는 것이다. 그렇다면 이는 맑스주의자가 맑스주의의 역사를 이해할 수 없었다는 역설에, 납득할 수 있는 하나의 통로를 제공한다. 즉 기존의 맑스주의에서는 주체 내지 인민을 무의식의 차원에서 다룰 수 있는 개념이 없었던 것이고, 무의식의 형성과 연관해 주체와 역사의 문제를 다룰 수 있는 이론이 없었던 것이다.

그런데 무의식을 통해 생산되고, 그것을 통해 특정한 양상으로 행동하고 사고하는 주체가 역사적으로 상이한 것이 분명하다면, 봉건적인 주체와 근대적인 주체, 그리고 공산주의적 주체가 유효하게 구별되어야 한다면, 그리하여 근대적 주체와는 다른 공산주의적 주체의 생산이 사유될 수 있어야 한다면, 그것을 위해서는 무의식을 역사적으로 가변적인 것으로 다룰 수 있어야 한다. 그러나 프로이트는, 그리고 그를 따라 알튀세르는 "무의식에는 역사가 없다"고 하지 않았던가? 주체를 생산하는 방식의 전복 내지 변혁이란 무의식의 변환을 뜻하는데, 역사가 없는 무의식에 대해 그런 전복이나 역사적 변환이 가능하기나 한 것일까? 또 한편 그러한 주체나 무의식 개념은 어떤 식으로든 생산관계나 사회적 관계의 효과 아래 있는 것이고, 따라서 사회적인 성격을 갖는 것으로 정의되어야 한다. 그러나 프로이트는, 그리고 그를 따라 라캉은 그것을 성적인 것, 가족적인 것, 오이디푸스적인 것으로 정의하지 않았던가? 그렇다면 무의식을 사회적인 차원에서 다루는 것이 가능하기나 한 것일까?

여기서 우리는 프로이트적 무의식 개념이 이처럼 역사적이고 사회적인 차원에서 무의식의 역사적 가변성을, 주체생산양식의 역사이론을 다루는 데 매우 부적절하다는 결론에 이르게 된다. 프로이트적인 무의식 개념은 어느 경우든 무의식을, 따라서 무의식 차원에서 정의되는 주체를 역사적이지도, 사회적이지도, 가변적이지도 않은 것으로 정의하기 때문이다. 오히려 무의식을 '습속의 도덕'을 통해 형성되는 신체적 무의식으로 정의하는 니체가 훨씬 더 적절해 보이는 것은 바로 이런 맥락에서다. 왜냐하면 습속 내지 습속의 도덕이란 사회적인 것이며, 또한 역사적인 것이고, 따라서 가변적인 것이기 때문이다. 프로이트나 라캉, 혹은 알튀세르보다도 오히려 니체와 들뢰즈/가타리, 푸코에 우리가 훨씬 더 근접하고 그들의 개념과 역사적 연구에 훨씬 더 빈번히 의존하는 것은 이런 이유에서다.

이제 역사유물론에 관한 맑스의 명제는 기각되지 않으며, 다만 그 개념적 경계선을 달리하게 된다. "인간은 사회적 관계의 총체"라는 명제는 차라리 무의식의 차원으로까지 확장되며 근본화되어야 하며, 이로써 사회적 관계의 총체로서 '인간' 내지 '주체'에 대한 고유한 역사이론이 성립되어야 하기 때문이다. "사회적 의식은 사회적 존재에 의해 규정된다"는 명제는, 붕괴한 사회주의의 역사를 통해 제기된 문제를 해결하지는 못하지만, 그것은 문제가 '사회적 의식'이 아닌 '사회적 무의식' 차원에 있었기 때문이다. 따라서 그것과는 다른 차원에서 "사회적 무의식은 사회적 관계에 의해 규정된다"는 명제가 제기되어야 한다. 물론 이 경우 사회적 관계는 생산양식과 무관하진 않지만, 결코 그것으로 환원되지는 않는 주체생산양식과 연관된 것이다.

② **역사적 질문** 교과서적인 서적들의 꿈 같은 주장을 한옆으로 치워 둔다 해도, 사회주의 사회가 코뮨적인 사회와 공산주의적 관계를 명시적으로 지향했다는 점은 분명하다. 마찬가지로 그것은 공산주의적 주체를 사회주의 인민의 모델로 하고 있었음도 분명하다. 그리고 그것을 위해 사회주의적 소유제도는 물론 이념이나 이데올로기, 교육, 문화정책, 심지어 공포정치적인 국가장치까지 동원을 했음을 우리는 안다. 그럼에도 불구하고 왜 그 지향점과 반대로 차라리 자본주의에 더 잘 상응한다고 보이는 근대적 주체, 근대인들이 대대적으로 생산된 것일까? 어떠한 역사적 조건이 근대적인 역사성과 분리할 수 없는 무의식적 주체를 생산하고 재생산하는 것일까? 이는 우리로 하여금 자본주의로, 혹은 근대라고 불리는 시대로 거슬러 올라가는 계보학적 질문을 피할 수 없게 한다. 무의식 차원에서 주체가 생산관계의 변화에 따라 자동적으로 변하고 생산되는 것이 아니라면, 따라서 근대적 주체의 생산을 자본주의적 생산양식의 성립으로 환원할 수 없는 것이라면, 도대체 근대적 주체, 근대인은 언제 어떻게 탄생했는가? 그리고 근대적 주체로서 우리는 대체 어떻게 판단하고

어떻게 행동하는가? 그 판단과 행동의 어떤 반복적 양상을 어떻게 포착할 것인가?──이는 새로운 코뮤적 사회에 적절한 새로운 주체의 생산을 사유하기 위해서 매우 긴요한 질문이다.

앞서 두번째 역설이 좁은 의미에서 '맑스주의와 근대성'이라는 주제를 정립하게 한다면, 여기서 이 질문은, 아니 이론적이고 역사적인 두 질문은 한편으로는 '사회주의와 근대성'이라는 주제를, 다른 한편으로는 '자본주의와 근대성'이라는 주제를 정립하게 한다. 우리는 뒤의 두 주제들을 통해 주체생산양식의 역사이론을 위한 요소들을 찾아내고자 할 것이며, 그것을 통해 근대적인 주체생산양식으로부터 탈주하고 그것을 전복할 수 있는 지점을 찾아내고자 할 것이다. 맑스 말대로 혁명이 광범위한 인간의 변혁을 필요로 한다고 할 때, 그리고 그가 무의식의 차원에서 그 '인간'의 문제를 사유할 수 있었다면, 그것은 분명히 주체생산양식의 변혁을 뜻하는 것이었을 것이다.

결국 생산양식의 변혁으로 환원되지 않는 주체생산양식의 변혁은, 일시에 모든 것을 종결짓는 '거대한 부정'이라기보다는, 차라리 자신의 습속과 신체의 구석구석에 이르는 치밀하고 섬세한 삶의 영역에서 굳은 분절의 선을 바꾸는 끊임없는 변이일 것이며, 모든 곳에서 끊임없이 새로운 삶의 방식(Lebensweise)을 창조하는 '즐거운 긍정'일 것이다. 물론 주체생산양식의 변환이라는 문제설정이 생산양식의 전복과 변환이라는 역사유물론의 기본적인 문제설정과 대립하거나 그것을 무효화하지는 않는다. 반대로 생산양식의 전복으로서 '혁명'은 새로운 삶의 방식, 새로운 주체생산양식의 대대적인 변이와 실험을 가능하게 하는 조건을 형성하며, 또한 주체생산양식의 변혁은 그러한 '혁명'이 모든 영역에서 근본적이고 전면적으로 진행되기 위한 조건을 형성한다. 그런 점에서 혁명은 이중적이고, 그 대상은 중첩된다.

하지만 시간이 지나면서 혁명은 체제화되었고, 삶의 다양한 영역에서 '자유로운 개인들의 자발적 연합'을 통해 수행되던 실험과 변이는 중단되었으며, 대중 조직들은 체제화된 삶의 방식, 체제화된 권력을 전달하는 전달벨트가 되었다. 그것은 명령하고 통제하는 권력에 익숙하게 길든 근대인들을 재생산하며 작동한다. 하지만 스스로 근대적인 생산양식을 벗어나고자 하는 체제라면, 도처에서 자신이 생산하는 근대인들과 소리없는 전투를 벌여야 하고, 이를 위해 거대한 감시와 통제장치를 발전시키게 된다. 그러나 도처에서 그 거대한 장치를 에워싸고 있는 저 근대적인 게릴라들과의 무의식적 전투는, 삶의 근본적 변이와 전복을 중단시킴으로써 자초한 대가인지도 모른다.

여기서 우리는 '맑스주의와 근대성'이라는 주제로 다시 돌아갈 수 있다. 그것은 직접적으로는 지배적인 형태의 맑스주의가 갖는 근대적 성격, 혹은 맑스 자신의 맑스주의조차 결코 자유롭지 않았을 근대적 한계에 대한 것이며, 지배적인 형태의 맑스주의 철학 및 정치경제학이 기반하고 있는 근대적 지반에 대한 것이었다. 이제 그것은 근대성의 문제를, 다시 말해 근대적 삶의 방식 내지 근대적 주체생산양식의 문제를 역사와 혁명의 문제로 사유할 수 없었던 내적인 한계와 공백에 관한 것이다. 결국 근대성이란 주제를 통해 맑스주의를 다시 사유한다는 것은, 맑스주의 자신의 역사조차 이해할 수 없게 했던 그 공백을, 이처럼 근대적인 삶의 방식, 근대적인 주체의 문제를 통해 새로운 사유의 공간으로 변환시키는 문제고, 이로써 맑스주의의 지반을 변화시키는 문제다.

이로써 우리는 안주할 수도 없고, 떠날 수도 없었던 첫번째 역설로 거슬러 가게 된다. 이제 삶에 대한 진지함은 근대적인 삶 자체의 변이와 전복을 시도하는 좀더 근본적인 지층으로까지 더 밀고 나아가야 하며, 이로써 안주할 수 없는 지반 자체를 그 밑으로부터 변환시켜야 한다. 그것은 지배적인 형태의 맑스주의가 양식과 정통(옳은-통념)의 이름으로 장착한 경계를 넘나들고 가로지르며 새로운 혁명의 지도를 그리는 것이다. 이제 우리는 머문 채 떠날 수 있다. 아니, 더욱 깊숙이 심연 속으로 가라앉음으로써 더욱 멀리 떠날 수 있다. 앉아서 유목하기.

이로써 삶에 대한 진지함이 밀고 가는 맑스적 사유의 대지는, 변환되는 경계에 따라 탈영토화되고 재영토화되며 또 다시 탈영토화하기 시작하는 끊임없는 변이의 운동의 장(場)이 될 것이다. 그렇다면 거기서 우리는 언제나 상이한 형태의 이론을 만들어 내고 언제나 상이한 양상으로 개념을 작동시키는 삶의 반복을 볼 수 있을 것이다. 차이화하는 반복, 혹은 차이의 반복. ──맑스주의가 반복하여 존재할 수 있다면, 아니 정확하게 표현해서, 맑스주의가 반복하여 생성될 수 있다면, 그리하여 그것이 니체 말대로 '영원히 되돌아올' 수 있다면, 그것은 아마도 반복 안에서 생성되는 그 차이를 통해서일 것이다.

2장_맑스의 철학 혁명에서 맑스주의 철학으로

1. 근대철학의 문제설정

데카르트는 '나'를, '주체'를 신으로부터 떼어 냄으로써 철학적 근대를 열었다. 내가 존재하는 것은, 적어도 철학적으로는 내가 생각한다는 사실에 기초하고 있는 것이며, 이것만이 확실하고 자명한 출발점이라고 보았다. 이로써 '나'는 사고하는 주체로서 정립되고, 이것이 '나'란 존재의 근거가 되었다. 이처럼 사고하고 판단하는 주체가 이제는 모든 것의 출발점이 되었다. 다시 말해 주체는 근대철학에게 처음부터 주어진 것이었고, 철학의 존재론적 지반이었던 셈이다. 이런 의미에서 근대철학을 흔히 '주체철학'이라고 부른다.

그런데 주체를 신으로부터 독립시키자마자 불가피하게도 하나의 문제가 발생한다. 그것은 이처럼 독립한 주체가 신의 계시 없이도 진리에 도달할 수 있음을 보여 주는 것이었다. 진리를 인식할 능력도 없으면서, 쉽게 진리를 주던 신에게서 벗어난다는 것은 너무도 위험스러운 일이었다. 따라서 근대적 주체의 독립을 정당화하려면 진리에 이를 수 있음을

'분명하고 뚜렷하게' 보여 주어야 했다. 따라서 근대철학에서 진리는 철학이 도달해야 할 목표지점이었고, 인식론은 철학의 중심영역을 차지하게 된다.

여기서 데카르트에게 희망을 주었던 것은 갈릴레이 등에 의해 이루어진 과학의 혁혁한 진전이었다. 즉 과학의 발전을 통해 주체는 대상적 진리에 이를 수 있으리란 확신이 대두하게 된다. 따라서 오직 과학적인 지식, 참된 지식만이 지식으로서 가치를 획득할 수 있었으며, 어떠한 지식도 자신이 과학적임을 입증할 수 있을 때에만 존재할 권리를 얻을 수 있었다. 철학자들은 이후 이런 과학의 기초를 확고히 해주는 것이 바로 자기들의 과업이라고 생각한다. 이제 그들은 '신학의 시녀' 대신 '과학의 시녀'를 자청한다. 근대적 인식론을 지배한 이러한 확신을 우리는 '과학주의'라고 할 수 있겠다.

다른 한편 이러한 관점에서 인간의 행동 역시 새로운 준거를 갖게 된다. 진리가 인식의 목적이 되며 동시에 실천의 기준이 된다. 이성이 지시하는 바에 따르지 않고 제멋대로인 육체와 욕망은 당연히 통제되고 억제되어야 했다. 또한 참된 지식이 있음에도 이를 알지 못하고 제멋대로 행동하는 대중들은 깨이지 못한 자, 몽매한 자로 간주되었으며, 의당 깨인 자에 의해 계몽되어 빛이 있는 곳으로 인도되어야 하는 대상이 되었다. 이런 점에서 역사적 명칭으로서 '계몽주의'와 동일한 것은 아니라 해도, 근본적으로 계몽주의와 동일한 대립에 기초하고 있다는 점에서 윤리학적 계몽주의라고 할 수 있겠다.

요약하면, 중세의 '창조론' 대신에 존재론이 주체철학이란 형태로 나타났으며, '계시론' 대신에 인식론이 '과학주의'란 형태로 나타났다. 신의 계명과 성직자의 가르침 대신에 윤리학이 '계몽주의'란 형태로 나타났다. 이러한 변화는 주체를 출발점으로, 진리를 목표점으로 하는 문제설정의 출현으로 야기된 것인데, 이를 '주체와 진리의 문제설정'이라고 부르자. 이것이 근대철학의 지반을 이루는 것이었다.[1]

그런데 이러한 문제설정은 곧바로 난감한 문제에 부닥치게 된다. 주체란 범주는 그 인식과 활동의 대상을 동시에 전제한다. 주체란 범주를 애초부터 독립시킨다는 것은 그것의 활동성과 주동성을 독립시키는 것이기에, 당연히 자연이나 대상과는 반대되는 것으로 정의된다. 즉 주체는 대상과 분리되고, 대상은 자연히 정적인 것, 피동적인 것이 된다. 이를 들뢰즈는 데카르트의 '반자연주의'라고 하며,[2] 이것이 '기술주의'로 이어지는 측면은 후기의 하이데거나[3] 프랑크푸르트 학파의 사상가들에 의해 누차 지적되어 왔다.

그런데 근본적인 난점은 이처럼 주체와 대상, 주체와 객체를 나누었을 때, 주체(의 인식)가 있는 그대로의 대상과 일치하는가를 확인하고 증명할 방법이 없다는 것이다. 왜냐하면 사고의 주체가 인식하고 있는 것은 자기 눈에 비친 것뿐인데, 이것이 실제 대상과 일치한다는 보장은 없기 때문이다. 이 경우 제3자가 개입해야 하는데, 이 제3자 역시 신적인 능력을 갖지 못하는 한 확실한 증명을 보장해 줄 수 없다. 이를 우리는 근대철학의 근본적인 딜레마라고 정의했다. 이후 근대철학은 바로 이 문제를 중심으로 공전했다. 근대철학의 흐름이 보여 주는 다양성은 바로 이 딜레마를 해결하려는 노력의 다양성을 의미하는 것이었다.

---

1) 자세한 내용은 이진경, 『철학과 굴뚝청소부』, 그린비, 2005 참조.
2) 질 들뢰즈, 『스피노자와 표현의 문제』, 이진경 옮김, 인간사랑, 2003.
3) 마르틴 하이데거, 『기술과 전향』, 이기상 옮김, 서광사, 1993 ; 박찬국, 「현대 기술 문명의 본질과 위기에 관한 하이데거의 사상」, 한국 철학사상 연구회, 『시대와 철학』 11호, 1995년 가을.

2. 맑스의 철학적 혁명

1) 근대철학의 전복

맑스가 근대철학의 정점이자 그 사유의 집약인 헤겔을 넘어서는 것은 근대철학 자체를 넘어서지 않고서는 불가능했던 것 같다. 그것은 근대적인 헤겔 비판으로서 포이어바흐를 동시에 넘어서는 것이어야 했다. 이는 주체와 진리의 문제설정을 전혀 다른 차원의 개념을 통해 해체하는 것으로써 이루어졌다. 맑스는 '실천'을 철학적 개념으로 정립함으로써 근대철학의 기본 범주에 대한 4중의 해체를 수행한다.

맑스는 「포이어바흐에 관한 테제들」의 제일 앞머리에서 지금까지의 유물론이 근대적인 문제설정에서 벗어나지 못했음을 지적하고 있다. 즉 "포이어바흐를 포함하여, 지금까지의 모든 유물론의 주요 결함은 대상, 현실, 감각을 다만 **객체** 또는 **지각**의 형식으로만 파악"하는 데 있었다고 비판한다.[4] 즉 대상·현실을 (정적인) 객체로, 감각을 단지 (수동적인) 지각으로만 파악했다는 것이다. 또 '테제' 5에서는 포이어바흐가 말하는 감성적 지각이 '**실천적인 행위**'임을 파악하지 못했다고 비판한다. 요컨대 맑스는 지금 대상(현실)을 '실천'으로 파악해야 하며, 지각(감성) 역시 '실천'으로 파악해야 한다고 말한다. 여기서 우리는 근대적인 주체와 대상 개념에 대한 맑스의 근본적 비판을 볼 수 있다.

나아가 '테제' 2에서 그는 "사유가 대상적인 진리를 가지고 있느냐

---

4) 칼 맑스, 「포이어바흐에 관한 테제들」, 최인호 옮김, 『칼 맑스·프리드리히 엥겔스 저작선집 1』, 박종철출판사, 1990, 185쪽. 이하 이 책에 나오는 모든 인용문은 국역본의 번역을 그대로 따르지 않는다.

없느냐 하는 문제는 결코 이론적인 문제가 아니라 **실천적 문제**"라고 말한다. 나아가 "환경의 변화와 인간 행위 변화의 일치는 **혁명적** 실천으로서만 파악될 수 있다"('테제' 3)고 말한다(강조는 모두 맑스의 것이다). 여기서 확인할 수 있는 것은 진리와 윤리(가치)의 영역 역시 실천의 개념을 통해 비판하고 있다는 것이다. 요컨대 '실천'이란 개념은 그 비판과 새로운 사고를 위한 가장 근본적인 개념으로 작용하고 있는 것이다. 나아가 실천이란 개념에 근거하여 맑스는 예전의 주체, 대상, 진리, 윤리 개념을 새로운 것으로 전환시킨다.

실천으로서의 대상·현실

포이어바흐는 대상(=현실)을 객체로만 볼 뿐 '활동적인 생활과정'으로서, 그에 기초한 '현실의 활동하는 인간'으로서 보지 못한다. 따라서 "그를 둘러싼 세계는 영원한 옛날부터 직접 주어진, 항상 동일한 사물이 아니라 산업과 사회 상태의 산물이라는 것을, 더욱이 그 사물이 역사적 산물이라는 의미에서, 즉 전 세대의 어깨 위에 서서 자신들의 산업과 교류를 계속 완성시켜 나가고 변화된 욕구들에 따라 자신들의 사회적 조직을 변용시켰던 그러한 세대들의 계열 전체의 활동의 결과라는 의미에서 그러하다는 것을 포이어바흐는 알지 못하고 있다."[5]

실천으로서 대상을 파악한다 함은 현실적 실천과정의 산물로서 대상 세계를 파악함을 뜻한다. 실천을 통해 어떤 '대상'과 실천하는 자는 일정한 연관을 형성하며, 관련된 '대상'들 역시 실천을 둘러싸고 특정한 양

---

5) 칼 맑스, 「독일 이데올로기」, 최인호 옮김, 『칼 맑스·프리드리히 엥겔스 저작선집 1』, 박종철출판사, 1990, 205쪽.

상으로 연관된다. 이러한 연관의 양상을 '계열'(série)이라는 개념으로 표시하자.[6]

예를 들어 구 '중앙청'은 하나의 동일한 건물이 식민지 총독부 내지 정부의 청사가 되기도 하고, 박물관이 되기도 하는 경우를 보여 준다. 이는 직접적으로 그 건물을 사용하는 실천의 양상에 의해, 달리 말해 그 용법의 변화에 따라 다른 의미, 다른 기능을 갖는 건물이 되는 것이다. 지금은 호텔로 사용되는 중세의 성이나 대저택이 있다면 이 역시 마찬가지다.

하지만 이는 단지 사용하는 자, 사용하는 목적의 변화만은 아니다. 그것은 연관된 대상들의 상이한 계열을 형성한다. '총독부 청사'로서 중앙청은 관리들의 사무실, 드나드는 사람들의 고유한 계열을 형성하며, 그 건물이 박물관으로 바뀌려면 사무실이 아니라 전시시설을 갖춘 전시실과 계열화되어야 하고, 드나드는 사람들도 전혀 다른 것으로 대체된다. 성이 호텔로 사용되는 경우에도 마찬가지임을 확인할 수 있다. 이 때문에 모든 건물이 모든 용도에 사용될 수 없는 한계가 정해진다. 즉 건물 자체에 내장된 계열화의 한계가 그 건물의 이용의 한계를 결정한다. 예를 들어 성이나 '중앙청'을 체육관으로 사용할 수는 없는 것이다.

요컨대 어떤 대상의 의미는 관련된 항들의 특정한 계열 안에서, 그러한 계열화를 통해서 정의된다고 할 수 있다.[7]

---

6) 계열 및 계열화의 개념, 그것을 통해 의미를 정의하는 방식은 들뢰즈에 의해 고유하게 발전되었다(Gilles Deleuze, *Logique du sens*, Minuit, 1969[들뢰즈, 『의미의 논리』, 이정우 옮김, 한길사, 1999]). 이에 대해서는 이진경, 「들뢰즈: '사건의 철학'과 역사유물론」, 『탈주의 공간을 위하여』, 서울사회과학연구소 엮음, 푸른숲, 1997 참조.

7) 나아가 맑스는 철학자들이 대상으로 삼는 '인간'이란 근대철학자들의 생각처럼 어떤 타고난 성질이나 범주들로 이루어진 실체가 아니라, 이런 물질적 생산과정에서 생산수단 및 비생산자, 다른 생산자 등과 계열화되는 양상에 따라 상이하게 정의되는 존재며, 따라서 역사적으로 다루어져야 할 대상임을 주장하고 있다.

실천으로서의 지각·감각

맑스의 견해를 근대철학의 개념을 빌려 표현하면, 인식주체의 지각·감각이 사물을 있는 그대로 수동적으로 모사하는 게 아니라[8] 실천적 활동 속에서 선택적으로 작동한다는 것이다. 즉 근대철학이 확실한 지반으로 간주하던 인식주체의 감성이나 지각이 실천적 맥락의 '효과' 속에서 작동하는 것임을 보여 준다.

그는 포이어바흐의 오류는 "감성적 세계를 그의 '눈'으로, 즉 철학자의 색안경을 통해서 고찰했다"는 것이라고 한다.[9] 여기서 맑스는 철학자의 감성은 철학자가 행하는 실천 속에서 형성된 철학자의 색안경에 불과함을 보여 주고 있다.

따라서 자명하고 확실한, 사물을 있는 그대로 볼 수 있는 주체란 없으며, 오직 실천적 활동 속에서 지각하고 사고하며 판단하는 주체만이 있을 뿐이라는 결론에 이르게 된다. 그리고 사람들의 실천이 일상적으로 행해지는 물질적 생활과정 속에서 주체의 지각과 사고 등이 만들어진다는 데까지 나아간다. 이를 마찬가지로 계열의 개념을 통해 다시 말하면, 지각이란 실천적 맥락 속에서 관련된 항들을 계열화하는 작용이고, 계열화의 양상은 바로 그 실천적 맥락에 의해 규정된다는 것이다.

예를 들어 채플린의 영화 「모던 타임즈」에서 빵을 들고 달리는 소녀는, 날카롭게 생긴 부잣집 마나님의 눈에는 도둑질로 계열화되지만, 찰리

---

8) 맑스가 여기서 제시하는 견해는 경험주의나 실증주의에 대한 현대적 비판들을 이미 선취하고 있음을 보여 준다. 그는 이상의 맥락에서 경험주의자들 역시 포이어바흐처럼 추상적이라고 비판한다. 즉 그들에게 현실이나 역사는 단순히 죽어 있는 사실들의 집합인 것이다(「독일 이데올로기」, 202~203쪽). 하지만 맑스주의 유물론을 실증주의로 전락시키는 견해들은 얼마나 완강한 것인지!

9) 맑스, 같은 책, 205쪽.

의 눈에는 배고픔으로 계열화된다. 물론 여기서 찰리의 계열화 방식은 일상적인 것은 아니며, 반대로 부잣집 마나님의 계열화 방식은 '양식'(bon sens)으로 간주된다. 하지만 이 양식은 다양한 계열화의 선을 지배적인 가치에 따라 하나의 방향——좋은 방향(bon sens)——으로 일방화하고 고정하는 것이다.

그러나 그것이 유일한, 혹은 '참된' 의미는 아니며, 그에 반하는 찰리의 계열화 방식이 주관주의적인 것은 아니다. 유사하게 비토리오 데 시카의 영화 「자전거 도둑」의 마지막 시퀀스에서 안토니오의 눈에 비친 자전거는 그것을 팔아 얻을 수 있는 어떤 화폐보다는 실업/취업의 경계선으로 계열화된다. 반대로 주인을 비롯한 다수의 사람들은 양식에 따라 그를 도둑으로 간주하고 붙잡지만, 그와 아들이 자전거에 계열화되면서 도둑 맞을 뻔한 주인 스스로가 상이한 의미/방향을 이해하고 놓아준다. 다시 말해 그는 안토니오가 처한 상황——실천적 맥락——을 포착하면서 양식에 반하는 지각을 하게 된다는 것이다. 인식이나 의식 역시 마찬가지로 이러한 실천적 맥락을 통해서, 혹은 실천과 결부된 계열화를 통해서 형성되는 것이다.

이로써 근대적 주체·대상의 개념은 '존재론'상에서나 '인식론'상에서나 근본적으로 해체되고 '주체'란 단어는 개념적 변용을 겪게 된다. 더불어 '인간'에 대한 개념 자체도 "사회적 관계의 총체"라는 전혀 새로운 정의를 얻게 된다.

실천의 문제로서 '진리'의 문제

맑스는 어떤 지식이 '진리'인가 아닌가(대상과 일치하는가 아닌가) 하는 문제가 이론적으로는 결코 증명될 수 없는 문제임을 잘 알고 있다. "실천에서 유리된 사유의 현실성이나 비현실성에 관한 논쟁은 순전히 **스콜라주의적인 문제다.**[10] 여기서 그는 실천과 분리된 상태에서 행해지는 진리에 대한 철학적 담론이 시녀적인 기능을 할 뿐이라는 점을 지적하고 있다. 즉 그것은 스콜라 철학과 마찬가지로 또 하나의 '정당화주의'로서 기능할 수 있음을 지적하고 있다. 이런 의미에서 그는 근대철학의 딜레마를 정확하게 통찰하고 있는 게 아닐까?

동시에 그는 '자기 사유의 진리성'의 개념을 전환시킨다. 즉 그것은 대상과 일치하는 지식(대상적 진리성)이 아니라 "그 현실성, 힘, 차안성을 실천 속에서 증명하는" 문제다. 근대철학의 이상이던 '영원한 진리'는 애시당초 빗나간 목표였다는 선언인 셈이다.

실천을 통해 포착되는 진리의 개념은 단지 실증적 검증가능성을, 실용적 가치의 절대화를 뜻하는 것은 아니다. 그것은 당연하게도 대상과 지각이 실천적 맥락 속에서, 그에 고유한 계열화 속에서 의미를 갖는다는 명제와 결부된 것이다. 즉 어떤 항이 참인가 아닌가는 그와 결부된 다른 항들의 계열 속에서 판단되어야 한다. 그런데 그 계열이 실천적 맥락에 따라 구성되는 것인 만큼, 그것은 그 항이 포함된 계열 전체의 "현실성, 힘, 차안성을 실천 속에서" 반복적으로 증명하는 문제다. 다시 말해 그 계열의 반복적인 진리효과를 통해서 그 계열이나 그 계열의 항들의 진리성에 대해 판단해야 한다는 것이다.

이런 관점에서 진리에 대한 정의는 다음과 같이 다시 쓸 수 있지 않

---

10) 맑스, 「포이어바흐에 관한 테제들 2」, 185쪽. 강조는 맑스의 것이다. 여기서 맑스는 이 문제를 왜 굳이 스콜라적인 것이라고 하면서 강조까지 했을까? 스콜라 철학의 슬로건인 "믿기 위해 이해하라"와, 이런 목적을 위해 철학에게 신학을 정당화하는 '시녀'의 자리를 할당한다는 사실을 유념할 필요가 있지 않을까?

을까?──진리란 실천적 맥락에 따라 구성되는 어떤 특정한 계열 안에서, 반복적 진리효과에 의해 타당성을 획득하는 지식이다. 혹은 반복적 진리효과를 갖는 어떤 계열 S가 정의될 수 있을 때, S를 구성하는 데 필수적인 명제는 계열 S 안에서 진리라고 말할 수 있다.

예를 들어 치료를 통해 한의학적 지식의 계열이 진리효과를 갖는 것으로 인정될 때, 기(氣)에 관한 개념이나 경혈에 관한 이론은, 그것이 한의학적 지식의 계열에 필수적인 것이라면 진리로서 인정된다는 것이다. 잉여가치처럼 직접적으로 '검증'될 수 없는 개념의 경우도 마찬가지다. 그것은 계급적 적대와 계급투쟁, 혹은 이윤과 이자 등의 개념이 반복적인 진리효과를 갖는 것으로 간주된다면, 이러한 개념의 구성에 필수적인 것으로서 잉여가치 개념은 그 계열 안에서 진리라고 말할 수 있다.

이로써 철학의 목표와 기능 자체가 변화한다. 근대철학과 달리 '영원한 진리'는 더 이상 철학의 목표에서 사라지고 실천적 맥락[11] 속에서만 '진리'는 존재한다. 또한 철학의 기능은 예전처럼 진리에 도달할 가능성을 입증하거나 어떤 지식이 진리임을 증명하는 '정당화주의'에서 벗어나, 올바른 것을 찾아내려는 실천으로, "인간적 실천과 이 실천의 이해 속에서 그 합리적 해결을 얻는"('테제' 8) 활동으로 된다.

혁명적(전복적) 실천과 계몽주의 비판

맑스에게서 모든 비판적 활동, 모든 철학적 활동의 기초는 혁명적 실천이

---

11) 실천적 맥락이란 말을 우리는 비트겐슈타인의 진리 개념(비판)과 언어게임 개념을 통해 다시 정의할 수 있다──진리란 특정한 언어게임 내부에서 진리효과에 의해 정당화되는 지식이다. 이에 대해서는 이진경, 『철학과 굴뚝청소부』 291쪽 이하 참조.

다. 이것이 "세계를 단지 여러 가지 방식으로 해석"해 왔을 뿐인 기존 철학과 맑스의 철학이 갈라서는 분기점이다. 이것은 대상이나 지각을 실천으로서 파악하게 하고, 진리를 '현실성, 힘, 차안성'으로 파악하게 했던 지반이었다. 그런데 이 지반 위에서 맑스는 근대적 윤리학으로서 계몽주의를 비판한다.

그에 따르면 사람은 환경과 교육의 산물이라는 교의는 "필연적으로 사회를 두 부분으로 나누게 되며, 그 둘 중 하나는 다른 하나보다 우월한 것으로 간주된다"('테제' 3). 교육하는 사람과 교육받아야 할 사람, 선진적인 사람들과 후진적인 사람들, 지적이고 이성적인 사람들과 무식하고 몽매한 사람들 등등의 이분법. 그러나 그것은 "환경이 바로 사람(대중!—인용자)에 의해 변화된다는 것과 교육자 자신이 교육받아야 한다는 것을 망각하고 있다". 이런 점에서 맑스는 "환경의 변화와 인간 행위 변화의 일치는 혁명적(umwälzende, 전복적) 실천으로서만 파악될 수 있다"고 한다. 여기서 우리는 데카르트 이후 근대적 윤리학의 전제인 이성적인 사람들과 몽매한 대중의 이분법, 교육자와 교육받아야 할 자의 이분법 자체를 비판하는 획기적 관점을 주목해야 한다. 윤리학적 계몽주의를 근본적으로 넘어서는 이러한 혁명의 철학을 '탈근대적 윤리학'이라고 불러도 좋지 않을까?

이제 맑스에게 중요한 것은 주어진 세계 안에서 수렴되는 이런저런 가능한 새로운 계열들을 제안하고 새로운 해석을 산출해 내는 것이 아니라, 그러한 계열화를 특정한 한계 안에 제한하는 조건 ——세계——자체를 변혁하는 것이다.

이런 관점에서 계몽주의란 앞서간 사람들이 밟은 경로를 뒤처진 사람들로 하여금 반복하여 답습하게 하는 것이고, 이성이란 이름의 주어진 질서 안에 대중의 능력(puissance)이 갖는 다양한 방향과 잠재성을 제한하는 것이다. 즉 그것은 질서로서 주어진 어떤 계열화 방식을 반복하여 재생산할 뿐이다. 이 점에서 그는 차라리 혁명적 실천을 통해 드러나는 대중의 자발적인 능력과 창조적 생산성을 믿는다. 즉 교육자, 앞선 자, 이성적 질서 자신이 그러한 창조적 생산을 통해 변혁되어야 한다는 것이다.

이제 철학은 전혀 다른 방식으로 정의된다. 그것은 진리를 찾아내거나 과학이 찾아낸 진리를 엄밀하게 정당화하는 것이 아니라, 그리고 그에 따라 이성적 삶의 계몽을 설교하는 것이 아니라, 대중의 혁명적 실천을 주목하여 기존의 배치를 가로지르는 전혀 다른 계열화의 선을 찾아냄으로써 세계를 변혁해야 하는 것이다.

2) 맑스적 개념의 한계

요약하자면 맑스에게서 대상은 무엇보다도 우선 '인간의 활동적 생활과정', 사회적 관계다. 또한 주체는 물질적 생활과정 속의 인간, 즉 사회적 관계 속에서 파악된 인간이다. 그리고 그 주체는 사회적 실천을 통해 만들어지는 것이다. 따라서 근대철학에서와는 달리 주체는 더 이상 출발점이 아니라 오히려 관계 속에서 구성된 결과물이다. 따라서 그것은 중심으로서의 위치를 상실한다. 이런 의미에서 주체의 철학적 위치나 기능은 전혀 다른 것이 되어 버렸다. 진리의 개념 역시 철학의 목표가 아니라 실천적인 올바름을 파악하는 문제로 전환되었다는 점에서 그 위치나 기능이 전혀 다른 것이 되어 버렸다.

결국 맑스는 실천이란 개념을 통해서 근대철학의 출발점과 목표, 그리고 그에 따르는 중요한 사고방식 자체를 넘어선다. 그의 출발점은 주체가 아니라 '실천'이다. 혁명적 실천의 지반 위에서 그는 '주체'/'진리'라는 개념 짝이 형성하는 근대적 문제설정을 해체한다. 이런 의미에서 맑스에서 '실천' 개념은 근대적 문제설정을 벗어나 사고할 수 있는 길을 열었다고 할 수 있다.

이러한 해체는 단지 부정적인 힘으로서만 작용하지는 않는다. 오히려 그 이전에 그것은 긍정적인 창조요 생성이었다. 새로운 대상으로서의 물질적 생산방식, 그리고 그 속에서 구성되는 주체를 파악하는 이론적 영역[12]이 형성된 것이다. 이 새로운 이론적 지대를 흔히 역사유물론이라고 부른다.

반면 맑스의 개념이 갖는 근본적 한계가 있었다. 첫째, 주체는 '의식적 주체' 개념에 머물러 있었다. 이런 한에서 맑스의 주체 개념이 근대적 요소를 가지고 있음을 의미한다. 그리고 주체를 출발점으로 삼아 인간의 본질을 관념/정신에서 도출하는 관념론과 투쟁하는 과정에서, 주체 개념을 사회적 관계로 환원했다. 이럼으로써 주체의 복합성을 사고할 요소를 제공하긴 했으나 주체와 사회관계(계급관계) 간의 불일치나 대립, 나아가 주체 자체의 불통일성과 분열을 사고할 공간을 제공하진 못했다. 다만 노동자들이 현재 가지고 있는 '의식'과 계급적 관계를 반영하는 프롤레타리아 '계급의식' 간의 차이는 즉자적 계급(자기를 아직 의식하지 못한 계급)과 대자적 계급(자기를 의식한 계급)이라는 헤겔적인 개념으로 설명하게 되고, 그 차이의 해소는 자칫 (자기)의식화의 문제로 될 위험을 갖게

---

12) 「독일 이데올로기」의 표현을 빌리면, '생활양식'(Lebensweise)이란 개념이 이론적으로 구성될 공간이 여기에 마련된 셈이다. 우리는 이를 생산양식 개념으로 환원시키기보다는 그 공간의 의미 자체를 새로이 탐색하는 작업이 필요하다고 생각한다. 그것은 한마디로 '주체생산양식'에 관한 것이다. 이에 대해서는 이 책의 4장에서 다시 상세히 다룰 것이다.

된다. 물론 혁명적 실천이란 요소가 병존하지만.[13]

둘째, 실천이란 개념이 더 이상 진전되지 않는다. 예컨대 주체를 구성하는 데서 실천 개념이 하는 역할에 대한 개념적 진전이 더 이상 나타나지 않는다. 반대로 이 실천의 개념을 실증주의적 '검증' 개념으로 되돌리려는 경향은 이후 끈질기게 잔존하고 있다.

3. 맑스주의 철학과 근대성

1) 맑스주의와 철학 : 근대로의 회귀

19세기 후반에 이르러 맑스의 사상은 이후 하나의 체계를 이룩하게 된다. 이는 거대한 사상이 거쳐 가는 필연적인 경로다. 더구나 자신의 사상을 오직 프롤레타리아의 혁명적 실천 속에서 정립하려 했던 것이기에, 그래서 물질적 힘으로의 전환을 지향하는 것이기에 체계화는 일부러라도 진행되게 마련이다. 엥겔스와 카우츠키, 플레하노프 등 초기의 중요한 맑스주의자들의 노력은 이처럼 맑스의 사상을 체계화하고 대중화하는 데 초점을 맞추고 있었다.

이런 노력과 함께 맑스의 사상은 '맑스주의'로 발전하게 된다.[14] 나

---

13) 이와 관련해 혁명적 실천(혹은 계급투쟁)이 개개인에게 미치는 효과에 대한 개념적 진전이 있어야만, 그와 병존하는 '의식화' 모델을 제압할 수 있었다고 생각한다. 이는 맑스주의적 저작에서 중요하게 나타나지만 직관적인 데 머물러 있어 개념적 진전은 보이지 않는다. 한편 로자 룩셈부르크는 이 문제에 관한 한 탁월한 예외를 보여 주고 있다. 이에 관해서는 이 책의 7장 참조.

14) 처음에 '맑스주의(자)'란 말은 맑스의 지지자들을 비난하기 위해 무정부주의자들이 사용하던 말이었다. 이후 이 말은 맑스의 지지자들이 자신을 지칭하기 위해 긍정적으로 사용하며, 여기서 카우츠키의 노력이 두드러진다. 이에 관해서는 조르주 옵트, 「맑스와 맑스주의」, 『역사적 맑스주의』, 서관모 엮고 옮김, 중원문화, 2010 참조.

아가 러시아 혁명 이후 맑스주의는 몇 권의 '교과서'로 요약되는 대중적 체계를 갖추게 된다. 그리고 이것이 코민테른을 통해 전세계 사회주의자나 진보적 인사들에게 결정적인 영향을 미친다. 지금 우리가 맑스주의라는 말을 사용하는 것은 대개 이것을 지칭한다. 이러한 맑스주의의 '발전' 속에서 맑스의 철학적 혁명은 지속되지 못했다. 그것은 오히려 근대적 형태로의 맑스주의의 변환에 의해 주도된 과정이었다.[15] 이제 우리는 근대적 형태로의 맑스주의의 변환이 수반해야 했던 중요한 특징들을, 근대적 문제설정과 관계해서 검토해 보겠다.[16]

이와 연관해 가장 근본적이고 결정적인 것은 '과학주의'다. 알다시피 맑스가 활동하던 시기는 오직 참된 지식만이 정당화될 수 있었던 시기였다. 더욱이 다른 사람들의 동의를 얻고, 그들의 이해를 구하기 위해서는 참된 지식이란 형태로 정당화되어야 했다. 이 점에 관한 한 맑스의 사상 역시 예외가 아니었다. 생산양식을 대상으로 하는 이론은 과학으로서 정립되어야 했다. 또한 과학임을 주장하는 부르주아 정치경제학에 대

---

15) 예외가 없지 않다는 의미에서, 그러나 그 예외는 '발전과정'에서 소수자였을 뿐이라는 점에서 '주도'라고 썼다. 다수적 맑스주의, 그것은 지배적 형태의 맑스주의와 정확하게 외연을 같이 한다. 여기서 다수는 숫자의 많음이 아니라, 항상적이고 안정적인 것을 지향하기에, 언제나 권력과 결부되는 그런 것이며, 반대로 소수란 숫자의 적음이 아니라, 그러한 다수성과 항상성, 안정성에서 이탈하며, 그것의 변이선을 만들어 내는 것을 뜻한다. 다수적 맑스주의는 이런 소수적 맑스주의를 배제하고 억압하거나 현재적 형태로 변용시켜 포섭하는 방식으로 그것에 반작용한다. 이러한 다수와 소수 개념에 대해서는 Gilles Deleuze/Félix Guattari, *Mille Plateaux*, Minuit, 1980, pp. 133~134[『천 개의 고원』, 김재인 옮김, 새물결, 2001];이 책의 6장을 참조.

16) 맑스주의에서 근대적 사고가 지배적인 것으로 된 것을 오직 맑스의 철학 자체로 돌리는 것은 부당하다. 그러나 또한 그것을 오직 이후 맑스주의자들만의 탓으로 돌리는 것 역시 마찬가지로 부당하다. 중요한 것은 맑스 자신의 한계와, 그것들이 이후 어떻게 변환되는가를 놓치지 않는 것이다.

한 비판 역시 과학/비과학의 기준으로 행해졌다.

사실 그것 이외의 다른 기준으로 부르주아 이데올로기와 투쟁하고 비판하는 것이 그 시대에 어떻게 가능했을까? 이런 점에서 '과학주의'는 맑스가 결코 벗어날 수 없었던 지반이었는지도 모른다. 더구나 대중적인 동의를 구하고 대중적인 이해를 통해서 스스로 물질적 힘이 되어야 한다고 생각했던 사상이라면. 그래서 『정치경제학 비판을 위하여』의 시리즈를 1권으로 포기하고, 좀더 대중적인 문체로 『자본』을 쓰려고 했던 맑스라면. 그리하여 『자본』에 대한 최대의 보상을 유럽 노동자들이 그것을 읽어 준다는 것에서 찾았던 이 위대한 혁명가라면.[17]

이는 단지 대중만의 상황은 아니었다. 오히려 대중운동의 지도자들이나 지식인들 사이에선 과학주의적 태도가 더욱 광범했다. 예컨대 당시 독일 사회민주당의 중요한 지도자들은 한결같이 '과학주의'에 젖어 있었다. 그리고 그 당시 과학의 가장 중요한 모델로 간주되었던 것은 다윈의 생물학, 즉 진화론이었다. 이런 맥락에서 맑스와 다윈의 비교는 끊임없이 행해졌으며, 심지어 다윈적인, 진화론적인 방식으로 맑스주의를 해석하는 태도들이 지배적이었다.[18]

우리는 1880년대에 카우츠키가 당대의 다른 모든 사람들과 마찬가지로

---

17) 『자본』의 「서문」들을 참조. 디터 그로는 독일 노동운동이 맑스와 엥겔스의 개념과 이론들을 채택한 것은 선별적 과정을 통해서였다고, 즉 다른 것들과의 비교 속에서 선택된 것이었다고 말한다. 요컨대 맑스주의는 '선별'되어야 했던 것이다! 그리고 그것은, 당연한 것이겠지만, 특정한 방식으로 해석된 것이었다고 한다(디터 그로, 「독일의 '맑스주의적' 노동자운동」, 『역사적 맑스주의』, 312쪽).

18) 이러한 태도에 의해 맑스의 사상은 그 당시 독일의 사회민주당과 노동운동에서 진화론적으로 해석되고 그런 방식으로 수용되었다고 한다.

다윈의 열렬한 찬양자였음을 상기해야만 한다. …… 다윈주의가 자연과학과 동의어였다면 맑스주의는 사회과학과 동의어였다. 카우츠키가 이 점에선 전혀 예외가 아니었음에 주목하자. 다윈과 맑스의 비교는 세기말 사회주의적 담론 속에서 끊임없이 행해졌다. 그것은 과학주의에 젖어 있었으며, 자연과학에서 유래한 진보 및 진화의 사상과 일원론적 유물론에 지배되던 당시의 감성과 집단심리를 반영했다.[19]

그런데 '과학주의'가 단지 자신의 지식을 정당화하고 대중운동의 지도자들이나 대중들에 의해 수용되어야 한다는 사실에서 야기된 것만은 아니다. 그것은 어쩌면 맑스와 엥겔스 자신조차 벗어날 수 없었던 '시대의 한계'였던 것 같다. 이런 태도는 특히 엥겔스에게서 분명하게 확인된다. 그는 사유와 그 법칙에 대한 학문인 논리학과 변증법만이 철학의 영역에 남을 것이며, 다른 모든 것은 자연과 역사에 관한 실증과학으로 귀착되리라고 본다.[20] 나아가 개념이 현실적인 사물의 모사요 반영인 한 "변증법은[논리학도 마찬가지겠지만] 외부세계와 인간 사유 두 영역의 일반적 운동법칙에 관한 과학으로 환원되었다"고 한다.[21] 그리고 이런 관점에서 '자연변증법'을 자연의 운동법칙에 대한 과학으로서 체계화하려고 한다.[22]

또한 '실천'을 통해 이론적 이해의 정확함을 확인하고, 철학적 망상에 타격을 가할 수 있다고 한다. 그리고 이런 실천의 개념에 해당되는 것

---

19) 옵트, 「맑스와 맑스주의」, 271~272쪽.
20) 프리드리히 엥겔스, 『반뒤링론』, 김민석 옮김, 중원문화, 2010.
21) 엥겔스, 『루트비히 포이어바흐와 독일 고전철학의 종말』, 강유원 옮김, 이론과 실천, 2008.
22) 엥겔스, 『자연변증법』, 한승완 외 옮김, 새길아카데미, 2012.

으로 실험과 산업을 들고 있다. 이로써 칸트적인 물자체는 인식된 사물로, '우리에 대한 사물'로 전환된다고 한다.[23] 결국 실천은 '검증' 개념과 유사한 기능을 하는 것으로 된다.

이런 점에서 '과학주의'는 맑스의 새로운 철학적 혁명을 포위하고 있던 이중의 벽이었던 셈이다. 근대적 문제설정의 가장 중요한 특징을 이루는 이 벽을 벗어나지 못하는 한, 근대적 문제설정 너머에서 출발한 새로운 문제설정은 불가피하게 근대화될 운명에 처하게 된다. 마치 예전에 유명론이 로크에 의해 근대화되었듯이, 혹은 스피노자가 셸링이나 헤겔에 의해 근대화되었듯이.[24]

그 대표적인 징후는 물질과 의식이란 범주가 철학 전체를 좌우하는 중심적 위치를 회복하게 되고, 그 양자의 관계나 일치가능성이란 문제가 철학의 근본문제나 철학사의 중심축에 들어서게 되는 결과로 나타난다. 물론 이는 엥겔스의 최후의 입장(1888년)이며, 맑스의 저작에선 전혀 없진 않다 해도 명시적으로 드러나는 요소는 아니다. 하지만 '과학주의'의 벽 안에서 엥겔스가 제시한 이 정식화는 이후 맑스주의를 철학적으로 체계화하는 데 결정적인 영향을 미친다.

맑스주의 철학에서 물질과 의식, 존재와 사유, 대상과 주체 범주가 복권되는 것은 바로 이 정식화를 통해서다. 그에 따라 그것이 자리잡고 있던 근대적 문제설정이란 지반 자체가 맑스주의를 포위한다. 결국 맑스주의 전체가 근대적 한계 안으로 회귀할 기초가 마련된 것이다.

요약하면, 맑스와 엥겔스는 자신의 탈근대적 개념과 문제설정에도

---

23) 엥겔스, 『루트비히 포이어바흐와 독일 고전철학의 종말』, 34쪽.
24) 이에 대해서는 『철학과 굴뚝청소부』, 109~120쪽, 173~189쪽을 참조.

불구하고 과학주의라는 이중의 벽에 갇혀 있었고, 그 안에서 사고하고 활동해야 했다. 따라서 그들의 이론은 탈근대적 개념에 기초해서 새로운 출발이 가능했던 것이었으나, 과학주의적인 방식으로 스스로를 정당화해야 했으며, 결국은 과학주의의 벽을 끝내 돌파하지 못한다. 그리고 엥겔스는 그 벽 안에서 철학적 사고의 근본개념을 존재/사유, 물질/의식으로 전환시킴으로써 근대적 설정 속으로 되돌아간다. 이처럼 '근대로의 회귀'의 기초가 과학주의를 통해 만들어진 셈이다.

2) 맑스주의 철학의 근대적 형태

엥겔스 이후 맑스주의의 철학적 근대화는 급속히 진행된다. 그 결과 맑스주의 내부에 두 가지 철학적 흐름이 만들어진다. 하나는 '과학주의'의 직접적 효과 속에 있는 것이다. 이는 모든 지식이 실증과학으로 전화되리라는 엥겔스 명제의 직접적 연장선상에 있는 것으로, '실증주의'라고 할 수 있다. 다른 하나는 흔히 '실천철학'이라고 불리는 것인데, 실증주의에 대한 반대 입장에 서 있다. 대개 과학주의 자체에 대해서도 반대하는데, 근대적인 '주체철학'의 일종이다. 이 양자는 각각 근대적인 과학주의와 근대적인 주체 개념의 잔재에 기초한, 맑스주의 철학의 근대적 분할형태인 셈이다.

실증주의

이는 근대적 맑스주의 철학의 지배적인 형태다. 그것은 엥겔스 이래 맑스주의 철학에서 대개 지배적인 지위를 차지하고 있었으며, 전반적으로 실증과학에 대한 근대적 신뢰에 의해 추동되었다. 물질/의식, 존재/사유 간 관계와 더불어 모든 철학의 중심문제로 파악된 양자의 일치가능성(진리)

문제가 여기서 하나의 중심적인 회전축을 제공한다. 과학을 지향하며, 과학으로 스스로를 정당화하려는 지향 속에서, 맑스가 제시했던 새로운 실천 개념은 실험과 산업에 의해 대표되는 진리의 검증장치로 전화되었다. 그 도움을 받아 유물론은 반영론으로, 즉 사유가 존재를, 의식이 물질을 모사한다는 '근대적' 인식론으로 전환되었다.

이러한 엥겔스의 테제는 이후 레닌과 스탈린, 그리고 소련 철학 전반에 주춧돌이 된다. 예컨대 『유물론과 경험비판론』에서 레닌은 엥겔스가 『포이어바흐와 독일 고전철학의 종말』에서 제시한 철학의 근본문제를 자신의 인식론적 작업의 근본적인 구획선으로 삼고 있다.[25] 레닌에게서 반영론의 근대적 형태는 더욱 강화된 양상을 보인다.

레닌은 인식론으로 파악된 유물론에 대해 다음과 같이 쓰고 있다. "대상, 사물, 물체가 우리의 외부에, 그리고 우리로부터 독립하여 존재하며, 우리의 감각은 외적 세계의 모사라는 점이다."[26] "여기서 문제가 되고 있는 것은 …… 자연을 반영하는 의식과 의식에 반영되는 자연의 조응이다."[27]

따라서 그의 진리 개념이 이러한 출발점 위에서 만들어지는 것은 어쩌면 당연한 것처럼 보인다. 그에 따르면, "대상적 진리란 사유에 의해 참되게 반영된 대상(물자체) 이외에 다른 어떤 것도 의미하지 않는다".[28] "우리의 감각을 외적 세계의 모사로서 간주하는 것, 객관적 진리를 승인하는 것, 유물론적 인식론의 입장에 서는 것 ——이것은 모두 동일한 것이

---

25) 블라디미르 레닌, 『유물론과 경험비판론』, 정광희 옮김, 아침, 1989, 102~103쪽.
26) 같은 책, 107쪽.
27) 같은 책, 143쪽.
28) 같은 책, 108쪽.

다."[29] "객관적 진리를 승인하는 것, 즉 인간 또는 인류에 의존하지 않는 진리를 승인하는 것은 어떻든 간에 절대적 진리를 인정한다는 것이다."[30] "인간의 사유는 본질적으로 상대적 진리의 총합인 절대적 진리를 우리에게 줄 수 있고 또 주는 것이다. 과학도 그 발전단계마다 절대적 진리의 총합에 진리의 새로운 사소한 진리를 첨가한다. 그러나 각 과학적 명제의 진리성의 한계는 상대적이다. 즉 인식의 성장에 따라 늘어나기도 하고 줄어들기도 한다."[31]

레닌의 실천 개념은 이런 맥락에서 나온다. "우리의 실천이 증명하는 것만이 유일한, 궁극적이고 객관적인 진리"인 것이다.[32] 실천은 "인식론에서의 실천이라는 기준"이란 제목 아래 이론의 객관적 진리성을 '증명'하는 것으로서 상정되어 있다.

결국 레닌은 물질/의식 혹은 주체/객체의 동일성이란 문제가 야기하는 딜레마를 '무시'하고 있다. "현상과 물자체 사이에는 어떠한 원칙적 차이도 없고, 또 있을 수도 없다. 유일한 차이는 알려진 것과 아직 알려지지 않은 것 사이의 차이뿐이다."[33]

다른 한편 스탈린 시대에 그 기초가 확고히 마련된, 그리고 그의 사후 최근까지도 지속된 철학교과서의 체계 역시 이와 동일선상에 있다. 여기서는 두 가지 문제를 세계의 본성/본질에 대한 문제와 세계의 인식가능성에 관한 문제라고 요약함으로써 그 특징을 분명히 정식화한다.[34] 또

---

29) 레닌, 『유물론과 경험비판론』, 136쪽.
30) 같은 책, 138쪽.
31) 같은 책, 140~141쪽.
32) 같은 책, 149쪽.
33) 같은 책, 106쪽.
34) 표도르 콘스탄티노프, 『철학의 기초 이론』, 성문출판사 편집부 엮음, 백산서당, 1990.

한 "진리와 허위의 문제를 회피하려는 철학은 생각하기 어렵다. 인식론적 문제는 그 초점으로 진리에 수렴해 간다.…… 인식의 목적은 진리고, 그것에 도달할 수 있다는 것은 (맑스주의에서는) 누구나 승인하는 바"라고 한다.[35]

　이러한 입장은 대상이나 주체를 실천으로 파악하던 맑스의 입론을 물질과 의식이란 근대적 범주로 되돌려 놓는다. 그리고 현실성, 힘, 차안성으로서 파악되던 진리를 대상과 일치하는 지식이라는 전형적인 근대적 개념으로 회귀시킨다. 이때 감성적 활동은 단지 대상을 모사하고 검증하는 중립적 장치로 간주된다. 따라서 실천 개념은 대상, 현실, 감성과의 관련성을 상실한 채 실증주의적 개념으로 되돌아간다. 요컨대 반영론이라 불리는 인식론은 극히 근대적인 유물론의 다른 이름이다.

　물론 이런 문제설정에서 대상과 인식이 일치하는지 확인할 방법은 없다. 그런 점에서 근대적 딜레마까지 함께 싸안는 셈이다. 그러나 그것을 딜레마로 느끼지 않는다. 왜냐하면 일치가능성은 실험과 과학이 보증해 주리라는 결론을 전제로 하고 있기 때문이다.

실천철학

이는 근대적인 맑스주의 철학에서 가장 빈번히 나타나는 것인데, 실증주의에 대한 반대물이면서 동시에 전체적으로는 그 보충물이기도 하다. 여기서는 물질/의식이라는 실증주의적 짝보다는 실천적 주체와 그 대상이란 짝을 기초로 삼고 있다. 논자에 따라 차이는 있으나, 대개 실천을 주체로서 인간의 존재론적 본질로 간주한다. 그리고 실천은 대개 목적의식적

---

35) 파벨 코프닌, 『마르크스주의 인식론』, 김현근 옮김, 이성과 현실사, 1988, 133~134쪽.

이고 의식적인 인간의 활동을 뜻한다.

　이런 입장을 가장 명확하게 하는 것은 둡체크가 주도한 체코 자유화 운동의 철학자 코지크다. 그에 따르면,

> 유물론 철학에서 실천이라는 문제는 …… 다음과 같은 철학적 물음에 대한 철학적 대답으로서 형성된다. —— 인간은 누구인가? 사회-인간적 현실은 무엇이며 이 현실은 어떻게 형성되는가?
> 실천이라는 개념에서 사회-인간적 현실은 주어진 것에 대립되는 것으로서, 즉 인간 존재의 형성인 동시에 그 특수한 형태로서 나타난다. 실천은 인간 존재의 영역이다.[36]

　따라서 실천은 존재론적 의미를 지니는 어떤 것이고, 사회-인간적 현실을 형성하는 적극적 요인이며, 이로서 인간은 세계의 통일성을 생산해 낸다. 이 속에서 인간적인 것과 비인간적인 것의 구별이 일어난다.[37] "실천이란 인간을 대상화하고 자연을 지배함과 동시에 인간의 자유를 실현하는 것이다."[38]

　루카치 역시 『역사와 계급의식』의 핵심개념을 '실천'이라고 말한다.[39] 이는 정관적인 부르주아적 사유를 극복하는 요인으로서 고려된 것이다. 그가 여기서 염두에 두고 있는 것은 대상과 주체 간의 근대적 분리가 야기하는 문제점이다. 그는 인식의 주체이자 객체인 계급을 통해, 그

---

36) 카렐 코지크, 『구체성의 변증법』, 박정호 옮김, 거름, 1985, 183~184쪽.
37) 같은 책, 184~185쪽.
38) 같은 책, 187쪽.
39) 죄르지 루카치, 「서문」(1967), 『역사와 계급의식』, 박정호 옮김, 거름, 1999, 19쪽.

계급의 실천을 통해 대상과 주체의 분리는 극복되며, 이로써 총체성의 이념이 실현될 수 있다고 본다.[40] 이러한 위치를 갖는 유일한 계급이 바로 프롤레타리아트다.[41] 물론 여기서 이 주체가 스스로를 인식하고 의식화되는 것(계급의식)이 중요하다.

이런 관점에서 그는 실증주의적 인식론에 대한 비판을 자연과학에 대한 비판으로까지 확장시킨다. 즉 총체성을 갖지 못한 채 단순히 나열된 사실들 역시 하나의 해석에 불과하며, 주체와 무관한 객관적 인식은 불가능하다는 것이다.[42] 그리고 엥겔스의 실증주의적 태도가 "역사과정에서 주체와 객체의 변증법이라는 가장 본질적인 상호작용을 방법론적 고찰의 중심에 끌어넣기는커녕 언급조차 하지 않는다. …… 그렇게 되면 '형이상학'과의 차이가 없어지게 된다. 즉 모든 '형이상학적' 고찰에서는 고찰의 객체나 대상이 건드려지지 않고 변화되지 않은 채 있어야만 하고, 따라서 고찰 자체가 단순한 관조에 머무르며 실천적으로 되지 못"한다는 것이다.[43] 결국 이런 식으로는 칸트적 물자체에 대해 종지부를 찍는 게 불가능하다는 것(근대철학의 딜레마)을 루카치는 1967년의 자기비판적 「서문」에서도 계속 언급하고 있다.[44]

요컨대 루카치로선 주/객의 통일과 총체성, 그리고 그것을 이루는 과정으로서 실천을 자기 사상의 중심에 두고 있으며, 이것이 실증주의적인 주/객 분리(정확하게는 물질/의식, 존재/의식의 이분법)가 야기하는 딜

---

40) 같은 책, 57쪽.
41) 같은 책, 87쪽.
42) 같은 책, 61쪽.
43) 같은 책, 58쪽.
44) 같은 책, 21쪽.

레마를 겨냥하고 있음을 명시하고 있는 것이다. 바로 이 점이 코지크와 루카치의 적지 않은 차이에도 불구하고 '실천철학'이란 하나의 범주로 포괄할 수 있게 해주는 요소인 셈이다.

이런 특징은 맑스주의를 '실천철학'이라고 명명하는 그람시에게서도 마찬가지로 확인된다. 그는 실천철학을 철학과 정치, 사유와 행동의 동일성 또는 균형으로 파악한다. 즉 그것은 인간의 사고와 행동에 관한 이해를 의미하며, 이런 점에서 철학이 제기하는 가장 중요한 질문은 "인간이란 무엇인가"다.[45] 따라서 철학은 인간학과 동일시된다.[46]

> 인간이란 무엇인가 하는 질문[은] …… 과연 인간이 자신의 운명을 지배할 수 있는가 하는 물음이며 또 스스로를 만들 수 있으며, 나아가 자신의 삶을 창조할 수 있는가 하는 물음이다. 따라서 우리는 인간을 하나의 과정으로, 더 엄밀히 말해 스스로의 행위[실천]의 과정으로 보고자 한다. …… 그 질문은 곧 인간의 의지와 구체적 활동이 스스로를 창조하고 또 인간이 살아갈 삶을 창조하는 데서 어떤 중요성을 갖는가 하는 질문이 아닐까?[47]

즉 인간이 자신의 삶과 자기 자신을 형성하는 과정으로서 실천이 그의 사고의 중심에 있는 것이다. 그것은 인간을 다른 존재와 구별시켜 주는 특징이다(이런 의미에서 그는 '유적 인간'이란 말을 쓴다).[48] 결국 철학

---

45) 안토니오 그람시, 『옥중수고 2』, 이상훈 옮김, 거름, 1999, 196쪽.
46) 같은 책, 201쪽.
47) 같은 책, 196~197쪽.
48) 같은 책, 199쪽.

과 정치를 통일시키며 사유와 행동을 통일시키는 인간의 적극적이고 창조적인 과정을 실천이란 개념을 통해 파악하려고 하는 것이다. 여기서도 인간 자체를 특징짓는 존재론적 특징으로서 실천을 위치짓고 있음은 분명하다.

그람시 역시 자연과학을 모델로 하는 실증주의적 과학 개념에 대해 매우 비판적이다.[49] 그는 부하린을 겨냥하여 비판하는데, 더불어 '외부 세계의 실재성'을 주장하는 그의 주장을 비판하면서, 실재는 오직 인간과 관련 속에서만 존재한다는 점에서 하나의 생성이라고 본다.[50] 즉 실증주의에 대한 반대입장을 분명히 하고 있다.[51]

요컨대 실천철학이라고 묶일 수 있는 철학적 흐름은 물질, 존재, 혹은 (정적인) 객체에서 출발하는 실증주의와 반대로 적극적이고 주동적인 역할을 하는 주체에서 출발한다. 그리고 그 주체로서 인간이, 혹은 프롤레타리아트가 갖는 존재론적 특징(본질적 특징)을 실천으로서 파악한다. 실천 개념을 통해 주체와 객체는 통일되고, 이로써 루카치가 명확히 지적하듯이 칸트적 물자체의 문제를 해결할 수 없다는 '형이상학적 유물론'(그람시)의 딜레마를 넘어서려고 한다.

그러나 이들의 문제설정 자체가 보여 주듯이 대개 '인간이란 무엇인가?'라는 근대적 질문에서 이들 역시 출발하고 있으며, 주체는 적극적이고 의식적인 활동으로서 파악하고 있다는 점에서 근대적인 주체철학에

---

49) 같은 책, 308쪽.
50) 같은 책, 317쪽.
51) 그람시는 이어서 "실천철학에 대한 루카치 교수의 견해를 연구해야 한다"는 노트를 남겨 두고 있다. 물론 그는 자연과 인간의 이원론에 대한 반대를 전제로 달고 있지만(『옥중수고 2』, 319쪽. 그러나 루카치가 그런 이원론을 취한다는 주장은 근거없는 것이라고 편집자는 주를 달아 놓고 있다).

확고하게 서 있다.

이런 점에서 맑스주의의 상반되는 이 두 형태는 사실상 동일한 근대적 문제설정을 공유하고 있는 셈이다. 그리고 '실천'이라는 맑스의 탈근대적인 범주는 두 경우 모두 근대적 범주로 전환되어 버린다. 전자의 경우는 검증개념으로(실증주의), 후자의 경우는 주체의 존재론적 특징으로(주체의 형이상학). 결국 이 모두는 맑스주의가 근대적 문제설정 속으로 회귀한 결과를 보여 주는 것일 뿐이다.

3) 프롤테타리아트와 과학 : 프롤레타리아적 진리를 향하여!

이 두 가지 형태의 맑스주의는 프롤레타리아트의 사고를 근대적 문제설정 속으로 끌고 들어갔다. 그런데 거기서 프롤레타리아트는 고유한 자신의 지위를 획득하게 된다. 즉 프롤레타리아트는 진리에 도달하기 위한 새로운 출발점의 자리를 차지하게 된다. 이는 자본주의적 계급관계 내에서 프롤레타리아트가 자리잡고 있는 위치를 확인하는 문제기도 했다.

그런데 이 문제와 관련해서 실증주의와 실천철학이라는 상반되는 두 입장은 동일한 지점으로 수렴되는 결과를 보여 준다. 그것은 '계급적 진리', '계급적 과학', 혹은 '프롤레타리아적 진리'란 관념이다. 이는 두 입장이 사실은 상호 대칭적임을 분명하게 보여 주는 것이다. 그러나 그들 각각이 이 지점에 이르는 길은 상이하다. 즉 '계급적 진리'에 이르는 '두 가지 길'을 이들은 보여 주고 있는 셈이다.

실증주의에서 계급적 진리로

우선 실증주의적 입장은 엥겔스와 레닌에 의해 복원된 '진리'란 개념에서 출발한다. 거기서 가장 근본적인 지위를 차지하는 것은 존재/의식, 혹은 물질/의식 개념과, 대상 자체와 일치하는 지식으로서 진리다. 따라서 맑스주의에서 지식은 당연히 '대상에 일치하는 지식'으로서, 진리로서 추구되어야 한다. 따라서 진리/허위의 대립이 지식을 다루는 데 가장 근본적인 축으로서 자리잡게 된다.

이런 맥락에서 그들은 지식의 문제를 과학/이데올로기로서 다룬다. 그리고 이 개념의 짝은 진리/허위라는 개념의 짝과 대응하는 것으로 간주한다. 여기서 진리는 계급적 입장과는 무관하게 옳은 지식을 뜻한다. 반면 이데올로기는 계급적 이해관계에 따라 구성되는데, 이로 인해 대상 자체를 올바로 반영하는 게 아니라 왜곡하고 거짓되게 반영한다. 따라서 이데올로기는 허위의식으로 간주된다. 특히 지배계급의 이데올로기와 동일시되는 지배적 이데올로기가 그러하다. 즉 과학=진리, 이데올로기=허위다.

이제 "사회적 존재가 사회적 의식을 규정한다"는 테제는 "의식은 의식된 존재에 다름아니다"는 테제의 도식화된 해석을 통해, 의식이나 지식을 사회적 존재, 즉 계급관계에 환원하여 파악하는 환원론적 테제로 변환된다. 그 결과 모든 의식이나 관념은 계급적인 것으로 되고, 계급의식의 일부로서 간주된다. 그리고 이 계급의식은 한 사회에서의 계급관계, 나아가 계급적 이해관계를 그대로 반영하는 것으로 간주된다. 즉 모든 관념이나 지식은 이데올로기며, 모든 이데올로기는 계급적이다. 따라서 그것은 모두 계급적 이해관계에 의해 왜곡된 '허위'에 불과하다.

여기서 이중의, 그러나 사실은 단일한 딜레마가 나타난다. ⓐ과학 역시 하나의 지식이라면, 따라서 하나의 '상부구조'에 불과하다면, 진리를 의미하는 과학은 이제 불가능한 것이 아닌가? 혹은 이런 난감한 사태를 방지하기 위해서 계급적 관계의 효과에서 면제받은 진리의 영역을 예외로서 설정해 주어야 하는 것인가? 그렇다면 과학이란 이름으로 불리는 모든 지식은 계급관계의 효과에서 자유로운가? 그것은 지식을 계급관계로 소급해서 파악하는 '유물론적' 관점 자체의 (부분적) 무효화를 뜻하는 건 아닌가?

ⓑ반면 과학이 진리여야 한다면, 따라서 계급적 이해관계에 의해 좌우되어선 안 된다면 프롤레타리아의 이데올로기는 어떻게 되는가? 이 역시 계급적 이해관계를 반영한다면, 진리라고 간주하기 힘든 것 아닌가? 그렇다면 스스로 프롤레타리아의 입장을 대변한다는 맑스주의는 하나의 이데올로기(=허위)에 불과한 것인가? 그것은 과학으로서, 진리로서 연구될 수 없는 것인가? 그렇다면 그것은 진리를 추구하는 스스로의 지향에 비추어 정당화될 수 없는 게 아닌가? 그렇지 않으면 프롤레타리아 이데올로기만은 허위가 아니라는 예외조항을 둘 것인가?

이 딜레마를 해결하기 위해 '과학=진리(≠이데올로기)', '과학=계급적 지식(=이데올로기)'이란 테제에 이어 세번째 차원으로 나아간다. 그것은 '과학적 지식에 대한 계급투쟁의 효과'에 대한 맑스의 견해다.

맑스는 『자본』 1권 2판 후기에서, 계급투쟁이 이론적으로나 실천적으로나 더욱 공개적이고 위협적인 형태를 취함에 따라 부르주아 경제학은 조종을 울리게 된다고 한다. 즉 "어떤 이론이 옳은가 옳지 않은가(ob dies oder jenes Theorem wahr sei)가 문제로 되는 것이 아니라, 그것이 자본에 유리한가 불리한가, 편리한가 불편한가, 정치적으로 위험한가 아닌가가 문제로 되었다"는 것이다.[52]

이는 과학으로 성립한 지식이 계급투쟁의 효과 속에서 어떻게 변환

---

52) 칼 맑스, 『자본론 I(상)』, 김수행 옮김, 비봉출판사, 2001(제2개역판), 12쪽.

되는지를 분석함으로써, '과학'이란 지식조차 상황이나 거기서의 기능·효과와 관련됨을 지적하고 있다. 그런데 이 정당한 테제는 진보적 계급과 반동적 계급의 대비 속에서 반동적 계급은 일관되게 진리를 추구할 수 없으며, 일관되게 진리를 추구할 수 있는 것은 오로지 진보적 계급이라고 하는 테제로 변환된다. 즉 진보적 계급의 이데올로기=진리, 반동적 계급의 이데올로기=허위라는 테제가 성립된다.

물론 일관되게 진보적일 수 있는 유일한 계급은 프롤레타리아트며, 따라서 프롤레타리아트만이 유일하게 진리를 추구할 수 있는 계급이다. 그렇다면 이중의 딜레마는 일시에 해결된다. 과학을 과학이 못 되게 하고 어떤 지식을 진리가 못 되게 하는 원천은 반동적인 계급의 이해관계이기에, 일관되게 진보적인 계급이 있을 수 있다면, 그리하여 진리를 있는 그대로 반영하는 게 자기 이해관계에 부합하는 그런 계급이 있다면 과학은 가능하다. 이제 그것은 그 진보적인 계급이 자기 입장을 충실히 발전시킴으로써 충분히 획득할 수 있는 것이다. 따라서 프롤레타리아 이데올로기는 그 자체가 과학과 동일한 '참된 의식'이다.

따라서 이율배반들이 해소된다! 과학은 계급적 이해관계와 무관한 객관적 진리지만, 이는 계급적 이해관계가 그것을 추구하는 데 어떠한 장애도 만들지 않는 일관된 진보적 계급에 의해서만 연구될 수 있다. 그런 유일한 계급인 프롤레타리아트는 과학, 진리를 자기의 계급적 이해 속에 포함하고 있기에, 그들의 이데올로기는 과학으로서 추구되며, 따라서 더 이상 허위의식이 아니라 참된 의식이요 진리다. "맑스주의는 전능하다. 왜냐하면 그것은 진리기 때문에"(레닌, 「맑스주의의 세 가지 구성요소와 원천」).

이제 과학은 계급적인 것(상부구조)이면서, 동시에 객관적인 것(계급적이지만은 않은 것)이란 '변증법적' 위치를 얻게 된다. 진리 역시 그렇다. 그것은 대상 자체와 일치하는 지식인 한 객관적이며, 따라서 프롤레타리아트라는 계급 외부에 근거를 두고 있다. 동시에 그것은 진리 추구를 계급적 이해관계로 하는 특수한 어떤 계급에 의해서만 가능하기 때문에, 프롤레타리아트 내적인 것이며 주체적인 것이다. 그러므로 '계급적 진리'라는, '프롤레타리아적 진리'라는 역설적 개념이 가능하게 된다! 이것이 바로 '과학=진리=계급적 지식'이란 역설적 테제의 의미인 셈이다.

결국 프롤레타리아트의 입장에서만 보편적 진리는 가능하며, 이런 의미에서 프롤레타리아트만이 보편적 진리를 가능케 하는 보편적 계급이다. 이는 실천철학에서, 특히 루카치에 의해 제출된 보편적 주체로서 프롤레타리아트 개념과 일치한다. 즉 실증주의는 근대적 진리 개념에서 출발하여, 환원론적인 역사유물론과 진보적 계급/반동적 계급의 진리이론을 통해 실천철학에서 가정하고 있는 보편주체라는 존재론적 프롤레타리아트 개념에 도달한 것이다.

실천철학에서 계급적 진리로

대개 인간에 대한 새로운 존재론을 구성하는 방향을 취하는 대부분의 실천철학은 인간이란 범주 속으로 모든 것을 몰아넣는다. 그런데 실천철학의 대표적인 입론을 제시하면서도 인간론보다는 프롤레타리아 계급에 대한 존재론으로 나아가는 논리를 명확하게 보여 주고 있는 것은 루카치의 저작이다. 즉 그에게서 실천철학은 '프롤레타리아트에 대한 존재론'이다.

앞서 본 것처럼 그는 주체 없는 지식, 주체 없는 진리란 불가능하다고 본다. 그는 헤겔적인 입장에서, 자연과학을 모델로 하는, 주체가 배제된 순수히 '객관적인' 지식이란 불가능하며, 그것이 가능하다고 보고 추구하는 실증주의적 입장을 물상화된 자본주의의 소산으로 간주한다.

그가 보기에 진리란 주체로부터 독립된 어떤 지식이 아니라, 반대로 주체와 객체의 통일성을 확보할 때만 비로소 가능하다. 그런데 그것은 스스로가 주체이면서 동시에 객체인 특수한 존재가 나타남으로써만 가능해지는 일이다. 즉 주관주의적 환상과 실증주의적 '사실'을 동시에 넘어서 진리로 승화되는 것은 존재론적으로 주체와 객체가 통일된 계급으로서 프롤레타리아트를 통해서다.

따라서 프롤레타리아트는 (사회과학에서) 진리를 가능하게 하는 보편적 계급이며, 진리의 존재론적 전제다. 즉 프롤레타리아트만이 진리에 도달할 수 있는 것이다. 그리고 주체=객체인 계급의 자기의식이 바로 진리다. 즉 진리란 프롤레타리아트의 계급의식에 다름아니다. 그리고 이러한 계급의식을 현실적으로 담지하고 있는 것이 바로 당이라고 루카치는 본다. '계급적 진리', '계급적 과학'이란 역설적 개념이 여기서는 오히려 프롤레타리아트에 대한 존재론적 개념을 통해서 출현한다. 이로써 실증주의와 실천철학의 대칭성이 드러난다.

이상을 통해 우리는 몇 가지 결과를 요약할 수 있다.

첫째, 프롤레타리아트는 진리의 존재론적인 전제다. 그것은 진리에 도달할 수 있는 유일한 계급이기에, 진리 혹은 과학을 위해선 프롤레타리아트 입장에 확고히 기초해야만 한다. 즉 프롤레타리아트는 계급적 인식을 통해 객관적 진리에 도달할 수 있는 특수한 계급, 보편계급이다. 이로써 프롤레타리아트는 데카르트적 주체를 대신해 인식의 새로운 출발점으로서 정립된다. 즉 근대적 주체를 대신하는 인식의 출발점이 맑스주의적 개념을 통해 복원된 셈이다. 이제 프롤레타리아트는 모든 인식과 사고의 근저에 자리잡은 시원적 범주가 된다.

둘째, 진리는 프롤레타리아 계급을 통해 가능한 계급적 진리며, 프롤레타리아트의 계급적 진리야말로 과학을 지향하는 모든 인식이 목표로 삼아야 할 지점이다. 이로써 근대적인 인식론의 목표지점이었던 '진리' 역시 맑스주의적 변형을 거쳐서 새로이 복원된다. 이제 프롤레타리아트는 모든 대상을 올바로 인식할 수 있으나(목표에 도달하려면 참된 출발점에서 시작해야 한다!), 다른 계급은 그러지 못한다.

셋째, 실증주의에게나 실천철학에게나 프롤레타리아트의 계급적 진리를 담지하고 그것을 실현하기 위한 담지체가 바로 당이다. 그것은 프롤레타리아트의 계급적 이해를 이론적으로, 실천적으로 담보하고 있으며, 프롤레타리아트의 일관된 실천적 진보성과 이론적 관심을 대변한다. 따라서 당이 바로 계급적 진리에 이르는 길을 매개한다. 따라서 진리를 향한 프롤레타리아트의 행보는, 그것을 앞서 사고할 수 있으며, 이론적으로 발전시킬 수 있고 실천적으로 확고하게 집행할 수 있는 당의 지도를 통해 목표에 도달할 수 있다. 당이 참된 인식의 진정한 주체가 된다.

넷째, 그렇지만 근대철학자들을 고민하고 동요하게 했던 근대적 딜레마는 여기선 이미 별다른 문제가 되지 않는다. 즉 한편에선 유물론은 인식이란 대상의 반영이라고 보는 테제로써 조직되며, 여기서 인식이 목표인 대상적 진리에 도달하는 데는 어떤 본질적 장애도 없다고 '가정된다'. 따라서 진리는 단번에 획득되는 것은 아니라고 할지라도 언젠가는 도달가능한 것이며, 실천을 통해 검증될 수 있는 것으로 간주된다. 진리란 이런 뜻에서 절대적 진리와 상대적 진리의 통일로 간주된다. 다른 한편에선 계급적 진리란 주체이자 객체인 프롤레타리아트의 자기의식이란 테제를 통해 해소된다. 그것은 자신의 존재론적 본질이기에 오직 장애물에 의해서만 도달을 방해받는 '자명한 도달점'이다.

두 경우 공히 대상과 인식의 일치를 확인하는 문제는 애시당초 문제되지 않는다. 즉 일치는 이미 가능한 것으로 가정되고 전제된다. 이럼으로써 딜레마 자체는 거의 주목되지 않으며, 무시되고 지나쳐진다.

이럼으로써 ⓐ계급의식이 진리인지 여부는 다만 가정되는 데 머물고, 현재 '계급의식'이라고 간주되는 어떤 이론이나 관념이 정말 계급의식인지, 다른 의식과는 어떻게 비교될 수 있는 것인지는 사실 알 수 없고 확인할 수 없는 것이 된다. 근거를 확보하지 못한 채 참됨이 가정된다. 반면 프롤레타리아트라는 보편계급적 출발점이 진리의 '보증자'로서 기능하는 듯이 보인다. 즉 프롤레타리아트의 입장에 섬으로써 진리에 도달할 수 있는 유일한 위치를 이미 확보한 것으로 생각된다. 그것은 진리를 확보할 수 있는 안전하고 손쉬운 지반이 된다. 안이함과 자만, 그리고 독단과 교조의 시대가 이와 무관한 것일까?

ⓑ한편 이미 확보된 지반으로 인해 몇 가지 이론적 환원이 나타난다. 첫째, 모든 이론적이고 실천적인 문제는 프롤레타리아트의 계급의식으로, 프롤레타리아적 지식으로 환원된다. 둘째, 프롤레타리아트의 계급의식, 지식은 모두 그 안전지대인 '맑스(레닌)주의'로, 즉 이미 진리로 간주되고 있는 기존의 지배적 형태의 맑스주의로 환원된다. 셋째, 그리고 이 계급의식이 바로 당에 의해 담지되는 것이라면, 맑스주의에 대한 해석을 비롯한 모든 문제가, 이미 진리로 간주되는 '당의 결정'으로 환원된다. 여기서 중앙위원회로, 또 거기서 지도자(수령)로 나아가는 데는 어떤 본질적 장애도 없는 것 같다.

인식되거나 말거나, 인정되거나 말거나 복원된 근대적 문제설정과 그 딜레마는 이처럼 자기 나름대로 작동한다. 이는 근대적 형태로 회귀한 맑스주의를 통해 노동운동과 사회주의 운동에 철학적-정치적 효과를 미치게 된다.

4) 프롤레타리아적 주체 '형성'의 문제 : 전위와 대중의 변증법

맑스주의 역사유물론은 자본주의 생산양식에 대한 분석을 통해서 자본주의 생산양식의 역사적 성격을 드러내고 그것을 상대화시켰다. 그것은 자본주의적 생산양식을 넘어서 새로운 사회를 창출하는 문제를 사고할 수 있게 해주었다. 이는 일차적으로 생산수단 소유관계의 변혁을 통해서, 그리고 프롤레타리아트의 정치권력을 통해서 새로운 형태의 사회를 창출하는 문제였다.

다른 한편 이러한 변혁을 위해서 노동자들은 프롤레타리아트라는 하나의 계급으로 '형성'(formation)되어야 했다. 이는 자본주의적 관계 속에서, 부르주아 이데올로기에 의해 '오염된' 대중을 그 이데올로기로부터 끄집어내고, 프롤레타리아트의 새로운 이데올로기로 교육하고 의식화함으로써, 그리고 그것을 당에 의해 지도되는 다양한 조직들로 '조직화'함으로써 가능한 것이었다. 요컨대 개개의 대중들을 프롤레타리아트의 계급의식으로 의식화하고, 이를 통해 그들을 전체 계급을 구성하는 통일적 조직으로 묶어세움으로써 프롤레타리아트라는 '주체'는 형성될 수 있었다.

그런데 알다시피 이 계급의식은 부르주아 이데올로기 속에서 사고하고 행동하는 대중들의 자생적 활동으로부터는 나오지 않는다. 그것은 그 외부에서, 이론으로서, 과학으로서 추구되어야 하며, 목적의식적 실천을 통해 대중들 속으로 '도입'(좀더 강한 단어를 쓰면 '주입')되어야 했다.

'계급의식의 담지체'로서, 노동자들을 하나로 묶어세우는 통일적 조직으로서 당의 기능과 활동은 바로 이런 맥락에서 정의되었다. 당이 이런 기능을 위해 대중들을 의식화시키고 조직하며 지도하는 역할을 한다는 점에서, 그것은 노동자계급의 전위요, 선진적인 부분이다. 물론 전위로서의 당은 대중 속에서의 활동을 통해 대중들의 이해를 '좀더 정확하게' 반영할 수 있으며, 대중적 실천을 통해 그 올바름을 검증하고 확인할 수 있다. 상호전제하며, 상호규정하는 이 대립적 부분들 간 관계가 '전위와 대중의 변증법'이다.

당은 노동자계급의 이해를 반영하고 대변하는 조직이고, 이러한 계급적 이해를 대중에게 일깨우며(의식화), 이들을 하나로 묶어 통일적으로 움직이게 하는 신경망이다. 즉 당은 프롤레타리아트라는 주체의 의식이요 머리다. 반면 대중은 프롤레타리아트의 몸체며, 머리가 작동할 수 있는 전제고, 머리가 해야 할 일을 규정하는 기초다.

그런데 이 모델 자체는 의식적 주체라는 근대적 개념의 확장을 통해 성립된 것이다. 즉 당은 프롤레타리아트라는 주체의 (자기)의식이며, 프롤레타리아트 자신의 이해를 투명하고 통일적으로 반영한다. 그런 한에서 그것은 계급적 진리를 투명하게 체현하고 있으며, 통일성을 확보할 수 있는 유일한 중심이다. 그리고 부르주아 이데올로기에 매인 대중들, 자신의 이해조차 인식할 수 없는 대중들은 과학적인 이 계급의식, 이 계급적 이성의 지도를 받아야 한다.

이러한 입론은 그 자체만으론 "사회를 선진적 부분과 후진적 부분으로 분할하는" 근대적 이분법에 기초하고 있다. 즉 이성적인 부분과 비이성적인 부분, 깨인 부분과 깨이지 못한 부분이란 계몽주의적 이분법. 그리고 여기서 이성적인 부분, 깨인 부분, 선진적인 부분의 중심성은 이미 처음부터 이분법 자체에 함축되어 있는 것이다.

따라서 전위적 부분의 판단과 대중들의 판단이 서로 빗나갈 때 전자가 후자를 비판하고 비난하는 것은 아무 근거 없는 부당한 것만은 아닌 셈이다. 이런 일들은 프랑스와 독일, 러시아의 혁명과정에서 무수히 나타났으며, 그에 대한 정당한 비판은 대개 정치적 직관에 의존하고 있을 뿐이었다. '당의 신뢰를 저버린' 인민에 대해 비난을 퍼부은 동독공산당[53] 역시 전위로서의 이러한 자임에 근거하고 있었을 것이다.

이러한 입론의 문제는 사회주의 사회에서 더욱 체계화된다. 노동조합을 비롯한 대중조직들은 당이란 전위의 판단과 실천을 대중들에게 전달해 주는 '전도벨트'(스탈린)로 정의되고, 대중운동 자체는 전위적 결정의 올바름을 확인하고 지지하기 위한 시위로 전환된다. 교육하는 자와 교육받는 자의 이분법을 뛰어넘는 '혁명적 실천'은 교육하는 자를 지지하는 동원운동으로 대체된 셈이다. 이 역시 근대적 맑스주의의 철학적-정치적 효과가 아닐까?

4. 맑스의 철학적 공간

모든 이론에는 고유한 역사의 흔적이 새겨져 있다. 그 이론이 아무리 일반적이고 초역사적인 형태로 정식화되었든 간에. 가장 일반적인 형태로

---

53) 1953년 6월 17일 동베를린 노동자 봉기를 진압한 동독공산당은, 당과 정부를 실망시킨 인민을 비난하면서 이제 다시 당의 신뢰를 획득할 것을 촉구하는 전단을 뿌렸다. 이를 두고 브레히트는 다음과 같이 통렬하게 풍자한다. "[그 전단에는] ······ 인민들이 어리석게도/ 정부의 신뢰를 잃어버렸으니/ 그것은 오직 2배의 노동을 통해서만/ 되찾을 수 있다고 씌어져 있었다. 그렇다면 차라리/ 정부가 인민을 해산하여 버리고/ 다른 인민을 선출하는 것이 더욱 간단하지 않을까?"(베르톨트 브레히트, 「해결방법」, 『살아남은 자의 슬픔』, 김광규 옮김, 한마당, 2004, 139쪽)

제시되는 철학적 사고조차 자신을 둘러싼 고유한 역사의 산물이다. 맑스주의 역시 그렇다. 아니, 스스로 역사적 개입을 지향하며, 거기에 적합한 형태를 취하고자 하는 것이 맑스주의 이론이기에 맑스주의는 더욱더 역사로부터 자유로울 수 없다.

그러나 역사의 흔적으로서 이론을 이해한다는 것이 그것이 갖는 일반성을 무화함을 의미하는 것은 또한 아니다. 즉 이론이란, 시절이 달라지면 강물에 흘러가듯 무효화되는 게 아니다. 그것은 이론이 역사의 흔적이면서, 동시에 역사로부터 거리를 두려는 노력을 동시에 포함하고 있기 때문이다. 그래서 이론은 언제나 일반적 형태로 제시되게 마련이다.

중요한 것은 이 양자 간의 긴장을 놓치지 않는 것이다. 이런 의미에서 우리는 역사와 현실의 변화를 들어 이론 전체를 던져 버리는 것에도, 반대로 이론의 일반성을 들어 변화와 무관하게 그것을 고집하는 것에도 동의하지 않는다. 오히려 중요한 것은 변화된 역사를 통해서 기존 이론의 한계를 사고하고 새로운 사고의 요소를 찾아내는 것이다. 그리고 이 새로운 사고의 요소를 통해서 이론의 변화를 도모하는 것이다.

우리는 지배적인 형태의 맑스주의에서 당연시되었던 것들, 따라서 우리 역시 당연시했던 것들에 대해 근본적인 질문을 던지고 의문에 부치려고 했다. 그것은 당연시된 것들의 '근대성'을 통해서, 즉 맑스주의를 지배하고 있는 근대적 사고의 흔적들을 통해서 맑스주의의 한계를 사고하려는 것이었다. 그리고 이를 통해 근대적 사고의 한계를 넘어서려는 맑스의 노력을 주목하려고 했다.

그러나 맑스가 만들어 낸 탈근대적 사고의 이 공간은 곧바로 맑스의 시대를 지배한 역사 속에서, 특히 과학주의라는 이중의 장벽에 갇혀 축소되고 무화되었다. 역사는 이처럼 강력하게 새로운 사고와 이론에 자신의 흔적을 새기는 것이다! 근대적인 형태를 취해야만 했던 탈근대적 사고의 딜레마. 바로 이것이 맑스의 새로운 철학이 다시금 근대로 회귀토록 한 셈이다. 이것은 역사에 개입하려는 사상의 불가피한 선택이다.

근대의 장벽을 깨야 하는 시기에, 적어도 그것을 깰 수 있는 조건이 마련된 시기에 근대성에 안주함으로써 비극의 본 막(幕)은 시작된다. 근대적 형태의 맑스주의는 고착화되고 체계화되어 '정통'이란 공식성을 갖고 확산되었다. 맑스주의가 역사의 흔적을 지워 버림으로써 역사에 개입하려 하는 순간, 그것은 새로운 차원의 혁명적 사고조차 역사적 흔적에 의해 지워 버릴 수 있었던 용기 있는 사상과는 다른 의미를 갖게 되는 것은 아닐까?

이런 점에서 맑스의 철학적 혁명이 창출한 탈근대적 사고의 공간에 들어가 공간 자체를 확장하고 그 속에서 맑스주의 자체와 역사까지도 다시 사고할 수 있는 이론적 요소를 찾아내는 작업은 이제 우리에게 주어진 것이다. 이를 통해 우리는 맑스의 정신에 따라 근대적 한계를 넘어서 맑스주의를 밀고 나갈 수 있는 게 아닐까? 이는 맑스의 철학적 혁명을 통해 마련된 지반으로 돌아간다는 점에서 어쩌면 '다시 맑스로' 회귀하는 것인지도 모르겠다. 그러나 거기에서 기다리고 있는 것은 맑스가 제시한 어떤 '과학적' 명제들의 집합이 아니라, 다만 그가 마련한 '공간'일 뿐이란 점에서 단순한 회귀는 분명 아닐 것이다. 근대 너머를 사고할 수 있는 그 공간만으로 근대성의 경계를 넘어서는 데 충분하다고 생각하지만 않는다면 말이다.

3장_맑스의 근대 비판:정치경제학 비판을 위하여

1. '정치경제학 비판'을 위하여

맑스주의는 흔히 변증법적 유물론이라는 철학과 자본주의에 대한 이론으로서 정치경제학, 그리고 역사유물론이라는 역사 및 혁명이론으로 구성된다고 한다. 이는 아마도 엥겔스가 『반듀링론』에서 맑스의 이론적 요소를 옹호하기 위해 그 구성요소를 세 가지 부분으로 구분하여 서술한 이래, 그리고 레닌이 「맑스주의의 세 가지 구성요소와 원천」에서 반복한 이래 대부분의 맑스주의자들에 의해 인정된 것이다. 그리고 헤겔에서 정점에 이른 독일의 철학과 스미스, 리카도에 의해 과학으로 확립된 영국의 정치경제학, 오언이나 생 시몽, 푸리에 등으로 대표되던 이전의 공상적인 공산주의 운동이 그 각각의 원천이라는 것 역시 마찬가지로 대부분 인정하고 있는 것이다.

하지만 헤겔이나 포이어바흐 등과 구별되는 맑스의 고유한 철학이 있는 것일까? 있다면 그것은 무엇인가? 이 질문은 명시적으로는 알튀세르에 의해서 반복하여 던져졌으며,[1] 묵시적인 형태로는 루카치[2]나 그람시[3] 등에 의해 던져졌으며, 우리 역시 근대철학과의 관계 속에서 나름대로 던지고 대답하려 했던 질문이었다.

이제 우리는 이와 유사한 질문을 정치경제학에 대해 던져야 한다. ——스미스나 리카도와 구별되는 **맑스의 고유한 정치경제학이 있는가?** 있다면 그것은 무엇인가?

이는 철학에 대한 질문과 유사하지만, 그 질문이 던져지는 지형은 매우 다르다. 철학의 경우 맑스 자신은 자신의 고유한 입지점을 마련한 이후 어떠한 철학적 저작도 남기지 않았다는 점에서, 그 기묘한 '부재'가 질문을 던지게 하는 것이며, 이런 점에서 어쩌면 명시적으로는 부재하는 것을 찾아내려는 질문이며, 당연해 보이는 질문이다. 반면 정치경제학과 관련해서 보자면, 맑스 자신의 가장 중요한 저작이 방대한 분량으로 남아 있으며, 자본주의 생산양식에 관한 매우 체계적인 연구와 서술이 분명히 있다는 점에서, 명시적으로 존재하는 것에 대한 질문이고, 그런 만큼 부당해 보이는 질문이다.

그럼에도 불구하고 이러한 질문이 던져질 수 있는 것은 무엇 때문일까? 한편으로는 맑스 자신이 자신의 연구를 '정치경제학 비판을 위하여' (Zur Kritik der politischen Ökonomie)라는 제목으로 지칭하고자 했으며, 평생을 건 주저인『자본』에도 동일한 제목의 부제를 붙일 만큼 '정치경제학 비판'이라는 기획에 애착을 갖고 있었다는 점을 들 수 있다. 그렇다면

---

1) 루이 알튀세르,『맑스를 위하여』, 이종영 옮김, 백의, 1997 ; 알튀세르·에티엔 발리바르,『자본론을 읽는다』, 김진엽 옮김, 두레, 1991.
2) 루카치,『역사와 계급의식』.
3) 안토니오 그람시,『옥중수고』(1·2), 이상훈 옮김, 거름, 1987 / 1993.

차라리 맑스에게 중요한 것은 정치경제학이 아니라 그에 대한 비판이 아니었을까?[4] 정치경제학에 대한 그 비판이 또 하나의 정치경제학을 이룬다는 것은 일종의 반어(irony)일까?

다른 한편 '자본'에 관한 맑스의 연구는 자본과 노동의 관계로서 정의되는 근대사회에 대한 근본적이고 혁명적인 비판이다. 고전적 정치경제학과 근본적으로 구별되는 맑스의 '정치경제학'이 있다면, 그것은 단순히 어떤 명제의 추가나 비판적 정정이란 형태가 아니라 근본적인 단절의 지점 위에서 성립되는 것이어야 한다. 그렇다면 맑스는 스미스나 리카도와 근본적으로 구별되는 어떤 구획을 이루었는가? 그렇다면 그것은 무엇인가? 그것은 맑스의 비판이 겨냥하고 있는 정치경제학과 다른 또 하나의 정치경제학을 구성하는가?

이에 대한 가장 일반적인 대답은 잉여가치론과 계급투쟁이다. 그러나 이러한 몇 가지 개념 ──비록 그것이 매우 중요하고 결정적인 것이라고 해도── 의 비판적 추가로써 정치경제학과 맑스의 '정치경제학' 사이에 있는 차이가 근본적 단절임을 보여 줄 수 있을까? 더구나 비록 매우 겸손한 자평이기는 하지만, 잉여가치와 계급투쟁은 모호하게나마 이미 리카도에게 있었던 개념이라는 것이 맑스의 생각이라면, 그것은 이미 맑스 이전에 있던 것이고, 고전 경제학 내부에 있던 것이라고까지 말할 수 있지 않을까?[5]

---

4) 유사하게 발리바르는 맑스에게서 '정치경제학 비판'의 문제설정을 정치경제학과 구별한 바 있으며, 이를 통해 맑스의 '비판'이 정치경제학으로 환원될 수 없음을 보여 준 바 있다(에티엔 발리바르, 『역사유물론 연구』, 이해민 옮김, 푸른산, 1989, 111~118쪽).
5) 실제로 신고전주의 경제학자의 일부, 혹은 스라파(Piero Sraffa) 같은 신-리카도주의자가 맑스의 개념을 쉽게 받아들일 수 있었던 것, 그리고 고전주의와 맑스주의 경제학 간의 구별선을 명확하게 긋는 것이 끊임없이 문제가 되었던 것은 이러한 사실의 단면이자 반증이 아닐까?

이는 좀더 근본적인 질문으로 나아가게 한다. 스미스와 리카도의 정치경제학이라는 '과학'은, 정치와 분리된 경제의 관념에 기초하며 그것을 확장한다는 점에서 자본주의 내지 근대의 가장 지배적인 '담론'이며 '이데올로기'라고 할 수 있다.[6] 그런데 맑스의 '정치경제학'이 스미스와 리카도의 이론에서 비과학적인 것의 수정이거나, 아니면 거기에 몇 개의 명제를 추가한 것에 불과하다면, 그리하여 그것과 근본적인 단절의 지점을 마련하지 못했다면, 그것은 근대 내지 자본주의의 한계에서 벗어나지 못한, 반대로 더욱 철저히 근대적인 '담론' 내지 '이데올로기'인 것은 아닐까?[7]

이런 점에서 맑스에게 고유한 '정치경제학'이 있는가 하는 질문은, 아니 좀더 정확히 말하면 맑스의 정치경제학 비판에 고유한 것은 무엇인가 하는 질문은 근대성과 연관해 맑스주의를 다루려는 우리의 문제설정에서 매우 중요하고 근본적인 것이다. 그것은 맑스에게 정치경제학 비판이란 대체 무엇이었는지, 그것은 무엇을 비판하려는 것이었으며, 그 비판을 통해 무엇을 하려고 했던 것인지를 질문하는 것이다. 이를 통해 맑스가 마련한, 하지만 이후 맑스주의 정치경제학에 의해 가려지고 은폐되었던 공간을 찾아내고 확장하여, 맑스의 근대 비판으로서 정치경제학 비판이 그리는 새로운 탈주선을 좀더 멀리 밀고 갈 수 있는 지점을 마련하려는 것이다.

---

6) 에티엔 발리바르, 「맑스의 계급정치 사상」, 『역사유물론의 전화』, 서관모 엮고 옮김, 민맥, 1993 ; 마이클 라이언, 『해체론과 변증법』, 나병철·이경훈 옮김, 평민사, 1994.
7) 실제로 다음 절에서 보다시피, 맑스의 정치경제학에 대한 이러한 비판은 『말과 사물』(Les mots et les choses)에서 푸코에 의해 이루어진 바 있다.

2. 푸코의 정치경제학 비판

『말과 사물』에서 푸코의 연구는 어떤 담론이나 인식, 판단 등이 그 속에서
전개되는 지반을, 그리하여 다양한 담론들의 역사적 한계를 규정하는 무의
식적인 인식론적 배치로서 에피스테메(épistémè)를 대상으로 한다. 그는
현대에 이르러 근본적 균열과 해체에 당면하고 있는 근대적 사유에 이르기
까지 세 가지 상이한 에피스테메의 역사를 다루고 있다. 르네상스 시대로
흔히 간주되는 15~16세기, 프랑스에서는 고유하게 '고전주의 시대'(l'âge
classique)라고 불리지만, 보통은 바로크 시대라고 불리는, 넓은 의미에선
근대의 일부를 이루기도 하는 17~18세기, 그리고 푸코가 고유하게 제한해
서 사용하는 근대로서 19세기가 그 상이한 에피스테메에 해당하는 역사적
시간이다.

　　르네상스의 에피스테메는 '유사성'(ressemblance)에 의해 특징지어
진다. 돈키호테가 잘 보여 주듯이 거대하다는 유사성만으로 풍차와 거인
은 등치된다. 호두를 먹으면 머리가 좋아지리라는 생각, 물개 거시기를
먹으면 정력이 좋아지리라는 생각…… 이는 장소적 인접성에 의한 적합
(convenientia), 유사성에 의한 모방/경쟁(aemulatio), 가변성과 다가성
으로 인해 보편적 적용영역을 갖게 되는 유비(analogie), 사물들을 등가
화시키는 위험한 힘으로서 공감(sympathie)의 형식으로 진행된다.[8] 이
는 인간이나 개체 각각이 하나의 소우주(microcosme)로서 대우주의 질
서와 일정한 상응관계에 있을 것이라는 관념을 통해 이론적 표현을 얻기
도 한다. 16세기 지식이 마술이나 박학(érudition)을 수용할 수 있었으며,

---

8) 미셸 푸코, 『말과 사물』, 이규현 옮김, 민음사, 2012, 45~57쪽.

또한 그럴 필요가 있었던 것은 바로 이런 맥락에서다.[9]

고전주의 시대의 에피스테메는 '표상'(représentation)으로 특징지어진다. "나는 생각한다, 고로 존재한다"라는 데카르트의 말에서 나의 존재는 생각으로, 즉 표상으로 환원된다. "존재하는 모든 것은 지각된 것이다"라는 버클리의 말에서도 존재는 지각으로, 다시 말해 표상으로 환원된다. 나아가 세계의 질서, 사물의 질서는 이 표상들의 질서로 환원되며, 따라서 표상들의 질서를 통해서 그것은 포착될 수 있다. 그런데 여기서 중요한 또 하나의 변화는, 데카르트가 잘 보여 주듯이, 이 표상들의 유사성에 '속는' 것은 비이성의 영역으로, 광기의 영역으로 전락하며, 이전과 달리 유사성은 이제 오류의 기회가 된다는 것이다.[10] 반대로 표상들의 동일성과 차이를 명확하게 구별하고, 그 차이들이 분지되는 지점을 분명히 함으로써 표상들은 질서지어진다. 그 질서지어진 표상은 표(表, tableau)로 요약된다. 린네의 분류학은 이런 의미에서 이러한 고전주의적 에피스테메에 따라 체계가 만들어져 가는 양상을 뚜렷하게 보여 준다.[11] 동일성과 차이를 가르고, 그것을 통해 질서짓는 시선이 이제 돈키호테의 자리를 대체하며, 그것을 비이성이란 이름으로 어둠 속에 묻어 버린다.

근대의 에피스테메는 고전주의의 에피스테메와 대비하여, 표상으로 환원되지 않는 어떤 객체의 형식을 취한다. 예를 들어 칸트는 데카르트와 달리 표상으로 환원되지 않는 세계를 설정한다. 한편으로 그 내용이 무엇인지는 알 수 없지만 표상을 조건짓는, 표상으로 환원되지 않는 것으로

---

9) 푸코, 『말과 사물』, 58쪽.
10) 같은 책, 80쪽.
11) 같은 책, 181~182쪽.

물자체(Ding an sich)가 그것이며, 다른 한편으로는 표상이 가능하기 위한 초험적(transcendental) 조건, 표상을 구성하는 선험적(a priori) 형식이 그것이다. 생물학에 도입된 '생명'의 개념 역시 표상으로 환원되지 않는 객체의 위상을 가지며, 이는 유기체 내지 유기적 조직의 개념을 낳는다. 이로 인해 이전에는 수, 모양, 위치, 비율 등의 변수를 통해 특징들을 분류하던 것에서, 생명을 유지하기 위해 수행하는 기능을 통해서 다시 분류가 이루어진다.[12] 언어의 경우 이전에는 어간이 불변인데 어미가 변했다고 보았다면, 이제는 어미는 불변인데 어간이 바뀌는 것이라고 보게 된다. 흔히 '굴절'이라고 불리는 이것은, 언어 자체 내에, 언어를 사용하는 사람에 좌우되지 않고, 언어를 통한 표상으로 환원되지 않는 불변적인 어떤 구조가 있다는 것을 뜻한다.[13] 정치경제학이 단순한 '부의 분석'과 구별되는 것은 노동이라는 개념을 통해서다. 노동은 가치에 대한 표상("이웃은 얼마짜리다")으로 환원되지 않는, 반대로 그 표상을 조건짓는 객체로서, 가치에 대한 표상의 척도요 기원이 된다.[14] 노동·생명·언어라는 이세 가지 객체의 형식은 주관적 표상으로 환원되지 않는, 경험적이지만 동시에 선험적인 존재로서 '인간'의 개념을 구성한다. 이런 의미에서 푸코는 인간이란 근대의 산물이라고 하며, 인간학이란 이런 근대적 배치 안에 있는 것임을 보여 준다.

정치경제학의 역사에 대한 푸코의 비판적 분석은 이런 맥락에서 이루어진다. 즉 부와 가치, 그리고 가치의 척도 내지 기원으로서 노동이란

---

12) 같은 책, 319~322쪽.
13) 같은 책, 330~333쪽.
14) 같은 책, 313~318쪽, 354~355쪽.

개념들의 배치가 변화되는 양상을 통해 그는 세 가지 에피스테메 안에서 그 역사를 분할한다.

첫째, 르네상스의 에피스테메. 16세기 중금주의는 "부, 그것은 화폐다"라는 명제로 화폐에 대해 강력하게 옹호하는 입장을 취했으며, 이러한 화폐의 형태로 부를 축적할 것을 주장했다. 그런데 이때 화폐가 표시하는 가치, 혹은 화폐가 갖고 있는 구매력은 오직 그 금속의 상품가치에 의존한다. 즉 화폐는 그것이 갖는 (귀금속으로서) 상품가치, 사용가치에 의해 그 가치가 정의된다. 화폐는 "단위가 실제로 존재하는 실체일 경우에만 진정한 측정의 도구가 되고, 어떤 상품이건 이 실체를 기준으로 평가된다".[15]

이 경우 화폐를 통한 교환은 어떤 공통의 척도라기보다는 화폐로 사용되는, 양과 가격에서 가변적인 금속의 (사용)가치와 유사성에 의해 이루어진다. 이런 점에서 푸코가 말하는 르네상스의 에피스테메에 의해 통제되었다고 할 수 있다. 여기서는 금속의 '귀중함'이 '척도'와 '교환'의 기초를 이루고 있었던 것이다.[16]

둘째, 고전주의의 에피스테메. 중상주의자들에게 기초의 위치를 갖는 것은 상품 간의 '교환'이었고, 부(富)란 이러한 교환을 통해 집적되는 것이다. 교환을 가능하게 하며, 그것을 질서짓는 척도는 이러한 교환에 의해 기초지어진다. 화폐가 중요한 것은 이러한 교환을 가능하게 해주는 매개요 척도라는 점에서였다. 결국 화폐는 부에 대한 표상이며, 기호고, 분석의 도구였다.[17]

---

15) 푸코, 『말과 사물』, 248쪽.
16) 같은 책, 251쪽.

모든 부는 이제 화폐로 환원가능하며, 그것을 통해 일반적인 크기를 표시하고 비교할 수 있다. 16세기에는 화폐는 금이었기에 소중했다면, 이제는 반대로 금이 소중한 것은 그것이 화폐기 때문이었다. 금은 그것이 갖는 사용가치 때문이라기보다는 차라리 견고하고 영속적이며 미세하게 분할될 수 있다는 특징으로 인해, 그 무한한 표상능력으로 인해 화폐가 된다. 여기서 화폐는 금속의 사용가치에서 탈영토화된 것이다.

한편 중농주의자들은 가치를 교환에 선행하는 것으로 본다는 점에서 중상주의자들과 달랐다. 그들은 교환이 이루어지기 위해선 이미 가치가 선행해야 한다고 보았다. 가치 내지 잉여의 기원에 대한 해명이 그들의 기본적인 문제설정을 구성한다. 이는 보수의 다양한 형태로 환원되지 않는 무엇인가가 생산되어야 함을 뜻하는데, 그들은 이를 자연의 생산능력과 교호하는 농업노동에서 찾는다. 그러나 그들은 가치의 기원과 생산에 주목했지만, 이러한 가치와 부가 존재하기 위해서는 교환이 가능해야 한다고 보았다.[18] 다시 말해 자연이 제공하는 것은 '재화'일 뿐이며, 이것이 남아서 교환될 수 있을 때 비로소 '부'가 된다는 것이다. 이런 점에서 중농주의자 역시 교환과정에서 다른 것과 등가화되고 치환될 수 있는 것을 가치로서 정의하는 '고전주의적' 에피스테메의 내부에 있었다.[19]

부의 표상능력, 표상된 부의 등가화/교환을 매개하는 척도로서 화폐 내지 가치의 개념은 이런 점에서 고전주의 시대의 인식론적 배치를 보여준다. 즉 화폐는 표상된 가치들의 동일성과 차이를 판단하는 척도로서의

---

17) 같은 책, 250~252쪽.
18) 같은 책, 278~279쪽.
19) 같은 책, 276쪽.

위치를 갖고 있으며, 이 경우 화폐는 표상된 가치의 등가성을 매개하는 것이다. 등가화될 수 있는 것을 통한 표상의 분류. 노동은 그러한 부의 소유 내지 분배와 연관된 것으로 위치지어지며, 가치의 생산이나 기원으로 계열화되지 않는다. 여기서 가장 멀리까지 나아간 중농주의자들의 경우에도 농업노동은 생산적이지만, 그것이 대가로서 보수를 받는 것은 생산과는 무관하며, 그것으로 환원되지 않는 자연의 능력이 새로운 가치의 기원을 이루는 것이며, 농업노동이 그럼에도 불구하고 생산적인 것은 그러한 잠재적인 생산적 능력을 현재화시킨다는 점에 기인할 뿐이다.

셋째, 근대적 에피스테메. 『국부론』의 모두(冒頭)에서 스미스는 "교환가치의 진정한 척도는 무엇인가?"라는 질문을 던진다. 화폐는 '같다'는 것을 말해 주지만, 왜 같은지는 말해 주지 못한다. 그는 상이한 상품 간의 교환이 가능한 것은 같은 시간 만큼 노동이 이루어졌기 때문이라고 본다. 즉 표상의 등가화는 노동시간의 등가성에 의해 성립된다는 것이다. 이로써 노동은 (교환)가치의 진정한 척도의 자리에 놓여진다. "노동은 모든 상품의 교환가치의 진정한 척도다. 모든 물건의 진정한 가격은 그것을 얻는 데 든 노력과 수고다."[20] 가치는 단순히 값어치에 대한 표상이 아니라 객체적인 근거를 갖는 객관적인 것이 된다.

절대적인 계량의 단위로서 노동, 그것은 표상으로 환원될 수 없는, 표상의 외부에 존재하는 '객체'가 되며, 반대로 부에 관한 모든 표상이 그것에 기초하게 되는 근원적이고 객관적인 기준이 된다.[21] 표상으로 환원될 수 없는 이러한 독자적 차원의 원리가 성립됨에 따라 고전주의 시대

---

20) 애덤 스미스, 『국부론(상)』, 김수행 옮김, 동아출판사, 1992, 36쪽.
21) 푸코, 『말과 사물』, 314~318쪽.

의 인식론적 배치는 붕괴하기 시작한다. 고전주의 시대의 경우 "부에 관한 성찰은 '관념학' 내부에, 표상의 분석 내부에 자리잡고 있었다".[22] 반면 표상으로 환원되지 않는 노동이란 개념이 부의 분석에서 근본적인 위치에 자리하게 됨에 따라 이제 그것은 한편으로는 부를 인간의 활동 내지 그 결과에 연관짓는 인간학을 향해, 다른 한편으로는 부의 교환이 아니라 부의 생산을 연구대상으로 삼는 정치경제학을 향해 나아가게 된다.

리카도에게 이르러 노동은 이제 단순한 가치 척도가 아니라 '모든 가치의 원천'이라는 위상을 갖게 된다. 그것은 이제 가치의 표상으로부터 완전히 독립된 별개의 차원을 구성한다. 노동은 생명이나 언어와 마찬가지로 객체 내지 실체의 형식으로 새로운 인식론적 배치를 형성한다. 나아가 이제 가치는 부를 관련짓는(등가화, 교환) 기호로부터, 노동에 의해 생산되는 생산물로 변환된다.[23]

여기서 푸코는 세 가지 결과를 추론한다. 첫째, 기원의 관념과 결부된 것으로, 가치의 생산에 관련된 새로운 형태의 인과계열의 탄생. 가치의 표상성에서 가치의 형성을 분리함으로써, 경제는 이제 '동일성과 차이의 동시적 공간'에서 벗어나 기원과 역사를 갖는 '계기적 생산의 시간'과 결부된다.[24]

둘째, 희소성 개념과 연관된 것으로, 유한성의 관념과 인간학적 기초. 경제는 이제 희소성과 결핍 위에서 성립하는데, 이 경우 경제학은 생명이 죽음과 직면하는 위험지대에서 자신의 원리를 발견하며, 그러한 결

---

22) 같은 책, 318쪽.
23) 같은 책, 354~355쪽.
24) 같은 책, 355~356쪽.

핍과 일시적 죽음을 타개하는 방법을 지시한다. 이로써 경제학은 인간학적 영역으로 들어간다.[25]

셋째, 푸코가 '역사의 부동화'라고 부른 것으로, 역사성 내지 경제적 진화와 한계에 관한 것이다. 리카도가 보여 주었듯이, 자본의 축적과 진화가 이윤율 저하라는 결과로 귀착된다는 축적의 역설이 그것이다. 리카도에게 이는 자본주의의 한계, 역사적 진화가 멈추어 영원히 부동의 상태로 남는 한계를 뜻하는 것이었다. 여기서 역사는 궁핍과 노동, 인구의 과잉 등으로 표상되는 인간학적 유한성에 대한 보충으로 나타난다. "역사가 마침내 움직이지 않게 된다. 인간의 **유한성**이 결정적으로, 다시 말해 **무한한** 시간의 관점에서 명확하게 규정되기에 이른다"(강조는 저자). 리카도의 패시미즘. 반면 맑스에 의해 대표되는 또 하나의 입장에서 역사는 역전되고 말살됨으로써만 인간학적 유한성을 보충한다. 맑스의 '혁명의 약속'.[26]

그러나 푸코가 보기에 혁명의 약속이 담고 있는 역사의 종언에 대한 관념은 리카도의 패시미즘과 대칭적인 짝이며, 정확하게 인간학적 유한성과 역사의 종말이라는 근대적 사유의 배치 안에 있다. 결국 맑스의 정치경제학은 스미스에 의해 시작되고, 리카도에 의해 완성된 양상을 보여 주는 **근대적 에피스테메** 내부에 있었으며, 바로 그렇기 때문에 그것은 오히려 넓게 확산되고 영향력을 미쳤던 것이다. 따라서 혁명을 약속하고, 혁명을 부추기는 맑스의 정치경제학은 다만 풀장 속의 폭풍에 지나지 않았다고 한다.

---

25) 푸코, 『말과 사물』, 357~358쪽.
26) 같은 책, 359~361쪽.

3. 맑스의 정치경제학 비판

1) 맑스의 노동가치론 비판

거의 모든 정치경제학자나 맑스주의자들에게 '노동가치론'은 맑스주의냐 아니냐를 가르는 기준으로 간주된다. 노동가치론에 대한 해석과 이론들이 매우 다양하고 다기함에도 불구하고 이 점에 관한 한 그다지 다르지 않으며, 그런 만큼 노동가치론이야말로 가장 중요한 이데올로기적 전장(戰場, arena) 중의 하나로 간주된다.

그러나 고전적인 경제학과 맑스의 정치경제학 비판 사이에는 결코 정치경제학으로 환원할 수 없는 근본적인 단절이 있으며, 바로 그 단절로 인해 맑스의 자본주의 연구는 고전경제학과는 전혀 다른 개념적 배치를 생산한다. 이러한 근본적 단절과 새로운 배치는 '노동가치'라는 개념에 내재하는 근본적인 이율배반을 통해 포착되고 가능하게 된다. 맑스의 정치경제학 비판에 고유한 지점은 고전적인 정치경제학의 가장 중심적이고 근본적인 지반인 노동가치론에 대한 비판을 통해 마련된다. 다시 말해 **맑스는 노동가치론자가 아니라 반대로 노동가치론에 대한 최초의 근본적인 비판자였다는 것이다**. 단절의 선은 바로 정치경제학의 가장 기본적인 지대에서 시작되는 것이다.[27]

스미스와 리카도에 의해 발전된 노동가치론은 몇 개의 공리적인 테제에 기초하고 있다. 이를 간추려 보면 다음과 같다.

---

27) 바로 이런 의미에서 노동가치론은 정말 가장 중요한 전장이었음은 분명하다. 하지만 여기서 전투는 수많은 맑스주의자가 생각하는 것과는 전혀 다른 양상으로 진행되고 있었던 셈이다.

①모든 상품은 가치에 따라 교환된다. 즉 모든 교환은 등가교환이다.

②모든 상품의 가치는 그것을 생산하는 데 투여된 노동시간에 의해 결정된다. 즉 노동(시간)이 가치의 척도다.

③가치는 노동에 의해서만 생산된다. 즉 가치의 기원은 노동이다.

여기서 ①은 포괄적인 의미에서 가치론의 가장 근본적인 전제이고, 가치론의 공리계에 가장 기초적인 공리다. ②는 스미스가, ③은 리카도가 추가한 것인데, 이를 통해 노동가치론의 공리계가 구성된다. 고전경제학의 자본 개념은 이러한 (노동)가치론의 공리계 안에서 구성되어야 한다.

그런데 맑스는 고전경제학이 바로 여기서 딜레마에 봉착한다는 것을 보여 준다. 즉 자본의 개념은 '자기증식하는 가치'로 정의되는데, (노동)가치론의 공리계는 바로 이 자본의 개념을 구성하지 못한다는 것이다. 왜냐하면 가치가 노동에 기원하며, 가치량이 노동시간에 의해 측정된다면, 그리고 모든 상품이 가치에 따라 등가교환된다면, 새로운 추가적 가치의 증식은 발생하지 않기 때문이다. 부등가교환을 상정해도 마찬가지다. 왜냐하면 가치는 노동에 의해서만 생산되고, 그 크기는 노동시간에 의해 결정되기 때문에(공리 ①, ②), 가치의 분배가 달라지기는 하지만 이미 생산된 가치의 총량에는 변함이 없기 때문이다.[28]

요컨대 노동가치론은 자본의 증식을 설명하지 못하며, 따라서 그것으로는 자본 내지 자본주의의 본질을 규명하지 못한다는 것이다. 결국 맑스는 자본의 증식은 노동가치론의 공리계 안에서는 추론되지 않는다는

---

28) 이상의 내용이나 이하의 내용이 『자본』에서 주로 다루어지고 있는 것은 「화폐가 자본으로 전환」에 관한 장이다. 맑스, 『자본론 I(상)』, 189~231쪽.

것을 보여 주는 셈이고, 이 점에서 그는 스미스와 리카도에 의해 구성된 노동가치론을 비판하고 있는 것이다.

그렇다면 자본의 증식을 규명하기 위해선 무엇이 필요한가? 여기서 맑스는 새로운 테제를 제시한다.

①노동은 가치를 갖지 않는다.

②노동은 노동력이란 상품의 사용가치다.

③노동력을 사용하여 생산하는 가치량은 그 구입에 지출된 가치량과 무관하다(물론 가치의 증식이 발생하려면 전자가 후자보다 커야 한다).

여기서 맑스는 "노동이란 가치를 갖지 않는다"는 명제를 제시함으로써 '노동가치'라는, 가치론의 중심 개념을 비판하고 있다. 나아가 노동 자체가 가치인 것도 아니다. 대신 그는 노동을 '노동력의 사용가치'로 정의하지만, 이처럼 노동가치론 입장에서 곤혹스런 것이 또 어디 있을까? 왜냐하면 사용가치란 질에 속하는 것인 반면, 가치는 양에 속하는 것이고, 따라서 사용가치는 가치론의 영역에 포함되지 않기 때문이다. 노동을 사용가치로 정의한다는 것은, 노동이란 가치론의 공리계와는 전혀 별개의 차원에 있다는 것을 뜻한다. 노동은 노동력 상품이라는 가치의 계열과 전혀 다른 질의 계열에 속하며(명제 ②), 더 나아가 양적으로도 전혀 별개의 계열을 구성한다(명제 ③)는 것이다.

이는 흔히 노동과 노동력의 구별, 노동의 가치와 노동력의 가치를 구별하는 것으로 요약된다. 그리고 그 양자의 차이에서 잉여가치가 정의된다. 하지만 노동과 노동력의 구별은 흔히 그러하듯 단순히 두 가치 간의 양적 차이로 환원될 수 없는 것이다. 다시 한번 말하자면, 노동이 질(사용가치)에 관한 것이라면, 노동력은 양(교환가치)에 관한 것이다.

그런데 베르그손이 분명히 했던 것처럼, 질은 양에서 도출되지 않으며, 그 반대도 마찬가지다.[29] 따라서 그 자체로 가치를 갖지 않는 노동, 혹은 가치와는 전혀 다르게 **질적 차원을 구성하는 노동에서 양적인 것인 가치가 도출될 수는 없다.** 사용가치인 노동에서 가치를 추론하는 것은, 그리하여 노동이 가치의 기원이라고 말하는 것은, 질적인 것과 양적인 것을 혼동한다는 점에서, "사용가치와 교환가치의 혼동을 은폐하는" 중상주의적 오류[30]와 동형적이다. 이런 의미에서 **노동은 '노동력의 사용가치'라는 명제는 노동이 가치의 기원이라는 노동가치론의 공리를 부정한다.**

그렇다면 가치의 기원은 무엇인가? 하지만 맑스는 이렇게 질문하지 않는다. 가치의 진정한 척도는 무엇인가? 맑스는 이렇게 질문하지도 않는다. 그의 관심사는 가치의 증식이며, 굳이 표현하자면 그 증식된 가치의 원천이다. "리카도는 잉여가치의 기원에 관해서는 전혀 관심을 기울이지 않았다. …… 그가 노동생산성을 논하고 있는 경우에도 그가 찾고

---

29) 양적인 것(양적 다양성)은 수(數)가 그렇듯이 가분성(可分性)을 가지며, 분할되는 부분 간에 동질성이 있다. 그 요소들은 병렬될 수 있고, 분할된 요소들 간에 '공허부'(le vide)가 개재하기에 서로에 대해 외면적이다. 반면 순수 지속의 개념이 잘 보여 주듯이 질적인 것(질적 다양성)은 상이한 요소들이 구별되고 병렬되기보다는 서로 뒤섞여 공존하는 '순수 이질성'이고, 요소들 간의 가분성이 없으며, 그 요소들은 상호침투하는 계기로서 서로에 대해 내재적 (immanent)이다(앙리 베르그손, 『시간과 자유의지』, 삼성출판사, 1990, 78~94쪽; 김규영, 『시간론』, 서강대학교 출판부, 1987, 15~38쪽; 김진성, 『베르그송 연구』, 문학과 지성사, 1999, 21~25, 52~55쪽 참조).

따라서 이 양자는 서로 간에 근본적인 성질의 차이로 인해 하나가 다른 하나로부터 추론될 수 없다. 물론 순수하게 질적인 것(순수 지속)은 양적이고 공간적인 지속, 즉 양적인 것이 침투한 것으로 변환될 수 있다. 아마도 이것은 노동에 대한 '노동의 가치'의 관계일 것이다. 하지만 이 경우에도 동일한 문제가 다른 양상으로 반복된다.

30) 맑스, 『자본론 I(상)』, 206쪽.

있는 것은 잉여가치의 존재의 원인이 아니라 잉여가치의 크기를 규정하는 원인일 뿐이다. …… 사실 이 부르주아 경제학자들은 잉여가치의 기원이라는 절실한 문제를 지나치게 깊이 탐구하는 것은 대단히 위험하다는 것을 정당하게도 본능적으로 알고 있었다."[31]

하지만 여기서 증식된 가치의 '원천'에 대한 관심은 '기원'(Ursprung)에 대한 관심이라기보다는 차라리 혈통(Herrschaft)과 발생(Entstehung)에 대한 관심이고, 기원을 통해서 보여 줄 수 있는 동질성이라기보다는 혈통의 이질성과 발생의 외부성이다.[32] 즉 자본 증식 및 자본 축적의 원천은 (본원적) 자본이라는 동질적인 기원이 아니라, 잉여가치라는 이질적인 혈통을 갖는다는 것이다. 이때 증식된 자본의 원천은 자본에 내부적인 무엇이 아니라, 잉여가치라는 외부적인 어떤 것이다. 이런 점에서 자본의 증식에 대한 맑스의 관심은 그것이 '원천'에 대한 추적의 형태를 취할 경우에도 계보학적 비판의 양상으로 진행된다는 점을 주목할 필요가 있다.[33]

---

31) 칼 맑스, 『자본론 I(하)』, 김수행 옮김, 비봉출판사, 2001(제2개역판), 694쪽. 강조는 인용자.
32) 푸코는 니체의 계보학에 대한 논문에서, 기원에 대한 관심과 구별되는 혈통 및 발생에 대한 관심을 니체의 계보학에 관련짓는다. 전자가 기원과 혈통의 동질성 ─ 정통성! ─ 을 통해 어떤 것을 정당화하려는 것이라면, 후자는 발생의 우연성 내지 이질성을 통해 그것을 비판하는 것이다(미셸 푸코, 「니체, 계보학, 역사」[이광래, 『미셸 푸코 : 광기의 역사에서 성의 역사까지』, 민음사, 1989, 331~350쪽, 부록으로 번역되어 실려 있음]). 다시 말해 아버지와의 연관을 찾아내서 적자임을 증명하려는 '족보학'과는 반대로, 계보학은 그 연관의 이질성을 통해 차라리 서자 내지 사생아임을 드러낸다.
    마찬가지로 들뢰즈는 니체의 방법을 의미와 '가치'를, 즉 '가치평가'(évaluation)와 그 기준이 되는 '가치'(경제학의 개념과 혼동하지 않기를!)의 개념을 비판철학에 끌어들인 것이라고 보며, 계보학을 '가치의 기원을 드러냄으로써 기원의 가치를 의문에 부치는 것'이라고 정의한다(질 들뢰즈, 『니체와 철학』, 이경신 옮김, 민음사, 2001).
33) 이에 대해서는 뒤에 다시 언급할 것이다.

맑스는 노동이란 노동자와 자연과의 대사과정이고, 생산적인 활동과정이라는 정의에서 다시 시작한다.[34] 그리고 그러한 질적인 과정(노동과정)과, 노동을 양적인 가치로 변환시키는 과정(가치화과정)을[35] 개념적으로 구분하고 있다. 후자는 생산적 활동으로서 노동이 산출해 낸 **결과물**을 통해 양적인 것의 계열을 구성한다. 이제 여기에서 문제는 노동이 산출해 낸 결과물의 가치량과, 노동력을 구입하는 데 지출된 가치량 간의 관계로 된다. 즉 모든 것은 이미 가치화(Verwertung)된 것 간의 관계로 된다.

하지만 여기서도 양자는 서로 상이한 계열을 구성한다. "[노동력에 포함되어 있는] 과거의 노동과 [노동력이 제공할 수 있는] 살아 있는 노동(living labour)은, 다시 말해 노동력의 매일의 유지비와 노동력의 매일의 지출은 **그 크기가 전혀 다른 별개의 양이다.**"[36] 따라서 노동력을 구입하는 데 드는 가치량과 그것을 써서 생산해 낸 가치량 간에는 차이가 있으며, 자본의 증식은 바로 이 차이에 의해 설명된다. 알다시피 이 차이를 맑스는 '잉여가치'라고 부른다. 여기서 맑스는 노동가치론이 자본의 증식을 설명할 수 있기 위해서 필요한 또 하나의 테제를 제시하는 셈이다. "자본가치의 증식은 잉여가치에 의해 결정된다."(이를 명제S라고 하자.)

---

34) 맑스, 『자본론 I(상)』, 235~236쪽.
35) 여기서 가치화과정은 'Verwertungsprozeß'의 번역인데, 보통 가치증식과정으로 번역되어 왔다. 아마도 가치화과정은 언제나 가치증식과정을 포함한다는 점에서 그렇게 표시한 것 같은데, 사실은 노동의 결과물을 상품 내지 가치로 변형시킴으로써 노동을 '가치화'하는 과정을 뜻한다는 점에서, 문자 그대로 가치화(Ver-wert-ung)과정이 정확하다. 가치의 증식이 가치화과정에 내재하고, 또 그것이 가치화과정에 대해 본질적인 계기라고 해도, 그것으로 가치화과정을 환원해선 곤란하다.
36) 맑스, 『자본론 I(상)』, 256쪽. 강조는 인용자.

이는 가치론의 공리계가 자본의 증식을 설명할 수 있기 위해서는 불가피한 명제다. 여기서 명제S는 매우 기묘한 위상을 갖는다. 한편으로 그것은 분명히 동일량의 가치 간 교환이라는 등가교환의 공리와 상반된다는 점에서 부등가교환을 뜻한다. 즉 그것은 가치론의 공리계로부터 추론되지 않으며, 가치론의 공리계에 대해 외부적이다. 다른 한편 그것은 교환이 행해지는 영역에서는 등가교환의 형식으로 진행된다는 점에서 가치론에 내재적인 명제고, 동시에 그것이 없이는 자본의 개념을 설명할 수 없다는 점에서 가치론의 공리계에 필수적인 명제다. 결국 맑스는 등가교환에 내재하지만 결코 등가교환이라고는 할 수 없는, 그 점에서 **가치론의 공리계에 대해, 따라서 가치법칙에 대해 외부적인** 개념을 새로이 발견한 것이다. 따라서 그 개념은 가치론의 공리계에 '**내재하는 외부**'인 셈이다.

이 명제를 통해 가치론의 기본 공리가 타당한 한에서(가치증식은 "등가교환의 영역에서 설명되어야 한다") 그 공리는 또한 부당하다(가치증식이 이루어지는 교환은 "등가교환이 아니다")는 당착에 빠진다. 가치의 증식을 설명하기 위해 필수적인 명제S에 대해 가치론의 공리계는 부정도 긍정도 할 수 없는 역설에 빠진다. 이를 통해 맑스는 가치론의 공리계를 '해체'한다.[37]

그렇다면 노동가치론에 대한 이러한 비판 내지 '해체'를 통해서 맑스는 무엇을 하려는 것일까? 그는 가치론의 공리계에서 발생한 역설(paradoxe)을 통해, 가치와 잉여가치 개념을 두 가지 새로운 방향(sens, 의미)으로 밀고 나간다. 하나는 자본 내지 자본주의에 내재하는 '이율배

---

37) 『자본』의 이론적으로 가장 중요한 부분은, 바로 이것을 증명하는 장인 '자본의 일반적 정식의 이율배반'으로 끝나고 있다.

반'(antinomie)에 관련된 것이고, 다른 하나는 '잉여가치의 외부성'에 관련된 것이다.

2) 자본 증식의 이율배반

힐베르트가 베를린의 어느 역 대합실에서 기차를 기다리며 기하학의 공리에 대해 했다는 다음의 말은 매우 유명하다. "우리는 언제라도 점, 직선, 평면이란 말 대신에 테이블, 의자, 맥주잔이라고 말할 수 있어야 한다."[38] 이 말은 그가 『기하학의 기초』(*Grundlagen der Geometrie*, 1899)에서 발전시킨 공리주의적 방법의 한 축을 잘 보여 주는 말이다.

그는 유클리드 기하학을 모델로 한 연역적 체계의 함정이, 이미 그 체계에서 다루어지는 주제나 용어들에 너무도 친숙해져 있는 것이라고 본다. 유클리드의 『기하학 원론』에 있는 결함의 대부분은 여기에 기인한다는 것이다. 이러한 함정을 피하기 위해 그는 무정의 용어(점, 선, 면)[39]에서 직관적인 내용을 제거한다. 다시 말해 그것을 X, Y, Z와 같은 기호로 바꾸고, 공리나 명제는 기호들의 열(列) ──기호열 ──로 바꾸는 것이다. 그러면 공리나 정리는 모두 그 기호들 간의 '관계'에 대한 형식적 진술이 되는데, 중요한 것은 이 관계의 진술 사이에 어떠한 모순도 없어야 한다

---

38) Otto Blumenthal, "Lebensgeschichte" ; 김용운·김용국, 『집합론과 수학』, 우성문화사, 1989, 432쪽에서 재인용.

39) 물론 유클리드의 『원론』에 따르면 점은 '부분이 없는 것'으로, 선은 '폭이 없는 길이'로, 직선은 '그 위에 점들이 고르게 놓인 선'으로, 면은 '단지 길이와 폭만을 갖는 것'으로, 평면은 '그 위에 직선들이 고르게 놓인 면'으로 정의된다(하워드 이브스, 『수학의 기초와 기본 개념』, 허민·오혜영 옮김, 경문사, 1995, 58쪽). 그러나 이러한 정의는 부분·길이·폭 등의 무정의 용어를 포함하며, 이것을 새로 정의하려 하면 또 다시 무정의 용어에 의존해야 한다는 무한소급이 발생한다. 정의란 결국 이런 무정의 용어에 의한 것이란 점에서, 점·선·면을 무정의 용어라고 간주해도 아무런 차이는 없다.

는 것이다.[40] 그 경우 X, Y, Z 등의 기호는 점, 선, 면 대신 테이블, 의자, 맥주잔 등으로 바꾸어도 그것을 사용한 진술은 타당하다는 것이다.

이러한 공리주의적 방법은 이후 수학의 기초에 관한 '형식주의'라고 불리는 입장으로 발전한다. 그것은 칸토어의 집합론 이후 수학의 곳곳에서 터져나온 역설과 모순에 대처해서 수학의 기초를 재건하려는 중요한 방법[41] 가운데 하나였는데, 수학이론을 앞서와 같은 공리주의적 방법을 통해, '독립성'·'완전성'·'무모순성'이라는 세 가지 요청을 만족시키는 공리계로 구성하려는 것이다.

여기서 독립성이란 공리를 다른 공리에서 증명할 수 없다[42]는 것으로, 이론적인 것이라기보다는 '간결한 것이 진리'라는 서양의 고유한 미적 기준에 부합하는 것이다.[43] 완전성은 '공리계가 모든 정리를 증명하는데 충분함'을 뜻한다. 다시 말해 공리들만으로 어떤 명제가 참인지 거짓인지를 결정할 수 있어야 한다는 것이다(결정가능성). 공리 이외의 다른 전제를 끌어들여야 증명할 수 있는 명제가 있다면 이 명제는 원래의 공리계에 대해 '불완전하다'고 말한다. 이는 공리계에 대해 내적인 완결성과 폐쇄성을 요구하는 것이다. 마지막으로 무모순성은, 상식적인 만큼 필

---

40) 하워드 이브스, 『수학사』, 이우영·신항균 옮김, 경문사, 1995, 544쪽 이하 참조.
41) 러셀과 화이트헤드가 대변하는 논리주의, 라위천 브라우버르(L. E. J. Brouwer)가 대변하는 직관주의, 힐베르트가 대변하는 형식주의가 그것이다. 여기서 논리주의는 수학의 기초를 논리(학)에서 찾아, 수학을 논리학으로 환원함으로써 해결하려고 한다. 직관주의는 직관적으로 자명한 것에 의거하려 하는데, 수학적으로 존재가 증명될 수 있는 것은 유한 번으로 구성될 수 있음을 보여야지, 부재를 가정한 후 모순을 보이는 식의 증명(귀류법)으론 충분치 않다고 본다(이브스, 『수학사』, 561~571쪽; 김용운·김용국, 『집합론과 수학』, 462~469쪽; 모리스 클라인, 『수학의 확실성』, 심재관 옮김, 사이언스북스, 2007 참조).
42) 증명할 수 있을 경우 그것은 공리가 아니라 정리가 된다.
43) 김용운·김용국, 앞의 책, 433쪽.

수적인 요구로, 공리계 안에서 서로 모순되는 명제가 나타나선 안 된다는 것이다.

그런데 이러한 힐베르트의 꿈은 1931년 25세의 수학자 괴델에 의해 산산이 부수어진다. 괴델은 힐베르트의 방식을 따라 명제를 기호열로 바꾼 후, 그것을 '괴델수(數)'라고 부르는 자연수들에 대응을 시키는 방법을 이용해, 다음과 같은 두 가지 명제를 증명한다.

① 자연수 체계를 포함하는 모든 무모순인 형식적 체계에 결정불가능한 명제가 존재한다. 즉 무모순인 형식 체계에는 참도 거짓도 증명할 수 없는 명제가 존재한다.

② 자연수 체계를 포함하는 모든 무모순인 형식적 체계 안에서 그것의 무모순성을 증명할 수 없다.[44]

이는 흔히 괴델의 '불완전성의 정리'라고 부른다. 이 중 첫번째 정리는 자연수론을 포함하는 거의 모든 수학적 형식체계에 결정불가능한 명제가, 즉 공리들만으로 참/거짓을 결정할 수 없는 명제가 존재함을 보여주는 것으로, '완전성'이라는 힐베르트의 요건이 원리적으로 충족될 수 없다는 것을 뜻한다. 또한 동시에 이는 어떤 형식적 체계를 이루는 공리계도 그 자체만으로 완결되고 폐쇄되지 않으며, 반대로 **이질적인 외부적 요소들을 통해서 구성된다**는 것을 뜻한다.[45] 두번째 정리는 마찬가지로

---

44) 이 정리의 증명 방법에 대해서는 더글러스 호프스태터·어니스트 네이글·제임스 뉴먼, 『괴델의 증명』, 고중숙·곽강제 옮김, 승산, 2010; 김용운·김용국, 『집합론과 수학』, 452쪽 이하; 이브스, 『수학의 기초와 기본 개념』, 507쪽 이하 참조.

45) 호프스태터는 「서로 그리는 손」이라는 에서의 그림과 괴델의 정리를 관련지음으로써 이러

자연수론을 포함하는 거의 모든 수학적 공리계가 모순을 포함하는지 아닌지를 증명할 수 없음을 보여 주는 것으로, '무모순성'이라는 또 하나의 요건이 원리적으로 충족될 수 없음을 뜻한다.[46]

여기서 우리는 맑스와 괴델이 접속되는 지점을 발견할 수 있다. 단적으로 말하자면, 앞서 **잉여가치에 관한 명제는 가치론의 공리계에 대해서 결정불가능한 명제다.** 노동이라는 사용가치를 갖는 상품(노동력)의 교환은 등가교환이고 가치법칙과 상충하지 않는다. 그러나 그것은 본질적으로 부등가교환이란 점에서 가치법칙과 상충한다. 여기서 가치론의 공리만으로는 잉여가치에 관한 명제를 증명할 수도 없으며, 그렇다고 반박할 수도 없다. 왜냐하면 그것은 가치론의 공리계로서는 설명할 수 없는 가치증식을 해명하기 위해서, 사용가치라는, 가치론의 공리계에 대해 전혀 이질적인 계열을 끌어들였기 때문이다. 그것은 가치론의 공리계에 대해 **외부적인 요소**에 기초하고 있는 것이다.

따라서 잉여가치에 관한 명제는 가치론의 공리계가 채택할 수도 있고 안 할 수도 있는 명제다. 그런데 가치론의 공리계가 자본의 증식이라는, 자본주의 정치경제학의 가장 중심적인 현상을 해명할 수 있으려면, 잉여가치에 관한 명제를 반드시 필요로 한다. 그것을 채택하지 않으면,

---

한 사실을 보여 준다(D. Hofstadter, *Gödel, Escher, Bach*, Vintage, 1979, p. 690[『괴델, 에셔, 바흐』, 박여성 옮김, 까치글방, 1999]).

46) 더 나아가 이는 공리계 내적인 무모순성을 진리의 준거로 삼았던 수학적 지식에서 진리의 가능성 자체를 부정하는, 수학자들로선 결코 받아들이기 힘든 의미를 담고 있었다. 힐베르트뿐만 아니라 모든 수학자들이 믿을 수 없었던, 정확히는 결코 믿고 싶지 않았던 이 정리는, 1963년 미국의 수학자 코언(Paul Joseph Cohen)이 집합론의 공리계(체르멜로-프랑켈 공리계)에 대해 '일반연속체 가설'이나 '선택공리'가 결정불가능한 명제임을 보여 줌으로써 확증되었다.

가치론의 공리계는 불완전성의 양상을 일단 모면할 수 있겠지만, 자본의 증식조차 규명할 수 없다는 난점과 불모성을 감수해야 하기 때문이다. 따라서 '정치경제학'——스미스와 리카도의 고전적인 정치경제학이든 맑스주의 정치경제학이든——이 이론으로서 구성되기 위해서는 잉여가치에 관한 명제를 반드시 채택해야 한다. 즉 잉여가치에 관한 명제는 정치경제학적인 가치론의 공리계에 **내재적**이다.

특히 맑스주의 정치경제학의 '가치론'은 잉여가치에 관한 명제가 가치론에 대해 필수적이라고 하면서 채택하며, 가치론의 공리계에 부합하는 것으로 간주한다.[47] 그리고 이런 의미에서 맑스는 가치론의 정정과 완성자로 간주된다. 맑스가 완성했다는 이 보완된 가치론은 이제 '잉여가치론'이라는 이름으로 불리지만, 이 경우 그것은 아마도 잉여가치 개념이 가치론을 구성하는 또 하나의 공리로서 가치론의 공리계에 포섭되었음을 뜻하는 것일 뿐이다.——그러나 문제는 여기서 끝나지 않는다. 괴델의 정리가 뜻하는 바에 따르면, 어떤 공리계 L에서 결정불가능한 명제를 공리로서 공리계 L 안에 포섭할 수는 있지만, 그것이 포섭된 새로운 공리계 L′ 역시 불완전하며 결정불가능한 명제를 또 다시 포함하고 있을 것이기 때문이다.[48]

---

47) 여기서 고전적인 정치경제학과 맑스주의 정치경제학 간의 차이는 전자는 묵시적으로 그것을 채택하고(할 수밖에 없고) 그 명제를 은폐하거나 그 의미를 축소시키려 하는 데 반해, 후자는 명시적으로 그것을 채택하고, 그 명제의 의미를 강조한다는 점뿐이다. 따라서 잉여가치에 관한 명제를 채택한다는 점으로 맑스주의 정치경제학과 고전적 정치경제학 사이에 단절점을 확보하려는 시도는 실패할 수밖에 없다.

48) 괴델의 정리에 따르면, 이 잉여가치에 관한 명제를 가치론의 공리계 안에 새로운 추가적 공리로 포섭하는 경우에도, 새로운 공리계는 또 다른 결정불가능한 명제를 포함하고 있다. 그것은 가치화와 탈가치화를 통해 작용하는 지점에서, 자본의 축적이 그 외부적 타자인 실업자, 과잉인구를 전제로 하여 이루어진다는 자본 축적의 일반적 법칙에서 발견된다.

여기서는 일단 가치론의 공리계에 잉여가치에 관한 명제가 포섭됨으로써 생기는 또 다른 문제를 보자. 그것은 이율배반에 관한 것이다. 앞서 가치론의 공리계는 잉여가치에 관한 결정불가능한 명제에 대해 채택할 수도 있고, 안할 수도 있다고 했지만, 그것은 추상적인 가능성에 관한 얘기고, 자본의 증식에 대해 설명하려면 사실상 그것을 채택할 수밖에 없다.[49] 이것이 바로 맑스가 리카도에게 이미 잉여가치와 계급투쟁이라는 개념이 있었다고 했던 말의 의미일 것이다. 그런데 바로 여기서 가치론의 공리계는 이율배반에 빠진다. 형식적으로 어떻게 조작을 하든 간에 잉여가치에 관한 명제가 가치법칙과 실질적으로 충돌하고 대립한다는 것은 분명하기 때문이다. 즉 그것은 (노동)가치 개념이 증식을 설명할 수 있으려면 그것에 반대되는 개념 ──잉여가치 개념── 을 전제한다는 것을 보여 주는 것이며, 결국 가치론의 공리계는 가치론의 공리들과 모순되는 명제를 내포한다는 것을 보여 준 것이다. 바로 이 점에서 그것은 (노동)가치 개념의 이율배반을 드러낸 것이며, 가치론의 공리계에 내재하는 이율배반을 드러낸 것이다. 따라서 그것은 그 공리계의 정합성(consistency, 무모순성)이 무너지는 지점을 표시한다.[50]

그렇다면 맑스가 정치경제학 비판을 통해 찾아낸 이 근본적 이율배반은 대체 무엇을 뜻하는 것일까? 잉여가치가 결국은 자본과 노동의 '적대'를 뜻한다는 점에서, 그리고 자본의 증식이라는 자본주의의 중심에 자리잡고 있는 '모순'으로 변환된다는 점에서, 그것은 헤겔을 떠올리게 하

---

49) 이 점에서 가치론의 공리계가 잉여가치에 관한 명제를 채택하는 문제는, 집합론의 공리계가 일반연속체 가설이나 선택공리를 채택하는가 여부, 혹은 기하학의 공리계가 어떤 평행선 공리를 채택하는가 여부와 크게 다르다.
50) 이는 괴델의 두번째 정리와 관련된다.

는 '현상의 본질'이요 자본주의의 모든 현상이 그에 기초하는바 동력이고 중심인가?

하지만 그 이율배반은 차라리 **가치론의 정합성이 더 이상 유지되지 못하고 붕괴하는 지점**이요, 가치론의 공리계에 외부적인 명제 내지 개념이 끼어드는 지점이다. 그것은 가치론의 공리계에서 자본의 증식을 추론하려고 하는 한 결코 피할 수 없는 지점이다. 이런 의미에서 이 이율배반은 가치론의 공리계가 그 내직인 논리로는 결코 넘어설 수 없는 한계요 경계다. 다시 말해 맑스는 바로 이 이율배반을 통해 가치론의 공리계에 고유한 **경계** 내지 **한계**를 찾아낸 셈이다.

이런 의미에서 그것은 오히려 칸트적인 이율배반에 가깝다. 알다시피 칸트는 『순수이성비판』의 말미에서 이성의 종합 능력이 경험의 영역을 넘어섬에 따라 불가피하게 부닥치는 이율배반을 보여 주었다.[51] 칸트에게 이율배반은 이성의 통일성이 더 이상 유지되지 못하고 붕괴하는 지점이요, 그런 점에서 이성의 통일적 사유가 불가능해지는 외부며, 따라서 이성이 합리적으로 사고하기 위해선 결코 넘어선 안 될 이성의 경계다.

그러나 가치론의 공리계가 포함하게 된 저 이율배반은 두 가지 의미에서 칸트적인 것과는 다르다. 첫째로는, 칸트의 이율배반이 이성이 경험

---

51) 칸트에게 인식론적 판단의 영역인 순수이성은 감성, 지성, 이성으로 구분된다. 거칠게 말해, 감성은 시간과 공간이라는 신험적 직관형식을 통해 대상을 받아들이는 심급이고, 지성은 범주라는 선험적 판단형식을 통해 지각된 대상들을 분류하고 관계짓는 심급이며, 이성은 그러한 판단에 기초하여 그것을 일반적 형식으로 포착하는 심급이다(예를 들면 '모든' 물체는 땅으로 떨어진다). 그러나 이성에 의한 이러한 종합은 경험가능한 영역을 벗어나면 참과 거짓이 동시에 증명되는, 따라서 명제의 참과 거짓을 '결정할 수 없는' 이율배반에 빠진다(임마누엘 칸트, 『순수이성비판』, 백종현 옮김, 아카넷, 2006). 예를 들면 시간과 공간은 시작과 끝을 갖는다/갖지 않는다가 동시에 증명된다. 여기서 칸트의 이율배반이 괴델적인 결정불가능성의 개념과 긴밀히 연관되어 있음을 볼 수 있다.

의 영역에서 벗어남에 따라 생기는, 조건적이고 외적인 경계라면, 괴델에게서 이율배반은 자연수론을 포함하는 모든 공리계에 내적인 것이고, 마찬가지로 맑스에게서 이율배반은 가치론의 공리계에 내적인 것이다. 다시 말해 괴델과 마찬가지로, 맑스가 발견한 그 이율배반은 칸트처럼 안정된 내부를 제공해 주는 어떤 외적 구획선, 외적 경계가 아니라, 처음부터 내부에 자리잡고 있는 경계며, 가치론의 공리계가 자본의 증식을 통해 작동하도록 구성하는 '내재하는 외부'라는 것이다. 외적 경계와 구별되는 내적 경계의 개념, 이는 자본주의와 공산주의 내지 사회주의 간의 경계에 대한 우리의 통념을 해체하는 데 매우 중요한 개념이다.

둘째로, 칸트에게 이율배반이라는 경계는, 통일성이 불가능해지는 혼돈스러운 세계에 빠지지 않기 위해 결코 넘지 않아야 할 경계인 반면,[52] 맑스에게 그것은 자본의 증식과 배치가 형성하는 적대적 세계를 넘어서기 위해 확인되어야 했던 경계며, 그것을 통해 가치의 공리계가 지배하는 세계를 그 근본에서부터 초극하기 위해 사유되어야 했던 경계다. 아니 어쩌면 내재하는 외부를 구획하는 그 경계는 애시당초 머물 수 있는 안정된 내부를 제공하지 못하는 셈인 것이다. 머물기 위한 경계와 넘기 위한 경계.

여기서 경계를 넘는다는 것은 대체 무엇을 뜻하는 것일까? 이미 처음부터 발 밑에 있는 경계라면, 그리고 넘어야 할 명확한 지점이 보이지

---

52) 이 점은 콜레티에게도 마찬가지다. 그는 맑스주의를 실증주의적 입장과 유사하게 과학으로 정의하고, 거기서 발생한 오류와 혼동을 경험의 경계를 넘는 데서 기인한다고 주장한다. 그러면서 그가 중요한 준거로 삼는 것이 바로 칸트였다. 경험가능성의 영역을 넘는다는 것은, 칸트나 콜레티에게는 과학이 넘지 말아야 할 경계, 이율배반이나 혼동에 빠지지 않으려면 그 안에 머물러야 할 경계를 넘어가는 것이고, 헤겔처럼 비과학적 사변에 빠지는 길이다(루치오 콜레티, 『마르크스주의와 헤겔』, 박찬국 옮김, 인간사랑, 1988 참조).

않는 경계라면. 넘었는가 싶으면 어느새 다시 앞에 서 있고, 안에 있으면 서도 또한 넘을 수 있는 경계. 이는 '이행'의 문제를 사유하는 데 매우 중요한 단서를 제공할 것이다.[53]

이처럼 자본 자체에 내적인 이율배반이, 그 경계가 자본주의의 처음부터 그 내부에 자리잡고 있다는 것은 무엇을 의미하는 것일까? 그것은 무엇보다도 이율배반으로 표시되는 그 경계가 바로 자본 자체 안에 있으며, 그런 만큼 정확하게 그 자본과 짝을 이루는 노동 자체 안에 있음을 뜻하는 것은 아닐까? 마찬가지 말이지만, 그것은 넘어서야 할 경계가 바로 **자본 자체 안**에 있으며, 그런 만큼 정확하게 **노동 자체 안**에 있음을 뜻하는 것은 아닐까? 그리하여 자본주의를 넘어서기 위해서는 자본 자체 안에서, 가치법칙과 그 외부가 만드는 경계를 넘어서야 하는 것만큼이나 노동 자체 안에서 역시 가치법칙과 그 외부가 만드는 경계를 넘어서야 하는 것은 아닐까? 그렇다면 이제 우리는 **자본에 새겨진 노동의 흔적을**[54] 추적하는 것만큼이나 **노동에 새겨진 자본의 흔적을**[55] 추적해야 하는 것은

---

53) 우리는 이 책의 8장에서 자본주의와 공산주의, 사회주의의 경계, 그리고 이행의 문제를 이 내적인 경계라는 개념을 통해 다시 사유하려고 시도할 것이다.

54) 맑스의 『자본』은 바로 이런 의미에서 자본에 새겨진 노동의 흔적을 추적한다. 예를 들면 자본의 생산력이란 노동의 생산력이라는 것, 자본의 증식이란 바로 노동이 생산한 추가적 가치라는 것, 따라서 자본의 축적이란 잉여가치가 자본으로 전화되는 것이라는 것, 자본 축적의 일반적 법칙이란 사실은 상대적 과잉인구를 만들어 내는 자본주의적 인구법칙이라는 것, 본원적 축적이란 직접 생산자로부터 생산수단을 수탈하는 과정이었다는 것 등등이 그렇다. 맑스는 바로 이러한 흔적 때문에, 순수하게 자본의 논리·경제적 논리만으로 진행되는 경우에도 자본은, 그것이 가치화와 가치증식을 통해 정의됨에도 불구하고 그것 자체를 부정 ——탈가치화(Entwertung) 내지 공황이라는 가치파괴——하는 역설에 반복하여 빠진다는 것을 보여 준다.

55) 이는 대부분 무시되거나 간과되어 왔다. 그것은 자본에 의해 형성되는 노동 방식 자체의 문제고, 특정한 노동의 체제를 통해 노동 자체 내에 새겨지는 자본의 신체적 효과에 관한 문제며, 자본의 욕망을 자신의 욕망으로 동일시하고 자본의 시선으로 자신을 바라보는 자본의

아닐까? 그렇다면 자본주의의 발전이란 자본 안에 존재하는, 종종 적대로 표시되는 그 경계의 발전인 동시에 노동 안에 존재하는 동일한 경계와 적대의 발전을 뜻하는 것은 아닐까? 그렇다면 문제는 자본주의에 대해 어떤 외적인 경계를 긋는 것으로 환원되지 않는 또 다른 혁명의 문제를 다시 사유하는 것이 아닐까?

3) 잉여가치의 외부성

자본에 내재하는 이율배반을 응축하는 잉여가치 개념은 앞서 보았듯이 질적인 것(노동)과 양적인 것(노동력 상품)이라는 전혀 다른 이 두 계열 사이에서 정의된다. 따라서 이 두 계열 사이의 차이는 결코 가치론의 양적 계열로 환원되지 않는다. 잉여가치는 이런 점에서 별개의 계열인 사용가치와 교환가치, 자연과의 대사과정으로서 노동과 그것이 가치로 양화된 것 간의 관계를 표시하는 개념이다. 이러한 잉여가치는 노동이라는 '비-가치'를,[56] 그것이 생산한 결과물인 '가치'로 환원함으로써 양적 계열로 환원하여 계산되게 된다. 즉 잉여가치는 두 가치량 간의 양적 차이가 된다. 이를 맑스는 m이라고 표시한다.

그런데 잉여가치에 관한 명제가 가치론의 공리계 안에서 결정불가능한 명제라는 말은 잉여가치라는 개념이 그 가치론의 공리계 내부적인 개념이나 관계에 의해 정의되지 않는다는 것을 뜻한다(이는 가치의 계

'주체 효과'의 문제고, 자본을 통해서만 유용노동이 되기에 자본의 일부가 됨으로써만 노동자가 되는 자본주의적 관계의 문제다. 이에 대해서는 뒤에서 계속하여 다룰 것이다.

56) 여기서 '가치'라는 말은 맑스가 그렇게 사용했듯이 교환가치, 양화된 가치를 뜻하는 것을 사용한다. 질적인 범주인 사용가치는 이러한 가치의 기초지만, 자본주의에서 그것이 언제나 가치를 갖는 것은 아니기 때문이다. 그리고 비-가치라는 말은 가치를 갖지 않는다는 의미보다는 가치화되지 않았다는 것을 의미한다.

열과 전혀 다른 질적 계열이 관여되어야 잉여가치가 정의될 수 있다는 것에서 이미 입증되었다). 이는 결국 잉여가치 개념은 가치론의 공리계에 대해 '외부적'이라는 것을 뜻한다. 따라서 잉여가치의 크기인 m 역시 가치론의 공리계 안에서 결정되지 않는다. 이러한 의미에서 "잉여가치는 가치론의 공리계에 대해 외부적이다"라는 명제가 성립할 수 있다. 이를 간단히 '잉여가치의 외부성'이라고 부르자.

이 점과 관련해 맑스는 리카도를 비판하고 있다. "리카도는 잉여가치의 원천에 조금도 관심을 기울이지 않았다. 그는 **잉여가치를 자본주의 생산양식** …… **에 내적인** …… **것으로 취급하고 있다.**"[57] 반면 그는 잉여가치는 가치법칙과 무관한 외적인 강제를 필요로 한다는 것을 주장한다. "유리한 자연조건이 그에게 주는 직접적 선물은 많은 여가시간이다. …… 그가 여가시간을 타인을 위한 잉여노동으로 지출하기 위해서는 **외적 강제가 필요하다.**"[58]

맑스는 『자본』에서 이러한 잉여가치의 외부성을 이중적으로 증명한다. 하나는 이론적인 증명이고 다른 하나는 역사적인 증명이다.

첫째, 이론적인 증명. 가치량으로서 잉여가치는 노동이 생산한 가치량(가치생산물 ── 이를 w라고 쓰자)과 노동력 구입에 지출된 가치량(노동력 재생산비용, 가변자본 v) 간의 차이에 의해 결정된다. 즉 $m = w - v$이다. 그런데 노동을 사용해서 새로이 생산된 가치 w의 크기를 결정하는 것은 무엇인가? 그것은 노동시간과 노동강도, 그리고 노동의 조직방식에 따라

---

57) 맑스, 『자본론 I (하)』, 694쪽. 강조는 인용자.
58) 같은 책, 693쪽. 강조는 인용자.

가변화되는 (노동)생산력 등이다.[59]

그런데 노동시간이나 노동강도, 노동생산력은 가치법칙에 의해 좌우되지 않는다. 그것은 노동할 의사와 능력을 얼마에 주고 샀는가와는 무관하게 자본가가 결정할 수 있는 것이다. "노동자의 생활을 24시간 유지시키는 데 1/2 노동일이 필요하다는 사실이 노동자가 하루종일 일하는 것을 방해하지는 않는다. 그러므로 노동력의 가치와 노동과정에서 노동력이 창조하는 가치는 그 크기가 서로 다르다."[60]

좀더 상술하자면, 노동시간은 생물학적 생존능력의 보존에 필요한 한계 안에서 자본가의 의지에 의해 정해진다. 나아가 그것은 그에 대한 노동자들의 저항에 의해서, 그리고 그 결과 만들어지는 사회적 관습과 법 등에 의해서 결정된다. 하지만 이 중 어떤 것도 가치론의 공리계 안에서 작동하는 가치법칙과는 무관하다. "노동일은 규정될 수 있지만, [가치법칙에 따라서, 외적인 강제 없이] 그 자체로서는 비규정적이다[불확정적이다]."[61]

노동강도 역시 마찬가지다. "노동강도의 증대는 주어진 시간 안에 노동력의 지출이 증가하는 것을 의미한다."[62] 그런데 이러한 노동강도의 증가는 가치법칙과는 아무런 직접적 관련이 없다. 예컨대 컨베이어 벨트의 회전 속도를 5% 내지 10%, 혹은 그 이상으로 올리는 것은 노동력 구매비용과 아무런 관련이 없으며, 다만 자본가의 의지와 그에 대한 노동자

---

59) 『자본』의 3편(절대적 잉여가치의 생산), 4편(상대적 잉여가치의 생산) 및 5편(절대적 및 상대적 잉여가치의 생산)은 바로 이러한 문제를 다루고 있다.
60) 맑스, 『자본론 I(상)』, 256쪽.
61) 같은 책, 305쪽.
62) 맑스, 『자본론 I(하)』, 705~706쪽.

의 저항에 의해 결정된다. 물론 사회적 표준 내지 평균적 강도가 있을 수 있겠지만, "1 노동일에 창조되는 가치는 그 강도가 사회적 표준강도로부터 이탈하는 정도에 따라 변동한다."[63] 이 벗어남의 정도 역시 가치법칙이나 가치론의 공리계에 대해 외부적이다. 반대로 외부적 요인에 의해 결정되는 노동강도가 "노동일에 관한 가치법칙을 나라마다 달리 수정하여 적용하게끔 한다."[64]

이는 협업이나 분업에 의해 상승되는 노동생산력에 대해서도 동일하다. 맑스가 협업에 대한 장에서 말하듯이, 생산방식 자체에 관한 한 초기의 협업은 동직조합적 수공업과 별다른 차이를 갖지 않지만, 노동자들을 한곳에 모은다는 것만으로도 생산력은 증가한다. 분업이나 기계의 도입, 공장이라는 '완화된 감옥'의 도입 역시 가치론의 공리계에 대해 외부적이다. 물론 그렇게 하여 증가된 생산력은 사회적으로 평균화되면 개별 가치량의 감소로 귀결되어 전체적으로는 생산된 가치량에 변함이 없는 것으로 된다는 가치론의 가정을 인정한다 해도, 그것은 외부적 요인에 의한 변화를 가치법칙을 통해 가치론의 공리계 안으로 포섭했음을 뜻할 뿐이며, 결코 가치법칙이 그러한 변화를 창출한 것은 아니다.

따라서 w는 가치법칙에 의해 결정되지 않으며, 가치론의 공리계에 대해 외부적이다.

다른 한편 노동력 재생산비용을 의미하는 v 역시 가치법칙에 의해 결정되지 않는다. 그것은 정의상 노동력 재생산에 필요한 노동시간으로 정의되지만, 그 구체적인 크기는 나라와 사회마다 상이한 사회적 평균 비

---

63) 맑스, 『자본론 I(하)』, 706쪽.
64) 같은 책, 707쪽. 강조는 인용자.

용에 의해 규정된다. 그리고 그 사회적 비용의 평균은 실제로 자연적 및 문화적이고 역사적이며 도덕적인 요소에 의해 결정된다.

생활수단의 총량은 노동하는 개인을 정상적인 생활상태로 유지하는 데 충분하지 않으면 안 된다. 음식물·의복·난방·주택 등과 같은 그의 자연적 욕구는 한 나라의 기후나 기타 자연적 특성에 따라 다르다. 다른 한편, 이른바 필수적인 욕구의 범위나 그 충족 방식은 그 자체가 하나의 역사적 산물이며, 따라서 대체로 한 나라의 문화수준에 따라 결정되는데, 특히 자유로운 노동자계급이 어떤 조건하에서 또 어떤 관습과 기대를 가지고 형성되었는가에 따라 결정된다.[65]

이러한 자연적이고 문화적인 조건, 역사적이고 도덕적인 조건은 가치법칙이나 가치론의 공리계와 직접적 관련을 갖지 않는다. 예를 들어 70년대 한국에서라면 중학교 정도의 교육비만이 임금(v)에 포함되지만, 90년대라면 과외비는 아니라 해도 대학교 정도의 교육비가 거기에 포함되어야 한다. 이는 가치법칙에 의해 결정되는 것이 아니라, 반대로 그것이 작용하는 조건을 제한하고 규정한다. 따라서 노동력의 가치를 뜻하는 v는 가치론의 공리계에 대해 외부적이다. 그러므로 w와 v의 차로 정의되는 m과 그것의 크기는 가치론의 공리계에 대해서 외부적이다.

둘째, 역사적인 증명. 절대적 잉여가치의 크기를 결정하는 노동시간은 가치법칙에 대해 외부적인 요인인 자본가와 노동자 사이의 계급투쟁

---

65) 맑스, 『자본론 I (상)』, 224쪽.

에 의해서, 그리고 거기서 자본가가 동원한 국가나 법 등의 외부적 권력을 통해 역사적으로 다르게 결정되었다. 표준노동일의 제정조차 "자본가와 노동자 사이의 수세기에 걸친 투쟁의 결과다. 그러나 이 투쟁의 역사는 상반되는 두 가지 경향을 보여 준다. …… 현대의 공장법은 노동일을 강제적으로 단축시키고 있으나 이전의 노동법규들은 노동일을 강제적으로 연장시키려고 한다. 그러나 자본이 생성되고 있던 맹아상태[즉, 아직은 경제관계의 힘만에 의해서는 충분한 양의 잉여노동을 흡수할 수 없어 국가권력의 도움을 받지 않을 수 없었던 상태]에서의 자본의 요구는, 자본이 그 성년기에 내심으로는 불만이 있으면서도 마지못해 하는 양보와 비교해 본다면, 매우 겸손한 것이었다고 말할 수 있다".[66]

14세기부터 17세기 말까지 자본이 국가의 손을 빌려 강제로 연장했던 성년노동자의 노동시간은 19세기 후반 아동의 피폐화를 막기 위해 국가가 제한했던 노동시간과 거의 일치하며, "미국의 가장 자유스러운 주인 매사추세츠 주에서 12세 미만의 아동노동의 법적 한도가 지금 선포되었는데, 그것은 영국에서는 17세기 중엽 원기왕성한 수공업노동자들이나 건장한 머슴들이나 장사와 같은 대장장이들에게 적용되었던 표준노동일이었다"고 한다.[67]

또한 노동자들의 저항에 의해 1802년부터 1833년까지 영국의 의회는 노동시간의 제한을 규정하는 법령을 다섯 개나 통과시켰지만, 이를 실시하고 관리할 예산을 한 푼도 배정하지 않음으로써 그 법들은 곧바로 사문화되었다.[68] 뿐만 아니라 자본가들은 이러한 제한조치를 무력화하

---

66) 맑스, 『자본론 I(상)』, 362쪽.
67) 같은 책, 363쪽.

거나 그것을 피해서 노동시간을 연장하기 위한 방책들을 다양하고 교묘하게 구사했다. 아동 노동시간의 제한을 피하기 위한 악명 높은 릴레이 제도, 법률 폐지 운동, 아동 나이의 조작 등등.

심지어 노동시간 축소에 따른 임금의 인하조차 결코 가치법칙에 따른 당연한 결과는 아니었다. 1847년 법에 따라 노동시간을 12시간에서 11시간으로 축소한 데 대해서는 8.5%의 임금을 인하했고, 10시간으로 축소한 데 대해서는 15%, '사정이 허락하는 한에서는' 25%까지 임금을 인하했다. 그리고 이로 인해 노동자들의 불평이 퍼지자, 노동자 사이에서 10시간으로 노동시간을 제한한 그 법을 폐지하자는 선동을 시작했고, 강제로 서명과 청원을 하게 했으며, 신문이나 의회의 입을 빌려 노동자의 이름으로 폐지를 외쳤다.[69] 이런 점에서 맑스는 분명히 말한다. "1833년부터 1864년까지의 영국 공장법의 역사 이상으로 자본의 정신을 더 잘 나타내고 있는 것은 없다."[70]

노동강도와 노동생산력에 관한 것은 협업과 분업, 기계와 대공업에 대한 장에서 다루어지고 있다. 일례로 공장 체제의 발전은 하나의 공간 안에 노동자들을 가두어 두고 강도 높은 노동을 강제하고 '새로운' 규율로 훈육하기 위해서 이루어졌다. 자주 인용되는 유어(Andrew Ure)의 말대로, "(자동공장에서의) 주된 곤란은 사람들로 하여금 그들의 불규칙적 노동습관을 버리도록 하고 그들을 복잡한 자동장치의 변함없는 규칙성에 일치시키는 데 있었다".[71] 일단 이것에 익숙해진 이후에야 자본가는

---

68) 같은 책, 373쪽.
69) 같은 책, 377쪽.
70) 같은 책, 373쪽.
71) 맑스, 『자본론 I(하)』, 569쪽.

자신의 의지대로 노동자들에게 견딜 수 있는 최대한의 노동강도를 강요할 수 있으며, 자신의 의사대로 노동의 조직방식을 바꿀 수 있는 것이다.

또한 그러한 노동의 규율과 어떠한 강제에도 견딜 수 있는 존재로 노동자를 만들어 내기 위해 그들은 임금을 줄이고 그것을 강제할 공간적 장치를 만들어 낸다.

> 대체로 인간이 천성적으로 안락과 나태를 즐긴다는 것은 불행하게도 우리들 매뉴팩처 서민의 행동으로부터 경험하는 바인데, 이들은 생활수단[의 값]이 등귀하는 경우가 아니라면 평균하여 일주일에 4일 이상은 노동하지 않는다. …… 이 나라에서는 임금이 생활수단의 가격에 비해서 훨씬 높기 때문에 4일 노동하는 매뉴팩처 노동자는 여분의 돈을 갖게 되는 것이고, 그 돈으로 주일의 나머지 요일을 놀고 지내는 것이다. …… 우리나라의 공업 빈민이 오늘날 그들이 4일에 버는 것과 동일한 금액으로 6일 노동하기를 감수하게 될 때까지 그들에 대한 치료는 완전히 끝난 것이 아니다.[72]

여기서 자본가의 대변인이 제시하는 임금을 낮추어야 할 이유 역시 가치론의 공리계에 대해 외부적일 뿐만 아니라 그것에 반한다. 그 이유는 단지 지불되는 가치량의 문제가 아니라, 자신의 의지대로 잉여가치를 생산할 수 있는, 그 어떤 외부적 강제에도 복종할 수 있는 노동자로 만드는 것이다.

---

72) 익명의 저자, 『산업 및 상업에 관한 연구』, 맑스, 『자본론 I(상)』, 368~370쪽에서 재인용.

이 목적을 위해, 그리고 '나태와 방탕과 자유를 근절하고' 근면의 정신을 기르기 위해, 그리고 '구빈세의 경감과 매뉴팩처에서의 노동가격의 인하를 위해', 자본의 충실한 대변자는 공적 부조에 의지하고 있는 노동자들(한마디로 말해 극빈자들)을 '이상적인 **노동수용소**'(ideal workhouse)에 가두어 두자는 확실한 대책을 제안하고 있다. 그와 같은 노동수용소는 …… 반드시 '공포의 집'이 되어야 한다. …… 1770년에는 자본가들이 아직 꿈에서만 갈망하고 있던 극빈자들을 위한 '공포의 집'은 그 뒤 몇 해를 지나서는 공장노동자 자신들을 위한 거대한 '노동수용소'로 나타났다. 그것이 바로 **공장**이다.[73)]

여기서 맑스가 보여 주고 있는 역사적 사실들은 가치론의 공리계나 이른바 가치법칙에 의해 야기된 것이 아니며, 그것과 직접적 연관이 없다. 그것이 좀더 많은 잉여가치의 획득을 위해서 행해진 경우에도, 그것은 차라리 가치론이 작동하는 영역 외부에서 이루어진 것이다. 반대로 가치론의 공리계는 바로 이러한 비-가치적인 장치와 제도를 통해서, 그것을 기반으로 하여 '발전'해 왔다는 것을 알 수 있다.[74)]

가변자본 혹은 임금의 외부성에 관한 것을 간단히 보자. 맑스가 자주 인용하는 『상공업에 관한 논의』의 저자는 "영국의 역사적 사명은 영국

---

73) 앞의 책, 370~371쪽. 강조는 인용자.
74) 이와 유사한 맥락에서 폴라니는 가치론의 영역인 시장과 자유경쟁이, 전혀 가치론이나 등가교환과는 상관이 없는 국가적 개입을 언제나 수반하고 있으며, 나아가 전제하고 있다는 것을 영국의 구빈법이나 스피남랜드 법 등에 관한 역사적 분석을 통해 보여 준다(칼 폴라니, 『거대한 전환』, 홍기빈 옮김, 길, 2009, 163쪽 이하 참조). 이는 한마디로 말하면 국가가 시장에 내재하는 외부라는 것이며, 국가적 개입이 자유경쟁과 가치법칙에 내재하는 외부라는 것을 보여 준다.

노동자들의 임금을 프랑스나 네덜란드의 수준으로까지 떨어뜨리는 것이라고 선언함으로써 영국 자본의 가슴속에 숨겨져 있는 비밀을 토로했다".[75] 이러한 사회적 재생산비용의 저하를 위해 자본가들은 세심한 배려를 아끼지 않는다.

> 만일 우리 빈민들(노동자들을 가리키는 용어)이 사치스럽게 살려고 한다면 그들의 노동은 물론 값이 비싸게 되지 않을 수 없다. ……제조업 노동자들이 소비하게 될 브랜디, 진, 차, 사탕, 외국산 과일, 강한 맥주, 날염직, 담배, 냄새를 맡는 담배 등등과 같은 그 엄청난 사치품들을 생각만이라도 해보라.[76]

그들은 프랑스의 노동자들이 고기를 먹는 일이 좀처럼 없으며, 밀가루가 비쌀 때는 빵조차 먹지 않는다면서, 프랑스 자본가들을 부러워하고 있다. 나아가 벤자민 톰슨이란 사람은 노동자의 비싼 일상 음식을 대용물로 바꾸기 위한, 그리하여 식비를 최소한으로 낮추기 위한 요리법으로 자신의 책을 가득 채우고 있다고 한다.[77]

이처럼 "노동자의 소비기금의 직접적 약탈이 잉여가치 형성에 어떤 역할을 하는지"[78]는 『자본』의 곳곳에서 서술되어 있다. 이러한 약탈이 가치론의 공리계와 무관하다는 것을 다시 반복할 필요는 없을 것이다.

결국 w나 v나 모두 가치론의 공리계에 대해 외부적인 요인들에 의해

---

75) 맑스, 『자본론 I(하)』, 818쪽.
76) 같은 책, 819쪽에서 재인용.
77) 같은 책, 819~820쪽.
78) 같은 책, 822쪽.

결정된다. 거기서 결정적인 것은 w를 극대화하고 v를 극소화하려는 부르주아지의 의지(Wille) 및 권력(pouvoir)과, w의 극대화를 위해 요구되는 희생을 극소화하고 v를 가능한 최대한으로 확보하려는 노동자계급의 의지(Wille)와 능력(puissance)의 상호관계며, 그 적대로 인해 (이율배반과 동일하게) 처음부터 불가피한 계급투쟁이다. 그것은 종종 자연적 한계 이하로까지 욕구의 문화적·도덕적 수준를 끌어내리기도 하고(산업혁명 직후나 산업화 초기에 특히 그렇다), 반대로 법이 정한 한계 이상으로 그것을 끌어올리기도 한다는 점에서, 다른 요인을 배제하지 않음에도 불구하고 강한 의미에서 '결정적'이다. 그리고 바로 이러한 의미에서 잉여가치는 계급적 적대를 응축하고 있다고 말할 수 있으며, 더불어 잉여가치의 크기는 계급투쟁에 의해 결정된다고 말할 수 있다. 또한 맑스가 가치론의 이율배반을 통해 '적대'를 찾아냈다고 말할 수 있다면 그것은 바로 이러한 의미에서다.

하지만 이는 흔히 생각하듯이 자본이 노동자에게 지불하는 것(노동력의 가치)과 자본이 노동을 통해 획득하는 것(가치생산물) 간의 적대는 아니다. 적대는 차라리 그 각각의 항에 내재적이다. 즉 적대나 잉여가치는 가변자본과 잉여가치 간에, 혹은 임금과 이윤 간에 있는 대립이라기보다는 차라리 그 각각의 항 자체에 내재하는 것이란 점이다.

이를 가변자본과 잉여가치 내지 임금과 이윤 간의 이해관계의 적대로 이해하는 것은 계급투쟁을 임금을 둘러싼 양적인 대립으로 속화시키고, 그 두 차원의 대립적 범주를 통해 정의되는 것으로 본다는 것이다. 그러나 이는 잉여가치의 외부성을 이해하지 못하고 잉여가치를 가치론의 공리계 안에서 가치 개념을 통해 정의하려는 것이며, 이런 한에서 철저하게 '정치경제학적인'(!) 것이다.[79]

하지만 실제로는 반대다. 즉 가치론의 공리계에 외부적인 것으로서, 계급투쟁에 의해 결정되는 잉여가치가 먼저 존재하며, 임금과 이윤 각각은 바로 이 잉여가치를 통해서 정의된다는 것이다. 이것이 맑스가 이윤과 구별되는 잉여가치 개념을 질적으로 상이한 근본적인 위상에 두고 강조한 이유인데, 정치경제학자들은 이를 양적인 우선성과 포괄성(지대, 이자 역시 잉여가치에서 연원하기 때문에)으로 변환시키고는 다시 가치론의 공리계로 '내부화'한다.

잉여가치가 정치경제학의 가장 근본적인 파열구며, 이런 점에서 맑스의 '정치경제학 비판'에서 가장 결정적인 개념이라는 것은 바로 이러한 맥락에서 이해할 수 있다. 그것은 가치론의 공리계에 내적인 이율배반이 적대와 계급투쟁의 형태로 응축되어 있는 개념이며, 자본의 권력과 노동자계급의 능력이 항상적으로 공존하며 충돌하는 작용점이다. 하지만 동시에 정치경제학에 의해 끊임없이 양적 대립의 양상으로 변환되어 경제적 이해의 충돌로 속화되는 지점이기도 하며, 이를 위해 가치론의 공리계 안으로 포섭되고 내부화되는 지점이기도 하다.

가치론의 이율배반이 철학자들에 의해 끊임없이 헤겔적인 '모순'으로 변환되는 것만큼이나, 잉여가치의 외부성은 정치경제학적 변용에 의해 끊임없이 잊혀지고 가치론의 '과학적 보충'으로 변환되어 왔다. 바로 이 점에서 잉여가치의 외부성 개념은 정치경제학 비판이 근대적인 정치경제학과 근본적으로 단절되는 이론적 지점이지만, 동시에 그것은 또 언

---

79) 바로 여기서 좌파 리카도주의자와 맑스주의 정치경제학자들의 교차점을 확인할 수 있다. 하지만 이 경우 시니어(Nassau W. Senior)의 악명 높은 '최후의 한 시간'은 결코 근본적으로 비판되지 않는다. 그것은 시니어의 1시간 대신 4시간 내지 5시간을 잉여가치에 할당하는 것으로 적대를 이해하게 된다.

제나 정치경제학으로 변환되는 이론적 지점이기도 하다. 나아가 그것은 맑스의 정치경제학 비판이 근대적 사유와 끊임없이 조우하며 대결하는 역사적 지점인 것이다.

4) 자본 축적의 외부성

자본 축적은 말 그대로 '자본의' 축적이란 점에서, '자본에 의한, 자본 자체를 위한' 내적 과정으로 나타난다. 자본의 경쟁은 그러한 축적을 강제하며, 이로 인해 축적은 자본에 의해 자본 규모가 증가하는 반자동적인 과정으로 나타난다. 다른 한편 자본가에게 그것은 자본이 획득한 이윤을 자신의 욕망이나 욕구를 위해 소비하지 않고 추가적인 자본으로 돌리는 것으로 나타난다. 이런 점에서 베버는 프로테스탄티즘의 윤리를 금욕과 소명의식에 사로잡힌 자본가의 '절제되고 합리적인' 생활양식에 대한 기원으로 설명한다.[80] 맑스가 『자본』에서 비판하는 절욕설(節欲設)은 이러한 사고의 속류화된 형태를 보여 준다.[81] 알다시피 이 두 가지 관점은 고전적인 정치경제학이나 이후 경제학에서 축적에 대한 관념을 형성한다.

---

80) 막스 베버, 『프로테스탄티즘의 윤리와 자본주의 정신』, 박성수 옮김, 문예출판사, 1996.
베버가 프로테스탄티즘의 금욕주의에 기초한 '실천적 합리주의', '자본주의 정신'이 자본의 축적을 가능하게 한 요인이라고 본다면, 맑스는 차라리 경쟁의 강제에 따라 자본가가 자본의 대행자, 자본의 인격화로서 행동하게 된다고 본다(『자본론 I(하)』, 806~808쪽). 자본의 축적을 조건짓는 습속의 형성을 베버는 니체적인 방식을 따라 종교적인 에토스에서 찾는다면, 맑스는 그것과 달리 경쟁에 의해 강제되는 자본 자체의 효과에서 찾는 셈이다. 여기서 맑스는 자본가라는 주체가 어떻게 생산되는가를 이해하는 데서 니체와도 다른 또 하나의 방법론적 관점이 있을 수 있음을 보여 주고 있는 것이다.
한편 맑스는 축적을 위한 금욕과 절제가 자본주의의 여명기에 자본가에게 요구되는 자본의 욕망이지만, 그것이 일정한 발전 정도에 이르면 사치와 과시적 소비가 신용획득의 수단이나 교제 등 사업상 필요한 자본의 욕망이 된다는 점을 잊지 않는다(같은 책, 810쪽).
81) 맑스, 『자본론 I(하)』, 806쪽 이하.

그런데 축적을 자본의 내적이고 반자동적인 과정으로 보는 견해와 달리 맑스는, 경제학적 관념에 따르면 납득할 수 없는 주장을 제시한다. 자본 축적의 일반적 법칙에 대해 쓰면서 그는 축적을 좌우하는 어떤 변수나 요인을 찾는 데 별 관심이 없다. 반면 자본주의적 축적의 절대적 일반법칙은 축적이 진행됨에 따라 실업자와 과잉인구가 많아지는 법칙, 즉 상대적 과잉인구의 법칙이라고 한다.[82] 그리고 자본의 축적 과정을 다루는 7편 전체는 자본주의적 축적의 일반법칙에 대한 예증에 관한 절 ─ 분량으로는 7편의 거의 절반을 차지한다 ─ 로 끝나고 있다. 그 예증의 내용은 영국의 공업노동자 중 저임금층이나 유랑민, 최고임금 수혜층, 농업 프롤레타리아트 등을 통해 상대적 과잉인구의 다양한 양상과 형태를 보여 주는 것이다.

자본주의적 축적의 일반법칙이란 상대적 과잉인구를 만들어 내는 '자본주의적 인구법칙'이라는 명제처럼 당혹스럽고 난데없는 것이 경제학 서적에 또 있을 수 있을까? 이것은 대체 무엇을 뜻하는 것일까? 맑스는 단지 노동자계급의 입장에서 자본주의적 축적의 효과에 대해 비판적으로 서술하고 있는 것일까? 그러나 그 경우 그것을 '절대적'이라는 강한 말까지 사용하면서 자본주의적 축적의 일반법칙으로 볼 수 있는 것일까?

우리가 알기에 맑스는 수사학적 재능이 넘침에도 불구하고, 그런 식의 선동적 내지 선전적 목적을 위해 개념이나 단어를 남용하는 사람은 아니며, 「독일 이데올로기」의 유명한 사례에서 보이듯이 적절하지 않은 단어의 사용을 극도로 자제했던 사람이다. 『자본』은 수사마저도 자제된 극히 절제된 문장들로 쓰여져 있다. 따라서 그것을 단순한 과장으로 볼

---

82) 맑스, 『자본론 I(하)』, 879쪽.

수는 없다. 그것은 정말로 자본주의적 축적의 일반법칙에 대한 명제인 것이다. 그렇다면 그것은 무엇을 뜻하는 것일까?

자본의 축적 과정에 대한 맑스의 연구는, 자본 축적이 자본 자체의 내부적인 과정이라는 경제학적 관념에 대한 비판이다. 알다시피 이러한 관념은 자본의 축적을 가치법칙에 따른, 가치론의 공리계에 내부적인 과정으로 다루는 것이고, 자본의 축적은 가치론의 공리계에 대해 내부적이라는 가정 위에 서 있다. 여기서 잉여가치에 관한 명제는 이미 가치론의 일부로 공리계에 포섭되어 있음은 말할 것도 없다. 그렇다면 자본의 축적 과정에 대한 맑스의 정치경제학 비판은 결국 자본의 축적이란 가치론에 입각한 가치론 내부적인 과정이라는 관념에 대한 비판이기도 하다. 다시 말해 그것은 **가치론의 공리계에 대한 자본 축적의 외부성**에 대한 논증이고, **자본주의적 축적이 자본 자체에 대해 외부적이라는 것**에 대한 증명이다.

이는 두 가지 수순으로 행해진다. 첫째, 그것은 자본이 '기원'으로 돌아갈 가능성을 봉쇄하는 데서 시작한다. 여기서 그는 자본의 축적에 대한 경제학적 논의가 자본의 기원적 가치를 가정하는 것에 의존한다는 것을 정확하게 지적한다. 즉 축적에 충용된 추가적 자본은 이전의 자본이 낳은 것이고, 이전의 추가된 자본 역시 그 이전의 자본이 낳은 것이고…… 하는 식으로 거슬러 올라간다는 것이다. 자본의 축적이란 결국 자본이 자본을 낳는 과정이 된다. 그런데 "그것은 아브라함은 이삭을 낳고, 이삭은 야곱을 낳고…… 하는 것과 같은 옛날 이야기와 같다".[83]

그러나 맑스는 그 추가적인 자본이 사실은 잉여가치에 원천을 두고 있다는 점을 보여 준다. 즉 축적되는 추가적 자본이란 "자본화된 잉여가

---

83) 같은 책, 791쪽.

치"고,[84] 따라서 축적이란 잉여가치가 자본으로 전화되는 것이다.

자본의 축적에 대한 이 명제는 축적의 외부성을 명확하게 해주고 있다. 그것은 한편으론 축적이 자본 내적인 과정이 아니라 그 외부인 잉여가치에 원천을 두며, 잉여가치에 의해 진행된다는 것이다. 이는 계보학적 비판의 형식을 취하고 있다. 즉 축적이라는 과정의 발생적 원천이 자본이 아니라 잉여가치라는 점을 통해, 그것의 '가치'를 비판하고 있는 것이다.

그렇지만 잉여가치가 생산되려면, (최초의) 자본이 먼저 있어야 하는데, 그 최초의 자본, 자본의 아담은 누가 낳았는가? "그[자본의] 소유자는 이것[본래의 초기 자본]을 어떻게 가지게 되었는가? '그것은 그 자신의 노동과 그의 선조의 노동에 의해서다!'라고 정치경제학의 대변자들은 한결같이 대답하고 있다."[85] 정확하게도 기원으로 거슬러 올라가 스스로를 정당화하는 방법이 동원되고 있다. 족보학적 방법.

이에 대한 맑스의 비판은 이중적이다. 첫째, 축적이 진행됨에 따라 자본화된 잉여가치의 비율은 무한히 증가하며, 반면 최초의 자본이 있었다 해도 그것은 이에 비하면 무한소에 가까운 양이다.[86] 여기서 기원의 '가치'는 양적으로 무화된다. 둘째, 최초의 자본(본원적 자본)의 탄생지로 거슬러 올라가 보면, 그것은 한편으로는 다양한 재산을 폭력과 사기 등을 이용해 수탈한 결과며, 다른 한편으로는 직접생산자로부터 생산수단을 수탈한 결과다. 즉 본원적 축적이란 폭력과 강탈로 얼룩진 그런 이중의 수탈이었다는 것이다. 여기서 기원의 '가치'는 질적으로, 도덕적으로 무

---

84) 맑스, 『자본론 I(하)』, 791쪽.
85) 같은 책, 792쪽.
86) 같은 책, 800쪽.

화된다. 요컨대 자본의 축적은 자본 자체의 기원을 갖지 않는다.

둘째, 축적 과정 자체의 외부성. 이는 자본의 축적이 갖는 자본주의적 성질에 대한 비판을 통해 드러난다. 불변자본과 가변자본의 비율로 표시되는 자본의 구성(composition)이[87] 불변이라고 가정하면, 노동력에 대한 수요는 자본이 증가함에 따라 증가하며, 그에 따라 노동력 상품에 대한 수요가 증가하면서 임금도 상승하게 된다. 이를 방지하려면 노동력에 대한 수요를 줄여야 한다. 이는 전체 자본의 구성 가운데 가변자본 부분이 차지하는 비율을 줄이는 것을 통해 가능하다. 이 경우 불변자본 부분은 상대적으로 증가한다. 이를 유기적 구성의 상승이라고 부른다. 그 결과 취업을 하지 못한 실업자가 증가한다. 이런 점에서 자본의 축적은 프롤레타리아의 증식이다.[88]

이처럼 자본의 축적은 언제나 인구의 상대적 과잉을 수반하면서만 이루어진다. 반대로 자본의 운동이 인구의 법칙에 따라, 즉 인구의 다소에 따라 이루어진다는 경제학자들의 설명은 잘못된 것이다. 왜냐하면 인구의 과잉에 의해 자본 축적의 양상이 변화하는 것이 아니라, 반대로 자본의 축적에 따라 과잉인구가 만들어지는 것이기 때문이다.[89] 이런 점에

---

87) 이 가치구성의 소재적 측면이 '자본의 기술적 구성'이고, 가치적 측면이 '자본의 가치구성'인데, 양자는 긴밀한 관련을 갖는다. 이 관련을 표시하기 위해, 자본의 가치구성이 기술적 구성의 변화를 그대로 반영하는 경우를 '자본의 유기적 구성'이라고 한다. 이는 가치가 불변이라고 가정할 때의 기술적 구성을 가치 팀(term)으로 표시한 것으로, 전체 자본에서 불변자본 부분과 가변자본 부분의 양적인 비율을 표시한다(같은 책, 836~837쪽). 여기서 맑스가 유기적 구성에 주목하는 이유는 무엇보다도 축적에 따라 취업노동자의 비율을 포착하려는 관심사 때문인데, 이는 가치 팀이 아니라 말 그대로 수적 비율의 문제기 때문이다.

88) 같은 책, 838쪽.

89) 같은 책, 25장 「자본주의적 축적의 일반법칙」 제3절. 이는 인구의 과잉에 대한 맬서스의 이론과 반대되며, 인구의 과다성과 재화의 희소성을 전제로 삼는 경제학적 가정과 상반된다. 이는 앞서 푸코가 정치경제학에서 발견한 근대적 에피스테메의 특징 중 하나인 희소성의 관념

서 자본의 축적법칙은 상대적 과잉인구를 끊임없이 수반하는 자본주의적 인구법칙을 뜻한다.[90]

여기서 상대적 과잉인구는 노동의 수요와 공급의 법칙이, 결국은 가치법칙에 작용하는 배경이며 전제이지, 그 결과는 아니다.[91] 나아가 자본은 가치법칙에 반하는 노동력 상품의 탈가치화를 통해 인구를 과잉화시키고 임금을 저하시킨다. 예를 들어 노동력이 부족하면 높은 임금을 그대로 주거나 노동자들이 늘어나 임금이 하락하기를 기다리는 것이 아니라, 새로운 기계를 도입함으로써 기존의 노동자를 과잉화시키고 임금을 낮춘다. 이처럼 자본주의적인 과잉인구의 법칙은 노동력 상품의 수요와 공급을 규제하는 가치법칙에 대해, 그리하여 가치론의 공리계에 대해 외부적인 것이다. 하지만 가치법칙에 필수적인 전제라는 점에서 내재하는 외부다.

결국 맑스는 자본주의적 축적이란 가치법칙에 반하여 노동력이라는 상품의 가치를 끊임없이 파괴하는 과정임을, 그리하여 자본이 노동력 상품의 탈가치화(Entwertung)를 통해서만 노동을 가치화한다는 역설을 보여 주고 있는 셈이다. 하지만 앞서 보았듯이 축적이 자본 내적인 양상을 취함으로써, 축적을 위한 과잉인구화는 자본의 경쟁력과 생산의 효율성을 위한 자본의 당연한 권리로 나타나고, 보존되지 않는다는 노동력 상품의 특이성으로 인해 노동자들의 힘을 무력화한다.

또한 자본의 축적은 불가피하게 '공황'을 야기한다. '공황'은 과잉인

이 맬서스나 다른 정치경제학자에게는 해당될지 모르지만, 맑스의 경우에는 차라리 반대라고 해야 함을 뜻한다.
90) 맑스, 『자본론 I (하)』, 862쪽.
91) 같은 책, 864쪽.

구화의 다른 측면이기도 한데, 과잉인구화와 유사하게 상품의 대대적인 탈가치화를 수반하기도 하고, 때로는 자본의 탈가치화를 야기하기도 한다. 이 점에서 자본의 축적이 야기하는 공황은 가치론에 외부적인 과정을 다른 방식으로 보여 준다.

자본 축적의 외부성, 그것은 자본 축적의 내부에 가치법칙과 그 외부에 의해 구획되는 경계가 자리잡고 있음을 뜻한다. 그것은 자본 축적의 **내적 경계**다. 동시에 그것은 자본이 자신의 내부에 존재하는 그 경계에 반복하여 부딪치고, 그 경계를 반복하여 넘어선다는 것을 보여 준다. 자본은 자신의 경계, 축적의 한계를 갖지만, 그것은 결코 넘어설 수 없는 경계나 한계가 아니다. 이런 점에서 자본에게는 넘어설 수 없는 한계는 없다. 차라리 그것은 항상-이미 경계, 한계를 넘어서는 것으로서 존재한다. 자본은 반대로 언제나 그 경계를 넘으면서 존재하며, 넘어야만 존속할 수 있다.

한편 로자 룩셈부르크는 드물게도 이러한 잉여가치의 외부성, 축적의 외부성을 직관적으로 포착한 것처럼 보인다. 그녀는 유기적 구성의 상승이 축적의 내적인 곤란과 결부되어 있음을, 다시 말해 축적의 외부성과 결부되어 있음을 포착한다. 그러나 그는 그 외부성이 '내재하는 외부'라는 것을 이해하지 못하고 자본주의와 비자본주의 간의 **외적인 경계**로, '비자본주의적 시장'이라는 **지역적인 외부**를 뜻하는 것으로 간주했으며, 따라서 끊임없이 부딪치지만 반복하여 넘을 수 있는, 항상 넘어야 하는 한계라는 것을 이해하지 못했다. 더불어 잉여가치와 축적의 외부성을, 자본 축적의 내적 도식(재생산표식) 안에서 증명하려 함으로써 붕괴론적 결론으로 나아갔다.[92] 그러나 정치경제학적 공리계가 그녀를 반자동적인 축적의 내적 과정이라는 벽에 가두었음에도 불구하고, 자본 축적에 관한 로자의 분석은 혁명적 직관이 정치경제학의 그 벽을 넘을 수 있는 가능성의 한 사례를 보여 준다.

4. 근대 비판으로서 정치경제학 비판

앞서 말했듯이 맑스는 자신의 평생을 건 연구를 '정치경제학 비판'이란 이름으로 반복해서 지칭했다. 그런데 맑스의 정치경제학 비판은 대체 무엇을, 정치경제학의 무엇을 비판하려는 것이었는가? 정치경제학의 부르주아적 잔영? 혹은 정치경제학이라는 과학 내부의 비과학적 요소? 그리하여 예를 들면 '시니어의 최후의 한 시간 개념'이나 벤담의 공리주의, 혹은 밀의 절충주의? 맬서스의 인구이론? 바스티아나 세이의 속류 경제학?

『자본』내지 '정치경제학 비판의 주된 비판 대상'은 고전 경제학의 가장 중심적 이론가인, 그리하여 그 자신이 과학자로서 인정하는 스미스와 리카도다. 아마도 맑스가 '자랑할 수 있는 적'은 그 두 사람뿐인 것 같다. 그렇다면 그는 스미스와 리카도의 무엇을 비판하고 있는가? 그것은 그들의 노동가치론이며, 축적이론을 포함하여 가치론에 기초하고 있는 정치경제학 전체다.

『자본』에서 맑스의 비판은 이중적인 차원에서 진행되고 있다. 하나는 제목대로 '자본'에 대한 것이고, 다른 하나는 부제대로 '정치경제학'에 대한

---

92) Rosa Luxemburg, *Die Akkumulation des Kapitals*, tr. J. Robinson, *The Accumulation of Capital*, Monthly Review Press, 1964와 비판가들에 대한 응답인 *Die Akkumulation des Kapitals, oder was die Epigonen aus der Marxischen Theorie gemacht haben : Eine Antikritik*, Franke, 1921 참조. 재생산표식이 자본 축적의 균형을 이미 전제하고 있는 방법론적 도구라는 점을 통해 로자가 사용한 방법을 비판한 것으로는 Roman Rosdolsky, *The Makings of Marx's 'Capital'*, Pluto Press, 1992 참조.

것이다. '자본'에 관한 비판은 직접적인 비판이라는 부정적 형태를 취하기보다는 차라리 긍정적 분석의 양상으로 진행된다. 상품, 화폐, 자본, 가치화 과정, 축적 등에 대한 개념적 서술의 양상으로 '자본'에 의해 작동되는, 노동자의 활동과 활동능력을 포획하는 메커니즘을 분석하고 있다. 이런 점에서 이 책은 분명 '자본'에 대한 책이며, **자본이 작동시키는 메커니즘, 혹은 기계적 배치**(agencement machinique)에[93] **관한 책이지 '자본에 관한 이론'** 이 아니며, 그런 점에서 '자본'이지 '자본론'이 아니다(이런 점에서 그가 노동에 대한 이론, 임금에 대한 이론을 따로 쓰지 않았던 이유를 오히려 이해할 수 있다). 좀더 나아간다면, 『**자본**』에는 맑스의 **가치론도**, 맑스의 **화폐론도**, **축적론도 없다**고 말할 수 있다.

그런데 자본의 기계적 배치에 대한 긍정적 형태의 서술은 언제나 그것이 야기하는 부정적 결과로 끝나고 있다. 상품과 화폐에 관한 장은 '물신성'으로 끝나고, 절대적 잉여가치에 관한 장은 노동일을 둘러싼 투쟁으로, 상대적 잉여가치에 관한 장은 기계와 공장이 노동자의 삶을 변형시키는 것으로, 자본 축적의 일반법칙은 과잉인구에 대한 것으로, 본원적 축적은 토지에서 분리된 이중으로 자유로운 무산자의 대대적 창출로 끝나고 있다. 이는 자본이라는 기계적 배치가 야기하는 효과에 대한 서술이다. 알다시피 이것처럼 자본에 대한 통렬한 '비판'은 찾아볼 수 없다.

다음으로 정치경제학에 대한 비판. 이는 자본주의의 개념적이고 언표

---

93) 기계적 배치는 신체적(corporel) 혼합의 차원에서 정의되고, 언표행위(énonciation)의 배치는 언표와 행위의 효과라는 차원에서 정의된다. 예를 들면 정신병원이 광인을 다루는 기계적 배치라면, 정신병리학은 그것을 위한 언표행위의 배치다. 감옥이 범죄자를 다루는 기계적 배치라면 형법·범죄학은 범죄자를 정의하고 그들에 대한 처벌을 정의하며 또한 정당화하는 언표행위의 배치다. 기계적 배치와 언표행위의 배치 개념에 관해서는 들뢰즈·가타리, 『천 개의 고원』, 제4장을 참조.

적인 배치로서 고전적인 정치경제학에 대한 비판이다. 이는 부정적인 양상의 비판으로 진행되며, 종종 명시적으로 그 대상이 드러난다. 예를 들면『자본』1권의 전반부는 정치경제학의 가장 기초적인 영역인 가치론에 대한 비판이다. 특히 스미스와 리카도의 노동가치론에 대한 비판이 행해지고 있다. 그 핵심은 한마디로 말해 "노동은 가치를 낳지 않는다"는 것이고, 따라서 '노동가치'란 개념은 잘못된 말이며, 나아가 그것은 자본주의의 비밀인 '자본의 증식'을 설명할 수 없다는 것이다.

다음으로 자본의 축적에 대한 비판——자본의 축적이란 잉여가치가 자본으로 전환되는 것일 따름이며, 자본 축적의 법칙은 과잉인구의 축적을 야기하는 자본주의적 인구법칙이라는 것이다. 이는 과잉인구를 생물학적 법칙으로 설명했던 맬서스와 이윤율의 저하를 통해 인구 성장이 정체하리라고 보았던 리카도 모두에 대한 비판이다. 마지막으로 자본주의의 기원과 발생을 설명하는 '본원적 축적'에 대한 부분은 스미스의 '선행적 축적' 내지 티에르(Adolphe Thiers)의 '본원적 축적'에 대한 비판이다.

그런데 이러한 비판은 기묘하게도 '계보학적' 성격을 갖는다. 그것은 언제나 기원을 상기시키고 그 기원에 줄기를 댐으로써 정당성을 찾아내려는 정당화의 방법을 반대로 하여, 기원의 가치를 드러내고 그것을 의문시하는 방식으로 진행된다. 예를 들면 축적과 '본원적 축적'에 관한 부분이 그렇다. 축적에 대한 장은 두 가지 주장을 겨냥하고 있다. 하나는 축적이란 자본가들의 절욕과 금욕의 산물이라는 절욕설이고, 다른 하나는 축적을 통해 확대된 자본으로 전환되는 부분은 모두 노동자계급이 소비한다는 스미스의 명제다.

이에 대해 맑스는 축적과 추가적 자본의 발생지에서 잉여가치를 드러냄으로써 축적의 기원적 가치를 일거에 의문에 부쳐 버린다. 그리하여 자본주의적 축적의 일반법칙은 항상적으로 과잉인구를 창출함으로써 작동한다는 것을 드러낸다. 이러한 비판에 대해 '최초의 자본' 내지 '본원적 (ursprungliches) 자본'을 통해 자본가의 소유를 정당화하려는 경제학자들을 맑스는 다시 쫓아간다(이로써 본원적 축적에 관한 장이 가장 뒷부분에 위치한 이유를 이해할 수 있다). 축적이란 잉여가치가 자본으로 전환되는 것이라고 해도, 그러한 과정이 시작되려면 언젠가는 이미 축적된 자본이 있어야 한다는 주장, 그리하여 그러한 본원적 자본으로 인해 노동하지 않아도 부가 증대하는 것은 정당하다는 주장을 겨냥한다. 즉 본원적 자본의 축적이란 한편으로는 공동의 소유물을 수탈하고, 다른 한편으로는 생산수단을 생산자로부터 수탈함으로써 이루어진 것임을 보여 줌으로써, 역시 본원적 자본, 기원적 자본의 가치를 의문에 부쳐 버린다. 이는 정확하게도 계보학적 비판이다. 여기서 우리는 '자본의 계보학'과, 그것을 서술하는 『자본』의 계보학'을 발견할 수 있다. 니체 이전의 계보학.

다음으로 이제 우리는 푸코가 제기한 비판에 대해 적절하게 답할 수 있다. 푸코는 노동가치론과 그것이 함유하고 있는 기원에 대한 관념, 희소성의 관념, 유한성 내지 역사의 종말에 대한 관념을 통해 맑스의 정치경제학(비판)이 근대적 에피스테메 안에 있었음을 주장했다.

첫째, 기원의 문제에 관하여. 스미스에게 노동이란 분명히 가치에 대한 표상으로 환원되지 않는 객체의 형식을 취하고 있었다. 리카도에게 그것은 분명 가치의 기원이라는 관념을 명확히 취하고 있었다. 반면 맑스에게서 노동은 노동력의 사용가치로, 노동하는 자와 자연과의 대사과정으로 정의된다. 이미 보았듯이, 이러한 노동 개념은 가치라는 양적 계열과는 전혀 다른 질적 차원에 위치하고 있는 것이다. 양이 질에서 추론될 수 없듯이, 가치는 노동에서 추론되지 않는다. 따라서 노동은 가치의 기원이 아니다.

그러나 좀더 근본적인 것은 맑스는 이러한 기원의 문제에 집착하지 않았다는 점이다. 그가 원천에 대해 관심을 갖는 경우에도 그것은 이 증식된 가치의 원천이 외부적이고 이질적이라는 것을 보여 주는 한에서며, 이런 의미에서 정확히 계보학적 방법을 취하고 있다는 것이다. 따라서 맑스의 노동 개념은 기원의 관념과는 거리가 멀고, 차라리 그것에 대한 비판적 위상을 갖는다고 할 수 있다.

둘째, 희소성의 문제. 정치경제학은 재화 내지 상품의 희소성과 인구의 과잉에서 경제학의 임무와 위상을 추론했다. 그러나 맑스는 반대로 재화의 희소성과 인구의 과잉이 자본의 축적에 의해 야기된 결과지 원인이 아니라는 것을 분명하게 보여 주고 있다. 그것은 자본주의적 축적의 일반 법칙의 이면인 것이다. 따라서 여기서 희소성과 경제의 관계는 정치경제학의 그것과 정반대다. 마치 푸코가 유한성을 근대적 인식의 배치라는 조건을 통해 규명하듯이, 맑스는 희소성/유한성을 자본의 배치라는 조건을 통해 규명하고 있는 셈이다.

셋째, 역사와 종말의 문제. 푸코의 비판과 달리 맑스의 정치경제학 비판에서 자본주의의 한계 내지 '유한성'은 자본의 증식에 처음부터 내재하는 경계요 내재하는 외부다. 그것은 한 번의 도약으로 넘어설 수 있고 초극할 수 있는 외적인 경계가 아니라, 처음부터 끊임없이 부딪치면서 반복하여 넘어서는, 어떤 거대한 도약도 종종 '뜻하지 않게' 다시 조우할 수 있는 내적인 경계다. 따라서 그것은 종말을 전제하는 근대주의적 역사성으로 환원할 수 없으며, 차라리 그것을 벗어나 경계와 외부의 개념 자체를 변환시킨다.

그렇다면 '자본 축적의 역사적 경향'에서 울리는 '자본주의의 조종'은 어떠한가? 그것은 '경향'이라는 개념의 맑스적 용법을 통해 본다면, 내적인 이율배반으로 인해 반복적으로 형성되는, 그리하여 주기적으로 나타나던 단절처럼 내적인 경계, 내재하는 외부를 표시한다. 왜냐하면 이윤율 저하의 경향은 언제나 그것을 상쇄하는──그 경계를 넘어서게 하는── 요인과 결부되어 사용되며, 이 경우 그 저하 경향이란 자본에 내재하는 이율배반이 야기하는 경계의 극한적 표현인 것이고, 이윤율과 연관된 양방성의 힘 가운데 하나를, 그러나 내적인 만큼 본질적인 힘을 지시하는 것이다.

따라서 이상의 관점에서 볼 때 근대적 에피스테메에 관한 푸코의 기준과 연구를 그대로 받아들이는 경우에조차 맑스의 정치경제학 비판이 '근대적'이라는 비판은 타당하지 않다. 오히려 그것은 근대의 무의식적인 인식론적 배치를 넘어서 있다. 그것은 맑스 자신이 자본주의로 포착한 근대사회를 넘어서려고 하는 만큼 근대적 에피스테메를 넘어서 있다. 물론 이 '넘어섬'이 뜻하는 바에 대해, 외부적 경계를 통해 사고했던 기존의 관념을 넘어서야 하지만.

마지막으로 맑스의 정치경제학 비판과 맑스주의 정치경제학의 관계에 대해 간단히 언급하자.

맑스의 '비판'은 스미스와 리카도가 제시한 가치론의 공리계에 대해 외부적인 것(결정불가능한 것)으로서 잉여가치 개념을 발견하고 그것을 통해 노동가치론 자체에, 또한 자본 자체에 내재하는 이율배반을 포착한다. 그리고 가치론 공리계의 일관성이 유지되지 못하는 그 이율배반을 통해 자본과 노동의 적대를 드러내고, 그것을 통해 자본(주의)에 대한 근본적인 전복을 사유하려고 한다.

반면 맑스주의 정치경제학에서 이 잉여가치에 관한 명제는 가치론의 공리계를 과학화하기 위해 필요한 또 하나의 공리로서 포섭된다(공리화). 이로써 가치론의 확장 내지 정정으로서 잉여가치론이라는 공리계가 구성된다. 이것이 맑스주의 정치경제학의 가장 기본적인 기초, 그리하여 이데올로기적 전투가 벌어지는 가장 중요한 전장이 된다. 그러나 잉여가치의 새로운 공리를 통해 구성된 (잉여)가치론의 공리계 역시 또 다른 결정불가능한 명제를, 그 공리계에 외부적인 개념을 포함하고 있다. 맑스는 가치화/가치증식 과정이 끊임없는 탈가치화(가치파괴;가치잠식) 과정을 내적으로 포함하고 있다는 점에서 그것을 보여 준다. 나아가 자본의 축적이 (상품 및 노동력) 가치의 파괴라는, 그리고 과잉인구라는, 가치론의 공리계와 무관한 외부적 개념을 내포하고 있다는 것을 통해 다시 한번 드러낸다.

물론 맑스주의 정치경제학은 이러한 외부적 명제를 또 다시 공리로 추가함으로써 이른바 '축적론', '공황론' 등을 만들어 낸다. 이러한 맑스주의 정치경제학의 시도는 결국 '과학적 정치경제학'이라는 이름 아래, 스미스, 리카도에 의해 마련된 근대적인 지반으로 맑스의 돌파지점을 반복하여 재코드화하고 재영토화하는 것이다. 그것은 맑스주의 정치경제학을 통해 맑스의 사상이 반복하여 근대성 안으로 회귀한다는 것을 뜻한다.

그것은 근대가 목표로 추구되던 조건에서는 불가피한 것이었는지도 모른다. 그러나 적어도 근대의 초극이 정말로 근본적으로 다시 사고되어야 하는 역사적 조건에서라면, 근대적 정치경제학, 근대적 맑스주의를 넘어서 맑스가 열어놓은 탈근대적 사유의 공간을, 근대 너머로 탈주선이 흘러넘치게 하는 새로운 운동의 창조의 장으로 변환시켜야 하는 것이 아닐까? 그렇다면 근대를 넘어선 맑스의 사유의 요소들을 다시 확인하고, 새로운 방향으로 밀고 나아가며 변이의 선을 찾고 새로운 형상으로 구성하는 것, 그것이 우리에게 요청되는 것은 아닐까?

4장_역사유물론과 근대적 주체의 생산

1. 사회적 실천의 문제설정

역사유물론의 관점에서 주체의 문제는 실천의 문제와 긴밀히 결부되어 있다. 실체화된 주체의 범주에서 출발하는 근대적 사유의 지반에서든, 아니면 니체나 비트겐슈타인이 지적했던 문법의 환상을 통해서든, 주체와 실천의 관계에 대해서 우리는 몇 가지 중요한 통념을 가지고 있다.

첫째, 실천은 내가 하는 것이거나, 네가 하는 것이며, 혹은 누군가가 하는 것이다. 실천의 주체는 나, 혹은 누군가다. 어떤 주체가 없는 실천은 없으며, 실천은 주체가 행하는 것이다. 둘째, 따라서 실천은 주체가 선택하는 것이다. 주체는 자신의 의지대로 선택하고 자신의 의사에 따라 행동한다. 자유라는 개념은 이와 긴밀히 결부되어 있다. 셋째, 그러한 실천을 통해서 주체는 자신의 의지나 목적을 실현한다. 그러한 실천을 통해 주체는 무언가를 만들어 내고 생산하며 재생산한다. 흔히 문화라고 부르는 것은 이러한 실천을 통해서 주체가 만들어 낸 것을 총괄해서 지칭한다.

그러나 사람들은 정말로 자유로이 선택하고 자유로이 실천하는가?

공장에서 노동자들의 '실천'이 정말로 그러한가를 생각하기 위해선 채플린의 유명한 영화를 한 장면 떠올려 보는 것으로 충분하다. 작업시간에는 화장실에 가는 것조차 자유롭지 않으며, 화장실에서 잠시 여유를 부리며 담배 한 대 피워 무는 것조차 재촉하는 눈총을 의식해야 한다.

학교라면 어떤가? 적절하게 분할된 시간마다 요구되는 행동 내지 실천의 양상이 정의되어 있으며, 쉬는 것조차 그 시간표 안에서 정의되어 있다. 정해진 행동에서 벗어나는 것은 적발되고 처벌된다. 수학 시간에 만화 그리는 아이, 사회 시간에 시를 쓰는 아이, 혹은 국어 시간에 조는 아이 등등. 수학 시간에 할 수 있는 수학 공부의 내용은 또 얼마나 자유로이 선택가능한 것인가?

알다시피 병원은 더하다. 차라리 자유로이 활보할 수 있는 거리라면 어떨까? 거기서라면 무슨 생각을 하든, 무슨 짓을 하든 상관없지 않은가? 그러나 거기서도 우리의 실천이나 행동은 특정한 방식으로 정의되고 코드화되어 있다. 걷는 것도 정해진 길을 따라 일정한 방향성을 갖고 행해져야 하며, 가능한 행동의 폭 역시 다른 사람들의 시선이 허용하는 한계, 사실은 규칙과 규범이라는 항상-이미 결정되어 있는 코드에 따른다. 거기서 명백하게 벗어나면, 혹은 멀리 벗어나면 그것을 저지하는 힘은 시선을 넘어 물리적인 형식을 취한다. 그렇다면 사람들 각자가 자유로이 선택하고 자유로이 실천한다고 하기는 매우 곤란해지는 게 아닐까?

실천을 통해 주체가 자신의 의지 내지 목적을 실현한다고 할 수 있을까? 이러한 개념은 '합목적적 행위'로 노동을 정의하는 헤겔에게서 더없이 뚜렷한 형상을 취한다. 그러나 이러한 정의를 유지하는 한, 현실은 그 반대의 양상을 취한다는 것을 맑스는 충분히 보여 준 바 있다. 자신의 목적이 아니라 타인의 목적이, 그것도 자신의 그것과는 대립되는 목적이 노동을 통해 실현되며, 노동자 자신에 대해 적대적인 타인의 의지가 노동을 통해 관철되기 때문이다. 정신없이 나사를 돌려대는 채플린의 팔은 자신의 의지나 자신의 목적이 아니라 컨베이어 벨트에 실려오는 자본가의 의지와 목적에 따라 움직이는 것이기 때문이다.

그런데 이것이 단지 공장과 노동에 해당되는 것만은 아니다. 병원에서 환자에게 요구되는 행동은 의사의 의지에 따른 것이다. 학교에서 학생들의 행동 역시 규범과 규율을 대신하는 교사의 의지에 따라야 한다. 그것을 자신이 받아들여 자신의 의지라고 간주할 수도 있고, 그것을 거부하여 타인의 의지로 간주할 수도 있지만, 어느 경우든 교사가 대변하는 의지를 축으로 공전한다. 교사의 행동 역시 마찬가지다. 교사답게 행동하고 교사답게 살려면 많은 도덕적 절제와 금욕, 자기통제 등이 필요하다. 교사답게 살라는 요구는 학교라는 공간 전체를 관통하는 또 하나의 의지다. 가정에서 아이들과 부모의 행동 역시 마찬가지다. 타자의 의지, 타자의 목적.

요컨대 주체가 자유로이 선택하고 실천한다는 관념이나 실천을 통해 주체 자신의 목적이나 의지를 실현하거나 관철한다는 생각은 이처럼 모든 지점에서 반박되고 뒤집힌다. 그것은 근대의 주체 철학이 담지하고 있던 것과 동형적인 환상이요 오인이다. 차라리 반대로 말해야 한다. 실천은 사회적으로 정의되고 강제되며, 거기에는 타인의 의지가 작용하고 있다고. 그렇다면 나나 너, 누군가를 지시하는 어떤 주체가 실천의 '주체'라고 할 수 없게 된다. 반대로 주체란 그처럼 사회적으로 정의되고 강제되는 실천을 통해 만들어지는 결과물인 것이다.

이런 의미에서 실천이란 '주체의, 주체에 의한, 주체를 위한 것'이란 생각은 명확하게 반전된다. 주체의 실천이 있는 것이 아니라 사회적으로 정의된 실천의 주체가 있는 것이고, 주체에 의해 실천이 행해지는 것이 아니라 실천에 의해 주체가 만들어지는 것이며, 주체를 위한 실천이 있는 것이 아니라 반대로 특정한 양상의 실천을 통해 주체가 정의되는 것이다. 따라서 주체는 특정한 관계 속에서 행해지는 반복적 실천의 산물/결과물이며, 개인은 그 반복적인 실천을 통해 특정한 형태의 주체로 생산되는 것이라고 말해야 한다.

맑스는 실천의 개념을 통해 근대적인 범주로서 주체와 대상의 개념을 전복함으로써 이러한 인식을 분명하게 해준다. 예를 들어, 맑스가 보기에 자본가가 자본을 운용하고 축적하는 것이 아니라 반대로 자본의 축적과 운용을 위한 논리가 자본가의 실천의 양상을 정의한다. 그 정의에 따라서 어떤 개인은 자본가가 된다. 물론 그 논리에 따르지 않을 수도 있지만, 이럴 경우에 그는 자본가로서 존속하는 데 틀림없이 실패한다. 경쟁은 바로 그 파산과 실패를 담보로 하여 개인을 자본의 논리에 맞추도록 강제한다. 따라서 맑스는 자본가를 자본의 소유자가 아니라, 자본의 논리를 대행하고 수행하는 '자본의 담지자'(Träger)로서 정의한다. 노동자의 경우에는 관련된 상황이 좀더 복합적인 만큼 복잡하지만, 전체적으로 비슷하게 정의된다.

이런 맥락에서 우리는 '인간이란 사회적 관계의 집합(ensemble)'이라는 맑스의 명제를 이해할 수 있다. 인간이란 포이어바흐 말처럼 어떤 유적인 특징을 갖는 실체가 아니며, 헤겔에게서처럼 의식이나 자기의식에 의해 포착되는 어떤 것도 아니다. 그것은 사회적 관계 속에서 형성되는 사회적 존재 그 자체다.

주체나 인간을 역사적으로 포착하려는 이러한 관점은 현실적 생활이 조직되는 양상을 주목함으로써 유물론적 역사관을 형성한다. "인간이란 존재는 그들의 현실적 생활과정이다."[1] 결국 인간이나 주체는 생활이라고 불리는 일상적이고 반복적인 실천을 통해서, 다시 말해 특정한 역사적 및 사회적 조건 속에서 그가 행하는 바에 의해 정의된다. 그가 누구인가는 그가 어떻게 행동하고 그가 어떻게 생활하는가에 의해 결정된다는 것이다.

여기서 우리는 '사회적 실천의 문제설정'이라고 부를 수 있는 근본적으로 새로운 문제설정이 성립하고 있음을 확인할 수 있다. 즉 인간 내지 주체란 '생활'(Leben)이라고 불리는 반복적인 실천이 조직되는 관계와 양상에 따라 생산되는 생산물이란 것이다. 그렇다면 이제 개개인을 특정한 주체, 특정한 '인간'으로 만들어 내는 그 일상적인 실천이 조직되는 조건과 과정이 주목해야 할 문제영역이 되고, 그것을 통해 주체 내지 인간이라는 말은 구체적인 역사적 규정성을 갖는 개념이 된다. "현실적인 생활에서…… 인간들의 실천적 활동(praktische Betätigung) 및 실천적 발전 과정의 서술이 시작된다."[2]

2. 이중의 역사유물론

1) 사회적 실천에서 역사유물론으로

여기서 사회적 실천이 역사적으로 주어진 조건 속에서 특정한 형태로 반복된다는 점을 유의할 필요가 있다. 개개인을 사회적 차원의 질서로 조직한다는 것은 각이한 개별적인 활동에 일정한 형식을 부여하고, 그 형식을

---

1) 맑스, 「독일 이데올로기」, 202쪽.
2) 같은 책, 203쪽.

따라 반복되도록 만드는 것이기 때문이다. 이런 이유에서 질서는 동일한 형식의 반복을 강제한다. 그리고 그 반복적 실천은 질서를 재생산한다.[3]

맑스가 사회와 인간, 혹은 역사를 포착하는 것은, 그처럼 사회적 실천을 반복하도록 강제하고 훈육하는 사회적 조건을 통해서다. 예를 들어 흑인이 노예가 되는 것은 목숨을 겨냥한 총과 채찍, 추적과 고문까지 동반하는 사회적 조건에 의해서며, 그것을 통해 강요되는 복종을 통해서다. "흑인은 흑인이다. 특정한 조건 속에서만 그는 노예가 된다."[4] 생산활동을 하기 위해선, 그리하여 자신의 생명과 생활을 유지하기 위해선 생산수단을 소유한 자들에게 자신의 활동능력을 팔아야 하며, 자본가의 의지에 따라 자신의 수족을 움직여야 한다는 것 역시 역사적으로 주어진 특정한 조건 아래서 이루어지는 반복적 실천의 한 양상이다. "사람은 사람이다. 특정한 조건 속에서만 그는 임금 노동자가 된다."

역사유물론은 각각의 시대, 각각의 사회마다 고유한, 실천을 특정한 양상으로 반복하여 조직하는 이러한 조건을 통해 역사적 변화를 포착하고 이해한다. 이런 점에서 그것은 "역사를 언제나 역사 밖에 있는 척도에 따라 서술하는"[5] 외재성의 장이 아니라, 초월적(transcendent)이고 외재적인 척도를 제거하며, 그 척도 자체를 역사적 가변성 속에 위치짓는 내재성(immanence)의 장으로서 역사를 포착한다. 이제 역사는 어떤 하나의 실체나 단일한 원인으로 환원되지 않으며, 척도를 이루는 영역 자체

---

3) 그러나 그것은 동일성의 반복에서 벗어나려는 힘을 근본적으로 제거할 순 없다. 반대로 동일성의 반복으로 환원될 수 없는 힘이 그러한 반복 이전에 항상-이미 존재하고 있는 것이다. 그 힘은 동일성의 반복으로부터 벗어나는 활동과 행동, 실천을 끊임없이 생산한다.

4) 칼 맑스, 「임금 노동과 자본」, 최인호 옮김, 『칼 맑스·프리드리히 엥겔스 저작선집 1』, 박종철 출판사, 1990, 555쪽.

5) 맑스, 「독일 이데올로기」, 221쪽.

가 역사적 연구의 대상이 된다.[6] 역사유물론이라고 불리는 맑스의 이러한 역사이론은 '존재자에 대한 유물론적인 역사이론'이라고도 할 수 있을 것이다. 여기서는 '사회' 자체는 없고, 그런 사회 자체의 역사 역시 없으며, '인간'(der Mensch) 자체도 없고 그런 인간의 역사 역시 별도로 존재하지 않는다.

개개인의 실천을 특정한 형태로 반복하도록 강제하는 이 조건에 대해 맑스는 "개인의 의지로부터 독립된 사회적 관계"라고 부른다.[7] 그것은 곧 "개인의 의지와 행동을 우선적으로 지휘하는 일련의 특수한 국면들과 발전단계들"을[8] 통해 개인들을 포착하는 것이다. 따라서 역사유물론에서 맑스가 다루는 대상은 바로 그 '특수한 조건들' 아래서 활동하고 실천하는 현실적인 인간들이다.[9]

이처럼 특정한 형태의 실천을 반복하도록 규정하는 조건을 통해서 역사를 포착하는 방법을 역사유물론이라고 정의한다면, 이제 역사유물론의 영역은 단지 생산양식이라는 영역으로 제한되지 않는다. 그것은 집합적인 생활이 이루어지고, 그 생활을 통해 사람들이 특정한 형태의 사회·역사적 존재로 형성되는 특정한 조건을 다루는 일반적인 방법론의 성격을 갖게 되기 때문이다.

예를 들어 푸코에 따르면 르네상스 시기까지 광인은 매우 유별난 형

---

6) 그러나 이것이 역사이론 자체의 소멸을 뜻하는 것은 아니다. 왜냐하면 내재성의 장으로서 역사에 대한 관념 역시, 역사를 포착하는 방법 내지 이론을 배제하지는 않기 때문이다. 차이는 역사를 포착하는 척도를, 역사들 전체를 관통하는 어떤 외재적이고 포괄적인 원인으로 환원시키지 않는다는 점이다.
7) 맑스, 「『정치경제학 비판을 위하여』 서문」, 최인호 옮김, 『칼 맑스·프리드리히 엥겔스 저작선집 2』, 박종철출판사, 1992, 477쪽.
8) 맑스, 「독일 이데올로기」, 214~215쪽.
9) 같은 책, 201~203쪽.

태로긴 하지만, 부랑자와 마찬가지로 특정한 삶의 방식을 가진 자들일 뿐이어서, 결코 갇힐 이유가 없는 사람들이었다. 셰익스피어는 거꾸로 눈에 띄지 않고 도망치기 위해 광인의 행세를 하는 인물의 사례를 종종 보여준다. 돈키호테의 유랑은 고전적 이성이 그 뒤를 쫓기 시작한 시기에조차도 조롱되긴 했지만 아직 갇히지는 않았다. 그러나 이른바 '고전주의 시대'(l'âge classique)에 이르면서 이들은 부랑자와 빈민, 게으름뱅이, 도둑 등등과 더불어 갇히게 된다. 19세기에 이르러 무차별적인 감금은 비난받게 되고, 피넬(Philippe Pinel)과 튜크(Samuel Tuke)의 이른바 '대개혁'은 광기를 치유가능한 질병으로 간주하게 된다. 수용소의 이름이었던 종합병원(L'Hôpital général)은 말 그대로 질병을 치유하는 '병원'이 되고, 광인들은 '환자'(정신병자)가 된다. 그리고 그들을 치유하기 위한 '의사들'이 고용되게 되고, 그들에 의해 정신적 증상에 대한 분류학과 치료의 기술들이 발전하게 된다.[10]

이처럼 수용소와 병원, 의사와 새로운 증상의 분류, 치유의 기술 등등이 복합되어 광인들의 삶을 규정하는 새로운 '특정한 조건'을 형성하게 되었음을 쉽게 볼 수 있다. 여기서 우리는 맑스의 말을 약간 변형시켜 다음과 같이 말하는 것이 충분히 가능하다는 것을 알 수 있다. "광인은 광인이다. 특정한 조건 속에서만 그는 정신병자가 된다." 그리고 이러한 '조건'은 그들에 대한 조치의 성격을 변화시킨다. 이제 감금은 단지 사회의 질서를 위협하는 자들에 대한 처벌이 아니라, 정신적인 질병을 고치기 위

---

10) Michel Foucault, *Histoire de la folie à l'age classique, Gallimard*, 1972[『광기의 역사』, 이규현 옮김, 나남, 2003]. 영역본은 이 책의 축약본인데, 이것으로 인용하겠다. *Madness and Civilization*, Tavistock, 1975.

한 치료가 된다. "감금은 감금이다. 특정한 조건 속에서만 그것은 치료가 된다." 푸코의 역사유물론적 연구.

어린이와 학교에 대해서도 마찬가지로 말할 수 있다. 아리에스의 훌륭한 연구가 잘 보여 주듯이,[11] 서구의 경우 어린이는 특정한 역사적 조건의 산물이다. 중세에 아이들은 6, 7세만 되면 장인의 집에 보내져 일을 했으며, 많은 경우 거기서 양육되었다. 르네상스의 유명한 인문주의자 에라스무스는 아이들을 위한 책에서 좋은 창녀 고르는 법을 가르치고 있었으며, 로미오와 줄리엣은——성춘향과 이몽룡처럼—— 10대 중반의 나이에 이미 어른과 다름없이 연애를 했다. 아이들은 지금처럼 가족 생활의 중심이 결코 아니었으며, 몽테뉴는 자기 아이가 몇 명이나 되는지도 몰랐다고 쓰고 있다.

하지만 17세기에 이르면서 아이들은 '순진무구함'(innocence)을 갖는 순수한 존재며, 또한 그런 만큼 어른들의 속된 삶에 의해 쉽게 오염될 수 있는 존재로 간주되기 시작했다. 따라서 아이들은 어른들의 속되고 오염된 삶으로부터 격리되어 양육 및 교육되어야 한다는 관념이 생기기 시작했다. 또한 아이들은 유별나게 귀엽고 사랑스런 존재로 간주되어, 가족 생활의 중심을 차지하게 되었다. 어린이를 위한 방이 따로 만들어지고, 어린이의 옷, 어린이의 놀이기구, 어린이의 책이 별도로 만들어지기 시작한다. 크리스마스가 어린이를 위한 축제로 변형되는 것도 이 시기였다고 한다. 아이들을 가르치기 위한 별도의 교육기관이 만들어지는 것도 이러한 역사적 맥락 속에서다. 귀족이나 부르주아지의 가정에서 형성된 이 모

---

11) Philippe Ariès, *L'enfant et la vie familiale sous l'ancient régime* [*Centuries of Childhood*, tr. R. Baldick, Vintage Books, 1962 ; 『아동의 탄생』, 문지영 옮김, 새물결, 2003].

델은 19세기 후반에 이르면서 다른 계급과 계층들로 확산된다.

요컨대 아리에스에 따르면, 어린이는 근대라는 역사적 조건의 산물인 것이다. 여기서 우리는 역시 맑스의 명제를 약간 변형시켜 다음과 같이 말할 수 있다. "아이는 아이다. 특정한 조건 속에서만 그는 어린이가 된다." 혹은 어린이가 이제는 체계화된 교육의 대상이 되는 것 역시 이러한 특정한 역사적 조건과 결부되어 있다는 점을 염두에 둔다면 다음과 같이 말할 수도 있다. "아이는 아이다. 특정한 조건 속에서만 그는 학생이 된다." 아리에스의 역사유물론적 연구.

2) 역사유물론의 대상

그런데 사회적 실천이 특정한 형태로 반복적으로 조직되는 양상을 파악하기 위해 맑스가 주목하려는 지점은 두 가지다. 하나는 그러한 **실천이 행해지는 물질적 전제조건**의 문제다. "그것은 현실적 개인들, 그들의 행동 및 그들의 물질적 생활조건들 ——기존의 생활조건들뿐만 아니라 그들 자신의 행동에 의해서 산출된 생활조건들까지——이다."[12] 이는 생산이 행해지는 방식의 문제로서, 생산수단의 소유관계와 노동이 조직되어 행해지는 방식의 문제다. 물질적 생산양식에 대한 연구로서 역사유물론.

다른 하나는 "**물질적 생활 자체의 생산**"에 관한 문제다. 이는 앞의 문제와 결부된 것으로서, "생산양식이란 곧 이러한 개인들의 특정한 활동방식(die Art der Tätigkeit)이고, 그들의 삶을 표현하는 특정한 방식이며, 그들이 살아가는 일정한 생활양식(Lebensweise)이다."[13] 여기서 생활이

---

12) 맑스, 「독일 이데올로기」, 197쪽.
13) 같은 책, 197쪽.

란 일정한 형태로 반복하여 조직되는 일상적인 실천이며, 따라서 습관화되고 양식화된 활동이다. 결국 맑스는 '생활 자체의 생산'을 통해 특정한 형태로 '양식화'되고, 반복적으로 실행되면서 조직화되고 습속화되는 사회적 실천의 문제를 포착하려는 것이다.

나아가 이는 특정한 형태로 조직되어 반복되는 사회적 실천이 그것을 수행하는 개인들의 삶에 미치는 효과는 어떠한 것인가에 관한 질문이다. 즉 그것은 그에 따라 일상적으로 이루어지는 개개인들의 습속화된 생활의 방식은, 다시 말해 특정한 형태로 양식화되고 반복적으로 실행되는 사회적 실천은 개개인을 어떠한 **주체로 생산하는가** 하는 문제를 다루려고 하는 것이다.

그러나 생활양식 내지 활동방식은 생산양식과의 긴밀한 연관 아래 구성되고 작동하지만, 그것으로 환원되지 않는 고유한 영역이다. 왜냐하면 생활 자체를 생산하는 방식은 생활수단 내지 생산수단을 생산하는 방식이라기보다는 오히려 그러한 조건 속에서 생활이라고 불리는 일상적 실천의 양식을 통해 개개인의 신체적인 습속(mores), 습관화된(habituated) 무의식을 생산하기 때문이다. 그것은 생활이라는 이름으로 불리는 일상화된 반복적 연관 속에서, '대개의 상황에 대한 전형적인 태도들의 집합'을 형성한다. 맑스는 이를 '인간에 의한 인간의 가공'이라고 표현한 바 있다.[14]

따라서 맑스가 보기에 인간은 이 두 가지 상이한 측면을 통해 두 가지 형태로 나타난다. 역사유물론에서 맑스가 말하는 "개인들이란……'현실에 있는 그대로의', 즉 **활동**하고 물질적으로 **생산**하는 개인들이

---

14) 같은 책, 217쪽.

다".[15] 즉 현실적인 개인이란 '물질적으로 생산하는 개인'인 동시에 '활동하는 개인'이라는 것이다.

여기서 활동 내지 실천이, 그것이 아무리 반복되고 양식화된다고 해도, '노동'으로 환원되지 않는다는 것은 분명하다.[16] 노동은 사람들의 활동에서 매우 중요한 부분을 차지하지만, 그것이 활동 전체와 동일한 것은 아니기 때문이다. 마찬가지로 노동이 반복되며 조직되는 양식 역시 사람들의 일상적인 활동이 조직되는 양식 전체를 포괄하지는 못한다. 다시 말해 생산양식은 활동양식 내지 생활양식에 매우 중요한 영향을 미치지만, 후자 전체를 포괄하지는 못한다는 것이다. 역으로 생활양식은 생산양식과 긴밀히 결부되어 있지만, 생산양식으로 환원되지는 않는다는 것이다.

예를 들어 강력한 규율 아래의 자기통제와 자기감시를 축으로 하는 근대적 생활양식은 분명히 자본주의 생산양식과 밀접하게 결부되어 있다. 맑스가 본원적 축적에 관한 장에서 보여 주었듯이, 자본주의 생산양식은 근대적 생활양식과 그러한 생활양식에 익숙해진 사람들——자본가와 노동자——을 필요로 하며, 이를 위해 다양한 방법과 다양한 장치를 통해 근대적 생활양식을 자극하고 추동할 뿐 아니라, 그 자체 내부적으로 근대적 생활양식을 작동시키고 생산한다. 그러나 그것이 근대적 생활양식의 유일한 기원은 아니며, 유일한 추동력도 아니다. 베버가 실천적 합리주의라고 부르는, 부르주아지의 근대적 생활양식은 '프로테스탄트적

---

15) 맑스, 「독일 이데올로기」, 201쪽.
16) 맑스가 노동(Arbeit)과 구분하여 실천(praxis)라는 말을 사용하고 있다는 점을 유념할 필요가 있다. 그리스어에서 프락시스(praxis)는 귀족들의 '자기 완성을 위한 활동'을 가리키는데, 노예들의 노동을 가리키던 포이에시스(poiesis)와 대비된다. 즉 프락시스는 자본주의에서 노동과 달리 창조적인 자기-활동을 지칭하기 위한 것이다. 이에 대해서는 고병권, 「니체 사상의 정치사회학적 함의에 대한 연구」, 서울대 사회학과 석사학위 논문, 1997, 100~101쪽.

금욕주의'라는 종교적 에토스를 기원과 동력으로 하며, 단지 공장이나 자본 축적의 영역을 넘어 일상적인 생활을 조직하는 생활양식 내지 활동양식을 형성한다.[17]

다른 계급과 구별되는 부르주아지의 계급적 신체를 형성하는 데 관여한 '성적 장치(dispositif)' 역시 자본주의 생산양식으로 환원될 수 없는 기원과 작용범위를 갖는다.[18] 또한 시계적인 시간을 통해 조직되는 근대의 시간적 생활양식은, 공장에 의해 결정적으로 확장되었지만, 그와 다른 다양한 기원과 작용영역을 갖고 있었다.[19] 나아가 그것은 단지 공장이나 상업의 영역을 넘어서 거의 모든 삶의 영역에서 생활을 조직하는 하나의 중요한 축으로 작용한다. 이는 생산수단의 소유관계로 환원되지 않으며, 노동의 시·공간적 영역으로 환원되지도 않는다. 그것은 반복과 훈육을 통해 형성되는 반복적 습속, 습속화된 무의식의 형식으로서, 생산양식으로 환원되지 않는 고유한 장을 형성한다.[20]

이런 관점에서 **"욕구(Bedürfnisse)와 생산양식**에 의해 조건지어지고, 인간 자신만큼이나 오래된 인간 상호간의 유물론적 연관"을 연구하려고 하는 맑스의 시도는 새삼 의미심장하게 보인다.[21] 생산하는 활동으로서 노동의 방식이 생산양식이란 개념을 통해 인간의 상호관계를 파악

---

17) 베버, 『프로테스탄티즘의 윤리와 자본주의 정신』.

18) 미셸 푸코, 『성의 역사 1 : 앎의 의지』, 이규현 옮김, 나남, 2010.

19) 이에 대해서는 이진경, 『근대적 시·공간의 탄생』, 그린비, 2010 참조.

20) 이러한 생활양식의 개념은, 대중생활을 노동력 재생산으로 환원하고, 노동력 재생산을 소비방식으로 환원함으로써, 사실상은 소비방식에 의해 생활양식을 정의하려는 시도(다쓰오 나루세, 『생활양식론』, 백욱인 옮김, 민글, 1994)와는 매우 거리가 먼 것이다. 나아가 '욕구' 내지 욕망이 단지 결핍을 채우는 '소비'와는 전혀 다른 차원을 구성한다는 점, 차라리 생산과 관련된 차원을 구성한다는 점을 염두에 둘 필요가 있다.

21) 맑스, 「독일 이데올로기」, 210쪽.

하는 개념이라면, 그것으로 환원되지 않는 생활양식 내지 활동양식은 욕구 내지 욕망을 통해 인간의 상호관계를 파악하는 개념인 것이다.

여기서 '욕구'라는 말은 그 외연이 뚜렷한 말은 아니지만, 그래서 종종 생활수단에 대한 욕구를 뜻하는 것으로 해석되었지만, 개개인이 행동의 목표나 수단, 혹은 방법을 특정한 것으로 선택하게 하는 동인(動因)으로 재정의할 수 있다. 즉 '욕구'는 "사람들이 하려고 하는 것"(was man will)이다.[22] 이는 특정한 것을 특정한 방식으로 획득하려는 의지(Wille)다. 그런데 이러한 의지는 생물학적으로 주어진 어떤 것이 아니라, 사회적으로 형성되고 작용하는 것이다. 그것이 겨냥하는 대상이나, 그것을 획득하는 방법은 사회적으로 정의된다. 그것은 생물학적 결핍이 아니며, 끊임없이 어떤 활동을 낳는 생산적인 동력이다. 따라서 그것은 충족에서 멈추지 않고 새로운 욕구를 창출한다. 이 "새로운 욕구의 창출이야말로 최초의 역사적 행위"인 것이다.[23] 이처럼 '사람들이 하고자 하는 바', 곧 '의지'를 '욕망'이라는 말로 치환할 수 있는데,[24] 이러한 욕망은 역사적으로 상이한 양상으로 배치된다. 따라서 맑스는 한편으로는 역사적으로 상이한 이 '욕망의 배치'를 통해 활동양식 내지 생활양식을 개념적으로 파악하려고

---

22) 맑스, 「독일 이데올로기」, 197쪽.
23) 같은 책, 208쪽.
24) 여기서 재정의하려는 '욕구'라는 개념은 라캉의 욕구(besoin)라는 개념과 다르며, 차라리 그의 욕망(désir) 개념에 가깝다. 그러나 라캉과 달리 욕망을 '결여'로 정의하지 않으며, 오히려 생산과 결부된 어떤 것으로 본다는 점에서 그것과도 다르다. 여기서 욕망과 생산이 하나의 동일한 것이라는 들뢰즈/가타리의 명제를 상기할 필요가 있다. 즉 맑스가 명시적으로 발전시킬 수는 없었던 것이지만, 우리는 이 욕구라는 개념이 '무언가를 하려는 생산적인 의지'를 지칭하는 것으로 밀고 나아가야 한다는 것이다. 이러한 욕망의 개념에 대해서는 Gilles Deleuze/Félix Guattari, *L'anti-OEdipe*, Minuit, 1972[『앙띠 오이디푸스』, 최명관 옮김, 민음사, 2000] 참조.

하는 것이며, 다른 한편으로는 '생산의 배치'를 통해서 생산양식을 개념적으로 파악하려는 것이라고 말할 수 있을 것이다.

예를 들어 맑스의 도식

$$G - W \Big\langle {A \atop Pm} \text{ 은,}$$

상품화된 노동력(A)과 생산수단(Pm)이 화폐(G)를 통해 구매되고 결합됨으로써 이루어지는 자본주의적 생산의 배치를 응축된 형태로 보여 준다. 이 도식은 화폐와 노동력, 생산수단의 반복적 계열화(mis en série)가 이루어지는 양상을 훌륭하게 요약한다. 여기서 생산의 요소들은 상품화되어 있다. 또 도식의 각 항은 각각 상이한 형태를 취하지만, 사실은 모두 동일하게 자본의 형식을 취하고 있다. 화폐자본, 상품자본(W), 그리고 생산자본. 이런 점에서 이 계열화의 선들은 자본에 의한 생산의 배치를 이루고 있는 것이다.

한편 나중에 다시 보겠지만, 베버가 프로테스탄트 윤리에 대한 연구에서 보여 준 이른바 '실천적 합리주의'라는 생활양식──베버 자신의 용어다──은 현세적인 형태로 변환된 기독교적 금욕주의를 통해 축적과 절제라는 자본주의적 욕망의 배치가 형성되고 작동하게 된 지점을 보여 주고 있다. 또 푸코는 욕망을 유도하는 다양한 전략을 통해, 그리고 가장 내밀한 곳까지 알려고 하는 의지를 통해 생명(vie) 내지 생활(vie)을 통제하는 근대적인 욕망의 배치가 형성되는 지점을 보여 주고 있다.[25]

---

25) 푸코, 『성의 역사 1 : 앎의 의지』, 148~153쪽. 생명과 생활의 생산을 둘러싼 이중적 관계에 대해 맑스는 다음과 같이 쓰고 있다. "삶(Leben)의 생산, 즉 노동 속에서 자기 생활(Leben)을 생산하는 것과 생식 속에서 다른 생명(Leben)을 생산하는 것은 이제 하나의 이중적 관계로서……나타난다."(맑스, 「독일 이데올로기」, 209쪽)

다른 한편 앞서 잠시 언급했지만 자본가는 자본의 담지자요 대행자라는 명제는, 한편으로는 이러한 생산의 배치와 연관된 것이지만, 좀더 중요하게는 자본가라는 주체가 욕망의 배치 안에서 정의되고 있음을 보여 주는 것이다. 즉 자본가라는 주체가 된다는 것은, 자본의 논리가 요구하는 행동과 생활방식을 자신이 '하려고' 하게 된다——자신의 욕망으로 한다——는 것을 뜻한다. 그는 자본의 대행자요 담지자지만, 그것은 스스로가 자본가로서 존재하고자 하는 한 그것은 '자신의' 욕망인 것이다. 이는 욕망의 배치로서, 생산이나 축적은 물론 그것을 벗어난 다른 모든 생활의 영역에서도 특정한 생활방식을 실행하도록 추동하는, 일상적으로 작동하는 무의식적 의지(Wille)를 표현한다.

여기서 우리는 맑스가 개척한 역사유물론의 대상이 '이중적'이라는 것을 알 수 있다. 하나는 잘 알려져 있듯이 물질적 생산양식으로서 물질적 생산의 배치(agencement)를 통해 파악되는 것이다. 자본주의, 사회주의 등등이 이러한 배치를 통해 구성된 개념이란 것은 익히 잘 아는 바다. 다른 하나는 생활양식(Lebensweise) 혹은 활동양식(Art der Tätigkeit)으로서, 욕망의 배치를 통해 파악되는 것이다. 이는 양식화되고 일상화된 반복적 실천을 통해 개개인을 특정한 형태의 주체로 생산해 낸다는 점에서, 이를 우리는 '주체생산양식'이라고 부를 것이다.[26]

물론 주체생산양식은 물질적 생산양식과 서로 연관된 것이다. 따라서 생산양식과 주체생산양식은, 혹은 좀더 구체적으로 말해 자본주의적

---

26) 미리 말해 두자면, '근대성'의 문제는 생활양식 차원의 문제요 주체생산양식 차원의 문제다. 그것은 근대적인 생활양식, 혹은 근대적인 실천의 방식이 어떻게 형성되었으며, 어떠한 양상으로 작용하는지를 이해하는 문제며, 그것을 통해 생산되는 주체는 어떠한 행동의 도식, 어떠한 '습속의 도덕'을 갖는지를 포착하는 문제다.

생산양식과 근대적 주체생산양식은 서로 환원불가능하지만 서로 긴밀하게 연관된 것이다. 이런 점에서 그것은 역사유물론의 대상이지만, 두 개의 대상이라기보다는 이중적인 대상이라고 말하는 것이 적절해 보인다. 그것은 현실적인 개인의 구체적 실천의 양상을 규정하는 벡터의 두 가지 성분이다. 결국 맑스는 주체와 진리의 근대적 문제설정을 전복함으로써 수행했던 철학혁명을 통해, 생산과 활동이라고 불리는 사회적 실천을 이론적으로 다룰 수 있는 **이중적인 역사유물론**의 이론적 공간을 연 셈이다.

한편 이러한 이중적 역사유물론의 귀결로서, 사회혁명 역시 이중적인 두께를 갖는 것으로 정의된다. 즉 그것은 한편으로는 생산양식의 근본적 변혁을 지향한다. 생산수단 소유관계로 집약되는 물질적 생산양식의 전복과 대체가 바로 혁명의 중요한 내용이다.

다른 한편 생활양식 내지 주체생산양식의 변혁이 혁명의 또 하나의 내용을 구성한다. 맑스의 말대로 표현하면, **"광범위한 인간변혁"**이 필요한 것이다.[27] 이러한 인간변혁은 근대적 활동방식과 근대적 습속, 근대적 태도 전반에 대한 근본적 변혁을 통해서 이루어질 수 있다. 샤일록과도 같은 태도로 모든 것을 가치화하며, 가치대로 정확하게 주고 받아야 한다는 태도, 시간이 되면 노래도 끝내야 하는 근대적인 시간-기계, 감시의 시선을 자신의 시선으로 대신하는 근대적 주체화의 형식 등등.

맑스는 이러한 변혁이 혁명을 통해서만 이루어질 수 있다고 했으며, 어쩌면 맑스에게 혁명이 중요한 이유는 바로 이 때문이었는지도 모른다. "혁명이 필요한 까닭은 단지 **지배**계급이 달리 타도될 방법이 없기 때문만은 아니며, 오히려 **전복적인** 계급은 오직 혁명 속에서만 모든 낡은 찌

---

27) 맑스, 「독일 이데올로기」, 220쪽.

꺼기를 떨쳐버리고 사회를 새롭게 건설할 능력을 몸에 갖출 수 있기 때문이다."[28] '근대적 활동의 형식의 제거.'[29] 그러나 이는 알다시피 생산양식의 변혁만으로는 자동적으로 달성되지 않는, 별도의 독자적인 노력과 '투쟁'이 필요한 혁명이다.[30]

> 지금까지의 모든 혁명들 속에서 활동방식은 침해받지 않은 채 존속했으며, 단지 이 활동의 새로운 분배, 즉 다른 사람들에게 노동을 새롭게 할당하는 것만이 문제였던 반면에, 공산주의 혁명은 지금까지의 활동**방식**에 반대하며, **노동**[원고에는 '근대적 활동방식…'이란 말을 썼다 지우고 있다]을 제거하고, 모든 계급들의 지배를 계급들 자체와 함께 지양한다.[31]

여기서 맑스가 포착한 주체생산양식 개념의 정치적 의미가 선명하게 드러난다. '광범위한 인간 변혁'이란 단지 생산양식의 변혁으로 환원되지 않는, 기존의 '인간', 기존의 '주체'를 전복하고 새로운 '공산주의적' 주체를 만들어 내는 활동방식 내지 생활양식의 창출을, 그리고 그것을 위한 고유한 정치적 실천을 요구하는 것이다.

그런데 맑스는 주체의 생산을 개념적으로 다루는 데 근본적인 난점

---

28) 맑스, 「독일 이데올로기」, 220쪽. 명조 강조는 맑스, 고딕 강조는 인용자.
29) 이 문구는 처음에 본문에 있다가 삭제된 문장이라고 표시되어 있다. 이는 국역본에는 없다. "Die Deutsche Ideologie", *Marx-Engels Werke*, Bd. 3, p. 70.
30) 니체는 노예의 습속, 노예의 도덕이 몸에 밴 이 근대적인 인민들에 대해 가축떼(Herde)라는 말을 부여한다. 스스로 새로운 것을 창조하며 활동하고 생활한다기보다는 단지 부리는 데 따라서만 움직이는 활동방식이 몸에 밴 사람들. 니체에게 이러한 가축떼를 데리고 혁명을 한다고 하는 것은 불가능한 꿈처럼 보였다. 혁명은 '스스로를 넘어서는 자'(Übermensch)를 요구한다. 아니 혁명은 차라리 그 근대적 경계를 넘어서는 자를 형성하는 것이다.
31) 맑스, 「독일 이데올로기」, 219쪽; *Marx-Engels Werke*, Bd. 3, p. 70.

을 안고 있었다. 주체의 생산을 개념화하기 위해서는 '인간' 내지 주체의 활동 내지 '물질적 생활 자체의 생산'을 생산양식으로 환원하지 않고 독자적으로 다룰 수 있어야 하며, 결국은 무의식화된 활동방식으로서 생활양식을 다룰 수 있어야 한다. 그러나 우리가 잘 알다시피 맑스에게는 사회·역사적인 '무의식'으로서 그것을 다룰 수 있는 지반이 결여되어 있었다. 이로 인해 주체나 인간은 사회적 관계와 직접적으로 동일시되거나 그것의 다른 표현인 계급이란 개념으로 환원되는 것을 피할 수 없었다. 그리고 그것으로 환원되지 않는 차원의 문제는 사회적 관계와 연루된 '의식' 이외의 방법으로는 다룰 수 없었다. 그 결과 주체 생산의 문제는 사회적 관계로, 생산양식으로 환원되거나, 아니면 의식이라는 중간항을 거쳐 다시 생산양식으로 환원되는 길로 나아간다.

따라서 '광범위한 인간변혁' 내지 공산주의적 주체의 생산은, 프롤레타리아트가 자신의 계급의식을 획득하는 '대자화' 내지 '의식화'로 정의된다. 이 경우 생산양식의 변혁과 동일하지 않으며, 그렇다고 의식을 바꾸는 문제만은 결코 아닌, 생활양식 내지 활동방식의 변혁이라는 문제는 존재할 개념적 공간을 상실한다. 이는 동시에 생활양식 내지 활동방식을 다루는 이론적 영역이 사실상 생산양식과 이데올로기를 다루는 이론으로 환원되는 것을 의미한다. 실제로 「독일 이데올로기」에서는 독자적인 대상 내지 최소한 독자적인 성분으로 다루어지던 주체생산양식의 개념은 이후 사라지고, 역사유물론은 생산양식을 대상으로 하는 과학으로 환원된다.[32]

---

32) 이는 『자본』의 서문에서 명시적으로 확인된다. 그럼에도 불구하고 이러한 주체생산양식이 물질적 생산양식과 결부된 것인 한, 맑스의 직관은 자본주의 생산양식에 대한 연구에서조차

따라서 주체생산양식의 개념적인 발전을 위해서는 사회적인 무의식을 다룰 수 있는 이론적 요소를 새로이 추출해야 한다. 프로이트나 니체가 검토해야 할 중요한 대상이 되는 것은 이러한 맥락에서다. 프로이트는 잘 알다시피 정신의학의 영역에서 무의식의 존재를 밝힘으로써, 무의식에 관련된 사고의 진전에 결정적인 문턱을 마련했다. 그러나 이러한 무의식 개념은 그 발생지가 정신의학이었다는 점 때문인지는 몰라도, 무역사적인 성격을 갖기에 그 자체로 '인간의 조건'이 될 위험에서 자유롭지 않으며, 오이디푸스의 가족적 삼각형 안에 갇혀 있어서 사회적인 다양한 현상을 성욕과 가족적 관계 안으로 환원하는 오류를 반복한다.[33]

이와는 별도로 일찍이 니체는, 습속을 통해 신체와 도덕에서 작용하고 있는 힘과 권력의지를 무의식의 차원에서 다루는 비판적 방법을 제시한 바 있다. 그리고 이러한 방법은 베버에 의해 근대적 생활양식을 연구하는 데 이용되었고, 들뢰즈/가타리에 의해 개념적으로 발전되었으며, 푸코에 의해 근대인의 습속에 대한 새로운 역사적 연구로 진전되었다. 대개는 역사적 연구로 진행된 이 선례들이 보여 주듯이, 일상화된 '습속 (mores)의 도덕'을 통해 포착되는 이러한 무의식의 개념은, 프로이트와는 달리 사회적 및 역사적인 성격을 갖는다. 나아가 그것은 그러한 습속과 무의식이 '전쟁'을 통해 형성되고, 그 습속의 무의식 안에는 언제나 전쟁이 진행되고 있다는 점을 내포하고 있다.[34] 그것이 반드시 계급투쟁만

주체생산양식의 요소를 포착한다. 이에 대해서는 이 책의 제5장을 참조.

33) 이러한 문제에 대해서는 들뢰즈/가타리, 『앙띠 오이디푸스』 참조.

34) "여기서 우리가 분석의 근거로 마련할 수 있는 것은 언어가 기호라는 진부한 모델이 아니라 전투나 전쟁 같은 역동적인 모델이어야 한다고 믿습니다. 왜냐하면 지금 우리의 모습을 규정했던 힘은 언어라기보다는 전쟁에서 나왔기 때문입니다. 즉 의미의 관계가 아니라 권력관계를 주목해야 한다는 뜻이지요.…… 기호학은 갈등을 언어와 대화라는 고요

은 아니라고 하더라도.

이처럼 습속의 무의식이란 개념은, 의미관계가 아니라 권력관계로서 포착되고, 언어나 연극이 아닌 전쟁과 역사의 형태로 진행되며, 결여 내지 소외가 아니라 생산과 저항이, 그리하여 탈주와 혁명을 통해 그 가변성이 역사적으로 사유될 수 있다는 점에서, 생활양식 내지 활동방식에 대한 맑스의 유물론적 사유와 접속될 수 있는 지반을 공유하고 있다. 특히 근대적 주체의 생활방식을 형성하는 습속의 연구나, 개개인을 일상적으로 근대인으로 만들어 내는 기술과 장치에 대한 연구는 자본주의와 연관 속에서 근대적 주체의 생산에 관한 개념을 좀더 발전시킬 수 있는 지점을 제공한다.[35] 이제 우리는 여기서 근대적인 주체생산양식의 개념적 계기들을 찾아볼 것이다.

한 플라톤 식의 형태로 환원시킴으로써 광포하고 피에 물들어 있으며 치명적인 성격을 띠는 갈등의 참모습을 역시 외면하고 있습니다."(Michel Foucault, "Truth and Power", *Power/Knowledge : Selected Interviews and Other Writings, 1972-1977*, ed. C. Gordon et al., Pantheon Books, 1980[『권력과 지식 : 미셸 푸코와의 대담』, 홍성민 옮김, 나남, 1991, 147쪽]).

35) 한편 레비스트로스 이후 근대철학의 주체철학적 지반에 대한 근본적 비판이 다양하게 이루어지면서, 레비스트로스, 라캉, 알튀세르, 푸코, 들뢰즈/가타리, 데리다 등은 주체를 특정한 조건 아래서 만들어지는 것이라는 관점을 나름대로 발전시켰다. 특히 이들 대부분은 개개인이 무의식적 차원에서 주체로 만들어지는 지점을 주목했기 때문에, 어쩌면 맑스가 열어 두었지만 공백으로 남겨 둔 공간에서 주체생산양식의 개념을 발전시키는 데 긴요한 이론적 자원을 제공한다. 그러나 그들 각각이 제시하고 사용하는 개념은 어떤 것은 보충하면서 쉽게 접속되지만, 다른 것은 접속하기 힘든 경계를 사이에 두고 있고, 각 개념의 위상도 다르다. 이런 이유에서 그 각각의 자원들이 맑스가 열어 둔 주체생산양식 개념의 요소와 개념적 연관을 형성할 수 있는 가능성 역시 비판적 검토를 필요로 한다. 이 경우 비판적 영유를 위한 지도가 적절히 그려질 수 있다면, 이들이 제시한 새로운 이론적 자원은 맑스의 역사유물론이 주체생산양식의 개념을 포괄하는 영역으로 확장되는 데 필요한 개념적 요소로 변환될 수 있을 것이다(이에 대해서는 이진경, 「자크 라캉 : 무의식의 이중구조와 주체화」, 「미셸 푸코와 담론 이론 : 표상으로부터의 탈주」, 『철학의 탈주 : 근대의 경계를 넘어서』, 이진경·신현준 외, 새길, 1995 ; 이진경, 「푸코의 미시정치학에서 저항과 적대의 문제」, 『프랑스 철학과 우리 3 : 포스트모던 시대의 사회역사철학』, 이구표·이진경 외, 당대, 1997 ; 이진경, 「들뢰즈 : '사건의 철학'과 역사유물론」 참조).

3. 근대사회의 이율배반

근대사회는 신분적이고 외부적인 속박에서 해방된 '자유인', 좀더 일반적이고 철학적인 수준에서 말한다면 '인간'이라는 개념 위에서 성립한다. 이는 근대사회라는 개념이 성립되는 지점을 통해 분명히 확인된다. 예를 들면, 홉스는 '인간'이란 개념에서 출발하여, 그 인간의 속성에 기초하여 사회적 질서를 설명한다. 그는 분석과 종합이라는 근대과학의 방법에 입각하여, 국가라는 신체(corpus)를 궁극적인 요소들로 분해하고 그 요소들로써 국가를 재구성하는 방식으로 국가와 정치에 대해 설명하려고 한다. 이때 더 쪼개질 수 없는 절대적인 단위로 인간을 설정한다. 물론 그 역시 우리가 실제로 대하는 사람이란 일정한 사회적 관련 속에 있는 개인임을 알고 있지만, 그는 이러한 사회적 연관마저 추상하여 절대적인 추상적 단위로까지 밀고 나가야 한다고 믿는다. 그리고 거기서 인간은 누구나 자기 나름의 고유한 의지를 가진 존재로, 권리를 가진 존재로 정의된다.[36]

알다시피 유명한 홉스적 질문이 제기되는 것은 바로 이 지점이다——인간이 이처럼 동등하여 누구나 자신의 권리와 의지를 가질 수 있다면, 도대체 이들을 질서짓는 사회란 어떻게 가능할 것인가?[37] 여기서

---

36) 토머스 홉스, 『리바이어던』, 신재일 옮김, 서해문집, 2007.

37) 근대철학의 문제설정이 '주체란 범주 위에 설 때, 진리란 대체 어떻게 가능한가'라는 질문으로 요약된다면, 홉스가 응집한 근대적 사회이론의 문제설정은 '주체/인간이란 범주에서 출발할 때 사회적 질서란 대체 어떻게 가능한가'라는 질문으로 요약된다. 이에 대해 데카르트는 주체의 타고난 능력으로 돌아감으로써 답하며, 그로티우스(Hugo Grotius) 등의 자연권 사상가들 역시 유사한 입장을 갖지만, 주체의 의지와 욕구에서 시작한 홉스는 그럴 수 없었다. 양도와 위임에 의해 성립하는 국가의지가 홉스의 답이었다. 이는 계약론에서 유사한 양

홉스는 '자연상태'라는, 인간이 서로에 대해 늑대가 되는 끔찍한 상태를 도입하며,[38] 이를 해결하기 위해서는 권리와 의지를 대행자에게 ─ 군주에게 ─ 위임하고 양도할 수밖에 없다고 주장한다. 이러한 양도와 위임의 계약은 사회적 질서를 만들어 내는 '사회계약'이지만, 그것은 동시에 자신의 권리와 의지를 위임한 자의 의지에 복종하겠다는 '복종의 계약'이기도 하다. 이러한 복종의 계약을 통해서 자연상태는 '시민상태'로 진전된다. 사회적 질서는, 아니 사회 자체는 바로 이런 식으로 탄생했다는 것이다.

이는 다양한 이론적 색조의 차이나 논리구성 방식의 차이에도 불구하고 계약론적 입장이 취하는 대체적으로 공통된 논지를 보여 준다. 예를 들면 루소는 자연상태를 만인에 대한 만인의 투쟁 상태로 가정하는 홉스의 심리학을 비판한다. 그러한 상태는 적극적인 이기주의를 통해 가정되는 것인데, 실제로 자연상태의 사람은 폭력에 의해 남의 것을 빼앗거나 남을 지배하려는 충동을 알지 못한다는 것이다.[39] "자연상태의 인간성을 특징짓는 것은 다른 사람을 폭력에 의해 복종시키려는 것이 아니라 다른 사람에 대한 무관심이요, 다른 사람들로부터 떨어져 나와 분리되어 있으려는 충동이다."[40] 그럼에도 불구하고 그 역시 개인의 관심과 공동의 관

상으로 반복된다. 이에 대해서는 에른스트 카시러, 『계몽주의의 철학』, 박완규 옮김, 민음사, 1995, 316쪽 이하 참조.

38) 이러한 홉스의 자연상태 개념은 헤겔에게서도 동형적인 형태로 나타난다. 자신의 의지를 타자로부터 인정받기 위해 인간이 벌이는 인정투쟁이 그것인데, 이는 동등한 두 인간이 동등한 의지를 갖고 있다는 전제 위에서, 주인과 노예라는 상이한 상태로 귀착되는 과정을 보여주려는 것이다(G. W. F. 헤겔, 『정신현상학』, 임석진 옮김, 한길사, 2005, 227쪽 이하 ; 알렉상드르 코제브, 『역사와 현실변증법』, 설헌영 옮김, 한벗, 1981, 33~34쪽 참조).

39) 장 자크 루소, 「인간불평등 기원론」, 『사회계약론(외)』, 이태일 외 옮김, 범우사, 1999.

40) 카시러, 『계몽주의의 철학』, 347쪽.

심 사이에는 조화를 가정할 수 없다고 보며, 개인의 관심은 대개의 경우 서로 배타적이라는 점을 인정한다. 이로 인해 사회의 출발은 어쩔 수 없이 따라야 하는 계약과 규칙에서 시작한다.[41]

근대 초기의 사회사상을 사로잡고 있던 계약론은 다수의 인간들이 갖는 원리적인 '등가성'(평등!)에 기초하고 있다. 아마도 이러한 인간과 사회 개념은 근대에 이르러 유럽을 장악한 시장을 모델로 한 것이 분명하다. 계약하거나 매매하는 당사자 간의 등가성, 또한 시장적인 경쟁이 야기하는 서로에 대한 경계심과 적대감 등은 홉스적인 자연상태 개념과 동질적인 인간상을 보여 준다. 자유주의는 이런 점에서 모든 인간의 타고난 등가성이라는 근대사회의 가정에 직결되어 있는 이데올로기인 셈이고, 따라서 가장 일반적으로 인정되는 근대적 정치원칙인 셈이다.[42]

그런데 바로 여기서 근대사회로선 피할 수 없는 딜레마가 나타난다. 위임과 대행의 논리로 사회적 질서를 설명하고 정치권력의 통제를 정당화하지만, 그것이 자유주의의 전제가 되는 동등하고 자유로운 개인의 삶을 침해해선 안 된다는 것이 근대사회의 가장 우선적인 '원칙'이기 때문이다. 즉 통제와 자유가, 사회적 질서와 그 근거인 개인의 자유로운 의지가 서로 이율배반에 빠지는 것이고, 그중 어느 하나만을 선택할 수 없다는 딜레마가 나타난다.[43] 루소가 보여 주는 이론적인 이율배반은 이와 무

---

41) 하지만 홉스와 달리 루소는 오직 법적인 복종과 법적인 의무만을 요구하는 이러한 사회계약과, 개인의 의지가 일반의지로서 욕망하는, 자유를 토대로 한 사회계약을 대비시킨다. 일반의지에 기초한 이러한 계약을 통해 사람들은 자연상태를 넘어서게 된다.

42) 한편 폴라니는 시장에서 자유경쟁이 그 '자연상태'의 난폭성으로 인해 불가피하게 정부의 개입을 요구한다는 점을 설득력 있게 보여 준다. 나아가 이러한 자유주의가 내포하고 있는 이율배반적인 경향을 역사적 사례를 통해 입증한다. 폴라니, 『거대한 전환』, 11~12장 참조.

관하지 않을 것이다.[44]

그렇다면 자유주의와 개개인의 등가성이라는 원칙을 침해하지 않으면서도 실질적으로는 사회적 질서를 만들어 내는 통제가 어떻게 가능할 것인가? 자유로운 개인에 기초하면서 동시에 사회적 질서가 유지되어야 한다는 딜레마를 근대사회는 어떻게 해결할 것인가?

이러한 딜레마를 해결하기 위한 근대적 전략은 '지배자 없는 지배'라는 역설로 요약할 수 있는 것이다. 즉 사람들이 주어진 질서와 규칙, 규범과 통제를 스스로를 위한 것으로 선택하고 인정하며, 그러한 자발적인 복종을 '이성에 따른 행동'으로 간주한다면, 그리하여 그것이 요구하는 바를 스스로 선택한 자유로서 간주한다면("자유는 필연의 인식이다"—헤겔), '지배자 없는 지배'라는 역설은 현실성을 획득하며, 개인의 자유의지와 사회적 질서의 이율배반에서 벗어날 수 있으리라는 것이다. 이는 바꾸어 말하면 특정한 종류의 인간, 특정한 종류의 주체 —의지와 권리의 주체 —를 전제하는 것이다. 즉 지배자 없는 지배는 지배자 없이도 지배당할 수 있는 인간, 즉 **스스로 주어진 규칙과 규율에 따라 스스로 통제할 수 있는 인간**을 전제하고 있는 것이다.

예를 들어 그로티우스는 홉스에 대한 비판을 통해서, 계약의 개념은 이미 특정한 종류의 질서와 인간을 선험적으로 가정하고 있음을 지적한 바 있다. 즉 계약론은 스스로 계약이라는 입법적 행위를 하고, 그것에 따를 수 있는 특정한 종류의 사회적 본성을 인간의 기본 특성으로 전제하

---

43) 이 문제야말로 근대의 다양한 사회사상이 그 주위를 회전하는, 공전(公轉)의 중심이다.
44) 이에 대해서는 Jean-Louis Lecercle, *Jean-Jacques Rousseau : modernité d'un classique*[『ルソーの世界, あるいは 近代の誕生』, 小林浩 譯, 法政大出版局, 1993] 참조.

고 있다는 것이다.[45] 계약은 이미 '사회성'을 전제하는데, 계약의 근원인 이 사회성이야말로 설명되고 입증되어야 하는 것이라는 것이다. 그는 이를 '자연법'의 원리를 통해 규명하려고 한다. 즉 "인간적인 모든 힘이나 신적인 힘에 선행하는, 따라서 이 두 힘에 의존하지 않는 타당한 법이 존재한다"는 것이다.[46] 이때 법은 단순히 명령되고 규정된 것의 총체가 아니라, 근원적으로 규정하는 행위고, 질서지어진(소산적) 질서가 아니라 질서짓는(능산적) 질서다.

법 이념의 초월성을 통해 '지배자 없는 지배'로서 사회적 질서를 선험적으로 기초지으려는 자연법 사상과 달리, 스미스는 계약이나 어떤 선험적 질서를 가정하지 않고 그냥 내버려 둬도('Laissez-faire' ; 자유방임) 된다고 본다. 즉 시장적인 관계에서 보이듯이, 경제적 관계를 통제하는 '보이지 않는 손'이 스스로 고유한 질서를 만들고 유지하리라는 것이다. 이 자유방임주의라는 입장에서 질서는 '지배 없는 질서'의 형상을 취한다. 이는 보이지 않는 손을 통해서 설명되는, 근대적 질서의 또 하나의 모델이다. 이를 한나 아렌트는 '익명의 지배'라는 말로 적절하게 요약한 바 있다.[47]

그러나 법의 초월성에 의한 지배가 군주의 시대와 같은 억압과 강제, 폭력을 통해 질서를 창출한다는 관념을 피하고자 하는 한, 그러한 자연법

---

45) 카시러, 『계몽주의의 철학』, 344쪽. 흔히 자연법 사상이라고 부르는, 근대의 사회사상에서 또 하나의 중요한 흐름을 형성하는 이 입장은 이후 라이프니츠와 볼프에 의해 체계화된다. 자연법 사상에서 법이나 정의는 말하자면 일종의 수학적 질서다. 자연권 사상에서의 이러한 법 개념은 개개인의 정신 속에 내재하는 자연적 질서와 자연적 권리의 개념으로 연결된다. 루소의 계약론이 전제하는 자연권 개념은 이러한 자연법 사상의 영향을 받은 것이다.
46) 같은 책, 321쪽에서 재인용.
47) 한나 아렌트, 『인간의 조건』, 이진우·태정호 옮김, 한길사, 1996, 93~94쪽.

이 제시하는 정의와 명령에 스스로 복종할 수 있는 특정한 종류의 인간 내지 주체를 전제하는 것은 불가피하다. 마찬가지로 스미스의 '보이지 않는 손'이 사람들을 지배하고 통제할 수 있기 위해서는 특정한 종류의 사람들을 항상-이미 전제해야 한다.[48] 즉 어떤 신분적 예속도 없으며, 경제적인 동인에 의해 움직이며(호모 에코노미쿠스), 가능한 한 값싸게 구매하고 가능한 한 비싸게 팔려는, 그리고 그것을 위해서 최대한의 노력을 수행할 의지가 있는 사람들(공리주의적 인간), 나아가 시장의 규칙에 따라 스스로 규제하며 행동할 수 있는 인간이 그것이다.

결국 이상의 세 가지 유형의 대답에 공통된 것은 어느 것이나 '특정한 종류의 인간'을 전제하고 있다는 점이다. 주어진 질서나 규칙에 따라서, 그것을 강요하는 자가 없이도 스스로 알아서 통제할 수 있는 종류의 인간. 좀더 구체적으로 말하자면 대의와 대행으로 요약되는 근대의 정치적인 질서를 인정하고, 경제적이고 공리주의적인 동기에 의해서 행동하는 개인. 분명한 것은 근대의 자유 개념, 근대적 욕구 개념은 이러한 전제 위에서 성립한다는 점이다. 개개인을 그런 특수한 종류의 인간 내지 주체로 만들어 내는 것, 그것이 바로 근대사회의 이율배반을 해결하는 묘책이었다.

그렇다면 개개인을 이러한 인간으로 생산하기 위해 어떠한 조치들이 마련되었던가? 어떠한 장치와 어떠한 기술이 동원되었으며, 그것은 사람들을 어떻게 포위하게 되었는가?──이러한 질문을 통해 우리는 근대적 주체, 근대인의 습속의 도덕에 다가갈 수 있을 것이며, 근대적 생활양식 내지 활동방식을 구성하는 개념적 계기를 추출할 수 있을 것이다.

---

48) 같은 책, 94~95쪽.

이를 위해 우리는 베버의 선례적 연구를, 그리고 푸코와 맑스의 선례적 연구를 참조할 수 있을 것이다.

4. 프로테스탄티즘의 윤리와 근대적 주체

1) 생활양식으로서 합리주의

베버의 『프로테스탄트 윤리와 자본주의 정신』(*Die protestantische Ethik und der 'Geist' des Kapitalismus*)은 흔히 자본주의 '정신'으로서 프로테스탄트 윤리를 통해 근대의 자본주의를 설명하려는 것으로 간주된다. 그러나 단도진입적으로 말해 이 책에서 분석되고 연구되고 있는 것은, 베버가 이미 따옴표로 표시하려 했던 것처럼, '정신'(Geist)이라는 말에 걸맞은 어떤 이념이 아니다. 그것은 근대의 자본주의 사회를 특징짓고 있는 합리적인 **생활양식**이다.[49] 즉 이 책의 연구대상은——물론 그 자신도 '이념인가 물질인가?'란 대립을 통해 종종 혼동하고 있지만——정신이라는 어떤 관념이 아니라 그것이 특정한 형태의 생활양식을 구성하는 한에서 집단적인 윤리요 에토스(ethos)로서 자본주의 정신이다.

그것은 달리 말하면 베버가 '실천적 합리주의'라고 부르는 반복적인 특정한 활동방식이요, 개개인을 특정한 방식으로 길들이는 일종의 습속이다. 종교나 관념, 이념이나 '정신'이 문제로 되는 것은 바로 그러한 한에서다.[50] 이는 의식과는 다른 차원에서 사람들의 생활과 실천을 규정히

---

49) 이러한 점은, 비록 '생활양식'의 개념적인 기능과 위치에 대해서는 의견이 다르긴 하지만, 전성우, 「막스 베버의 근대화 사회론」, 『막스 베버와 동양사회』, 유석춘 엮음, 나남, 1992, 48쪽의 주 7번에서 언급되고 있다.

50) 그는 "생활실천과 종교적 출발점 간의 관련"을 프로테스탄티즘을 통해 연구하겠다고 한다

는 요인으로서, 니체가 말하는 습속의 도덕이요 습속의 무의식이다.[51] 즉 베버의 그 책은 실천적 합리주의라는 습속을 통해 개인들을 특정한 방식으로 생활하고 실천하는 주체로 만들어 내는 메커니즘을 연구대상으로 하고 있다는 것이다. 이런 점에서 그것은 **근대적인 주체를 생산하는 메커니즘으로서 근대적 생활양식에 대한 연구**라고 할 수 있다.[52]

'실천적 합리주의'라는 말을 **철저하게 세계를 개별적 자아의 세속적인 이익에 관련시키고 그 이익에 비추어 평가하는 방식의 생활태도**로 이해한다면, 그러한 생활방식은 이탈리아 인이나 프랑스 인의 경우에 피와 살이 되어 있는 것처럼 '**자유의사**'를 존중하는 국민의 전형적인 특징이었고 현재도 그러하다.[53]

여기서 '실천적 합리주의'라고 부르는 것이 개별적 자아의 자유의사

(베버, 『프로테스탄티즘의 윤리와 자본주의 정신』, 52쪽). 베버가 이 책에서 분석하려는 대상이 신학적인 게 아니라 사회학적이라고 말할 때의 의미를 우리는 이런 맥락에서 명확하게 이해할 수 있다.

51) 프리드리히 니체, 『인간적인, 너무나 인간적인』, 강두식 옮김, 동서문화사, 2007, 제1부 제2장 (「도덕적 감각의 역사를 위하여」) 참조. 이런 의미에서 베버가 니체로부터 받은 영향은 단지 개념적인 차원보다 훨씬 깊은 것이다. 물론 그는 근대로부터 완전히 벗어나 근대를 비판하던 니체와 달리 근대 안에 있었다는 점에서 양자 사이에는 근본적인 차이가 있다. 그리고 이 차이는 니체와 달리 베버가 비관주의를 진정으로 벗어나지 못한다는 사실과도 연관된다.

52) "경제생활을 지배하게 된 자본주의는 …… 자신이 필요로 하는 경제주체—기업가와 노동자—를 교육시키고 만들어 낸다"(베버, 앞의 책, 24쪽. 강조는 인용자). 여기서 보듯이 베버의 이러한 생활양식 개념은 우리가 앞서 제안한 주체생산양식 개념과 매우 근접한 것이다. 또한 이는 맑스가 「독일 이데올로기」에서 제시한 생활양식(Lebensweise) 개념과, 혹은 비트겐슈타인이 『철학적 탐구』(이영철 옮김, 책세상, 2006)에서 제시한 생활형태(Lebensform) 개념과 유사하다.

53) 베버, 『프로테스탄티즘의 윤리와 자본주의 정신』, 43쪽. 강조는 인용자.

를 존중하는 근대사회에 전형적인 생활태도임을 베버는 지적하고 있다. 이는 서구의 합리적인 생활양식을 형성했다. 그 생활양식은 기독교적 금욕주의에 의해 만들어진 것으로서, 중세의 수도원에 그 뿌리를 두고 있지만, 중세의 그것과는 달리 모든 신자들을 대상으로 하며 세속적인 생활 전반을 규제한다는 점에서 다르다. 이런 의미에서 루터는 "모든 기독교인이 일생 동안 수도승이 되어야 한다는 점에 종교개혁의 핵심이 있다"고 주장한다.[54]

따라서 베버가 보기에 종교개혁은 "그때까지의 생활형식을 다른 [생활]형식으로 대체한 것"을 뜻했다.[55] 그에 따라 중세적인 금욕주의는 "체계적으로 형성된 합리적 생활양식의 방법이 되었던바, 그 목적은 자연상태를 극복하고 인간으로 하여금 비합리적 충동의 힘과 세계와 자연에 대한 의존을 탈피케 하여 계획적 의지의 우선성에 복속시킴으로써, 그의 행위를 **지속적인 자기통제**와 그 행위의 윤리적 효과의 숙고 아래 두는 것……이다".[56] 근대의 청교도 윤리에서 결정적인 생활실천의 이상이 된 이러한 에토스를 그는 현세적 금욕주의라고 부르며, 그 요체를 '**능동적 자제**'라고 파악한다.[57]

이는 자유로운 의지를 갖는 개개인이 능동적으로 자신의 행동을 자제하고 통제함으로써 각자의 '자유의사'(!)에 의해 스스로 강한 규칙과 통제에 따르게 하는 에토스를 의미한다. 자신이 선택한 '능동적 자제'라는 욕망의 배치가 형성되고, 이를 통해 무의식적인 생활양식이 만들어진

---

54) 베버, 『프로테스탄티즘의 윤리와 자본주의 정신』, 82쪽.
55) 같은 책, 8쪽.
56) 같은 책, 80쪽. 강조는 인용자.
57) 같은 책, 80쪽.

다. 자유인을 자유인으로서 대우하면서 동시에 사회적 질서에 요구되는 통제를 따르게 한다는 점에서, 이는 '지배자 없는 지배', '권력자 없는 통제'의 더없이 훌륭한 조건을 형성하는 것이다.

한편 종교개혁은 "대대적으로 사생활과 공적 생활에 파고들어 모든 삶의 영위를 매우 부담스럽고 진지하게 통제하는 것으로 대체했다".[58] 지배자 없는 지배와 통제의 방법으로서 "칼뱅주의의 지배는…… 개인에 대해 존재할 수 있는 교회의 통제 중 가장 견디기 힘든 형태였던 것 같다"고 베버는 평가하고 있다.

이러한 금욕주의가 칼뱅주의에 의해 형성된 것을 베버는 무엇보다도 중심교리에서 나타나는 예정설과 연관짓는다. 즉 구원대상은 이미 신에 의해 결정된 것이고, 신의 이 결정이 인간의 노력에 의해 바뀌리라고 생각하는 것은 유한에 의해 무한이 바뀌리라고 보는 것처럼 잘못된 것이란 것이다. 이에 대해 신도들은 당연히 '선택된 자'에 속함을 인식할 수 있는 확실한 표지를 찾고자 했다. 이에 대해 칼뱅주의자들은 두 개의 목회적 권고를 제시한다.

"첫째 자신을 선택된 자로 여기고 모든 의심을 악마의 유혹으로 거절하는 것이 단적으로 의무화된다. 왜냐하면 자기 확신이 결여되었다는 것은 불충분한 신앙의 결과고, 따라서 은총이 불충분한 결과기 때문이다." 그 결과 "참회하는 죄인 대신에 우리가 자본주의의 영웅적 시기에 볼 수 있었던 강철 같이 굳건한 청교도 상인"과 "자신감 넘치는 성도"가 육성되었다. "둘째로 자기 확신에 '도달하기' 위한 가장 탁월한 수단으로 부단한 '직업노동'이 엄명되었다. 이러한 노동만이 종교적 회의를 씻어

---

58) 같은 책, 8쪽.

버리고 구원의 확실성을 제공한다는 것이다."⁵⁹⁾

여기서 루터가 이미 개진한 직업/소명(Beruf) 개념은 그 현실적 기초와 만나게 된다. 이윤을 추구하는 직업 자체를 자신감 넘치는 확신을 갖고 수행하는 자본가, 극히 고된 노동을 아무 불평없이 수행하는 노동자의 생활은 이 같은 윤리에 기초한 직업/소명 개념에 기초하고 있다고 베버는 분석한다.

칼뱅주의를 통해 형성된 현세적 금욕주의로서 근대적 합리주의가 이후 공리주의적 상속자에게 넘겨준 것은 첫째, "화폐 취득이 합법적인 형태로만 이루어진다면 지극히 선한 것이고 양심적인 것"이라는 부르주아적 직업 윤리다. 둘째, "이 금욕의 힘은 기업가들에게 성실하고 양심적이며 대단한 노동능력을 가진 동시에 신이 원하는 삶의 목적으로 노동에 매진하는 노동자들을 제공해 주었다." 셋째, "이 금욕은 기업가의 화폐 취득도 '소명'이라 해석하여, 이상과 같은 특별한 노동의욕을 가진 자들에 대한 착취를 정당화했다." 그에 따라 "무산계급에게 강제된 엄격한 금욕이 자본주의적 의미에서 노동 '생산성'을 강력히 촉진했다."⁶⁰⁾

이런 의미에서 "근대적 자본주의 정신, 나아가 근대적 문화에 구성적 요소의 하나인 직업/소명 사상에 입각한 합리적 생활방식은······ 기독교적 금욕의 정신에서 탄생한 것이다."⁶¹⁾

요컨대 베버는 현세적 금욕주의라는 합리적 생활양식을 근대적 사회질서의 메커니즘과의 연관 속에서 파악하고 있는 셈이다. 베버의 분

---

59) 베버, 『프로테스탄티즘의 윤리와 자본주의 정신』, 73~74쪽.
60) 같은 책, 131~133쪽.
61) 같은 책, 134쪽.

석에서 우리는 근대사회의 딜레마를 해결하기 위한 방법, 즉 '지배자 없는 지배'의 방식을 창출함으로써 자유주의적 원칙 위에서 지배와 통제가 가능하게 되는 메커니즘을 볼 수 있다. 그것은 근대라는 주어진 질서와 그 속에서 자신의 소명을 위해 스스로를 통제할 수 있는 '주체'로서의 개인을 만들어 낸다. '능동적 자제'를 통한 이러한 지배와 통제는 개개인을 그 내부에서부터 자유의사로 복종하게 만드는 근대사회에 고유한 요소인 것이다. 서로 동등한 자유의지를 인정하여도 그것이 홉스적인 '자연상태'로 나아가지 않는, 그리고 그 행동 자체가 계산가능한 이러한 개인을 우리는 '근대적 주체'라고 부를 수 있다.

2) 프로테스탄티즘의 윤리와 근대적 노동자

이러한 베버의 연구는, 프로테스탄티즘이 북부 독일 등 유럽의 극히 일부 지역에 한정된다는 한계 외에도, 몇 가지 중요한 문제를 안고 있다. 가장 근본적인 문제는 그가 (근대적) 자본주의와 자본주의 정신을 동일시하거나 전자를 후자로 환원한다는 점이다. 여기서 자본주의 '정신'이 단순히 관념을 뜻하는 것만은 아님은 앞서 말한 바 있다. 그러나 그는 자본주의적 합리성을 단지 이윤추구를 소명으로 삼는 에토스 차원에서만 정의함으로써 또 다른 근본적인 공백을 만들고 있다. 즉 주체생산양식 내지 생활양식을 생산양식으로 환원했던 맑스주의에서와는 반대로, **자본주의 생산양식을 근대적 생활양식으로 환원하고 만다는 것이다.**

그러나 프로테스탄티즘의 에토스라는 하나의 동일한 생활양식의 개념만으로는 자본주의 '정신'에 따라 열심히 금욕하며 축적하는 자본가와, 그와는 전혀 다른 처지에 있는 노동자를 동일한 종류의 '인간', 동일한 종류의 주체로 볼 수밖에 없다는 난점이 발생한다. 다시 말해 그것은 자본가와 노동자라는, 근본적으로 적대적인 두 종류의 근대인의 존재에 대해, 그리고 양자의 관계에 대해 설명하지 못한다는 것이다. 이는 자본가계급이나 노동자계급을 사회적 관계가 아니라 단지 분류적 범주로 정의하고 있음을 뜻하는 것이다.

또한 이런 관점에 섬으로써 자본이나 자본가를 금욕적 절약의 결과로 정의하게 된다.[62] 자본의 축적을 절욕을 통해 설명하고 정당화하려는 시도에 대해서는 이미 맑스가 『자본』에서 적절하게 비판한 바 있다. 또한 그 설명의 대상을 축적 이전의 본원적 자본으로 제한한다고 해도, 그것은 결코 절욕에 의한 것이 아니었음 또한 분명히 해주었다. 즉 애시당초 자본의 형성이란 생산자를 토지로부터 강제로 분리시키는 작업을 통해, 가혹한 수탈과 피어린 착취를 통해 이루어진 것이었다.

여기에서 우리는 생산양식과 생활양식의 환원불가능성에 대해 다시 말해야 한다. 그것은 생산의 배치가 욕망의 배치로 환원되지 않는 것과 마찬가지다. 앞서 말했듯이 근대적인 생활양식을 자본주의적 생산양식으로 환원함으로써, 노동자 개개인의 신체에 새겨진 습속과 무의식이 사실은 자본가의 그것과 동형성을 가질 수 있다는 점을 망각하게 된다. 근대를 살아가는 노동자 역시 익명의 지배, 지배자 없는 지배에 길든 인간일 수 있다는 것이 쉽사리 잊혀진다는 것이다. 반대로 자본주의 생산양식을 근대적 생활양식으로 환원하거나, 후자를 특권화함으로써 전자를 주목하지 않는다면, 동일한 생활양식, 동일한 습속을 갖고 있는 경우에조차

---

62) "소비의 봉쇄를 영리추구의 이러한 해방과 관련시켜 본다면, 그 외적인 결론, 즉 금욕주의적 절약강박에 의한 자본형성은 쉽게 얻을 수 있다."(베버, 『프로테스탄티즘의 윤리와 자본주의 정신』, 127쪽)

서로 상이하며 적대적인 물질적 조건과 사회적 위상을 보지 못하게 된다. 다시 말해 '근대인' 내지 '인간'이라고 불리는 집단 안에 존재하는 거대한 균열과 분할을 망각하게 되리라는 것이다.

이로써 생산양식과 생활양식(활동방식)을 개념적으로 구분하려 했던 맑스의 사유와, 그것을 주체생산양식을 개념화할 수 있는 공간으로 삼으려 했던 우리의 시도는 그 의미를 좀더 분명하게 할 수 있다. 그리고 생산양식으로서 자본주의와 구별되는 것으로서, 생활양식 혹은 주체생산양식의 차원에서 '근대' 내지 '근대성'을 정의할 수 있다. 그리고 이러한 구분을 베버 자신에 대해 적용함으로써, 그리하여 잘못된 환원과 혼동을 제거함으로써, 맑스의 유령과의 대결 속에서 베버가 추출한 것이 갖는 새로움을 비로소 이해할 수 있다. 즉 그의 연구는 근대적 생활양식을 대상으로 했던 것이고, 이는 맑스가 목표했던 생산양식과는 다른 것이었다는 것이다.

그렇기 때문에 이후 부르주아 사회학자들처럼 자본주의 '정신'을 통해 유물론적 역사이론을 반박하려는 시도는 베버의 연구 자체가 갖는 새로움을 전혀 이해하지 못하고 있는 것이고, 생산양식을 생활양식으로 환원했던 베버의 오류를 확장하고 있는 것이다. 물론 이는 맑스를 겨냥한 베버 자신의 논쟁적 태도로 인해 자주 혼동되고, 이후의 사회학자들에 의해 속화되는 주제기는 하지만, 생활양식에 대한 연구로써 생산양식에 대한 연구를 대체할 수 있으리라는 나이브한 생각을 우리가 다시 반복할 이유는 없다. 하지만 그러한 혼동의 이유에 대해 이런 추측은 가능할 것 같다——그것은 생산양식과 생활양식이 서로 다른 영역을 구성하는 다른 대상이지만, 동시에 서로 긴밀하게 결부된 대상이란 점에서 이중적인 대상이라는 사실에 기인하는 것이 아닐까? 이런 점에서 베버의 자본주의

이론은 맑스의 그것을 전제로 하며, 또한 그것에 대한 보충인 셈이다.[63]

두번째 문제. 그는 프로테스탄티즘의 금욕주의적 윤리가 자본가와 노동자에게 동일한 효과를 갖는 것으로 가정한다. 베버에 따르면 이 현세적 금욕주의는 한편으론 자본가에게는 이윤을 위한 화폐 취득과 착취를 정당한 것으로 간주하게 해주었으며, 다른 한편으론 노동자들을 노동에 매진하게 하여 생산성을 강력하게 촉진했다고 한다. 이 모두는 소명/직업이란 개념을 통해서 행해진다고 한다.

그러나 그것이 자본가들의 착취를 정당한 것으로 열심히 추구하게 해주는 것과, 노동자를 자신의 고통스런 작업에 일로 매진하게 해주는 것은 결코 동질적이지 않다. 즉 프로테스탄트 윤리가 자본가에게는 이윤이 생기는 활동을 정당화할 수 있었다면, 노동자에게는 별다른 이득이 없는 활동을 열심히 하게 해주었다는 것인데, 앞의 경우와 동일한 이유에서 뒤의 경우가 가능하리라고 생각하는 것은 오직 추상적 유추와 상상 속에서만 가능하다.

실제로는 그렇지 않았다는 것을 우리는 오히려 베버 자신이 인용하는 칼뱅의 말에서 읽을 수 있다. "'민중'은, 다시 말해 노동자와 수공업자 대중은 **오직 빈곤한 경우에만** 신에게 복종한다."[64] 곧이어 베버는 말한다. "네덜란드 인들은 이 말을 '세속화'시켜서 대중은 오직 빈곤에 의해서만 노동하게 만들 수 있다고 했고……(이로써) 저임금의 '생산성'에 관한 이

---

63) 이와 연관해서 전성우는 베버와 맑스의 상호보완적 독해를 주장한다(「막스 베버의 근대화 사회론」, 34~37쪽). 우리는 그 주장에 동의할 수 있지만, 그것은 위에서 말한 '전제'를 분명히 한 위에서다. 스튜어트 클레그·데이비드 던클리, 『조직사회학: 조직·계급·통제』, 김진균·허석렬 옮김, 풀빛, 1987, 51~52쪽 참조.

64) 같은 책, 132쪽. 강조는 인용자.

론이 나타난 것이다."

금욕주의가 노동자를 노동에 몰두하게 한다는 베버의 명제는, 생활하기에 충분할 정도로 수입이 있음에도 불구하고 욕망을 절제의 축에 묶어 놓고 노동하는 민중들의 모습을 보여 줄 수 있을 때 비로소 유의미하게 된다. 반면 방금 인용한 칼뱅과 베버 자신의 말은 민중들로 하여금 노동하도록 하기 위해서는 금욕주의만으론 결코 충분치 못했으며, 오히려 '빈곤'을 강제하는 조치들이 필요했다는 것을 보여 주고 있다. 『자본』의 본원적 축적에 관한 장에서 맑스는 빈곤을 강제하는 조치들이 네덜란드뿐만 아니라 영국과 프랑스 등 16, 17세기의 유럽 전체에 걸쳐 행해졌다는 것을 잘 보여 주었다. 따라서 위의 인용문은 금욕주의 자체가 민중을 노동에 매진하게 하여 높은 생산성을 창출했다는 명제를 매우 적절하게 반박하고 있는 셈이다.

사실 베버는 이 말을 자신의 입론 속에 정확히 위치짓지 못하는 것으로 보인다. 다만 영국의 가혹한 '구빈법' 제정에 청교도의 금욕주의가 작용했음을 지적하고 있다(이는 매우 중요한 지적이다!). 이것은 금욕주의가 노동자를 금욕적으로 노동하게 하기 위해서는 빈곤과 노동을 강제하는 장치를 필요로 한다는 것을 보여 주는 것이다. 이런 점에서 노동자들의 근대적 금욕주의는 차라리 이러한 빈곤과 장치들의 결과라고 해야 한다. 이는 금욕주의가 형성되고 작용하는 방식이 자본가와 노동자의 경우 매우 상이할 수밖에 없다는 것을 뜻하는 것이다. 여기서 우리는 동일한 금욕주의조차도, 생산양식 차원의 관계 속에서 상이하게 작용한다는 점을 이해할 수 있다.

세번째 문제는 근대적 생활양식의 문제를 종교적인 에토스로 정의하는 것이다. 프로테스탄티즘의 에토스에 의해 합리성을 정의하는 것은 합리적 생활방식의 '기원'을 이해하는 데는 유효하지만, 이것만으로 그것 자체가 근대사회의 지배적 에토스라고 한다면 그것은 커다란 오류를 범하는 것이다. 왜냐하면 그것은 종교적 에토스가 단지 종교집단만이 아니라 그것을 넘어서 전사회적 영역으로 확산되어 갔음을 의미하는 것인데, 이 경우 이 '넘어선' 영역에서는 칼뱅주의가 신도들에게 야기한 구원에 대한 불안이나 구원의 표지를 찾으려는 노력이 존재하지 않기 때문이다. 따라서 칼뱅주의적 '권고'는 그들에겐 먹혀들지 않는다. 그렇다면 종교적 에토스가 사회적 에토스로 확산되었다는 주장은 종교적 집단과 사회 전체의 동형성(isomorphism)을 가정하는 경우에만 가능하다. 그러나 다른 역사적 시대라면 몰라도, 근대사회를 이처럼 종교적인 모델을 통해 이해하는 것은 더없이 곤란하다.

결국 그는 종교적 모델의 과잉일반화를 통해 합리적 생활양식을 근대의 본질적인 특징으로 정의함으로써, 사실은 종교적 생활양식 안에서 만들어진 '능동적 자제'를 사회의 여러 영역으로 확산하기 위해 취해진 '별도의 조치'를, 그 잔혹하고 피어린 감금과 강제, 규율과 처벌, 감시와 통제의 역사를 보지 못하게 된다. 그것은 문제를 단지 윤리와 에토스의 문제로, 결국은 각자가 '자발적으로 선택한 것'으로 간주하게 된다.

요컨대 이 '현세적 금욕주의'가 종교적 영향권을 넘어 근대사회 전반에 대해 일반화되기 위해선, 그것을 가능하게 한 '별도의 조치'가 있었음을 의미한다. 그리고 근대의 합리적 생활양식을 사회적인 것으로서 정의하려 하는 한 차라리 중심적인 문제는 바로 이것이다! 그러나 여기서 베버는 침묵을 지키고 있을 뿐이다.

이런 점에서 본다면, 앞서 언급한 빈곤과 '구빈법'에 관한 베버의 빗나간 예증이 오히려 정확한 지적을 담고 있다. 청교도의 금욕주의가 노동자의 금욕으로 이어진 게 아니라, 구빈법과 같은 가혹한 법적·제도적 장치들을 통해, 빈곤을 통해 노동을 강제하고 '금욕'을 강제했다는 것이다. 그렇다면 "도덕성이 행정적 강제에 의해 부도덕을 다스리는 억압장치의 고안"과 "도덕성 자체를…… 행정의 대상"으로 삼는 조치[65]를 보는 것이 근대적 합리성과 지배의 핵심에 가까이 접근하도록 해주지 않을까? 결국 자본가와 노동자라는 근대적인 두 주체에 대해, 우리는 '세속적 금욕주의'라는 욕망의 배치가 전혀 다른 방식으로 형성되고 작동하게 되었다는 것을 확인할 수 있지 않을까?

5. 주체생산양식의 개념적 성분들

맑스는 『자본』 1권의 후반부에서 자본주의의 탄생이 대체 어떻게 이루어졌는가를 보여 주고 있다. 그는 '본원적 축적'이라는 부르주아적 환상을 비판하면서,[66] 생산자를 생산수단에서부터 분리하며 진행되는 피와 오물로 얼룩진 수탈과 강탈의 역사야말로 자본주의의 가계(家系)를 만들어 낸 공신임을 드러낸다.[67] 이는 자본주의에 대한 일종의 '계보학적' 비판이라고 할 수 있는데, 우리는 이를 두 가지 '계기'로 구분하여 이해할 수 있다.

하나는 토머스 모어가 "양이 인간을 잡아먹는다"고 표현했던 것처

---

65) Foucault, *Madness and Civilization*, pp. 60~61.
66) "무자비한 폭력 아래에서 수행된 교회재산의 약탈, 국유지의 사기적 양도, 공유지의 횡령, 봉건적 및 씨족적 재산의 약탈과 그것의 근대적 사유재산으로의 전환 ——이것들은 모두 '본원적 축적'의 목가적 방법이었다." (맑스, 『자본론 I (하)』, 1007~1008쪽)
67) 같은 책, 979쪽 이하.

림, 농민을 토지로부터 내쫓아 대대적으로 무산자를 창출하는 과정이다. 그러나 이렇게 창출된 무산자가 곧바로 근대적 노동자를 의미하는 것은 아니었다. 왜냐하면 "그들의 관습으로 된 생활궤도에서 갑자기 내몰린 사람들이 그만큼 갑자기 새로운 환경의 규율에 순응할 수도 없었다. 그들은 대규모로 거지·도적·부랑자로 되었는데…… 대부분의 경우 별다른 도리가 없기 때문에 그렇게 된 것이었다".[68]

이들을 근대적 노동자로 전환시키기 위해선 근대 산업 및 자본가들의 요구에 따라 행동할 수 있는 존재로 만들어야 했다. "따라서 15세기 말과 16세기 전체 기간을 통해 서유럽의 모든 나라에서 부랑자에 대한 피의 입법이 실시되었다."[69] 다시 말해 이러한 조치들은 대량으로 창출된 무산자들을 근대적 산업과 통제 속에 포섭될 수 있는 '근대적 주체'로 만들어 내는 기능을 하게 되는 것이다. "이와 같이 처음에는 폭력적으로 토지를 수탈당하고 추방되어 부랑자로 된 농촌주민들은 그 다음에는 무시무시한 법령들에 의해 채찍과 낙인과 고문을 받으면서 **임금노동의 제도에 필요한 규율**을 얻게 된 것이다."[70]

여기서 맑스는 근대사회의 인간, 혹은 근대적인 주체가 자연발생적으로 만들어지는 것이 아님을 분명히 하고 있다. 이전의 '습관화된 생활궤도'는 자본주의 내지 근대라는 '환경이 요구하는 새로운 규율'과 전혀 다른 활동방식을 뜻하는 것이었고, 따라서 사람들 개개인을 그 새로운 규율에 따라 활동하고 생산할 수 있는 주체로 만들어야 했다. 그러나 그것

---

68) 맑스, 『자본론 I(하)』, 1009쪽. 강조는 인용자.
69) 같은 책, 1009쪽.
70) 같은 책, 1013쪽. 강조는 인용자.

은 자본에 의해 고용된다고 자동적으로 해결되는 문제가 아니며, 봉건적인 생산의 배치를 새로운 자본주의적 생산의 배치로 대체한다고 해서 자연적으로 해소되는 문제가 아니었다. 차라리 반대로 새로운 규율에 의해 훈육된 주체를 만들어 내지 못하고선 자본주의는 뿌리를 내리고 확립될 수 없었다.

예를 들어 해뜨면 일어나 일하고 힘들면 언제든지 숨돌리며 쉴 수 있고, 시간에 쫓기며 행동할 이유가 별로 없는 농사꾼이 공장에서 요구되는 작업과 활동방식에 쉽사리 적응할 수는 없기 때문이다. 산업혁명기의 영국과 유럽에서, 걸핏하면 술에 취해 결근 내지 지각하는 노동자들로 고심하던 자본가들은 축제를 축소하고 술 먹을 시간을 없애기 위해 임금을 줄이려고 했다는 것은 유명한 사실이다.[71] 제국주의 일본이 지배하던 조선에서 자본가가 공장에서 일할 사람을 찾기 위해 모집인을 따로 이용해야 했으며, 그나마 모아온 노동자들이 2, 3일도 못 견뎌 도망치는 사태를 막기 위해 감옥과도 같은 폐쇄된 건물과 기숙사를 만들었던 것, 그리고 도망치려던 사람들에 대해 극도의 가혹한 처벌을 가했던 것[72] 역시 이런 맥락에서 이해할 수 있다. 사회주의 혁명 이후 산업화를 추진하면서 공장으로 불러들인, 대개는 농촌 출신인 노동자들이 공장에서의 노동의 리듬을 쉽사리 받아들이지 못했던 것 역시 동일한 지점을 보여 준다.[73]

---

71) E. P. Thompson, "Time, Work-Discipline and Industrial Capitalism", *Customs in Common*, Merlin Press, 1991, pp. 372~373.
72) 강이수, 「1930년대 면방대기업 여성노동자의 상태에 관한 연구:노동과정과 노동통제를 중심으로」, 이화여대 사회학과 박사학위 논문, 1992 ; 강이수, 「공장체제와 노동규율」, 김진균·정근식 엮음, 『근대주체와 식민지 규율권력』, 문화과학사, 2003, 138쪽 이하.
73) 헬무트 쉬나이더 외, 『노동의 역사:고대 이집트에서 현대 산업사회까지』, 한정숙 옮김, 한길사, 1982, 482~484쪽.

임금노동 제도에 필요한 새 규율을 어떻게 확립할 것인가? 새로운 규율에 따른 새로운 활동의 습관과 습속을 어떻게 만들어 낼 것인가? 바로 이것이 새로운 사회적 조건에 부합하는 새로운 주체를 생산하기 위해 부르주아지가 피할 수 없었던 질문이었다. 그것은 맑스가 말했듯이, 부랑을 처벌하며, 반복되면 죽이기까지 했던 피비린내 나는 '구빈법', 혹은 범죄자와 광인은 물론, 부랑자와 빈민, 게으름뱅이, 가난한 자 등을 가리지 않고 다 감금했던 거대한 감금처럼 채찍과 낙인과 고문 등을 통해 작동하기 시작했다. 개개인을 근대인으로 생산해 내는 과정은 바로 이러한 방식으로 진행되기 시작했다.

이러한 작업은 최소한 세 가지 성분을 개념적으로 내포하고 있다. 가장 먼저 필요한 것은, '인간'은 그렇지 못한 자들과는 어떻게 구분되는지를 보여 줌으로써 새로운 형식의 주체, 새로운 형태의 인간을 정의하는 것이다. 그것은 허용될 수 없는 타자들을 통해 이성과 도덕을 정의하는 것이며, 그러한 이성과 도덕을 통해 '인간'의 경계를 획정하는 것이다. 그리고 '정상적' 주체와 그렇지 못한 자라는, 대개는 법적 형태를 취하는 자격의 관념이 출현한다.

두번째로 필요한 것은 그렇듯 정의된 이성과 도덕의 질서 안에서 개개인이 그 규칙 안에서 일상적으로 살아가는 습속과 습관을 형성하는 일이다. 이는 새로운 활동방식의 모델을 형성하고, 그것에 따라 개개인의 신체에 작용할 수 있는 메커니즘을 만들어 내는 것이다.

세번째는 그러한 통제와 훈육을 스스로 자기에게 필요한 것으로 받아들이고, 스스로 선택함으로써 스스로 그러한 통제와 훈육의 도식에 따라 활동하고 생활하도록 하는 메커니즘을 형성하는 것이다.[74]

1) 주체의 정의

주체생산양식의 첫번째 성분은 주체 내지 인간에 관한 적절한 정의의 생산이다. 이는 사회의 내부와 외부, 동일자와 타자, 정상과 비정상을 가르는 경계선을 구획하는 것인데, 비정상으로 간주되어 배제되는 타자를 가시화함으로써 진행된다. 즉 **타자화**를 통한 **경계구획**, 그것이 주체를 정의하는 메커니즘이 작동하는 방법이다.

근대사회에서 '인간'과 '주체'를 정의한다는 것은 근대가 허용하는 질서의 공간을 구획하는 것이다. 그것은 여러 가지 잠재적인 생활방식에 구분의 선을 긋는 것이며, 그어진 선의 외부를 '인간의 조건'에서 배제하는 것이다. 근대인에 대한 이러한 정의는 게으름과 부랑, 빈곤과 구걸, 광기 등, 통제불가능한 생활방식과 행동방식, 사고방식을 인간에게서 배제하는 방식으로 행해졌다. 광범위하고 강력한 감금과 억압의 장치들이 다양한 수준에서 만들어진다. 이 장치들이야말로 근대에서 인간과 비인간, 주체와 비주체를 가르는 물질적인 경계선이며 구획선인 것이다.

이처럼 경계구획은 언제나 질서의 경계를 정의하는 것이며, 개개인에게 허용되는 가능한 활동의 한계를 정의하는 것이다. 그것은 개개인이 자유롭게 행동할 수 있는 전제를 이루며, 이 전제를 충족할 경우에만 그는 자유와 권리의 '주체'로서 인정받을 수 있다. 그것은 동시에 어떤 질서에 부응하는 기준을 형성함으로써 그것이 허용하는 최대 공간을 구획하

---

74) 이것은 시계열적 구별이나 항목상의 구별이 아니라 논리적이고 개념적인 구별이다. 따라서 그것이 반드시 시기적인 선후관계를 이루는 것은 아니며, 서로 명확하게 독립되어 작용하는 것도 아니며, 오히려 하나의 동일한 장치나 사건에 중첩되어 작용한다. 결국 이 모두는 근대적인 형태의 주체 내지 근대인을 정의하는 경계가 작용하는 세 가지 양상 내지 세 가지 방식이라고 말할 수 있을 것이다. 그리고 좀더 과감하게 밀고 나간다면, 주체생산양식의 중요한 계기 내지 성분을 이루는 세 가지 성분이라고 말할 수도 있을 것 같다.

는 것이다. 주체란 개념은 개개인이 바로 이런 질서와 기준을 받아들일 수 있으며 받아들여야 한다는 것을 의미한다. 이제 정상적인 주체, 정상적인 '인간'이 되려면 이 구획된 경계 안에 들어가야 한다.

일찍이 맑스가 이른바 '구빈법'에 관해 서술하면서 언급한 바 있지만, 신분과 토지로부터 분리된 무산자들로 인해 사회적 질서 전반이 위협받는 것을 방지하기 위하여 부랑과 구걸을 금지하는 가혹한 법과 제도가 만들어진다. '구빈법'으로 알려진, 평범한 사람들(common people)을 상대로 한 이 광범한 조치들은, '인간'으로서 대우받기 위한 최소한의 요건을 제도화하려는 것이다. 빈민들은 영국의 경우 지역 단위로 관리되었는데, 교구가 바로 그 지역적 관리단위였다. 이와 연관해서 보자면 부랑을 금지했던 것은, 잘 운영되는 교구가 부랑하는 빈민들로 채워질 것을 우려했기 때문이었다고 한다.[75] 그 공간을 떠나 행해지는 "구걸은 처벌되었고, 부랑은 반복될 경우 처형당했다".[76]

이로써 이전에는 아무런 문제가 되지 않던 부랑자가 일종의 '타자'가 된다. 부랑은 이제 사회적 질서를 위협하는 범죄다. 국민이라는, 혹은 자유인이라는 법적인 지위를 누리기 위해서는 넘어선 안 될 경계선이 부랑자를 통해 그어지게 된 것이다.

따라서 자유와 평등이라는 면에서 보았을 때에 인민들의 법적 지위는 결정적인 한계에 갇힐 수밖에 없었다. 인민들은 법 앞에서 평등하며 스

---

75) 쉬나이더 외, 『노동의 역사』, 113쪽.
76) 같은 책, 112쪽 ; 맑스, 『자본론 I(하)』, 1010쪽 이하에는 그 잔혹한 법규들의 몇 가지 사례가 나와 있다.

스로의 인신(人身)의 자유를 누리게끔 되어 있건만, 이들은 자신들의 직업 그리고 자식들의 직업을 선택할 자유가 없으며, 원하는 곳에 정착할 자유도 없으면서 노동을 강제당해야 하는 것이다. 엘리자베스 시대의 직인법과 정주법이라는 두 기둥을 합쳐 놓고 본다면 이들은 일반 민중에게 자유의 헌장만큼이나 그들의 법적 무능력을 확정해 놓은 봉인(封印)이기도 하다.[77]

폴라니는 '구빈법'이나 '빈민'이란 말이 오해의 소지가 있음을 지적하면서, "영국의 향신계급(gentlemen)은 스스로 여가생활을 즐길 만큼 충분한 소득을 확보하지 못한 사람들을 사실상 모두 빈민이라고 판단했다. 따라서 '빈민'이란 토지 기반을 가지고 있는 계급을 제외한 모든 이들로 구성되어 있는 '일반 민중'(common people)과 사실상 동의어인 것이다(상인들도 성공을 거두게 되면 거의 어김없이 토지 재산을 획득했다)"라고 한다.[78]

이러한 사정은 유럽 전체에 대해 마찬가지였다. 유럽에서는 예전에 사회의 내부와 외부를 가르는 경계선이었던 나병 환자 수용소가 이제 부랑자와 광인, 빈민 등을 '위한' 감금장치로 바뀌었다. 실제로 그 감금은 거대한 규모로 진행되어서, 푸코에 따르면 17세기 프랑스에서는 파리 시

---

77) 폴라니, 『거대한 전환』, 295쪽.
78) 같은 책, 293쪽. 그에 따르면, "1536년부터 1601년까지 적용되었던 일련의 법령에 붙은 '구빈법'이라는 이름은 사실 잘못된 명칭이라고 할 수 있다. 이 법, 그리고 차후에 덧붙여진 수정 등과 함께 사실상 영국 노동 관련 법규의 절반을 이루고 있는 것이니까. 나머지 절반은 1563년에 나온 직인법이었다. …… 이 법령들에 1662년의 정주법(Act of Settlement)이 추가되었는데, 이는 인민들의 거주 이전을 최대한 억제하려는 목적에서 그들의 합법적 거주지가 어디인지를 정하는 것이었다."(같은 책, 291~292쪽)

민이 100명당 1명 꼴로 수개월 간 감금당했다고 하며,[79] 독일과 영국 등 유럽 전역에서 이러한 현상이 일반적으로 발견된다고 한다.[80]

여기서 우리는 사회의 타자가 된 이 '빈민'이, 그 사회의 극소수에 해당하는 어떤 극단적인 층이 아니라, 사실은 일반 민중 거의 전체를 포괄하는 광범위한 층에 해당함을 볼 수 있다. 그것은 사람들 사이에 수적인 다수를 차지하는 평균을 기준으로 거기서 벗어난 자들을 획정하는 것이 아니라, 반대로 통제하고 지배하는 권력에 의해 설정된 '평균'이 거기서 거의 모든 사람들을 '평균화'시키기 위해 획정한 경계인 것이다.[81] 인간으로서의 자격의 정당성을 기초로 하는 '법적인 주체'의 관념은 이러한 맥락에서 이해할 수 있을 것이다.

이제 거기서 벗어난 자들은 인간이 아니며, '인간성'에 반하는, 비난받고 처벌받아 마땅한 해충과 같은 존재가 된다. 푸코는 부랑자들은 "도시 안을 떼지어 다니며 공공질서를 해치고 마차를 습격하고 자선을 요구하며 교회와 여염집 문앞에서 큰소리를 질러대는 [인간 아닌 ─ 인용자] 해충"이었다고 하는, 크롬웰 시대의 귀족의 말을 대신 전하고 있다.[82] 당

---

79) Foucault, *Madness and Civilization*, p. 38.

80) *Ibid.*, p. 43.

81) 여기서 '인간'은 '다수자'의 형상을 취하며, 부랑자는 그로부터 벗어난 '소수자'의 형상을 취한다. '빈민'은 수적으로 다수지만 '인간'이라는 다수성 개념에서 이탈한 소수인 것이다. 이처럼 다수성과 소수성은 양적인 수의 문제가 아니다. 다수성(majorité)은 대상을 포섭할 수 있는 경로와 장치의 다수성일 뿐이며, 따라서 언제나 지배적인 가치를 '평균'의 이름으로 정당화하고, 소수자들을 평균화시키는 권력과 결부되어 있다. "다수성이 권력과 지배를 전제하고 있는 것이지, 그 반대는 아니다."(Deleuze/Guattari, *Mille Plateaux*, p. 133)

82) Foucault, *Madness and Civilization*, p. 50. 푸코는 이러한 감금이 17세기를 강타한 경제적 위기에 대한 해결책이었다고 말한다(*ibid.*, p. 49). 이런 지적은 브로델의 저작에서도 마찬가지로 지적된다. 그는 17세기에 나타난 엄청난 수의 국지적 기근에 대해 언급하면서, 그 경우 농민들은 "도시로 몰려가 거리에서 구걸을 하며 광장에서 죽기도 했다. 마치 16세기에 베니

시의 지배자들이 가장 두려워했던 것은 바로 이런 '해충'들이 전국을 돌아다닌다는 것이었다. 감금은 이러한 '해충'들이 인간의 세계를 드나들지 못하도록 가두기 위한 것이었다. 따라서 그것은 인간의 세계와 해충의 세계를, 인간 세계의 내부와 외부를 가르는 구획장치였던 것이다.

> 도덕성이 행정적 강제에 의해 (부도덕을) 다스리는 억압장치의 고안은 중요한 현상이었다. …… 처음으로 도덕성을 지키는 제도들이 확립되었는데, 거기에서 도덕적 의무와 시민법 간의 놀라운 종합이 이루어졌다. 국법은 더 이상 정신의 무질서를 묵과하지 않을 것이다. …… 고전주의 시대 대감금에서 본질적인 것 ──그리고 새로운 사건──은 순수한 도덕성의 도시 속에 인간들이 감금되었으며, 거기서 법률은 모든 종류의 정신을 통치하기 위해 어떠한 양보와 타협도 없는 엄격한 신체적 억압이란 형태로 적용되었다. 도덕성 자체가 경제나 상업처럼 행정의 대상이 된 것이다.[83]

스와 아미엥에서 그랬듯이"라고 쓰고 있다(Fernand Braudel, *The Structure of Everyday Life : The Limits of the Possible*, Harper & Row, 1979, pp.74~75). "도시는 주변 지역의 거지뿐만 아니라 때로는 멀리서부터 원정을 오는 빈민의 무리가 행하는 이러한 정규적인 침범으로부터 자신을 방어해야 했다"(*ibid.*, p.75). 격리와 감금, 강제작업 등이 이러한 방어조치로서 나타난다(*ibid.*, pp.75~76). "부모의 감독 아래 놓여진 훌륭한 가정의 아이들뿐 아니라, 빈민과 광인, 범죄자에 대한 이 '거대한 봉쇄'는 그 가혹한 합리성 속에 갇힌, 17세기 사회의 정신적 측면이었다. 그러나 그것은 아마도 그 어려운 세기에 빈곤과 빈민의 증가에 대해 대처하기 위한 불가피한 조치기도 했을 것이다."(*ibid.*, p.76)

그러나 감금의 경제적 기능은 잠정적인 것이었고, 산업화가 진행됨에 따라 오히려 부차적인 것 혹은 비경제적이고 낭비적인 것으로 간주된다. 빈곤이 싼 노동력과 노동의 강제를 위해 필요한 것임이 드러나면서 가난한 자들은 감금되었던 다른 '비이성', '비인간'에서 분리되어 풀려나온다. 이런 의미에서 19세기인들이 보기에 "감금은 엄청난 오류였으며 경제적인 실수였다."(Foucault, *Madness and Civilization*, p.232)

83) Foucault, *Madness and Civilization*, p.60.

결국 "인간성이란 이러한 (형벌의) 경제성 및 그것에 의한 면밀한 계산에 부여된 명칭"인 것이다.[84]

다른 한편 데카르트는 새로이 경계가 구획되던 시대를 앞서 살았던 만큼, 이와 동형적인 태도를 사유의 영역에서 보여 준다. 그는 '광기'로부터 스스로를 구별하기 위하여, 유사성에 의한 착각으로부터 자신의 판단을 분리시키려는 편집증적 집착을 보여 준다. 그는 자신의 사고도, 자신의 감각도 믿지 못하며, 반대로 모든 것을 의심하라는 주장을 한다. 소소한 차이에도 혼동되지 않는 명확하고 뚜렷한 판단, 그것이 저 어두운 광기 내지 타자로부터 자신을 구별하는 길이다. 이러한 혼동과 의심을 거쳐서 그가 찾아낸 더없이 확고한 지반이 바로 '나'라는 주체였다. 그것은 광기나 타자의 어두운 세계로부터 인간으로서 자신을 구별하게 되는 경계선의 다른 이름이었다.

근대철학은 이러한 경계를 좀더 뚜렷하고 확고하게 하려는 욕망을 추동력으로 하고 있다. '주체' 내지 '자아'라는 이름의 이 경계는 사실 매우 모호한 것이어서, 뚜렷이 하려고 하면 할수록 확고함은 의문시되었고, 흄에 이르러 그것은 극도의 불안한 위기에 처하게 된다. 칸트의 '위대함'은 그처럼 위기에 처한 주체 내지 자아의 개념에 확고부동한 기초를 제공하면서 '인간'의 개념을 정의할 수 있게 해주는 기초를 제공했다는 점에 있다. 인식능력, 실천능력, 판단능력에 대한 비판의 법정에서 '인간'으로서 자존을 유지할 수 있는 경계를 그는 찾아낸다.

이제 인간과 비인간의 구분선을 새로이 구획함으로써 인간성과 이

---

84) M. Foucault, *Surveiller et punir : naissance de la prison*, Gallimard, 1975[『감시와 처벌 : 감옥의 역사』, 오생근 옮김, 나남, 2003, 150쪽].

성, 도덕과 선을 개념적으로 재정의하는 과정이 진행된다. 인간의 본질은 이성으로, 혹은 노동으로 정의되고,[85] 선은 법에 의해 정의된다.[86] 근대 철학의 실천적 결론 전체는 이러한 이성에 의해 인간의 삶은 스스로 통제되어야 한다는 것이다. "자신의 행위가 언제나 보편적 입법원칙으로서 타당하게 행동하라"(칸트)는 원리가 근본적인 요청으로서 도입된다.

이런 점에서 이성과 이성에 따른 합리적(계산가능한!) 행위가 근대적 인간 개념의 요체가 된다. 그리고 그것이 법적인 주체라는 '자격요건'을 기초짓는다. 이제 누구든 인간으로 대우받고 싶다면 이 정의 안으로 들어가야 한다. 결국 '인간의 발견'을 요체로 하는 근대 사상의 출현과 함께 인간과 이성에 대한 개념적인 경계선이 그어진다.

그러나 사회의 개념이 인간 개념 위에서 탄생하기 위해서는, 이미 사회가 그러한 인간을 만들어 내야 했다. 사상의 역사에서 근대사회가 이 '인간' 개념에 기초하여 만들어졌다고 한다면, 반대로 현실의 역사에서 이 '인간'의 경계는 근대적 주체를 정의하는 물질적인(corporéel) 조치나 장치들——들뢰즈/가타리를 따라 기계적 배치(agencement machinique) 라고 부르자——에 의해 구획된 것이다. '인간'의 개념을 둘러싼 언표행

---

85) 이러한 사고는 스미스는 물론 로크에게서도 불충분하나마 발견된다(예컨대 존 로크, 『통치론』, 이극찬 옮김, 삼성출판사, 1993, 50~51쪽). 노동을 인간의 본질로 정의하는 이 경제학적인 사고는 헤겔을 통해 철학적 인간학으로 전환되고 일반화된다. 루카치는 헤겔 철학의 중심 개념이 노동 개념에 기초하고 있음을 보여 줌으로써 이러한 전환을 분명하게 해준다(죄르지 루카치, 『청년 헤겔』, 김재기·이춘길·서유석 옮김, 동녘, 1990).

86) 들뢰즈는 법이 선에 의해 정의되는 것이 아니라 반대로 선이 법에 의해 정의된다는 것이 칸트 도덕 철학의 중심 명제임을 보여 준다. 질 들뢰즈, 「영역판에 붙이는 서문」("On four poetic Formulations which might summarize the Kantian Philosophy"), 『칸트의 비판철학』, 서동욱 옮김, 민음사, 1995, 142~143쪽. 이는 앞서 보았듯이 칸트 이전에 이미 그로티우스를 위시한 자연법주의자들이 주장한 것이기도 하다.

위(énonciation)의 배치는, 인간이라고 불리는 주체를 정의하는 기계적인 배치와 서로 뒤얽히고 상호작용하면서 인간을 둘러싼 다양한 계열화의 선을 만들어 낸다.

여기서 근대의 다양한 사상과 이론이 보여 주는 언표행위의 배치는, 개개인을 근대적 주체로, '인간'으로 생산해 내는 기계적 배치와 동형성을 보여 준다. 인간의 본질과 능력, 그리고 그것의 가장 기초적인 활동을 구성하려는 근대의 새로운 철학저 발전이 앞서 말한, 물질적인 장치를 통해 인간의 경계선을 그으려는 광범위한 일련의 조치들과 동형성을 갖는다는 사실은 지극히 의미심장하다.[87]

2) 주체의 훈육

주체생산양식의 두번째 성분은 **통제가능한 신체의 생산**이다. 이는 적절하게 정의된 이성과 도덕의 경계 안에서 사람들의 일상적인 활동을 통제하고 이용하는 신체적 형식을 확보하는 것이고, 개개인을 그러한 형식에 따라 스스로 실천하는 주체들로 생산하는 것이다.

근대사회에서, 이처럼 통제가능한 신체의 생산은 더욱더 중요하고 철저해진다. 직접적인 지배와 통제가 가능한 사회에서라면, 사람들의 활동은 대개는 생명과 생존을 담보로 한 직접적 명령에 의해 이루어진다. 거기서 벗어나는 행동은 그 자리에서 처벌되며, 그러한 질서에 반하는 사

---

87) 데카르트보다 훨씬 이전에 이미 '구빈법' 및 수용소 등 일련의 장치들이 '인간을 위한' 경계선을 물질적으로 구획하고 있었다. 즉 인간을 정의하고 그 경계를 구획하는 작업은 일차적으로는 이런 제도적이고 물질적인 장치를 통해 행해졌다는 것이다. 오히려 개념적이고 철학적인 구획은 이러한 조치들이 지배하고 있는 당시의 사회적 조건 속에서 이해해야 하는 게 아닐까? 비신체적인 것에 대한 신체적인 것의 일차성, 혹은 언표행위의 배치에 대한 기계적 배치의 일차성?

람은 수많은 사람들이 보는 앞에서 공개적으로 처형된다. 그러한 처형은 사람들로 하여금 복종의 정신을 새삼 일깨우는 일종의 제의(祭儀)였다.

반면 '지배자 없는 지배'의 형식을 취해야 하는 근대사회에서는, 그러한 직접적인 지배나 통제는 매우 강한 제약을 받게 되고, 언제나 개인적인 지배의 양상에서 벗어나 일반화된 도덕 내지 규칙의 양상을 취해야 한다. 따라서 그것은 직접적인 지배와 명령 없이도 스스로 알아서 활동할 수 있는 자기-통제의 조건을 확보해야 한다. 따라서 근대에 이르면 신체는 "권력의 대상이자 표적이라는 측면에서 새로이 발견되었다". 여기서 포착된 신체는 "만들어지고, 교정되고, 복종하고, 순응하고, 능력이 부여되거나 혹은 힘이 다양해질 수 있는 것으로 인식"된다.[88] 물론 신체를 통제가능한 것으로 만들려는 시도는 이전에도 사회마다 상이하게 있었던 것이지만, 푸코에 따르면, 근대에 이르러 나타난 시도들은 몇 가지 새로운 면모를 갖고 있다.

첫째, "통제의 규모가 다르다. 즉, 분리할 수 없는 단위로서 신체를 한 덩어리로, 대량으로 다루는 것이 문제가 아니라, 세세하게 신체에 작용하고 미세한 강제력을 신체에 행사하며, 기계적인 수준——운동, 동작, 자세, 속도——에까지 그 영향력을 확보하는 것이 이제는 문제가 되었다".[89] 기계제 공업에 관해 언급하는 곳에서, 맑스는 이와 연관하여 이렇게 말하고 있다. "대공업의 원리, 즉 각 생산과정을 그 자체로서 파악하며 그것을 구성요소들로 분해하는 것……은 새로운 근대적 과학인 기술공학을 낳았다.……기술공학은 또한 인체의 모든 생산적 활동이 필연적으로

---

88) 푸코, 『감시와 처벌』, 214쪽.
89) 같은 책, 216쪽.

취하게 되는 그러한 소수의 기본 운동형태들 ……을 발견하였다. …… "[90] 노동은 역학의 기본적인 운동으로 환원되고, 신체는 그에 걸맞은 미세한 수준으로까지 분할된다. 테일러주의는 이러한 경향의 한 극점을 잘 보여준다.[91]

"둘째, 통제의 대상이 다르다. 그 대상은 행위의 의미있는 구성요소나 신체의 표현형식이 아니라, 동작의 구조와 유효성, 그리고 그 내적 조직인 것이다. 구속의 대상은 신체의 기호가 아니라 체력이어서, 참으로 중요한 단 하나의 의식(儀式)은 바로 훈련의 의식이다. 셋째, 통제의 양상이 다르다. 그것은 활동의 결과보다는 활동과정에 주목하여, 지속적이고 확실한 강제력을 전제 삼아서 최대한으로 상세하게 시간과 공간, 그리고 운동을 바둑판 눈금처럼 분할하는 기호체계화에 의거하여 행해진다."[92]

푸코는 이러한 방법을 훈육(discipline)이라는 말로 요약한다. 그것은 "신체의 활동에 대한 면밀한 통제를 가능케 하고, 체력의 지속적인 복종을 확보하며, 체력에 순종-효용의 관계를 강제하는" 방법이다.[93] 이는 정상성과 일상성의 형태로 개개인의 일상적인 활동을 포섭하기 위한 방법이다. 이것은 개개인을 근대적 주체의 활동방식에 포섭하는 방법이며, 노동자 개개인뿐만 아니라 노동과정 자체를 자본이 실질적으로 포섭하고 통제하기 위한 방법이기도 하다. 실제로 맑스는 노동시간을 늘이고,

---

90) 맑스, 『자본론 I(하)』, 651쪽. 강조는 인용자.
91) F. W. Taylor, *The Principles of Scientific Management*, Harper, 1947[F. W. 테일러, 『과학적 관리의 원칙』, 박진우 옮김, 박영사, 2010] ; Harry Braverman, *Labour and Monopoly Capital*, Monthly Review, 1976[해리 브레이버맨, 『노동과 독점자본』, 이한주·강남훈 옮김, 까치, 1987] 참조.
92) 푸코, 『감시와 처벌』, 216쪽.
93) 같은 책, 216쪽.

노동강도를 높이는 것만으로는 노동을 실질적으로 포섭할 수 없다는 것을 보여 주며,[94] 자본가들은 이를 위해 노동 자체를 분할하고, 그것을 시계열적으로 재배치한다는 것을 보여 준다. 앞서 엥겔스는 그것을 유효화하기 위한 규율로 노동자를 훈육하기 위해 극단적인 벌금과 해고 등의 처벌이 이용되고 있음을 보여 준 바 있다.[95]

순종하는 신체를 만들어 내기 위해 사용되는 근대적인 훈육의 기술을 푸코는 크게 네 가지로 나누어 설명하고 있다.[96] 첫째, 분할의 기술. 그것은 종종 어떤 공간을 그 외부와는 이질적인, 자체적으로 폐쇄되어 있는 장소로 특정화한다. 거대한 감금의 장소, 기숙사와 학교, 공장, 병영, 감옥 등등. 이러한 기술은 폐쇄에 머물지 않는다. 분할하고자 하는 신체에 대응하여 공간을 개별적으로 감시 및 통제 가능한 단위로 분할한다. 공장이나 학교의 자리, 감옥의 독방 등등. 또 그 분할된 위치들을 기능적으로 배치하여, 나름의 목적을 갖는 생산기관의 요구에 부합하는 유용한 공간으로 구성한다. 학교, 공장, 병원 등등. 마지막으로 분할의 기술은 주어진 장 안에서 개개인이 처한 위치를 서열화된 위계 안에 배열함으로써, 전체의 운영과 동시에 개별적인 통제가 가능하게 한다. 결국 "훈육은 '독방', '자리', '서열'을 조직화함으로써 복합적인 공간을, 즉 건축적이면서 동시에 기능적이고 위계질서를 갖는 공간을 만들어 낸다. 그것은 자리를 고정시키면서, 또한 순환을 허용하는 공간이다".[97]

---

94) 이에 대해서는 이 책의 제5장에서 자세히 다룰 것이다.
95) 프리드리히 엥겔스, 『영국 노동자계급의 상태』, 박준식 외 옮김, 두리미디어, 1988, 219~220쪽.
96) 푸코, 『감시와 처벌』, 222~266쪽.
97) 같은 책, 233쪽.

둘째, 활동의 통제. 분할의 기술이 주로 공간적인 배치와 연관된다면, 이는 그것의 시간적인 배치와 연관된다. 우선 시간의 분할과 분할된 시간에 활동 내지 동작을 대응시키는 시간표의 이용이 두드러진다. 그리고 각각의 주어진 행동이나 동작에 대해 적절한 최소 시간을 대응시킨다. 팔을 드는 데 몇 초, 그걸 반원을 그리며 돌리는 데 몇 초 등등. 또 가장 좋은 관계를 강제하는 방식으로 신체와 동작을 상관화한다. 팔을 들 때는 몇 센티미터 올리되, 관절은 몇 도 정도로 구부린다 등등. 다음으로 신체적인 요소의 계열과, 그것이 조작하는 도구의 계열을 단위동작을 통해 연결시킨다. 왼손의 손가락들로 쇠붙이를 문 집게의 두 발을 쥐고, 손목을 비틀어 힘을 주며, 쇠붙이의 가장자리가 모루에 달라붙도록 댄다 등등. 이로써 신체-도구, 신체-병기, 신체-기계의 복합체가 만들어진다. 마지막으로 동작이 이루어지는 시간을 전후로 해서 시간의 낭비가 없도록 철저히 사용한다. 이용극대화의 원리. 이는 나태와 게으름을 방지한다.

셋째, 발생의 조직화. 이는 공간적 배치에 따라 개개인의 활동을 재편성하고 거기에 시간적 통제의 기술을 결합하여 활동을 자본화하기 위한 장치다. 이는 시간의 흐름을 여러 부분으로 나누는 것, 이 분할된 단위들을 분석적인 도식에 따라 일련의 단계로 편성하는 것, 각각의 단계마다 목표를 부여하고 시험을 통해 종결하는 것, 그리고 수준과 연한, 위계에 따라 적절한 기술과 훈련을 제공하는 것을 통해 이루어진다. 단계적 형성체의 편성. 이처럼 인간의 활동을 연속적인 계열로 바꿈으로써 권력이 시간의 흐름을 포위하고 공격할 수 있게 된다.

넷째, 힘들의 조립. 이는 이상의 기술을 통해 조작가능한 형태로 변형된 여러 가지 힘들을 조립하여 목적에 부합하는 장치를 만들어 내는 기술이다. 우선 여기서 개별적인 신체는 배치할 수 있고, 이동가능하며,

다른 신체에 연결할 수 있는 요소가 된다. 그리고 시간적인 계열화를 통해 이 상이한 신체들은 최대한의 성과를 만들어 내기 위해 결합된다. 마지막으로 이러한 조립과 결합을 위해 통제하고 명령하는 체계와 조직이 필수적으로 이용된다.

이러한 기술은 특정한 목적에 맞추어 사람들의 신체와 활동을 통제하고 조직하기 위한 장치를 작동시키며, 이를 통해 신체를 분석가능하고 조작가능한 대상으로 만들어 낸다. "이때 형성되는 것은 신체에 대한 작업과 신체의 요소, 몸짓, 행위에 대한 계획된 조작이라는 강제권의 정치학이다. 인간의 신체는 그 신체를 파헤치고 분해하며 재구성하는 권력장치 속으로 들어가게 된다. 하나의 '권력의 역학'이기도 한 '정치 해부학'이 탄생하고 있는 것이다."[98]

'인간'에 대한 정의나 법적으로 정당한 자격을 가진 주체의 정의만으로는, 근대사회에서 필요한 인간 내지 주체를 생산하지 못한다. 그러기 위해서는 개개인의 신체를 근대적인 규율에 따라 조작가능한 것으로 생산하고, 개개인의 활동을 근대적인 규칙에 맞추어 통제할 수 있는 물질적 조건을 확보해야 한다. 지금까지 요약한 훈육의 기술은 이러한 물질적 조건을 구성한다는 점에서, 근대적인 통제가능한 신체를 생산하며 근대적인 주체를 적극적으로 생산하는 방식이다. 이 강제권의 정치학을 통해 다양한 규율에 맞추어 순종하는 신체적 무의식이 생산된다. 근대인이란 이러한 순종적 신체 안에 존재하는 순종적 주체인 셈이다.

그러나 이러한 기술들은 처음에는 경계에서 작용하고 그곳에서 형성되며 집약된다. 왜냐하면 그것은 정의상 '비인간'을 '인간'으로 만들어

---

98) 같은 책, 217쪽.

내는 기술이기 때문이다. 수용소나 감옥은 물론 공장이나 학교 역시 아직 길들지 않은 '노동자'나 '학생'을 근대적 통제의 규율에 길들여야 한다는 점에서 마찬가지의 경계를 포함하고 있다. 그러나 아무래도 '인간'을 만들어 내는 기술과 장치가 가장 극한적인 형태로 별다른 제약없이 실험되고 집적되며 종합될 수 있는 것은 수용소와 감옥처럼 '해충' 내지 비인간을 가둔 곳이었다. 특히 수용소의 '대개혁'이 있은 이후 감옥은 처벌의 형식으로 그러한 기술과 장치를 적용하고 실험할 수 있는 공간이었다. '비인간'을 '인간'으로 만들기 위한 정교하고 복잡한 많은 장치들이 만들어진다. 그것은 감금된 자들 개개인의 신체에 작용함으로써, 그들로 하여금 근대사회에서 정의한 규율과 조문(code)를 따르도록 요구한다. 즉 신체에 작용함으로써 정신을 통제하고, 그리하여 스스로 복종하는 '주체'를 생산하려 한다.

형벌의 적용 지점은 **표상이 아닌 신체 그 자체**이고, 시간이고, 날마다의 **동작과 행동**이다. 또한 그것은 정신이기도 하지만 그것은 어디까지나 **습관적으로 되풀이되는 지점**의 정신이다. …… 강화되고 유포되는 것은 더 이상 표상의 작용이 아니라 강제권의 형식들이고 또한 적용되고 반복되는 구속의 도식들(diagramme)이라는 것이다. 그것은 기호가 아니라 훈련이다. 예컨대 시간표, 일과시간 할당표, 의무적인 운동, 규칙적인 활동, 개별적인 명상, 공동작업, 정숙, 근면, 존경심, 좋은 습관이 그렇다. 끝으로, 이 교정기술을 통해서 사람들이 재구성하려고 애쓰는 것은 …… 권리의 주체가 아니라 복종하는 주체이고 습관이나 규칙, 명령에 복종을 강제당하는 개인이다.[99]

범죄자들 속에서 '인간'을 발견하게 된 것은[100] 바로 이런 맥락에서였다. 형벌은 이제 경계 밖의 자뿐만 아니라 아직 그 선을 범하지 않은 자를 겨냥하여 행사된다. 즉 범죄자나 '비인간'의 신체에 작용함으로써 '인간'과 '비인간'을 가르는 경계선을 확고히 하고 아직 '비인간'이 아닌 사람들로 하여금 그 경계를 넘지 못하게 작용하는 것이다. 감옥에서 극한적 양상으로 구현되었던, 신체를 겨냥한 저 치밀한 권력기술들이 학교와 공장 등의 일상적이고 정상적인 공간으로 확장되며 일반화된다.

이런 맥락에서 푸코는 '감옥'이라는 '비인간'의 공간이 일상적으로 '인간'을 만들어 내는 규율과 방식의 모델을 제공했을 뿐 아니라, 인간의 개념 및 다양한 인간과학 그리고 근대의 인간주의에게 그 탄생의 공간을 제공했다고 주장한다. 그렇다면 학교와 공장, 병원과 병영 등과 같이 '인간'의 경계 내부에서 일상적으로 '인간'을 생산해 내는 장치들이 감옥과 유사한 특징을 갖는다고 해서 놀랄 것은 하나도 없다는 푸코의 야유는[101] 이런 맥락에서 충분히 진지한 것이다. "인간의 자유를 발견한 '계몽주의 시대'는 또한 규율을 발명한 시대였다"는[102] 역설은 근대적 '자유주의'가 갖는 이러한 역설을 정확히 대칭적인 형태로 보여 주는 것이다.

자유주의적 시대의 이상적 사회 모델을 원형감시체제(panoptism)에서 발견했던 공리주의자 벤담의 유토피아는 이러한 주장에 설득력을 부여한다.[103] 그가 꿈꾸었던 원형감시체제적 사회는 "악한을 갈아서 선

---

99) 푸코, 『감시와 처벌』, 205~206쪽. 강조는 인용자.
100) 같은 책, 125쪽.
101) 같은 책, 347쪽.
102) 같은 책, 340쪽.
103) 같은 책, 309~323쪽 참조. 원형감시장치는 "공공의 부담을 최소화하면서 최대 다수의 죄수를 감시할 수 있다"(폴라니, 『거대한 전환』, 393쪽, 제10장 참조)는 점에서 '최소 비용에 의한

량하게 만들고, 게으른 자를 갈아서 근면하게 만드는 맷돌"이었고,[104] 이런 한에서 '경계선의 내외에서 동시에 '인간'을 생산해 내는 근대사회의 메커니즘을 극한적 형태로 보여 주는 것이었다. 여기에 "이러한 '인간의 축적'이 자본의 축적과 분리될 수 없는 것이었다"는 푸코의 지적을[105] 첨가해 두자.

3) 주체의 동일화

주체생산양식의 세번째 성분은 개개인을 주체로 생산해 내는 저 다양한 활동방식과 기술에 대한 자기-동일성을 생산하는 것이다. '인간'의 경계를 만들고 유지하는 장치가 개인 외부에 있는 것만으로는 불충분하다. 왜냐하면 그것은 개개인을 수동적인 통제의 대상으로 만들 수 있을 뿐이며, 그 경우 개인은 그러한 외적인 통제가 약화될 기미만 보이면 어느새 탈출구를 찾을 것이 분명하기 때문이다.

물론 신체를 길들이는 저 복종의 기술들은 신체 그 자체를 통해서 복종하는 '정신'을,[106] 그리하여 복종 그 자체를 생산한다. 이런 의미에서

최대 유용성'이라는 공리주의의 원칙의 구현이었고, 공리주의적 유토피아였다. 이는 벤담에게 다양한 사회의 모델을 제공한다. 그가 '무고한 이들의 감옥'(gaols without guilt)이라고 불렀던 '노역소'는 노동자를 과학적이며 경제적으로 취급하는 '과학적 관리'의 장소로서, 원형감시체제라는 이상향을 공장에서 실현하려는 것이었다(같은 책, 346~347쪽). 뿐만 아니라 그가 꿈꾸었던 이상적인 국가는 "'감시가능성'(inspectability)이라는 원칙에 입각해, 정점에 선 수상이 모든 지방행정을 효율적으로 관리할 수 있는"(같은 책, 393쪽) 철저하게 공리주의적 국가였다.

104) Sir Leslie Stephen, *The English Utilitarians*, Duckworth & Co., 1900 ; 폴라니, 앞의 책, 354쪽에서 재인용.

105) 푸코, 『감시와 처벌』, 338쪽.

106) 이 경우 '정신'은 푸코 말대로 '습관의 영역인 한에서 정신'이다. 이는 의지 내지 욕망의 차원에서 작용하는 것으로, 니체의 말을 빌리면 습속의 도덕이요 습속의 무의식이다.

앞서의 기술과 장치들은 차라리 신체의 통제를 통해 '정신'의 통제를 목표로 한 것이었다고 말해야 한다.

그러나 그것만으로 복종을 내면화하고 자기화하는 '주체화'는 성공적으로 이루어지지 않는다. 이는 실제로 대부분의 감옥과 감금의 장소에서 확인된다. 이 강력한 교정장치들은 그들을 교정하는 데 실패했으며, 거꾸로 '범죄와 비행'을 학습하는 장으로 되어 가고 있음은 푸코가[107] 아니라도 대부분의 사람들이 인정하고 있는 바다. 그럼에도 불구하고 이 장치들이 그 규모를 늘려 가며 잔존하고 있는 것은, 그것이 단지 감금된 자들만을 교정의 대상으로 하지 않으며, 오히려 일차적인 '교정'의 대상은 아직 감금되지 않은 '정상인'이기 때문이다. 그 장치들의 주된 효과는 오히려 '비인간'의 신체를 통해서 '정상인'의 정신 —나아가 신체도— 통제하는 것인 셈이다.

그렇다면 오히려 중요한 것은 이러한 통제장치와 그것을 통해 형성된 '인간'의 형상을 내면화하고 '자기화'하는 것이다. 즉 그러한 규칙과 질서, 통제가 자기에게 필요한 것이며, 따라서 스스로 선택하여 스스로 행하는 것이라는 판단의 형식이 개개인의 내부에서 작동해야 한다. 그것은 자신의 욕망이며 자신의 의지라는 주체적인 동일시. 그는 통제의 수동적 대상이 아니라 스스로 선택하여 그런 행동과 선택을 하는 '주체'가 되어야—'주체화'되어야—한다. 한마디로 '주체화'란 그 장치들을 통해 주어진 '인간'의 형상에 대한 동일시며, 그러한 통제 규칙의 내면화다.[108]

---

107) 푸코, 「권력의 유희」, 『권력과 지식』, 71쪽.

108) 주체 생산은 단지 이러한 '주체화'라는 동일시나 자기화로 환원되지 않는다는 점에서 '주체 생산'과 '주체화'를 구분해야 한다. 전자가 후자를 포함하는, 그리하여 개개인을 주체로 만들어 내는 과정 전체를 지시한다면, 후자는 그 가운데 주로 '동일시'를 통해 이루어지는 자

이런 점에서 학교나 공장과 같이 '인간'으로서 성장하며 '인간'으로서 활동하는 공간에서 행해지는 '교정'은 직접적인 배제의 장에 비해 매우 성공적이었다. 그것은 분명 앞서 보았던 것처럼 활동을 통제하는 복합적인 훈육의 기술이 작동하는 장치다. 하지만 그것은 처벌의 양상과는 반대로 적극적인 능력──노동 능력·지적 능력──의 생산이라는 양상을 취하기 때문에, 거기에 수반되는 강제나 규율조차 자신을 위한 것으로 스스로 선택하기 때문이다. 예를 들어 공장에서 노동의 경우 언제든지 그만둘 자유와 권리가 있지만, 그만둔다는 것은 생존의 불안과 위협을 감수해야 하는 것이기에 그 일을 계속하게 된다는 점에서, 노동과 노동규율에 대한 복종은 자신의 의지요 자신의 욕망으로 나타난다. 학교의 경우도 이와 크게 다르지 않다.

하지만 좀더 근본적인 것은 그것이 감옥이나 감금장치와 달리 각인의 개인적인 내면이 드러나는 영역이며, 그 내면을 감시하고 통제할 수 있는 장치들이 작동할 수 있는 공간이란 점이다. 이런 이유에서 가정이라는 공간은 어쩌면 좀더 근본적인 방식으로 권력이 작용하게 된다. 예컨대 푸코는 『성의 역사 1 : 앎의 의지』에서 자신의 작업이 디드로의 소설 『고자질쟁이 보석』을 고쳐쓰는 것이라고 말한다. 그 소설에서 짓궂은 보석은 어떤 여자든 겨냥하기만 하면 그 여자의 성기가 자신의 성적 경험과 성 생활에 대해서 떠벌리게 만드는 작용을 한다. 그것은 성생활이라는 가장 은밀한 영역에 대해서조차 작용하게 된 '알려고 하는 의지'(volonté de savoir, 지식의지)의 우화인 셈이다.

푸코는 기독교적인 '고백의 기술'을 통해 가장 은밀하고 사적인 영

기화와 내면화 과정을 지시한다고 하겠다.

역인 성생활에 대해서조차 다양한 감시와 통제가 행해졌으며, 이를 통해 사적인 영역에서조차 근대적이고 합리적인 '주체'로 사람들을 만들어낼 수 있었음을 보여 준다. 실제로 가톨릭의 경우 16세기 중반에 이르면서 고해장치를 급격히 강화한다고 한다. 성생활과 내면적인 도덕에 이르기까지 정직과 양심의 이름으로 개개인의 사생활에 작용하는 이 '고백의 장치'[109]는 주어진 도덕과 규칙을 정말로 내면화하고 있는가, 외부적인 통제자가 없는 경우에도 스스로 그것을 잘 시행하고 있는가를 감시하고 확인할 수 있는 장치다.

나아가 이 장치는 그것이 존재한다는 이유만으로도 고백의 부담을 져야 하는 행위에 대해 스스로 억제하고 스스로 자제하는 '금욕주의'를 형성하며, 이로써 도덕적 규범은 '양심의 가책'으로서 내부투사된다. 가장 은밀하고 사적인 생활조차 이제는 감시하고 통제할 수 있으며, 그것을 통해 정말로 내면화하고 있는지를 확인할 수 있는 '진실의 장치'가 작동하게 되는 것이다.

다른 한편 19세기에 이르면서 성적인 활동을 통제하는 장치는 새로운 전략을 형성한다. 여성의 육체적 욕망을 히스테리화함으로써 육체적 욕망 자체를 자기-감시의 대상으로 만드는 것, 자위를 비롯하여 어린이의 성적인 행동을 교육의 대상으로 설정함으로써 어린이의 은밀한 부분까지 교육과 계몽의 시선을 항상적으로 뻗치는 것, 나중에 정신의학이 잘 보여 주듯이, 도착적인 성행위를 의학의 대상으로 변환시킴으로써 한편으로는 새로운 고백의 형식을 창출하고 다른 한편으로는 자신과 배우자의 성적인 행위에 대해 의학적 시선을 던지게 하는 것, 그리고 인구의 통

---

109) 푸코, 『성의 역사 1 : 앎의 의지』, 74~90쪽.

제라는 형식을 통해서 생식 활동을 사회적 관리의 대상으로 변환시키는 것이 그것이다.[110] 이를 통해 부르주아들은 귀족의 '혈통'과 대비되는 자신들의 계급적 신체를 건강함과 건전함의 형태로 생산하려고 한다.

이로써 의학 내지 교육학·보건학 등과 같은 과학의 시선이 감시의 시선을 대신하게 되고, 감시는 과학적인 관리라는 유용성의 형식을 취하게 되어, 결국은 자기 자신을 위한 관찰과 감독의 시선으로 간주된다. 더불어 이제 타인의 시선이 없는 곳에서도 스스로 자신을 위하여 자신을 관찰하고 감시하는 자기-감시의 시선이 자신의 신체에 대해 작동하기 시작한다. 근대에 이르면서 탄생하게 된, 아무도 쳐다보지 못하는 은밀한 사적 영역에서조차 이제는 자기 자신을, 혹은 바로 옆의 연인을 쳐다보는 새로운 감시의 시선이 작용하게 된 것이다. 그것은 자신에 의한 시선이며, 자신을 위한 시선이고, 다름 아닌 자신의 시선인 것이다. 여기서 우리는 감시의 시선을 자신의 시선으로 대체하는 시선의 동일화를 찾아볼 수 있다. 이는 벤담의 원형감시체제에서 이미 그 원형적인 작동 메커니즘이 마련된 것이기도 하다.[111]

이러한 동일화는 '인간'의 이름으로 정의되는 자격 있는 주체의 경계선에서 작용하는 권력을, 혹은 개개인을 통제가능한 신체로, 복종하는 주체로 생산해 내는 저 길들이는 권력을, 과학·진실·유용성 등의 형태로 자기를 위한 것으로 스스로 받아들이는 것이며, 말 그대로 스스로 주체가 되는 것이다. 이러한 과정을 통해 주체의 동일성/정체성(identité)이 생산된다.

---

110) 푸코, 『성의 역사 1 : 앎의 의지』, 118~119쪽.
111) 이에 대해서는 이 책의 제6장을 참조.

이로써 자신의 행동을 스스로 통제가능한 것으로 만드는 '능동적 자제'가 자신의 욕망이라는 형식을 취하게 된다. 근대적 주체를 생산하는 메커니즘은 이제 인간의 신체뿐만 아니라 주체의 내면 깊숙한 곳에 자리 잡게 된다. '이성'이 '인간'이란 말 자체와 분리될 수 없는 특성으로 자리 잡고, 인간의 삶에 대한 하나의 보편적 규범으로 자리를 획득하게 되는 것을, 이렇듯 근대적 개인의 내면 깊숙이 자기-감시의 시선이 뿌리를 박는 과정과 어떻게 분리해서 생각할 수 있을까?

6. 결론에 대신하여

요약하자. 맑스는 사회적 실천의 조직화 내지 양식화를 통해 주체를 개념화할 수 있는 문제설정을 처음으로 정립했으며, 이를 위해 실천이 행해지는 물질적 전제조건과 물질적 생활 자체의 생산이라는 이중적 대상에 주목했다. 그리하여 생산양식과는 다른 차원에서 욕구 내지 욕망의 배치를 통해 주체의 생산을 포착할 수 있는 이론적 공간을 열었다. 이를 그는 생활양식 내지 활동방식이라는 개념으로 요약했다. 우리는 이것을 주체생산양식에 대한 개념이 구성되고 작동할 수 있는 지점으로 이해한다. 하지만 이후 생산양식 개념이 매우 치밀하고 섬세하게 발전한 반면, 생활양식이나 활동방식, 혹은 주체생산양식 개념에 대해서는 더 이상의 명시적인 발전은 없었고, 많은 경우 생산양식 개념의 화려한 성공의 빛에 가려 어둠 속에 묻히고 만다.

니체와 프로이트를 통과함으로써 무의식 개념을 통해 주체 개념을 구성할 수 있게 되면서, 주체 생산에 관한 중단된 사유가 다시 시작될 수 있는 지반이 형성된다. 예를 들어 푸코는 『감시와 처벌』과 『성의 역사 1:

앎의 의지』에서 일상적으로 반복되는 활동을, 즉 생활을 근대적 형태로 조직하기 위해 이용되는 다양한 기술과 장치에 대해 훌륭하게 보여 주고 있다. 때로는 감금과 감시, 규율과 강제 등이 이용되기도 하고, 때로는 쾌락을 통한 욕망의 유혹이 이용되기도 하는 이러한 권력-기술과 장치를 통해, 개개인을 근대적인 생활의 무의식적 습속으로 길들이는 수많은 지점들을 추적하는 것이다.

현세적 금욕주의를 통해 개개인으로 하여금 축적 그 자체를 추구하는 자본가의 습속으로 길들이는 메커니즘——그는 이를 스스로 따옴표를 붙여 자본주의 '정신'이라고 부른다——에 대한 베버의 저작 역시 욕망의 배치 차원에서 무의식화된 근대적 생활양식 내지 활동방식에 대한 연구로 읽을 수 있다. 한마디로 말해 그것은 개인을 자본가라는 주체로 생산해 내는 메커니즘에 대한 연구였던 셈이다. 공장이나 학교에서 강제되는 시계적인 시간 '관념' 역시 관념이기 이전에 이미 하나의 무의식화된 습속을 형성하는 것이다.

'금욕주의'의 형태로든, 아니면 쾌락을 이용한 형태로든 간에 습속을 형성하는 이러한 기술과 장치, 전략은 사람들의 욕구 내지 욕망 자체에 특정한 형식을 부여하는 방식으로 작용한다. 자신의 시선으로 감시자의 시선을 대신하며 주어진 규칙과 규율에 따라 자기-통제하는 식의 배치든, 종교적 불안감을 소명으로서 직업에 대한 금욕적 몰입으로 해소하는 방식의 배치든, 아니면 처벌과 징벌을 통해 정해진 행동을 시계에 대응시키는 방식의 배치든 간에, 그것은 분명 욕망의 배치라고 할 수 있다. 그러한 배치 안에서 욕망의 새로운 생산이, 그리고 욕망의 생산을 통해 주체의 생산이 이루어진다. 바로 이것이야말로 맑스가, 욕망/욕구를 통해 생활 자체의 생산을 포착하려고 할 때, 그것을 통해 현실적 인간을 주체로서 개념화하려고 했을 때, 실제로 주목하려 했던 것이 아니었을까?

이러한 욕망의 배치는 근대사회에 고유한 이율배반과 연관된 것이다. 등가화된 '인간'의 개념에서 출발하기에 지배자로 군림할 수 있는 어떠한 개인도 특권화시킬 수 없지만, 그 경우 사회적 질서는 대체 어떻게 가능할 것인가라는 홉스의 질문은, 질서를 만드는 지배가 필요하지만 그것이 개인의 동등한 자유를 침해해선 안 된다는 딜레마를 산출한다. 이는 자유주의가 근대의 가장 대표적인 이념이 되는 만큼, 자유주의 자신이 이 근본적인 이율배반에서 자유롭지 못하다는 것을 보여 준다.

근대사회는 이러한 이율배반을 해결하기 위해 '근대인'이라는 새로운 형태의 주체를 생산한다. 부랑자와 빈민, 광인, 범죄자 등의 새로운 타자들을 통해 근대적인 인간의 경계를 구획하고, 활동을 통제하고 훈육하는 다양한 기술을 통해 통제가능한 신체를 생산하며, 그러한 새로운 통제를 자신을 위한 것으로 받아들이고 자신 스스로 행하는 자기-동일성을 생산한다.

주체생산양식의 이 세 가지 성분은 사람들의 활동을 특정한 형태로 생산하는 다른 과정에서도 마찬가지로 작동한다. 이를 통해 예컨대 가치법칙이 주체생산양식의 차원에서 생산하는 효과——'주체 효과'라고 부르자——를 이해할 수 있다. 화폐에 대한 맑스의 분석이 잘 보여 주듯이, 화폐형태는 화폐화되는 한에서, 다시 말해 가치화되는 한에서만 상품이나 노동력의 '가치'를 객관화한다. 화폐화되지 않은, 혹은 화폐화되지 못하는 것(비-가치적인 것)은, 적어도 자본주의 사회에서는 가치없는 것(몰-가치한 것)으로 간주된다. 이로 인해 사람들은 자신의 활동이나 그 결과물을 화폐화하려고 하게 된다. 화폐화된 가치는 이처럼 비가치적인 것을 몰가치적인 것으로 타자화함으로써 모든 활동과 활동의 결과물을

'가치화하려는' 의지(욕망!)를 생산한다. 가치화하려는 의지가 정상성의 경계를 형성한다. 타자화를 통한 경계 구획.

한편 화폐를 통해 매개되는 가치법칙은 알다시피 교환과 분배는 물론 생산에까지 작용한다. 이는 사람들의 활동을 화폐화된 가치에 의해 규제하고 통제하는 원리며, 그에 따라 항상적으로 사람들을 가치에 따라 활동하도록 강제하고 훈육하는 메커니즘으로 작용한다. '나는 10만 원짜리를 주었으니 그에 상당하는 대가를 받아야 해'라고 하는 샤일록 식의 계산은 가치에 따른 활동의 교환을 하나의 습속으로, 무의식적 활동방식으로 만들어 낸다. 신체도 정신도 가치가 정한 비율에 따라 움직이고 판단한다.

나아가 화폐화된 가치는 활동할 수 있는 능력마저 가치화한다. 화폐와 교환될 수 있는 활동만이 '가치 있는'(valuable) 활동이고, 가치화될 수 있는 능력만이 가치 있는 능력이다. 따라서 화폐와 교환되지 못하는 활동 능력은 무능한 것이고, 자신의 능력을 화폐화하지 못하는 것은 무능력함 탓이다. 여기서 스스로를 화폐화된 가치에 동일시하는 메커니즘이 만들어진다. "나의 활동, 나의 능력은 얼마짜리인데……"라는 독백.

이는 자본이 만들어 내는 근대적인 노동의 체제에서도 마찬가지로 확인될 수 있다. 배제되어야 할 '타자'로서 실업자(과잉인구), 그리고 시간과 공간, 기계에 의해 노동 자체를 통해 작용하는 근대적인 훈육의 방식들, 그리고 '실업화 압력'을 통해 자신의 신체를 자본의 시선으로 보고, 자신의 욕망을 자본의 욕망으로 대체하는 동일시 등등.

이처럼 개개인을 특정한 형태의 활동방식에 따라 주체로 생산하는 그 기술과 전략, 장치에서 권력이 작용하고 있음을 보는 것은 자연스러운 일이다. 왜냐하면 그것은 상이한 개인들로 하여금 동일한 도식에 따라 행동하도록 요구하고, 그것에 적절하게 순응하고 있는지를 감시하며, 그에 반하거나 순응하지 않을 경우에는 다양한 조치를 통해 처벌하도록 규정함으로써 순응을 강제하는 기술과 장치기 때문이다. 그런데 개개인이 특정한 형태의 주체로 생산되는 것은 바로 이러한 기술과 장치로 인한 것이고, 따라서 주체를 생산하는 것은 바로 그 권력에 의한 것이라고 말해야 한다. 푸코가 명시적으로 말했듯이. 따라서 개개인을 주체로 생산하는 방식은 욕망의 배치일 뿐만 아니라, 또한 '권력의 배치'기도 하다.

따라서 새로운 생활양식, 새로운 주체생산양식을 창출하고, 낡은 양식을 깨나가는 것은 권력을 상대로 한 투쟁이요 정치다. 이미 자신의 신체를 장악하여 스스로의 신체 위에 새겨진 채 작용하고 있는, 그래서 잘 보이지 않고 그래서 잘 제거되지 않는 권력에 반하는 '활동'으로서 정치. 그것은 푸코의 말처럼 '광포하고 피에 물들어 있으며 치명적인 성격'을 띠고 있다.

근대사회 내지 자본주의와 연관된 영역 곳곳에서 작용하고 있는 이 근대적인 주체생산양식은, 그것이 근대적 질서를 유지하고 재생산하는 것이라는 점에서, 근대사회의 생산양식을 장악하고 있는 자본의 지배를 유지하고 재생산한다. 역으로 자본주의 생산양식은 근대적 생활양식을 전제하는 만큼 일상적으로 그것을 재생산하고 확장한다. 자본주의는 근대인을 통해 작동하는 것이다. 여기서 우리는 근대적 주체생산양식이 자본주의 생산양식과 결속력을 가지고 있다고 말해야 한다. 그것은 양자가 서로 겹치는 이중적 대상이라는 점에서, 단지 '선택적 친화성'이라는 말로는 포괄할 수 없는 강력한 결속력을 가지고 있다. 이런 점에서 노동자는 근대적인 주체로서 재생산되는 한, 자본의 지배에 끊임없이 포섭되고 그것을 재생산한다. 따라서 노동자계급이 자본의 지배를 전복하려 한다면, 근대적 주체생산양식의 전복을, 반-근대적인(counter-modern) 내지 탈-근대적인(ex-modern) 새로운 주체의 자기-생산(auto-production)을 사고하고 실행할 수 있어야 한다.

이제 우리는 역사유물론의 이중성에 대해, 다시 말해 그것은 생산양식과 주체생산양식이라는 이중의 대상을 갖는다는 명제에 대해 다시 말할 수 있다. 그것은 자본주의 생산양식과 근대적 주체생산양식이 서로 강력한 결속력을 갖는 만큼, 생산양식의 전복이나 주체생산양식의 변환 어느 하나만으로는 결코 '충분'하지 못하다는 것을 의미한다. 그것은 양자가 동일하지 않은 만큼 그저 직접적으로 동시적인 것만은 아닌 그러한 이중적 변혁이다. 맑스가 말했던 '코뮨주의' 내지 '자유로운 개인들의 자발적 연합'은 이중적 변혁이 야기하는 긴장 속에서 진행되는 이행운동 그 자체다.

5장_자본주의와 근대적 노동의 체제

1. '노동의 정치'로부터

사회주의 내지 공산주의는 노동을 기초로 사유되고 구상되었으며, 노동을 기초로 존재하고 작동한다. 이는 소련의 사회주의나 맑스주의 이전부터 확고부동한 것으로 간주되었다. 푸리에는 일찍이 "모든 사람은 노동해야 한다"는 명제를 제시한 바 있으며, 오언은 자신의 공산주의를 실험하면서 노동시간을 단위로 하는 노동증권을 통해 노동생산물이 교환되는 노동시장을 조직한 바 있다.[1]

　　여기서 정치는 노동에 대해 억압과 지배의 메커니즘을 뜻하는 것일 뿐이고, 노동에 기초하지 않은 자들이 노동하는 자들을 착취하는 데서 비롯되는 것이며, 그런 만큼 노동에 대해 잉여적인 것이다. 따라서 노동의 해방이란 달리 말하면 정치로부터 노동의 해방이고, 노동에 직접적으로

---

[1] 프리드리히 엥겔스, 「유토피아에서 과학으로의 사회주의의 발전」, 최인호 옮김, 『칼 맑스·프리드리히 엥겔스 저작선집 5』, 박종철출판사, 1997.

기초한 사회란 그러한 정치가 축소되고 소멸되어 노동 그 자체로 해소되는 사회다. 이런 점에서 푸리에는 이미 정치를 노동으로 환원해야 한다는 생각을 분명히 한 바 있으며, 이 경우 정치학은 생산의 과학이 되리라고, 따라서 정치학은 경제학으로 흡수되리라고 예견했다.[2] 따라서 초기의 공산주의는 생산과 생활이 정치적 조직 없이 이루어지는 공동체를 모델로 하고 있었다.[3]

어찌됐든 정치를 노동으로 환원하며, 정치가 노동과 직접적으로 통일될 수 있는 조건을 공산주의의 요건으로 간주하는 것은 단지 초기의 공상적인 사상가들만의 생각은 아니다. 노동에 기초한 정치, 노동하는 사람들을 위한, 노동하는 계급 자신에 의한 정치. 이런 점에서 공산주의는 종종 '노동의 정치'로 정의되기도 한다. 즉 노동의 정치로서 공산주의란 말하자면 '노동의, 노동에 의한, 노동하는 자를 위한 정치'라고 할 수 있을 것이다.

그리하여 '노동의 정치'는 '사회주의'나 '공산주의'라는 말보다도 훨씬 더 공산주의적인 것으로 간주된다. 특히 사회주의 체제가 붕괴된 이후, 아직은 희망을 포기하지 않은 맑스주의자들은 '노동의 정치'를 현존하던 사회주의와는 분리함으로써 공산주의적 소망의 순수성을 지키려고

---

2) 엥겔스 「유토피아에서 과학으로의 사회주의의 발전」.
3) 이런 이유로 인해 오언의 공산주의적 실험은 오로지 경제적인 측면에 집중하였고, 그들 자신 역시도 피할 수 없었던 정치적인 측면은 오히려 간과되고 무시되는 결과를 낳았다. 오언이나 오언주의자들에 의한 공산주의적 공동체의 실험이나, 푸리에의 '팔랑크스'(Phalanx)를 모델로 하는 다양한 실험적 공동체 운동, 생시몽주의자나 카베(Étienne Cabet) 등의 평등주의적 운동에 대해서는 Leonardo Benevolo, *The Origins of Modern Town Planning*, MIT Press, 1967[레오나르도 베네볼로, 『근대도시계획의 기원과 유토피아』, 장성수·윤혜정 옮김, 태림문화사, 1996, 71~133쪽] 참조.

하였다.

확실히 사회주의 체제에서 정치는 '노동의 정치'가 꿈꾸던 것과는 거리가 멀었다. 국가는 소멸과 축소의 길을 걸은 것이 아니라, 차라리 강화되고 확장되는 반대의 길을 걸었고, 정치가는 노동자를 더욱 강한 힘으로 통치하고 지배했으며, 결국 정치가 노동으로 환원되기는커녕 반대로 노동이 정치로 환원되는 양상을 발견할 수 있다. 여기서 우리는 누구나 쉽게 던지는 단순하고 소박한 질문을 다시 반복할 수 있다──이는 대체 무엇 때문이었을까? 스탈린이나 '나쁜' 정치가들 때문이었을까? 레닌이나 레닌주의적 당 때문이었을까? 아니면 국가관료나 관료제 때문이었을까? 비-노동의 정치. 혹은 노동자 대중이 직접적으로 정치화되기는커녕 정치로부터 배제되고 소외되었으며, 단지 정치를 위한 수단이 되는 데 그쳤기 때문일까? 노동의 비-정치.

여기서는 어느 경우든 결국 노동의 정치가 아니라 노동과 정치의 분리가 문제가 되고 있다. 즉 역사 속에 현존하던 사회주의 체제는 노동의 정치를 실행했던 것이 아니라 이전과 마찬가지로 노동과 정치의 분리를 실행했던 것이라는 점에서, 노동의 정치와 대립된다는 것이다.

적어도 노동의 정치를 꿈꾸었던 사람이라면, 누가 이러한 사실을 부인할 수 있을까? 그러나 그것이 또한 전부라면, 우리는 이제 그 빗나간 역사를 피해서 노동의 정치를 위한 새로운 역사를 다시 시작하면 되는 것이다. 아니, 반대로 말해 처음부터 다시 시작해야 하는 것이다. 그리고 그것이 전부라면, '노동의 정치'의 이름으로 이루어졌던 정치적 실천 속에서 우리는 대체 무엇을 배울 수 있는 것일까? 정말 그것은 노동과 분리된 정치의 실패만을 뜻하는 것일까?

근본적인 태도라면, 그리하여 문제를 회피하지 않고 차라리 근본으로까지 안고 들어가는 태도라면, 여기서 차라리 이 비극적인 역사를 노동의 정치의 역사로서, 글자 그대로 노동의 정치는 아니라 해도 적어도 노동의 정치와 분리될 수 없는 역사로서 인정해야 하는 것은 아닐까? 그리고 바로 그 노동의 정치를 위한 실천이 어떻게 그와 같은 비극적 결과로 귀착되었는가에 대해 다시 질문하는 것은 아닐까? 그리하여 노동과 정치의 분리만이 아니라, 노동의 정치 안에 존재하는 근본적인 난점에 대해 다시 사유하고, 그것으로써 노동의 정치 자체를 다시 사유할 수 있는 지점을 추적하는 것은 아닐까?

여기서 우리는 좀더 근본으로 거슬러, 노동의 정치를 통해 노동 자체에 대해 다시 질문하려고 한다. 왜냐하면 노동의 정치가 '노동'의 정치인 한, 노동 속에서 일상적으로 이루어지는 '정치'와 무관할 수 없기 때문이다. 노동의 성격과 무관하게 그 성격이 정의될 수는 없기 때문이고, 따라서 노동의 정치에 대한 문제는 노동, 특히 자본주의에서 행해지는 노동의 질이나 성격과 무관할 수 없기 때문이다.

노동은 일차적으로 생산적 힘과 의지의 표현이며, 그에 고유한 특이성을 갖는다. 그것은 언제나 무언가를 생산하고 창조하는 능력이며 활동이다. 그것은 주어진 것, 기존의 것 속에서 새로운 것을 형성하고 창조하는 잠재성(virtualité)의 영역이다. 이런 의미에서 노동은 생산적인 힘 전체로 구성되는 '내재성의 장'(champs d'immanence)이며, 생산적인 활동 전체의 집합이다.

동시에 노동은 언제나 특정한 역사적 형태를 취하며 특정한 배치(agencement)로서만 행해진다. 특히 자본과 노동의 적대가 내재적 경계를 구성하는 자본주의에서 노동은 자본에 의해 이루어지는 생산의 특정한 배치 안에서 이루어지며, 그 안에서만 (생산적인) 노동으로 인정된다.

노동의 창조적이고 생산적인 성격은 자본에 포섭되어서만 가치 있는 것 (the valuable)으로 존재할 수 있으며, 이로 인해 그것이 갖는 창조적이고 생산적인 능력은 자본의 창조성, 자본의 생산성으로 나타난다. 자본에 새겨진 노동의 흔적. 더불어 생산적 활동의 집합 내지 생산적 능력이 작용하는 내재성의 장으로서 노동은 자본을 통해 가치를 생산하는──모든 가치의 기원으로── 활동으로 변환되고, 노동의 생산적 능력은, 정치경제학에서 표상하듯이, 가치의 형태로 변환된다. 나아가 자본이 노동을 자신의 의지대로 이용하기 위해선 노동 그 자체를 포섭하고 통제해야 한다. 이로써 자본은 노동에 자신의 흔적을 새긴다. 그것은 무엇보다도 우선 노동의 창조적인 생산의 능력을 포섭하고 통제하려는 권력이며, 그러한 능력의 자유롭고 자주적인 의지를 무력화시키는 권력이다.

따라서 자본의 권력이 포섭하고 통제하는 '노동의 체제'에 대해 말할 수 있다. 그것은 자유롭고 창조적인 노동의 생산적 능력을 상품을 생산하는 활동으로 변환시키는 체제며, 그것을 위해 노동을 자본주의적인 생산의 배치로 포섭해 내는 체제고, 노동을 특정한 방식으로 반복하게 함으로써 노동 자체에 일정한 반복의 형식을 부과하고, 이로써 노동하는 사람을 자본의 요구에 적합한 근대적인 주체로 생산해 내는 체제다. 이 경우 '체제'(regime)라는 말은 노동을 통제하는 자본의 권력이 직접적으로 작용하는 영역이라는 점에서 강한 의미 ──정권(!)── 로 사용될 수 있을 것이다. 그것은 동시에 자본이 작동시키는 권력에 대해 노동의 생산적인 능력이 저항의 형태로 변형되는 영역이며, 결국 **권력을 둘러싼 복합적인 실천이 조직되는 장**이란 점에서 분명 정치의 영역이다.

이런 점에서 우리는 이 근대적인 노동의 체제를 통해 그에 고유한 '노동의 정치'를 포착할 수 있다. 물론 그것은 앞서 '노동의 정치'라는 개넘으로 표시했던 노동에 의한 정치(politics by the labour)라기보다는 (자본주의적) 노동 안에서 이루어지는 정치(politics in the labour)라는 의미에서 노동의 정치다. 그러나 이는 '노동의 정치'를 사유하기 위해서 반드시 경유해야 할 정치적 영역임이 분명하다. 생산적이고 창조적인 노동의 정치를 위하여, 노동 및 노동하는 신체에 새겨진 자본의 권력을 추적하는 것. 이를 위해 우리는 다시 맑스의 『자본』을 참조할 것이며, 거기서 제시되고 있는 이론적 요소를 근대적 노동의 체제와 노동의 미시정치학을 개념적으로 구성할 수 있는 지점으로까지 밀고 나갈 것이다.

『자본』의 연구에 따를 때 이는 적어도 네 가지 차원에서 추적할 수 있다. 활동 내지 사회적 실천이 조직되는 시간적 형식, 그 공간적 형식, 기계와 결부된 형식, 축적과 과잉인구. 그리고 나중에 다시 말하겠지만, 이 네 가지 중 앞의 세 개는 근대적 노동의 방식 내지 노동의 체제를 형성하는 '해부-정치적인' 세 가지 축을 이루며, 뒤의 하나는 그 축들로 이루어진 노동의 체제 속으로 노동자를 포섭하는 '생체-정치적' 메커니즘을 이룬다.

2. 근대적 노동의 성분들

1) 노동과 시간-기계

다음과 같은 공장규칙은 아주 일반적이다. ① 작업 시작 10분 후 정문을 폐쇄한다. 그후에 온 사람은 아침식사 시간까지 들어갈 수 없다. 이 시간 동안 작업을 하지 않은 사람은 누구나 직기당 3펜스의 벌금을 물어야 한다. ② 기계가 작동 중인 동안 자리를 비우는 직공은 한 직기당 한 시간에 3펜스의 벌금을 물어야 한다. 작업시간 중 감독자의 허가 없이 작업실을 떠나는 사람은 3펜스의 벌금을 물어야 한다. …… 또 다른 공장 규칙을 보면 3분을 늦게 온 노동자는 15분에 해당하는 임금을 벌금으로 물어야 하고 20분을 늦게 온 노동자는 하루 일당의 1/4을 벌금으로 물어야 한다. 아침 식사 시간까지 공장에 오지 않는 노동자는 월요일의 경우 1실링, 다른 날에는 6펜스의 벌금을 물어야 한다.[4]

1845년에 출판된 『영국 노동자계급의 상태』에서 엥겔스가 전하고 있는, 매우 빈번히 인용되어 유명한 이 구절은 자본주의에서 시간이 갖는 의미를 극명하게 보여 준다. 이는 시계를 이용해서 시간을 잰다는 것이, 적어도 공장에서라면 무엇을 뜻하는지를 너무도 잘 보여 준다. 여기서 시계는 단지 시간의 흐름을 기술적으로 표시하는 단순한 기술적인 기계이기를 넘어서, 사람들의 행동과 삶의 흐름을 절단하고 채취하는 사회적 기계로서 작용한다. 마찬가지로 시간은 단지 't'로 표시되는 어떤 개념이기를 벗어나, 삶의 방식이 그에 기초하여 분절되고 조절되는 기계다. 이런 이미에서 우리는 '시간-기계'라는 말을 사용할 수 있다.[5]

이는 단지 공장에 한정되지 않는다. 학교나 기차는 물론 거리나 집 안에서도 언제나 우리의 삶은 이러한 시간의 눈금을 통해서 측정되고 통제된다. 때로는 징벌조차 수반하는 강제의 형식으로, 때로는 자발적으로 사용하는 척도의 형식으로. 근대는 모든 행동이나 삶을 이 시계적인 시간-기계를 통해서 절단하고.채취한다. 시계적인 시간은 이제 **삶과 행동을 분절하는 내적인 형식**으로 자리잡는다.

---

4) 엥겔스, 『영국 노동자계급의 상태』, 219~220쪽.
5) 이에 대해서는 이진경, 『근대적 시·공간의 탄생』, 그린비, 2010 참조.

시간을 측정하는 데 시계가 사용된 것은 이미 중세의 수도원에서였고, 도시에서는 상업의 발달과 더불어 독자적으로 시간을 측정하는 기술을 발전시켰고, 시계의 사용이 확장되었다.[6] 하지만 시계적 시간이 대중들의 삶 속으로 파고들게 된 것은 무엇보다도 우선 노동의 통제와 연관되어 있었다. 르 고프에 따르면 중세 도시에서 노동에 대한 시간적인 강제와 통제는 시계의 발전의 또 하나의 동력이었다. 당시로서는 단지 작업시간의 시작과 끝을 알리는 데 종을 사용하는 정도였지만, 그럼에도 불구하고 파업을 하거나 투쟁이 벌어질 때면 노동자들은 제일 먼저 작업시간을 알리는 종을 부수었고, 반대로 부르주아는 종을 부순 자를 사형에 처한다는 규정으로 이에 대처했다고 한다.[7]

그런데 자본주의가 발전하고, 공업이 확장되면서 시간의 관리는 더욱 중요하고 긴요한 문제가 된다. "노동일의 시작은 공설시계, 예컨대 바로 근처의 철도 시계를 통해 지시되며 공장의 시계는 이에 맞춰져야 한다."[8] 1700년대부터 이용되던 시간표와 시간관리인, 벌금 등은, 산업혁명으로 자본주의가 그 기초를 확고하게 한 18세기 말이 되면서 방적공업에 본격적으로 도입된다. 19세기 후반에 들어오면서 시간표는 매우 정교하고 자세한 것이 되기 시작했으며, 알다시피 19세기 말이 되면 시간에 따라 미세한 동작 하나하나까지를 통제하려는 '시간관리'가 나타난다.[9]

---

6) Jacques Attali, *Histoire du temps*, Fayard, 1982 ; David S. Landes, *Revolution in Time : Clocks and the Making of the Modern World*, Belknap Press of Harvard University Press, 1983 참조.

7) Jacques Le Goff, *Pour un autre moyen âge : temps, travail et culture en Occident*, Gallimard, 1977[*Time, Work and culture in the Middle Ages*, tr. Arthur Goldhammer, University of Chicago Press, 1980, pp. 46~47].

8) 맑스, 『자본론 I(상)』, 379쪽.

이처럼 시계를 이용한 시간적 통제의 발전은 자본주의의 역사와 나란히 이루어졌다. 맑스는 이러한 시간적 통제를 자본주의라고 불리는 근대적 생산양식의 **자연법칙**이라고 말한다.

> 노동의 시간·한계·중단을 그와 같이 군대식으로 일률적으로 시계의 종소리에 맞추어 규제하는 이 세밀한 규정들은 결코 의회가 고안해 낸 것이 아니었다. 세밀한 규정들은 근대적 생산양식의 자연법칙으로 당시의 상황에서 점차적으로 발전해 온 것이다. 국가에 의한 그것들의 제정·공식적 인정·장기간의 계급투쟁의 결과였다.[10]

자본주의적 생산에서, 혹은 직접적으로 그것이 행해지는 공장에서 노동과 시간의 긴밀한 관계는 맑스의 주요한 관심사 가운데 하나였다. 노동과 시간의 관계는 『자본』의 제일 모두에서부터 맑스의 가장 중요한 관심사다. 또한 『자본』의 가장 중요한 부분 가운데 하나인 '절대적 잉여가치의 생산'은 바로 노동과 시간의 직접적인 관계를 다루고 있다. 노동이 생산하는 가치 및 잉여가치의 양은 노동이 행해지는 시간의 외연적인 크기에 달려 있으며, 절대적 잉여가치란 바로 이처럼 노동시간의 크기에 의해 결정되는 잉여가치의 양이기 때문이다.

그런데 절대적 잉여가치의 양을 결정하는 노동시간의 외연적 크기는 자본의 이해와 노동의 이해가 직접적인 적대관계를 이루는 지점이기도 하다. 맑스가 분명하게 보여 주고 있는 것은 계급투쟁이 **시간을 둘러싼**

---

9) E. P. Thompson, *Customs in Common*, Merlin Press, 1991, pp. 387~389.
10) 맑스, 『자본론 I(상)』, 379쪽.

투쟁이었다는 사실이다.[11] 노동시간의 제한으로 표상되는 공장입법들은 그러한 투쟁이 그때그때 도달한 지점을 표시한다.

결국 절대적 잉여가치의 생산을 다루는 장에서 맑스는 자본의 일차적 관심이 노동시간의 외연적인 장악과 통제라는 점을 보여 주고 있다. 앞서 인용한 엥겔스의 문장은 작업을 시작하는 시간을 엄격히 지키도록 통제하려는 자본의 의지를 극명하게 보여 준다. 채플린이 미쳐서도 무의식적으로 누르길 잊지 않았던, 그리고 화장실 앞에 설치함으로써 그 성격이 더욱 분명해졌던 시간 기록계는 시간에 대한 이러한 외연적인 통제 장치다.

다음으로 상대적 잉여가치의 생산은 노동시간의 외적인 크기가 제도적으로 제한된 조건 아래서 노동시간의 내적인 장악과 통제를 겨냥하고 있다. 이제 착취할 수 있는 시간의 크기가 제한되기 때문에, 이용할 수 있는 시간을 내적으로 철저하게 착취하는 것이 자본에게는 중요하게 된다. 노동시간 안에서의 공백을 제거하고, 주어진 시간을 철저하게 활용하여 노동력의 이용을 극대화하며, 시간의 흐름에 행동과 동작을 대응시키고, 정해진 행동에 필요한 최소 시간을 측정하고 강제하는 것. 이를 위해 이제 시간은 매우 짧은 단위로 미세한 선분들로 분할되고, 표준적인 척도에 따라 정해진 시간에 특정한 동작이 대응된다. **시간의 선분화**. 이제 시간은 선분들처럼 분할된 단위로써 다시 결합한다. 즉 시간의 선분화는 노동의 시간적 분절방식을 표현한다.[12] 그리고 그러한 대응을 강제하기 위한 관리가 행해진다. 그것은 때로는 노동강도의 강화라는 형태로 진행되

---

11) 맑스, 『자본론 I(상)』, 304쪽 이하.
12) 이에 대해서는 이진경, 『근대적 시·공간의 탄생』 참조.

기도 하고, 때로는 과학과 효율성이 대변하는 생산성의 상승이란 형태로 진행되기도 한다. "일체의 게으름은 여기서 죽는다!"

공장에서 이처럼 시간을 선분화하고, 선분화된 시간에 따른 통제를 도입하는 것의 목적은 "사람들로 하여금 그들의 불규칙적인 노동관습을 버리도록 하고 그들을 복잡한 자동장치의 변함없는 규칙성에 적응시키는 데 있었다".[13] 다시 말해 그것은 자본이 요구하는 규율을 노동에 강제하고 노동자들의 생활을 통제하기 위해서다. 시간표라고 불리는 '기계'가,[14] 그리고 나중에는 '시간관리'라는 통제기술이 중요해지는 것은 바로 이런 맥락에서다.

또한 시간의 내포적 이용과 관련해 중요한 것은 노동과 노동 사이에서 시간의 소실과 낭비를 제거하거나 미연에 방지하는 것이다. 이는 분업이 발전할수록 더욱 중요한 문제가 된다. 이를 위해 어떤 작업에서 다른 작업으로 이어지는 과정을 단계적이고 연속적인 구성체로 만드는 것이

---

13) Andrew Ure, *The Philosophy of Manufactures*, pp. 15~16(맑스, 『자본론 I(상)』, 569쪽에서 재인용).

14) 여기서 '기계'(machine)라 함은 흐름을 절단하고 채취하는 방식으로 작동하는, 그리하여 특정한 목적과 기능을 수행하는 모든 것을 지칭한다. "기계란 인간의 통제하에 운동을 전달하고 과제를 수행하기 위해 각각 특정한 기능과 작동을 갖고 있는 고정적 요소들의 결합이라고 간주할 수 있다. 그렇다면 인간-기계야말로 진정한 기계다. 사회 기계는 그것이 부동(不動)의 동자(動者, immobile motor)로서 나타나고 다양한 개입을 행하는 한 은유와는 아무런 관계가 없는 문자 그대로 하나의 기계다."(Gilles Deleuze/Félix Guatari, *Capitalisme et schizophrénie l'anti-Oedipe*, Éditions de Minuit, 1975[*Anti-Oedipus : Capitalism and Schizophrenia*, tr. Robert Hurley et al., University of Minnesota Press, 1983, p. 141]) 이러한 기계의 개념은 유기체적 생물 개념과 기계론적 기계 개념의 대립을 넘어서려는 것으로, 생명체의 자기 생산과 유지가 기계처럼 일관되고 통합된 기능적 단위를 이룬다는 점에서 "생물은 자기 자신을 만들고 재생하는 화학적 기계"라고 정의했던 생물학자 모노(Jacques Monod)의 영향을 받은 것이다(이에 대해서는 김필호, 「질 들뢰즈와 펠릭스 가타리의 욕망이론에 대한 연구」, 서울대학교 석사학위 논문, 1996년 2월, 29~30쪽, 43~46쪽 참조).

필요하다. 즉 동시에 행해지는 작업을 하나의 공통된 시간적 척도와 시간적 계열화를 통해 공시화(共時化, synchronization)해야 한다는 것이다.[15]

여기서 시간-기계는 작업의 분할과 더불어 분할되고, 분할된 각각의 시간에는 특정한 동작이 대응된다. 또한 그렇게 분절되고 분할된 시간은 공장에서 행해지는 작업 전체의 공시화를 통해 단일성을 획득하는 단계적인 결합의 기초를 제공한다. 상이한 작업들이 효율적으로 분할되고 결합하는 기초로서 시간-기계는 근대적인 노동의 체제를 구성하는 하나의 축을 이룬다.

2) 노동과 공간-기계

근대에 이르러 시간이 단지 개념이기를 넘어 '기계'였던 것처럼, 공간 역시 개념을 넘어 '기계'로서 작동한다. 벽은 어떤 공간을 다른 공간과 구별하고 분리하며, 문은 그 상이한 공간을 넘나드는 흐름에 대해 주어진 공간을 개방한다. 벽은 닫고 문은 연다.[16] 학교나 공장, 사무실의 문은 그것을 통과할 수 있는 사람과 그렇지 못한 사람을 구별하여 적절히 절단을 행하는 사람에 의해 열고 닫힌다. 이는 별도의 직책을 배정하지 않았을 뿐, 집도 마찬가지다. 벽과 문은 이런 점에서 사람들의 활동의 흐름을 절단하고 채취하는 기계며, 이 기계들에 의해 열리고 닫히는 공간 역시 활동의 흐름을 절단하고 채취하는 방식으로 작동하는 기계다. 공간-기계.

그런데 공간-기계의 작동은 단지 흐름의 절단과 채취에 머물지 않

---

15) Thompson, *Customs in Common*, p. 370.
16) 벽은 동선의 흐름을 끊을 뿐이다. 문은 끊겨진 동선의 흐름을 다시 잇는다. 문이 닫힌다는 것은, 혹은 어떤 흐름을 끊는다는 것은 문이 벽으로 돌아가는 것이다. 이런 점에서 문은 열리기 위해 있는 것이다.

는다. 그것은 그 안에서 이루어지는 활동을 특정한 양상으로 만들어 낸다. 예를 들어 학교나 공장, 사무실에 들어가기 위해서 사람들은 특정한 의복을 갖춘다. 그리고 그 각각의 공간은 허용되는 활동과 금지되고 배제되는 활동을 고유하게 갖고 있으며, 언행은 그 허용의 경계에 의해 제약된다. 밥먹기를 무슨 특권인 양 응석을 부리던 아이들이 유치원의 문턱을 넘으면 혼자 앉아 스스로 떠먹고, 책상에 앉기를 싫어하던 아이들 역시 학교의 문을 통과하면 하루 종일 책상에 앉아 있는다. 집에서는 언제나 느릿느릿 굼뜨던 남편도 작업대 앞에서는 부지런히 손을 움직이고, 아직도 소녀적인 몽상을 버리지 못한 아가씨도 사무실의 전화를 받으면 사무적인 목소리를 낸다. 활동의 형식으로서 공간.

그러나 그 공간의 문을 나서면 그들은 모두 언제 그랬느냐는 듯이 행동을 바꾼다. 이는 시간이 학교나 공장을 넘어 집이나 거리에서도 활동의 형식으로 동일하게 작용한다는 사실과 대조된다. 시간이 활동 전체에 침투하여 일반성을 획득하는 내적인 형식이라면, 공간은 **활동의 외적인 경계마다 다르게 작용한다는 점에서 외적인** 형식이라고 하겠다.

자본은 자신에 고유한 시간-기계를 다양한 영역에서 흡수하고 발전시켜 온 것처럼, 그에 고유한 공간-기계를 발전시켜 왔다. 그것은 무엇보다도 공장이라는 공간-기계다. 이는 생산 규모의 일정한 발전을 통해 이루어졌으며, 특히 산업혁명을 통해 형성된 대공업은 이 공장-기계의 발전을 필수적인 요건으로 하고 있다.

자본주의의 발전 이전에 노동이 이루어지던 작업장(workshop)은 17, 18세기 이전에는 집, 상점과 동일한 장소를 점하고 있었다. 그 시기 이후 집과 작업장은 분리되며, 산업혁명을 거치면서 그것은 '공장'이라고 불리는 별도의 독자적인 공간으로 변화된다.[17] 공장은 한마디로 '노동의 공간'이었다. 그것은 산 노동이 가치로 양화되는 공간이며, 동시에 자본주의하에서는 '자연과의 대사과정'이 이루어지는 공간이기도 하다.

공장은 다른 공간과도 달리 다수의 노동자와 기계 등을 하나의 공간에 집결함으로써 성립된다. **공간적 집결.** 『자본』에서 협업에 관해 서술하면서 맑스는 다음과 같이 쓰고 있다.

> 많은 노동자가 **같은 시간**에, **같은 장소에서**(또는 같은 노동의 장에서) 같은 종류의 상품을 생산하기 위해, 같은 자본가의 지휘 밑에서 함께 일한다는 것은 역사적으로나 개념적으로나 **자본주의적 생산의 출발점**을 이룬다. **생산방식 그 자체**에 대해 말한다면, 초기의 매뉴팩처는 동일한 개별 자본에 의해 동시적으로 고용된 노동자의 수가 더 많다는 것 이외에는 길드의 수공업과 거의 구별이 되지 않는다. 길드의 장인의 작업장이 확대된 것일 따름이다.[18]

여기서 맑스는 협업의 효과를 공간적 집결의 효과로 정의하고 있다. 즉 생산방식 자체에 관한 어떠한 변화가 없는 경우에도 공간적 집결은 노동의 결합을 가능하게 함으로써 확대된 생산성을 야기한다는 것이다.

노동대상은 동일한 거리를 더 짧은 시간에 통과한다. 또한 예컨대 건물

---

17) 페르낭 브로델, 『물질문명과 자본주의 I-1 : 일상생활의 구조(상)』, 주경철 옮김, 까치, 1995, 396쪽.
18) 맑스, 『자본론 I(상)』, 436쪽. 원저자 강조는 명조, 고딕은 인용자 강조.

을 지을 때 여러 방면에서 동시에 착수하는 경우, 비록 협업자들은 이때에도 같은 작업 또는 같은 종류의 작업을 하기는 하지만, 노동의 결합이 일어난다. 건물을 짓는 데 1명의 벽돌공이 12일간[즉 144시간] 작업하는 것보다 12명의 벽돌공이 144시간의 집단적 1노동일에 작업하는 것이 훨씬 빠르다. 그 이유는 협력해 작업하는 노동자 집단은 앞과 뒤로 팔과 눈을 가지고 있어 어느 정도까지는 전면성을 가지고 있기 때문이다. 그리하여 생산물의 상이한 부분들이 동시적으로 완성되어 간다.[19]

이는 노동의 공간적 집결이 갖는 생산적 힘을 보여 주는 것이다. 왜냐하면 생산방식상의 변화가 없는 경우라면 '같은 시간'이라는 말은 공간적 집결을 설명하는 조건일 뿐이기 때문이다. 공장의 탄생은 노동을 대규모로 집결할 수 있는 공간-기계의 생산이라고 할 수 있다.

이러한 공간적 집결이 충분히 유효화되기 위해서는 집결되는 공간이 다른 공간들과 명확하게 구분되고 일정한 불연속을 통해 구획되어야 한다. **공간의 구획화.** 어느 공간이나 다른 공간과 일정 정도 구분되며 성립한다는 것은 분명하다. 집도, 작업장도, 식당도, 공장도. 공간들의 구분은 공간 사이에 일정한 불연속이 있음을 뜻한다. 그런데 근대 이전에는 이러한 공간적 불연속이 확고하지 않았고, 그런 만큼 구획의 경계는 불명료했다. 집과 작업장, 상점은 하나의 공간 안에 섞여 있었고, 사람들이 모여서 담소하거나 함께 놀고 어울리는 데서 거리와 집은 근본적인 불연속성을 갖지 않았다.

물론 공간의 성격에 따라, 불연속적인 단절이 전혀 없었다고는 말할

---

19) 같은 책, 443쪽.

수 없다. 서구 중세의 나환자 수용소나 근대에 이르러 광인과 부랑자, 빈민과 게으름뱅이, 범죄자 등등을 가두었던 '종합병원'(L'Hôpital général), 혹은 방어를 위해 성벽을 두른 중세 말의 도시 등이 그렇다. 근대에 이르면서 부분 공간 사이의 불연속은 강화된다. 공장은 그러한 경우의 대표적인 경우다.

······ '나태와 방탕과 자유를 근절하고' 근면의 정신을 기르기 위해, 그리고 '구빈세의 경감과 매뉴팩처에서의 노동가격의 인하를 위해', 자본의 충실한 대변자는 공적 부조에 의지하고 있는 노동자들(한마디로 말해 극빈자들)을 '이상적인 **노동수용소**'(ideal workhouse)에 가두어 **두자는** 확실한 대책을 제안하고 있다. 그와 같은 노동수용소는 ······ 반드시 '공포의 집'이 되어야 한다. ······ 1770년에는 자본가들이 아직 꿈에서만 갈망하고 있던 극빈자들을 위한 '공포의 집'은 그 뒤 몇 해를 지나서는 공장노동자 자신들을 위한 거대한 '노동수용소'로 나타났다. 그것이 바로 공장이다.[20]

이런 점에서 맑스는 공장은 '완화된 감옥'(mitigated jail)이라는 푸리에의 말에 동의를 표시한다.[21] 이는 공장이란 수용소나 감옥과 마찬가지로, 사회의 다른 영역과 단절된, 그리하여 거기와는 다른 방식으로 노동자들의 행동을 강제하고 통제할 수 있는 공간-기계다. 공장이라는 공간-기계는 이미 다른 공간과 구별되는 공간적 '구획'이며, 그 구획을 통해 이

---

20) 맑스, 『자본론 I(상)』, 370쪽. 강조는 인용자.
21) 맑스, 『자본론 I(하)』, 573쪽.

전에는 소통되던 공간에 절단과 불연속을 도입한다는 것이다. 이 절단은 앞서 맑스 말처럼 노동자들의 노동을 자본가들이 바라는 방식대로 강제함으로써 그 결과를 착취/채취하려는 것이다.

이런 점에서 공장이라는 공간-기계는 공간 자체를 특정한 방식으로 분할하고 구획하는 방식을 포함하고 있다. 이러한 구획을 통해 각각의 공장은 그 외부의 공간과 이질적인 것이 되며, 동시에 공장 내부적인 완결성과 동질성을 강화한다. 공간적 집결이 공간적 구획을 전제하며, 이러한 전제를 실제로 만들어 간다. 공간의 구획화를 통해서 부르주아지는 공간을 장악하고 통제할 수 있으며, 이는 그 공간 안에서 노동자들의 행동과 사고를 장악하고 통제할 기초를 제공한다.

공간적 구획화는 이런 점에서 공장이라는 공간-기계가 다른 공간과 구별되면서 정립되는 분절의 양상을 규정한다. 즉 그것은 각각의 공장이 다른 공장과의 사이에 경계를 만드는 방식을 보여 준다. 이로써 각각의 공장은 노동의 공간적 집결이 이루어지는 독립된 공간-기계가 된다.

이처럼 구획된 공간 안에서 노동의 집결은 노동 자체를 변화시키며, 집결된 노동들의 새로운 분배를 야기한다. 그것은 시간과 유사하게 한편으로는 분할의 방향을 취하고, 다른 한편으로는 결합의 방향을 취한다. 근대적 분업의 발생지로서 매뉴팩처에 대해 서술하면서 맑스는 이렇게 쓰고 있다.

> 매뉴팩처 안의 분업을 올바로 이해하기 위해서는 다음과 같은 점을 명심하는 것이 중요하다. 첫째, 생산과정을 그 특수국면으로 분할하는 것은, 수공업을 각종 부분작업으로 분할하는 것과 완전히 일치한다. …… 둘째, 이 분업은 하나의 특수한 종류의 협업이며 …….[22]

첫째, 공간적 분할의 방향에 대해서. 스미스의 고전적인 서술이[23] 잘 보여 주듯이 근대적 생산의 기초를 이루는 분업은 하나의 작업을 여러 가지 부분작업들로 분할하는 것으로 시작한다. 맑스는 "매뉴팩처는 협업의 기존의 조건들을 이용할 뿐 아니라 어느 정도까지는 수공업적 노동을 다시 세분화함으로써 협업의 조건들을 창조해 내기도 한다"고 말한다.[24] 이는 공간-기계로서 근대적인 공장체계의 원리를 이루는 것이다. 맑스가 자주 인용하는 유어 박사의 말. "공장체계의 원리는 육체적 기술을 기술과학으로 대체하며, 또한 한 가지 과정을 그것의 본래적 구성요소로 분할함을 의미한다."[25]

작업의 분할은 두 가지 변화를 수반한다. 하나는 그 분할된 작업에 작업하는 노동자를 대응시키는 것이다. '배비지(Babbage)의 원리'는 이것을 노동력의 구매에까지 적용하려는 것이다. "제조업주는 작업을 각기 다른 기능과 힘을 필요로 하는 몇 개의 과정으로 구분함으로써, 각 과정에 필요한 양만큼의 기능과 힘을 구입할 수 있게 된다."[26] 이로써 노동력

22) 맑스, 『자본론 I (상)』, 458~459쪽.
23) 그는 『국부론』에서 핀을 만드는 작업에 대해 이렇게 쓰고 있다. "첫번째 사람은 철사를 펴고, 두번째 사람은 곧게 다듬고, 세번째 사람은 자르고, 네번째 사람은 뾰족하게 하고, 다섯번째 사람은 머리를 붙이기 위해 끝을 간다. 머리를 만드는 데에도 두세 가지 별개의 작업이 필요하다. 머리를 붙이는 작업이나 핀을 하얗게 만드는 작업도 독립적인 일이다. 그리고 핀을 종이에 싸는 일도 그 자체로서 하나의 작업이다……" 이렇게 해서 그는 핀을 만드는 작업을 18개의 부분작업으로 분할한다(스미스, 『국부론(상)』, 14쪽).
24) 맑스, 『자본론 I (상)』, 467쪽.
25) Andrew Ure, *Philosophy of Manufacture* ; Paul Thompson, *The Nature of Work : An Introduction to Debates of the Labour Process*, Macmillan, 1983[톰슨, 『노동사회학 : 노동과정에 관한 제논쟁』, 심윤종·김문조 옮김, 경문사, 1987, 47쪽]에서 재인용.
26) Charles Babbage, *On the Economy of Machinery and Manufactures*, C. Knight, 1832[브레이버맨, 『노동과 독점자본』, 77쪽에서 재인용].

의 구매비용은 노동자의 종합적인 능력으로 구매할 때보다 저렴해진다는 것이다.[27]

다른 하나는 공간의 분할이다. 공장이라는 공간은 이제 이 분할된 작업에 대응하여 분할된다. 그리고 그 분할된 각각의 공간적 장소에는 분할된 작업이 기능으로 대응하고, 그 기능을 수행하는 장소에 기능을 수행하는 노동자가 배치된다. 이로써 그 장소는 개별화되고, 요구되는 기능에 의해 수행되는 작업이 개별적으로 통제되고 평가될 수 있는 조건이 확보된다. 그리고 이 분할된 공간에 배치된 노동자는 "자신의 신체를 그 작업을 위한 자동적이고 전문화된 도구로 전환"[28]시키고, 노동자가 갖고 있는 노동능력은 그 각각의 공간적 장소에 할당된 '기능'으로 환원된다. 기능에 의한 **공간의 분할과 장소의 할당 및 고정**, 이것은 공장에서 공간-기계가 작동하는 하나의 방식이다.

둘째로 공간적 결합의 방향에 대해서. 이 분할된 공간에 고정되어 행해지는 저 분할된 작업들은 그 자체로는 무의미하며, 연관된 다른 작업과 결합됨으로써만 유의미한 결과로 전환된다. 분할된 작업들의 공간적 분배와 작업 순서에 따른 반복적 계열화를 공장이라는 공간-기계가 내장하고 있는 것이다. **공간적 배열.** 이런 점에서 분업은 이전에는 시간적인 계기를 통해 이루어지던 작업들이 공간적으로 병존되고 공간적인 분포 안에서 계열화되는 것이다.

일정량의 원료, 예를 들면 …… 바늘 공장에서 철사를 본다면, 이는 각각

---

27) 같은 책, 79쪽.
28) 맑스, 『자본론 I(상)』, 459쪽.

의 부분 노동자들 손에서 시작해 그 최종적 형태에 이르는 생산단계를 시간적으로 순차적으로 통과한다. 하지만 반대로 [분업이 행해지는] 작업장 전체를 하나의 전체 기구로 본다면 그 원료는 동시에 그 모든 생산단계에서 동시에 발견된다. …… 각 단계적 과정은 **시간적 계기로부터 공간적 병렬로 변환**된다.[29]

다른 한편 공장이라는 공간-기계가 효율적으로 작동하기 위해서는 분할된 각각의 장소에 배치된 사람들의 **행위를 일정하게 양식화**해야 한다. 공장 안에서 이루어지는 분업은 각각의 작업에 대해 "주어진 시간 안에 주어진 성과가 이루어진다는 전제" 위에 성립하며, 이 경우에만 시간적 작업의 공간적 배치는 유효하고 효과적일 수 있기 때문이다. 그 결과 "[독립적 수공업에서나 단순협업에서 볼 수 있는 것과는 전혀 다른] 노동의 연속성·일률성·규칙성·질서 그리고 특히 노동의 강도가 생긴다".[30] 이를 통해 각각의 작업은 다른 작업과 조화될 수 있고 전체적으로 통제될 수 있도록 양식화되어야 한다.

이는 공장 안에서 사람들의 행위를 두 가지 방향에서 양식화한다. 하나는 노동자에 관한 것으로, "매뉴팩처는 각각의 노동자들을 단 한 가지의 세부작업에 결박해 둠으로써만 노동과정의 사회적 조직을 이룩한다".[31] 연결과 결합에 따른 시간 소모를 최소한으로 하기 위해 각각의 작업에 요구되는 규율은 고유한 양적 기준을 갖게 되고 근대적 시간-기계

---

29) 맑스, 『자본론 I (상)』, 466쪽. 강조는 인용자.
30) 같은 책, 467쪽.
31) 같은 책, 467쪽.

에 의해 활동의 절단과 채취가 이루어진다. 다른 하나는 자본의 지휘와 감독, 감시와 규율이 긴요하게 된다.[32] "노동수단의 규칙적 운동에 노동자를 기술적으로 종속시켜야 하기 때문에, 그리고 노동집단이 남녀노소의 모든 개인들로 구성되어 있기 때문에, 하나의 병영 같은 규율이 필요하게 된다. 이 규율은 공장에서 완전한 제도로 정교해지고, 또 이미 말한 감독노동을 완전히 발전시킴으로써, 노동자를 육체적 노동자와 노동감독자로, 산업군의 병사와 하사관으로 분할하게 된다."[33]

요컨대 공장이라는 공간-기계는 다른 공간과 불연속성을 갖는 고유한 공간으로 구획되면서 성립되는데, 공간적인 분할과 공간적 배열을 통한 공간적 결합의 방식을 통해서 노동이 행해지는 공간적 지반을 작동시킨다. 그리고 이 공간-기계는 각각의 노동자의 행동을 양식화시키는 방식으로 노동자의 활동을 장악하고 통제한다. 이런 점에서 공장에서 작동하는 공간-기계는 시간-기계와 마찬가지로 근대적인 노동의 체제를 구축하는 또 하나의 축을 이룬다.

3) 노동과 '기계'-기계

알다시피 산업혁명 이후 자본주의적 대공업은 '기계'를[34] 통해 성립된다. '기계'는 공장의 기본적인 구성요소다. 또한 공장에서 행해지는 노동이 이제 '기계'를 피해갈 수 없으며, 차라리 '기계'를 통해 행해지기에, '기계'

---

32) 같은 책, 449쪽.

33) 맑스, 『자본론 I(하)』, 569쪽.

34) 하지만 기표의 동일함으로 인한 혼동을 피하기 위해, 이 절에서는 공장에서 사용되는, 기계론적인(mécanique) 방식으로 작동하는 기계는 일상적인 용법에서 '기계'라고 불리는 것이란 점에서 '기계'라고 표시하고, 기계적인(machinique) 방식(흐름을 절단하고 채취하는 방식으로)으로 작동하는 기계는 앞서와 마찬가지로 그대로 기계라고 쓰겠다.

는 노동의 체제를 구성하는 또 하나의 축이라고 할 수 있다. 이 경우 '기계'는 노동의 형태와 리듬에 대해 결정적인 영향력을 행사하며, '기계'와 더불어 행해지는 어떠한 노동의 흐름도 바로 그 '기계'의 운동형태와 리듬에 의해 절단되고 채취된다. 이런 점에서 '기계' 역시, 우리가 앞서 사용해 온 포괄적인 의미의 기계로 정의될 수 있다. '기계'-기계.

『자본』에서 맑스는 '기계'를 정의하는 것의 난점을 거론하면서, 역사적인 요소를 포착할 수 있는 '기계'의 개념을 요구하고 있다.[35] 즉 『자본』에서 다루어지는 '기계' 개념은 상대적 잉여가치의 생산, 노동방식의 변화 등과 관련된 것이고, 직접적으로는 산업혁명을 통해 전적으로 공장에 도입된 경제학적 개념이다.

여기서 맑스가 '기계'를 정의하는 방식은 매우 특이하다. 예컨대 인간이 동력인가, 자연력이나 인공력이 동력인가 하는 어떤 요소에 의해 '기계'를 정의할 수 없다고 본다. '기계'는 **일정한 부분요소들의 계열화된 집합체**로서 정의된다. 즉 '기계'는 동력기, 전동장치, 도구 내지 작업기(作業機)라는 본질적으로 상이한 3개의 부분이 접속됨으로써 이루어진다.[36] 그리고 이 중에서도 동력기는 초기부터 갱신되기 시작한 부분이며, 작업기는 산업혁명에 이르러 본격적으로 갱신되기 시작한 부분인데, 작업기의 갱신이야말로 18세기 산업혁명의 출발점이라고 한다.[37]

그런데 이러한 '기계'의 계열은 노동자라는 전혀 다른 요소와 접속

---

35) 맑스, 『자본론 I(하)』, 500쪽.
36) 같은 책, 501~502쪽.
37) 그리고 이어서 기계체계의 개념이 정의된다. "노동대상이 일련의 상호보완적인 각종 작업기에 의하여 수행되는 서로 관련된 한 계열의 부분과정들을 통과할 때 비로소 진정한 기계체계가 개개의 독립적인 '기계' 대신에 등장하게 된다. …… 이제는 이 협업이 특수한 기능을 가진 작업기들의 결합으로 나타난다."(같은 책, 510쪽)

될 자리를 내포하고 있다. 노동자는 계열화된 집합체인 '기계'와 접속됨으로써 작업한다. '동력기-전동장치-작업기-노동자'의 새로운 계열. 노동자의 '기계'로의 이러한 계열화는 다음과 같은 몇 가지 결과를 수반한다.

첫째, "공장의 모든 운동은 노동자로부터가 아니라 기계로부터 출발"하며[38] '기계'가 작업에서 중심의 자리를 차지한다. 더불어 '기계'의 특성에 노동과정이 맞추어진다. 예를 들어 24시간 주야 교대노동이 가장 많이 행해지는 용광로, 단철, 압연 공장 등의 금속공업에서는 그러한 연속적 교대 노동에 대해 용광로라는 '기계'로써 정당화한다. 맑스는 자본가 샌더스의 말을 인용하고 있다. "우리의 경우에는 용광로를 사용하고 있기 때문에 더욱 많은 손실을 보게 될 것이다. 만약 용광로의 불을 끄지 않으면 연료가 낭비될 것이고 …… 또 만약 용광로의 불을 끈다면 다시 불을 붙여 필요한 온도를 얻기까지 시간적 손실이 발생한다. …… 그리고 용광로 그 자체도 온도의 변화로 말미암아 상하게 될 것이다."[39]

둘째, 노동자가 '기계'를 사용하는 것이 아니라 반대로 '기계'가 노동자를 사용한다. "매뉴팩처와 수공업에서는 노동자가 도구를 사용하지만, 공장에서는 기계가 노동자를 사용한다. 전자에서는 노동수단의 운동이 노동자로부터 출발하지만, 후자에서는 노동자가 노동수단의 운동을 뒤따라가야 한다. 매뉴팩처에서는 노동자들은 하나의 살아 있는 메커니즘의 구성원들이지만, 공장에서는 하나의 생명 없는 메커니즘이 노동자로부터 독립해서 존재하며, 노동자는 살아 있는 부속물로 그것에 합체되어

---

38) 같은 책, 567쪽.
39) 맑스, 『자본론 I(상)』, 351~352쪽에서 재인용.

있다. …… 어떤 자본주의적 생산에서도 노동자가 노동조건을 사용하는 것이 아니라 그와는 반대로 노동조건이 노동자를 사용한다는 점은 공통된다."[40]

셋째, '기계'는 자신과 하나가 되도록 노동자를 훈육한다. "노동수단의 규칙적 운동에 노동자를 기술적으로 종속시켜야 하며, 그리고 남녀노소의 구별 없는 개개인으로 이루어져 있는 노동체의 독특한 구성은 하나의 병영적인 규율을 만든다. 이 규율은 공장에서 완전히 제도로서 정교해지고, 또 이미 말한 감독노동을 완전히 발전시킴으로써 노동자를 육체적 노동자와 노동감독자로, 산업병사와 산업하사관으로 분할하게 된다."[41]

선분적인 시간에 대응되는 동작의 관리나, 주어진 공간적 위치에 대응되는 동작의 관리는 그 자체만으로는 구현되지 않는다. 왜냐하면 그것은 기준선이지만, 그 기준선에 따르는가 여부는 감독자의 통제를 필수적 조건으로 하는데, 동작마다 확인하고 일일이 통제하는 것은 불가능하기 때문이다. 테일러가 고안한 시간적 단위동작이나 길브레스가 연구한 과학적 동선은 그 자체만으로는 노동자의 신체를 포섭하고 장악하지 못한다. 이런 이유로 테일러는 3명당 1명의 감독자를 붙일 것을 제안하기도 했던 것이다.

'기계'는 노동자를 '기계'에 계열화하고, 노동 자체를 기계화함으로써, 그리하여 노동대상의 흐름을 기계화함으로써 이러한 통제의 기술을 현재화한다. 공장의 모든 운동의 출발점을 장악한 '기계'는, 기계적으로만 움직인다는 바로 그 점으로 인해 노동자 개인의 자의적인 움직임을

---

40) 맑스, 『자본론 I(하)』, 567~568쪽.
41) 같은 책, 569쪽.

배제하고 자신의 움직임에 노동자의 움직임을 일치시킨다. 거기에 맞추지 못하는 사람은 다른 사람으로 대체되어야 한다. 여기서 '기계'는 요구되는 시간적 단위기준과 공간적 동작을 스스로에 물질화하고 있으며, 이로써 개별 노동자의 동작 하나하나에 기계화된 시간적 기준과 동작의 기준을 물질적으로 강제하고, 각 동작의 성과를 확인하고 평가한다. 더불어 그러한 동작의 반복은, 처음부터 직업적인 강도로 개개인의 신체를 훈련시키고 훈육시킨다.

결국 자본주의의 공장에서는 "자동장치 자체가 주체이며 노동자들은 다만 의식 있는 기관(器官)으로 자동장치의 의식 없는 기관들과 협력해 이 기관들과 함께 중심동력에 종속되고 있다".[42] 그 결과 "공장 전체에 대한, 따라서 자본가에 대한 노동자의 절망적인 종속이 완성된다."[43] 이제 노동자 없는 '기계'는 생각할 수 있어도 '기계' 없는 노동자는 생각하기 힘들어진다. '기계'의 중심화.

'기계'가 작업의 중심의 자리를 차지하고, 노동자의 동작이 '기계' 자체에 종속됨에 따라, 이제는 노동 자체가 '기계'를 통해 형태화되고 기능화된다. 노동이 '기계'에 계열화됨으로써 노동자는 '기계'의 일부가 되며, **노동 자체가 기계화**(mécanisation)된다. 여기서 기계화는 노동 내지 동작이 '기계'적이고 반복적이 되었다는 것을 강조하려는 은유가 아니다. 노동하는 동작은 '기계'를 통해 정의되며, '기계'의 운동과 주기성, 리듬에

---

42) 같은 책, 563쪽.
43) 같은 책, 567쪽. 이런 점에서 맑스는 운동의 출발점이 된 중심기계를 자동장치(Automat)일 뿐 아니라 독재자(Autokrat)라고 표시하는 유어(Ure)의 말을 인용하고 있다. "이러한 대 작업장들에서는 증기라는 인자한 임금이 그 주위에 무수한 신하들을 모으고 있다."(같은 책, 564쪽에서 재인용)

따라 행해진다는 점에서 노동 자체가 '기계' 운동의 일부가 된다.

18세기에 이르기까지 대다수를 차지하던 수공업에서는 장인들의 섬세하고 치밀하게 코드화된 기술——비기(秘技)——이 특권적인 자리를 점하고 있었고, 그것은 부분적인 작업을 하는 자에게도 숙련된 코드화된 기술을 요구하는 것이었다. 그러나 마치 역학이 복잡한 '기계들'의 운동을 단순한 '기계'적 과정의 복합과 반복으로 환원했듯이, 기술공학은 기계화될 수 있는 형태로 운동을 분석하여 노동에 요구되는 작업을 단순하고 동질적인 동작의 요소들로 환원시켰다. 소수의 기본적 운동형태들로 운동과 동작은 요소화된다.[44] 나아가 노동과 그 리듬이 '기계'의 운동과 리듬의 일부로 통합된다. 즉 노동자가 '기계'의 일부로 계열화됨에 따라 노동은 '기계'의 운동과 리듬에 포섭된다. 이로써 노동의 동선은 '기계'의 동작의 일부가 된다. 동선이 '기계'로 영토화된다.

이는 또한 노동의 시·공간적 형식이 요구하는 양식화된 동작의 형성과 결부된 것이다. 여기서 '기계'는 그러한 양식화된 행위의 기술적이며 물질적인 기초다. 기본적이고 요소적인 형태의 동작에 기초한 병영적인 규율은 이를 현재화하게 하는 사회적 요인이다.

---

44) "대공업은 이러한 장막[즉 인간으로부터 자기 자신의 사회적 생산과정을 은폐하고, 또 자연발생적으로 분화된 각종 생산부문들을 외부인뿐 아니라 그 부문의 상속자들에 대해서까지 수수께끼로 만든 그 장막]을 찢어 버렸다. 대공업의 원리——즉 각 생산과정을 그 자체로서 파악하며 그것을 구성요소들로 분해하는 것[인간의 손이 그 새로운 과정들을 수행할 수 있는가 없는가를 먼저 고려하지 않고]——는 새로운 근대적 과학인 기술공학(technology)을 낳았다. 사회적 생산과정의 다양하고 일견 내부적 관련이 없는 듯한 고정된 형태들은 자연과학의 의식적이고 계획적인 응용을 위해 분해되었고, 특정한 유용효과를 얻기 위해 체계적으로 분할되었다. 기술공학은 또한 [비록 사용되는 도구들은 다양하더라도 인체의 모든 생산적 활동이 필연적으로 취하게 되는] 소수의 주요 기본 운동형태들을 발견했는데, 이것은 마치 기계가 아무리 복잡하다 하더라도 그것은 모두 단순한 기계적 과정들의 끊임없는 재현에 지나지 않는다는 것을 기계학이 이해하고 있는 것과 마찬가지다."(맑스, 『자본론 I(하)』, 651쪽)

3. 근대적 노동의 미시정치학

1) 노동하는 신체의 해부정치학

시간-기계와 공간-기계, '기계'-기계는 서로 교차하면서 근대적인 노동의 양상을 규정한다. 자본주의의 발전이 진행됨에 따라서 한편으로 그것은 상품화하고 가치화하려는 의지가 닿는 만큼 자신의 영향력을 확장시켜 왔으며, 다른 한편으로는 더욱더 미세하게 분할된 치밀한 작용의 지점을 확보해 왔다. 엥겔스가 서술한 시대에 시간-기계는 단지 출근시간을 통제할 수 있었을 뿐이지만, 그리고 스미스의 시대에 작업은 철사를 다루는 몇몇 동작으로 분할되었을 뿐이지만, 20세기에 이르면 각각의 동작은 들어올리기·이동·내리기·회전 등과 같이 그 자체만으론 아무것도 생산할 수 없을 것같은 역학적인 단위동작으로 분해되었고, 그 단위동작마다 1초 이하의 시간이 기준으로 할당되어 동작의 속도와 형태를 규정하게된다.

이처럼 자본은 가용한 모든 경험과 지식, 혹은 과학을 동원해 매우 날카롭고 섬세한 칼날로 노동을 분석하고 해부한다. 그리고 노동의 모든 틈새에 칼날을 밀어 넣고는 쪼개고 또 쪼갠다. 그리고 그 쪼개진 각각의 동작을 시간과 공간, '기계'의 축을 따라 배열하고 조립한다. 단순화해서 정리하자면, 시간-기계는 노동을 시간적 규율에 따라 **규범화**하려 하고, 공간-기계는 양식화된 동작의 도식에 따라 노동을 **동질화**하려 하며, '기계'-기계는 역학적 요소 동작에 따라 노동을 **표준화**하려 한다. 이로써 시간-기계와 공간-기계, '기계'-기계는 통제의 일반적 형식을 제공하면서, 조밀하고 정밀한 세 겹의 망으로 노동 자체를 감싸고 노동 자체에 침투한다.

여기서 시간-기계와 공간-기계, '기계'-기계에 의해 작동하는 권력이 겨냥하는 것은 무엇보다도 **노동자의 신체**다.[45] 그것은 주어진 단위시간 안에, 주어진 공간에서 주어진 동작을 반복할 수 있는 신체를 요구하기 때문이다. 동시에 그것은 그러한 요구에 맞는 신체를 생산하려 한다. 기계의 움직임과 리듬에 따라 기계화된 동작을 반복하는 신체, 개인적인 특성을 뛰어넘어 주어진 기능을 양식화된 동작으로 정확하게 수행하는 신체, 그리고 할당된 시간 안에 주어진 동작을 완수할 수 있는 신체.

바로 이런 의미에서 이제 노동과 노동자의 신체는 권력의 표적이 되고, 이러한 신체를 대상으로 하는 새로운 과학, 새로운 지식이 형성된다. 신체의 해부학적 분할과 분할된 신체의 미시적 동작에 대한 역학적 연구, 그것을 통제하는 기계적 메커니즘에 대한 연구, 그리고 그것을 위한 신체적 훈육의 기술들. 여기서 근대적 노동의 미시정치학의 한 축을 이루는, 노동하는 신체에 대한 해부정치학이 형성된다.

이때 형성되는 것은 신체에 대한 작업과 신체의 요소, 몸짓, 행위에 대한 계획된 조작이라는 강제권의 정치학이다. 인간의 신체는 그 신체를 파헤치고 분해하며 재구성하는 권력장치 속으로 들어가게 된다. 하나의 '권력의 역학'이기도 한 '정치 해부학'이 탄생하고 있는 것이다.[46]

이후 신체의 동작에 대한 기술은 이른바 '생체-공학'을 낳고, 생체-공학은 과학의 이름으로 기계와 도구는 물론 부엌과 사무실의 설계에까

---

45) 푸코, 『감시와 처벌』, 215쪽.
46) 같은 책, 217쪽.

지 명시적으로 도입된다.

하지만 정작 중요한 것은 해부학적 치밀함을 수반하는 이러한 신체의 생산이, 그리고 그러한 신체를 생산하는 기술이 단순히 일련의 정해진 동작을 강제로 밀어붙이는 것만은 아니라는 것이다. 그것은 단순한 신체적 억압과 부자유의 양상을 취하지 않으며, 차라리 **역학적 효율성과 신체적 유용성의 형태로** 제시된다. 가장 힘을 적게 들이고 가장 효율적으로 움직이는, 그래서 가장 빠른 시간에 가장 정확하게 작업할 수 있는 동선의 연구, 그리고 주어진 시간 안에 그 동선을 따라 움직이는 신체의 훈육. 이런 점에서 그것은 정확하게도 과학의 형상을 취한다. 말하자면 그것은 신체와 동작, 신체와 '기계'에 "최선의 관계를 강요"하는 것을 추구한다.[47] 그것은 유용한 활동을 위한 '훌륭한 습관'을 형성한다.

다른 한편 단계적 진행에 따른 작업의 공간적 배열과 그 배열된 작업의 시간적인 진행은 작업하는 노동자 각각을 다른 노동자의 '적절하고 훌륭한' 작업을 위한 조건으로 만든다. 내가 늦게 일하면 그 뒤에 있는 다른 모든 노동자가 늦어지게 되며, 내가 일을 멈추거나 잠시 빠져나가면 그 뒤에 있는 모든 노동자들이 일할 수 없게 되며, 내가 대강 엉성하게 작업을 수행하면 다른 노동자의 작업 전체가 수포로 돌아간다. 직무에 대한 성실함이나 책임감이 단지 자본가에 대한 것만이 아니라, 바로 자신 스스로 추구해야 할 '미덕'이 되는 것은, 그리하여 노동자 스스로 가장 중요하다고 생각하는 삶의 덕목이 되는 이러한 관계의 산물이 아닐까? 유능함에 대한 경의 역시 기계에 대한 유용한 기술, 유용한 지식에 대한 경의며, 훌륭하게 기계화된 신체에 대한 찬탄이다. 일상적인 미덕으로서 정확한

---

47) 같은 책, 239쪽.

시간'관념' 또한 노동이 행해지는 이 근대적인 체제와 결코 무관하지 않을 것이다. 이런 식으로 부지런함, 성실함, 정확한 시간관념, 유능함은 이제 자신의 '욕망'이 된다. 노동의 도덕이란 이러한 근대적 노동의 형식을 통해 형성된 욕망의 배치의 다른 이름이 아닐까?

따라서 노동하는 신체에 작용하는 권력은 그것이 유용함의 형태로 수행되기에 더욱 효율적으로 순종하게 되는 신체를 생산한다. 순종할수록 유용하며, 유용함을 추구할수록 순종하게 되는 권력. 복종할수록 유용한 기술, 유용한 지식, 유용한 능력을 획득하게 되는 권력. 하지만 **유용한 만큼 잘 드러나지 않으며, 유용한 만큼 벗어나기도 쉽지 않은 권력**. 그리하여 유용함에 안주하는 한, 새로운 활동과 새로운 삶의 방식을 위해 유용함을 이용하기보다는, 유용함에 이용당하게 되기 마련인 그러한 권력의 배치.

2) 과잉인구의 생체정치학

근대적인 노동과 노동하는 신체에 대한 해부학적 분할과 통제에 기초한 근대적 노동의 해부정치와는 다른 방식으로 근대적인 주체를 생산하는 또 하나의 중요한 메커니즘이 있다. 그것은 자본주의가 전면적으로 발전하기 위한 조건에 내재되어 있으며, 자본의 일상적인 축적 조건 자체에도 내재되어 있는 것이다. 맑스는 이를 '과잉인구'라는 개념으로 표시한다.

임노동자계급은 근대 이전인 14세기 후반에 이미 발생하였고,[48] 포괄적인 의미에서 자본 역시 중세 후기에 이르러 발전한 도시에서 이미 출현한 바 있다. 그렇지만 그것은 중세의 섬에서 나타난 부분적인 현상에

---

48) 맑스, 『자본론 I(하)』, 1014쪽.

불과했고, 자본주의가 그 기초를 사회 전체의 수준에서 마련하게 되었던 것은 16~17세기 이후며, 전면적으로 발전하게 된 것은 산업혁명이 있었던 19세기 이후다. 그리고 잘 알다시피 자본주의가 그 기초를 전 사회적인 수준에서 확립하게 된 계기는 이른바 '본원적 축적'이라고 불리는 사건을 통해서였다.

15~16세기에 시작된 본원적 축적은 공유지는 물론 농민들의 보유지를 광범하게 수탈하는 과정이었고, 이로써 한편으로는 자본을 집적하면서 다른 한편으로는 토지로부터 분리된 무산자들을 생산하는 과정이었다.[49] 이 과정을 통해 일할 수단을 잃고 '놀거나' 부랑하는 빈민들이 전 사회적인 수준에서 엄청나게 생산되었다. 그것은 자본에 의한 생산수단의 독점으로 인해 노동할 조건을 상실한 생산적인 힘의 통제되지 않는 범람이었다. 생산의 조건에서 분리되었기에 결코 생산적인 것으로 나타나지 않는 힘의 범람. 따라서 그들은 자본은 물론 사회의 이름으로 비난받고 핍박받는 자들이었다.

잘 알려져 있듯이, 이러한 부랑자들은 인간의 범주에 들지 못하는 사회적 '해충'이었다. 그들은 사회적 질서와 발전을 위해 제거되고 소멸되어야 할 '타자'들이었다. 입법들은 그들을 '자유의지'에 의한 범죄자로 취급하였으며, 그들이 노동하지 않는 것을 그들의 의지의 결여에서 찾았다.[50] 따라서 그들은 "달구지 뒤에 결박되어 몸에서 피가 흐르도록 매를 맞고 그 다음에 그들의 출생지 또는 그들이 최근 3년간 거주한 곳으로 돌아가 '노동에 종사하겠다'는 맹세를 한다. …… 부랑죄로 두 번 체포되면

---

49) 같은 책, 984쪽 이하.
50) 같은 책, 1009쪽.

다시 태형에 처하고 귀를 절반 자르며, 세 번 체포되면 그는 중죄인으로 또 공동체의 적으로서 사형에 처해진다".[51] 1547년 영국의 법에 따르면, '노동하는 것을 거절하는 자'는 그를 게으름뱅이라고 고발한 자의 노예가 되어야 했다.[52]

이로써 자본이 지배하는 '새로운 시대'(Neue Zeit;근대!)에 걸맞은 새로운 인간이 정의된다. 그것은 저 '노동하기를 거절하고' 부랑하는 자들과는 달리, 정착하여 착실히 노동하는 사람이다. 그러나 그 시기에 이러한 정의는 긍정적으로는 결코 성립될 수 없는 것이었다. 실제로 착실히 노동할 수 있는 땅도, 혹은 자본에 (추가로) 고용되어 노동할 수 있는 작업장도 거의 찾아보기 힘들었던 것이다. 따라서 그것이 도덕이나 규범으로서 사람들에 작용하는 '정상인'의 정의가 되기 위해서는, 그 외부에 있는, 결코 그래선 안 되는 저 부랑자들의 부정이 필요했던 것이다.

이런 점에서 자본주의는 국가권력까지 동원해서, 이후 부르주아지가 다양한 덕목으로 추앙하게 될 형상과 정반대의 모습을 취하는 저 '**해충들**'을 **생산하면서 시작했던** 셈이다. 이런 점에서 본원적 축적이란 어쩌면 자본 자신이 경멸하고 비난하며 처벌을 종용하는 저 '해충들'을 전 사회적으로 집적하는 과정이었다고도 할 수 있을 것이다. 그것은 잠재적인 저 노동자들을 정상적인 형태로 자신의 지배 아래 포섭하기 위해 '타자'들을 양산하는 과정이었던 것이다. 정상의 조건으로서 비정상, 인간을 정의하기 위한 조건으로 비인간, 노동자의 정상적 형상의 조건으로 부랑자.

근대인의 '타자'는 단지 자본주의의 발생지에서만 발견되는 것은 아

---

51) 맑스, 『자본론 I (하)』, 1010쪽.
52) 같은 책, 1010쪽.

니다. 알다시피 자본의 축적에 관한 맑스의 연구에서 핵심은 자본 축적의 일반적 법칙이란 생산력 발전에 따라 유기적 구성이 상승하고 그로 인해 노동인구를 '기계'가 대체함으로써 항상적으로 과잉인구가 형성된다는 것이었다. 즉 자본 축적의 일반법칙이란 자본주의적 인구법칙이라는 것이 맑스의 결론이었다.

베버는 자본주의가 요구하는 생활양식의 형태를 프로테스탄티즘의 종교적 에토스를 통해서 보여 준 바 있다. 그것의 요체는 자신의 욕망을 절제하고 억제하여 축적하는 자본가, 혹은 시간을 아껴쓰며 자신에 맡겨진 천직을 성실하게 수행하는 합리적 근대인이었다.[53] 근대적 노동자를 만들어 내는 과정이 이러한 종교적 에토스로 환원될 수는 없다고 해도, 저 근대인의 상은 자본이 요구하는 노동자의 정상적인 형상을 표상하기에 충분한 것이었다.

그렇지만 역설적이게도 자본은 축적을 수행하면서, 끊임없이 자신이 가진 형상과 반대의 모습을 취하는 실업자를 생산해 낸다는 것을 맑스는 보여 주고 있다. 즉 자본의 축적은 근대인의 타자인 실업자를 과잉인구 형태로 항상적으로 만들어 낸다는 것이다. '자본주의 정신'이 맹렬히 비난하는 병리적 현상으로서 실업과 게으름, 빈곤이 바로 자본 축적의 산물이라는 것을 맑스는 입증하고 있는 셈이다. 요컨대 과잉인구화는 자본주의적 축적의 정상적 과정이 **노동력을 지속적으로 과잉화시키고 유휴화시키는 타자화 과정**을 내포한다는 것을 뜻한다.

나아가 이러한 과잉인구는 자본의 정상적인 축적에 필수적인 조건이 된다. 한편으로는 과잉인구는 노동의 수요와 공급의 법칙이 작용하는

---

53) 베버, 『프로테스탄티즘의 윤리와 자본주의 정신』.

전제요 배경이다. "이러한 토대 위에서 행해지는 노동의 수요 및 공급의 법칙의 작용은 자본의 독재를 완성한다."[54] 다른 한편 이는 아직 취업하고 있는 노동자들에 대해 실업화하려는 압력을 일상적으로 행사한다. 실업화 압력. 그것은 자본에 대해 대항하거나, 자본에 복종하지 않는 자를, 나아가 자본의 요구에 적절하지 않게 된 자를 일차적인 실업화의 대상으로 삼음으로써 자본에 대한 복종과 충성을 강요한다. 실업을 면하기 위해서는 어떠한 형태의 노동에도 적응해야 하고, 갑작스러운 업무나 배치의 변경에도 순응하여야 한다. 이런 조건으로 인해 기계화된 동작의 도식, 강도(强度)를 수반하는 시간적-기계적 강제는 아무리 고통스러운 것이어도 감내해야 하며, 그렇지 못한 자는 무능력하거나 불성실한 자로서 쫓겨날 각오를 해야 한다. 즉 그것은 "노동과정에서 노동자를 독재[그 비열함 때문에 더욱 혐오스럽다]에 굴복시키며, 그의 전체 생활시간을 노동시간으로 전환시키며, 그의 처지를 자본이라는 자거노트의 수레바퀴(Juggernaut-Rad) 밑으로 질질 끌고 간다. …… [그리하여] 상대적 과잉인구 또는 산업예비군을 언제나 축적의 규모 및 활력에 알맞도록 유지한다는 법칙은 헤파이스토스의 쐐기가 프로메테우스를 바위에 결박시킨 것보다도 더 단단하게 노동자를 자본에 결박시킨다."[55]

이로써 자본은 그 구체적인 물적 형태와 기술적 형태, 그에 요구되는 노동의 형태에 무관하게 노동력을 채취하여 이용할 수 있는 조건을 확보한다.

따라서 "과잉 노동인구가 축적의 필연적 산물 또는 자본주의적 토대

---

54) 맑스, 『자본론 I (하)』, 873~874쪽.
55) 같은 책, 880~881쪽.

위에서 부의 발전의 필연적 산물이라면, 이번에는 이 과잉인구가 자본주의적 축적의 지렛대로, 심지어는 자본주의적 생산양식의 생존조건으로 된다. 과잉 노동인구는 [마치 자본이 자기의 비용으로 육성해 놓은 것처럼] 절대적으로 자본에 속하며 자본이 마음대로 처분할 수 있는 산업예비군을 형성한다".[56] 정의상 이미 자본주의의 외부며 타자에 속하는 이 산업예비군 내지 실업자가, 자본이 정상적으로 축적되기 위한 내적 조건이 되고 있는 것이다.

이로써 실업자나 취업하려는 자는 생존을 위협하는 저 '자유'로부터 벗어나기 위해 어떠한 종류의 일이나, 어떤 고통스런 규율도 감수하려는 의지를 갖게 된다.

대공업은 바로 그 공황들을 통해 노동의 전환[따라서 노동자가 다양한 종류의 노동에 최대로 적합하게 되는 것]을 하나의 사활의 문제로 만든다. 따라서 노동전환의 이러한 가능성은 사회적 생산의 일반 법칙이 되어야 하며, 기존의 관계들은 이것이 현실적으로 실현될 수 있도록 개조되어야만 한다. 자본주의적 착취의 욕구를 항상 충족시켜 주기 위해 비참한 상태에 묶어 두고 있는 산업예비군이라는 괴물은 [어떤 종류의 노동이라도 절대적으로 할 수 있는] 개인으로 대체되어야만 한다.[57]

새로운 생산부문에 진출한 자본, 새로운 기계를 채택한 자본, 그리고 생존을 위협하는 노동조건을 수반하는 작업이 기꺼이 새로이 적응하겠

---

56) 같은 책, 862쪽.
57) 같은 책, 653쪽.

다는 의사를 갖춘 노동자들을 언제든지 구할 수 있는 것은 바로 이 때문이다. 항상적인 실업화 압력 속에서 노동하는 취업자들 역시 경우는 크게 다르지 않다.

실업자의 일상적 생산을 통해서, 혹은 실업화 압력을 통해서, 자본은 노동자의 임금을 저하시킬 뿐만 아니라, '정상적인 인간'의 경계 내부에 들어가기 위한, 혹은 그 안에 살아남기 위한 노동자들의 **경쟁**을 만들어 낸다. 이 경쟁은 노동자들 사이에 개별화의 분리선을 긋는다. 이제 다른 노동자는 모두 자신의 경쟁자요 적이다. 노동자로 살아남기 위해서는, 자신이 다른 사람보다 낫다는 것을 끊임없이 확인해 주어야 한다. 고용을 위한 노력은 그 경쟁에서 성공하기 위해 '자신 스스로 선택한 문제'요 자신의 '욕망의 문제'가 된다. 제임스 스튜어트는 다음과 같이 쓰고 있다.

> 노예제에서는 사람들을 (일하지 않는 사람들을 위해) 근면하게 하는 폭력적 방법이 있었다. …… 그때에는 사람들은 타인의 노예였으므로 노동(즉 타인을 위한 무상노동)을 강요당했다. 지금은 사람들은 **자기 자신의 욕망의 노예**이므로 노동 …… 을 강요당한다.[58]

각각의 노동자는 자신의 노동력을 판매하기 위해 자신이 '양질의' 노동력을 갖추도록 스스로 노력해야 한다. 취업준비는 다름 아닌 **자신의 욕망**이 된다. 그리고 성공과 실패의 문제는 각각이 가진 개별적 능력으로 환원된다. 실업은 실업자 **자신의 무능력** 탓일 뿐이다. 사고의 중심에는 언제나 자기가 있으며, 사고는 언제나 이해관계의 선을 따라 진행되고, 생

---

58) 맑스, 『자본론 I (하)』, 883쪽 각주 25에서 재인용. 강조는 인용자.

각할 수 있는 공동체란 자신이 생계를 책임져야 할 가족의 범위를 결코 넘지 않는 근대적 이기주의 내지 개인주의가 과연 이와 무관한 것일까?

만약 앞서 말한, 시간, 공간, 기계로 짜여지는 근대적 노동의 성분들이, 훈육과 통제 등을 통해 그 안에 존재하는 모든 사람들을 근대적 권력의 도식으로 동일화시키는 '동일자'의 벡터장을 형성한다면, 상대적 과잉인구는 자본의 축적에 필수적인 외부라는 점에서, 그리고 실업화 압력은 모든 노동자들에게 가해지는 배제의 위협이란 점에서 '타자화'의 벡터장을 구성한다. 그것은 타자화하려는 위협과 압력을 통해서 근대적 노동의 장이라는 동일자를 경계지으며, 사실은 항상-이미 타자화의 결과로서 나타나는 타자의 양태(실업, 게으름, 빈곤, 무기력함 등등)를 통해 동일자의 양태를 정의한다. 마지막으로 그것은 타자화의 벡터장을 통해 근대적 노동의 도덕과 규범을 노동자의 신체에 새겨넣으며, 자본의 요구를 노동자 자신의 욕망으로 변환시킨다.

만약 푸코 말대로 인구의 통제와 성적 통제 전략을 통해 부르주아의 건전한 계급적 신체와 건강한 삶을 생산하는 근대의 성적인 '생체-정치'가 이루어졌다면,[59] 이제 우리는 맑스를 대신해 다음과 같이 말할 수 있을 것 같다. 자본에 의한 인구의 통제(상대적 과잉인구)와 실업화 압력을 통해 자본의 요구에 맞추어 노동자의 '건전한' 계급적 신체를 생산하는 자본의 생체-정치가 이루어졌다고. 이런 점에서 상대적 과잉인구는 단지 노동자 간의 경쟁을 통해 임금을 낮추는 메커니즘을 이룰 뿐만 아니라, 근대적 노동의 체제에서 요구되는 노동의 조직화를 가능하게 해주는 생체정치적 조건을 형성하는 셈이다.

---

59) 푸코, 『성의 역사 1 : 앎의 의지』, 137쪽, 149쪽.

4. 자본주의와 근대적 노동의 체제

1) 근대적 노동의 체제

앞서 보았듯이, 자본에 실질적으로 포섭된 노동은 시간-기계와 공간-기계, '기계'-기계라는 세 가지 축을 따라 분해되고 결합된다. 이런 의미에서 근대적 노동의 영역은 이들 세 가지 축을 통해 짜여지는 3차원의 입체적 공간으로 표상될 수 있을 것이다.

첫째로, 시간-기계의 축은 한편으로는 선분화된 시간을 기초로 하여, 특정한 동작을 시간에 대응시키는 방식으로 작동한다. 시간표-기계는 이러한 시간적인 대응의 양상을 종합적으로 표시한다. 다른 한편 시간표와는 다른 차원에서, 관련된 작업들은 시간의 낭비나 지체 없이 접속되고 연결되어야 하는데, 이를 위해 작업장 전체를 통괄하는 시간적인 공시화가 이루어진다.

둘째로, 공간-기계의 축은 다른 공간과 불연속성을 갖는 구획된 공간 안에서, 한편으로는 기능에 대응하는 다수의 개별적 위치들로 공간을 분할하고, 이 개별화된 장소들에 노동자를 할당하며, 다른 한편으로는 분해된 작업들을 공간적으로 배열함으로써 하나의 노동으로 결합해 낸다.

셋째로, '기계'-기계의 축에서 '기계'-기계는 작업 자체를 '기계'적이고 역학적인 요소 동작으로 분해하며, 그것에 접속되는 노동 자체를 연관된 요소 동작으로 분해한다. 이로써 노동 자체는 기계화되며, 이 기계화된 동작들은 '기계'를 통해, 혹은 '기계들'의 체계를 통해 하나의 완결된 노동으로 조립된다.

노동은 이 세 가지 성분의 힘에 의해 동시에 분해되고 결합되며, 이 세 가지 힘은 노동 자체를 공간적·기능적으로 동질화하고, 기계적으로 표준화하며, 시간적으로 규범화한다. 노동자 각각이 갖는 개별적 자질과 능력의 차이는 제거되고 무화되어야 할 특성이 되며, 이 세 가지 성분의 힘에 의해 평균적인 규준에 맞추어 획일화된다. 노동자 각각은 이 획일화된 노동의 도식에 자신의 신체를 일치시키거나 최소한 근접시켜야 한다.

이런 점에서 근대적 노동자에게 작용하는 이 벡터적인 성분들은 단순히 물리학적 의미의 힘일 뿐만 아니라, 노동자의 신체를 통제하고 지배하는 권력인 것이다. 요컨대 근대적 노동을 생산하는 이 입체적 공간은, **세 가지 방향의 성분을 갖는 권력이 노동 및 노동하는 신체에 작용하는 장(場)**이라는 의미에서 정확하게도 하나의 '체제'다. 근대적인 노동의 체제.

이러한 노동의 체제 안에서 노동은 **해부학적 분할과 분석의 대상**이 되었다. 생산적인 활동의 집합에 붙이는 이름으로서 노동은 이제 노동하는 자의 의지로부터 독립하여 세 가지 성분을 통해 독자적으로 정의되고, 그렇게 정의되어 작용하는 노동이 노동하는 자의 움직임과 의지를, 그리하여 욕망을 규정하게 되었다.

이는 노동하는 자가 노예로서, 혹은 농노로서 존재하던 시기에도 전혀 찾아볼 수 없었던, 근대에 이르러 출현한 근본적으로 새로운 '사건'(événement)이다. 이전에는 노동자와 생산수단의 자연적인 계열화, 혹은 '인간과 자연의 대사과정'으로 노동이 정의되었다면, 이제는 기초적인 요소 동작으로 분할되고 동질화된 노동이 기능적 연관성에 따라 다른 노동 및 생산수단과 계열화되며, 인간적 요소인 노동자는 그 계열 안에서 정의된 기능의 담지자가 된다. 다시 말해 이전에는 노동자가 노동의 양상을 정의했다면, 이제는 노동이 노동자의 양상을 정의한다는 것이다. 노동은 이제 실증성(positivité)의 영역 안에 자리잡게 된다.

이 새로운 사건은, 근대에 이르러 노동을 둘러싸고 있는 생산의 배치가 근본적으로 변화되는 상황을 통해 발생한 것이다. 직접 생산자가 생산수단으로부터 분리되고, 생산수단이 소수의 소유자 손에 집적되며, 이로써 생산수단의 소유자가 생산의 이니셔티브를 장악하게 되는, 전혀 새로운 상황이 그것이다. 생산의 구체적 조건을 이루는 이 상황을 통해서 맑스가 자본주의라고 명명한 생산의 배치가 탄생한다. 그것은 알다시피 자본이 생산 자체를 장악하는 배치다. 여기서 자본의 일반적 정식(G − W − G′)으로 표시되는 가치증식의 계열은, 그 안에 생산과정(P)을 포함하는 새로운 반복적 계열로 변환된다. 맑스는 이를 다음과 같이 표시했다.

$$G - W \left\langle \begin{matrix} A \\ Pm \end{matrix} \right. \cdots P \cdots W' - G'$$

$$(G' = G + \Delta G)$$

이 새로운 배치에서 생산은 가치의 증식을 목적으로 하는 자본의 도식 안에 포섭되며, 증식된 가치를 뜻하는 상품(W′)과 접속된다. 즉 생산은 증식된 가치를 생산할 수 있는 한에서만 이루어지고, 노동은 그러한 가치를 생산하는 한에서만 생산적인 것으로 간주된다. 이를 유효화하기 위해 자본은 노동을 노동자로부터 분리하여 생산을 위한 기능으로 환원한다. 이를 맑스는 자본에 의한 노동의 '실질적 포섭'이라는 개념으로 나타낸 바 있다.

아마도 푸코 말처럼 스미스 이래 노동이, 표상으로 환원되지 않는 '객체'라는 인식론적 형식을 획득하게 되었다면,[60] 그것은 이처럼 노동이 '인간'과 분리된 독자적인 실증성의 영역을 구축하게 되었다는 사실에

---

60) 푸코, 『말과 사물』, 313쪽 이하 ; 353쪽 이하.

기인하는 것이 아닐까? 그러나 이렇게 본다면 우리는 사회학주의적 '유물론'에 반하는 또 하나의 중요한 역설과 조우하게 된다. 노동이 '인간'으로부터 분리되어 독자적인 실증성의 영역을 구축하던 시기에, 반대로 노동을 인간의 본질적인 속성으로 인식하는 '인간학적' 담론들이 탄생하고 있기 때문이다.

그렇지만 헤겔에게서 '노동의 인간학'은, 주인과 노예의 변증법이 잘 보여 주는 것처럼, '인간'이 타인의 의지에 의해 노동하는 노예의 위치로 전락하게 된 이유와, 그것을 통해 가능하리라고 보이는 '회복'의 변증법적 과정에 대한 설명을 제공하려는 것이다.[61] 그리고 이것이 프랑스 혁명의 영향 아래서 형성된, '죽어 있는 객관성'으로서 실증성에 대한 인간학적 분노와 결부되어 있다는 것을 우리는 청년 헤겔에 대한 루카치의 저작에서 읽어 낼 수 있다.[62] 이는 분명히 헤겔에서 연유하는 포이어바흐의 '소외' 개념이나,[63] 노동의 소외에 대한 분노를 가장 극적인 형태로 표현한 청년 맑스의 저작에서[64] 더욱 쉽게 찾아볼 수 있다. 그렇다면 노동이 실증성의 영역 안으로 들어가던 시기에 나타난 노동의 인간학이란, 그처럼 인간적 속성에서 분리된 노동, 소외된 노동에 대한 분노의 표현이

---

61) 헤겔,『정신현상학 I』, 233쪽 이하.

62) 루카치는 이 죽어 있는 객관성으로서 '실증성'이 청년 헤겔이 사용했던 중심적이고 결정적인 개념이라고 말한다. 이 개념이 나중에 외화라는 개념으로 불렸으며, 이 문제 속에 역사적인 대상성에 관한 모든 문제가 들어 있다는 것이다(죄르지 루카치,『청년 헤겔 1』, 김재기 옮김, 동녘, 1986, 127~128쪽). 이는 처음에는 종교, 특히 기독교의 실증성에 대한 문제의식에서 시작된 것이지만, 이후 스미스의 영향을 받으면서 노동 개념을 통해 새로이 '외화' 개념으로 발전한다(루카치,『청년 헤겔 2』, 이춘길·서유석 옮김, 동녘, 1987).

63) Ludwig Feuerbach, *Das Wesen des Christentum*, Akademie-Verlag, 1973[루트비히 포이어바흐,『기독교의 본질』, 강대석 옮김, 한길사, 2008].

64) 칼 맑스,「1844년의 경제학 철학 초고」, 최인호 옮김,『칼 맑스 · 프리드리히 엥겔스 저작선집 1』, 박종철출판사, 1997.

며, 객체의 형식을 취하는 노동의 보충물이라고 말할 수 있지 않을까? 이처럼 노동이 해부학적으로 분해되고 '인간'으로부터 분리된 실증성의 영역을 구축했다는 사실과 그에 대해 느끼는 인간학적 분노를 우리는 브레이버맨의 훌륭한 책에서[65] 정확하게 확인할 수 있다.

2) 몇 가지 노동 통제 기술의 위상

여기서 우리는 근대적인 공장에서 흔히 사용되는 몇 가지 기술적 요소들을 근대적 노동의 체제 안에서 다시 위치지을 수 있을 것이다. 이를 통해 그 요소들이 근대적인 노동방식을 구성하고 작동시키는 데서 수행하는 기능을 미시정치적 차원에서 이해할 수 있을 것이며, 그것에 의해 작동하는 권력의 효과와 작용 지대(地帶)를 근대적 노동의 체제의 표상 공간 안에 표시할 수 있을 것이다.

테일러에 의해 명확하게 개념화된 '시간관리'는 말 그대로 시간에 대한 관리를 목적으로 한다. 알다시피 그것은 노동을 다수의 요소 동작으로 분해하여, 각각의 요소 동작에 허용되는 최대 시간을 대응시키는 것이고, 그 대응의 양상을 감시하고 감독하는 관리를 직접적인 내용으로 한다. 이로써 노동의 통제가 효율적으로 이루어질 수 있으리란 것이다. 이런 점에서 '시간관리'는 명확하게 시간-기계의 축 위에 위치하고 있다. "필자가 특히 강조하고자 하는 것은 이러한 모든 체계가, 과학적 관리에서 단연 가장 중요한 요소인 단위시간에 대한 정확하고 과학적인 연구에 달려 있다는 점이다."[66]

---

65) 브레이버맨, 『노동과 독점자본』.
66) F. W. Taylor, *On the Art of Cutting*, 1907[A. 존 레텔, 『정신노동과 육체노동』, 황태연·윤길순

물론 이를 위해서는 노동의 분할을 가능하게 해주는 노동의 기계화와, 분할된 동작의 각 부분이 하나로 조립될 수 있는 기초로서 표준화를 일정하게 전제한다는 것이 사실이다. 그렇지만 적어도 테일러에게서 동작의 분할은 브레이버맨 말대로 구상 기능과 실행 기능의 분리 이상은 아니었으며, 사실상 구상 기능을 뜻하는 정신노동을 노동자로부터 떼어내는 것에 머물고 있었다. 그에게 동작의 분할은 동작 그 자체를 동질화하거나 표준화하기 위한 연구보다는, 오히려 그것을 수행하는 데 걸리는 시간을 측정하기 위한 것이었다.

이것[동작에 걸리는 시간의 측정]을 하기 위한 가장 좋은 방법 ──사실이는 시간측정을 정확하게 할 수 있는 거의 유일한 방법이다── 은 인간의 작업을 각각의 요소로 분할하고, 각각의 요소를 개별적인 단위시간으로 측정하는 것이다.[67]

반면 테일러의 제자였던 길브레스의 주된 관심사는 그 요소 동작을 누가 하든 동질적인 양상으로 하도록 하는 것이었다. 이를 위해 그는 동작을 극한적으로 분할하여 요소 동작으로 분해하고, 각각의 요소 동작이 그리는 동선(動線)에 대해 치밀하게 연구했다.

이 테일러의 후계자로서는 스톱워치 방식을 정확한 방법이라고 생각할수 없었다. 스톱워치는 벙어리와 마찬가지로 동작이 어떠한 모양으로

옮김, 학민사, 1986, 178쪽에서 재인용].

67) Taylor, *Shop Management*[존 레텔, 앞의 책, 183쪽에서 재인용].

행해졌는지에 대해 아무것도 말해 주지 않는다.…… 이 방법에서는 운동의 형태는 여전히 눈에 보이지 않으며, 연구할 수도 없다. 한편 길브레스에게는 운동을 구성하는 요소를 그려내고 그 궤적을 밝히는 것이 문제였다.[68]

이를 위해 그는 손수건을 접는 동작, 끈을 묶는 동작 등의 다양한 동작을 사진과 영사기 등을 이용해 연구했고, 그 동선을 공간적 좌표 안에서 철사줄을 이용해 표시했다. 이는 공간 안에서 동작을 동질화하기 위한 동선의 연구라고 할 수 있다. 나아가 구체적인 노동형태와 무관한, 하지만 모든 노동형태를 그것으로 구성할 수 있는 23개의 기본 동작을 찾아낸다. 이는 마치 작업이라는 건물을 짓는 벽돌 같은 기본요소라고 보며, 자신의 이름을 거꾸로 써서 서블릭(Therblig)이라고 부른다.

이런 의미에서 길브레스의 과학적 관리법은 테일러와는 다른 고유한 영역을 갖는다. 그는 시간관리와 구별되는 '동작관리'를 독자적인 영역으로 확립했다. 이는 동작을 분할하여, 공간적인 동선을 따라 동질화하려는 기술이라는 점에서, 공간-기계를 일차적인 성분으로 한다. 물론 시간관리가 그랬던 것처럼, 동작관리 역시 다른 성분을 이미 전제하거나 기초하고 있다. 동작의 분할이 벽돌과 같은 기본요소로 되기 위해서는 동작이 '기계'와 결부된 역학적 기초 위에서 분석될 수 있어야 하며, 벽돌에 상응하는 서블릭 개념은 조립을 통한 전체 동작의 구성이라는 개념에 기

---

68) S. Giedion, *Mechanizaton Takes Command : A Contribution to Anonymous History*, Norton, 1948[지그프리드 기디온, 『기계문화의 발달사 : 쓸모있는 물건이 만들어지기까지의 역사』, 이건호 옮김, 유림문화사, 1992, 67쪽].

초를 제공하기 때문이다. 이런 점에서 동작관리는 공간-기계의 축과 '기계'-기계의 축이 만드는 평면상에 위치하고 있다고 말할 수 있다.

한편 '기계'-기계의 축과 공간-기계의 축이 만드는 평면상에 어셈블리 라인이 위치하고 있다고 말할 수 있다. 1870년경 미국의 신시내티에서 처음으로 사용된 것으로 알려진 어셈블리 라인은 "물체를 작업상의 한 단계로부터 다음 단계로 기계적으로 이동시키는 작업방식"이라고 정의된다.[69] 이 작업방식은 처음에는 조립을 위한 것이 아니라 잡은 돼지를 세척해 부위별로 분해하는 데 이용되었는데, 24인치 간격의 고가식 레일을 이용하여 노동대상을 공간적으로 이동시켰다. 여기서 식육을 생산하는 작업은 공간적으로 분할되고 고정되며, 작업 순서에 따라 공간적으로 배열된다. 그리고 노동대상을 이동시키는 기계가 그 배열된 공간을 연결시킨다. 이제 노동자는 공간을 이동할 필요가 없어지며, 작업대에 위치가 고정된다. 개별적인 공간의 분할과 배정, 그리고 그 공간의 기능적 배열. 이로써 노동자와 작업의 공간적 대응은 기계적 수단을 획득하게 된다.

하지만 조립되는 라인을 거쳐 가면서 분할된 동작들은 하나의 완성된 동작으로 '조립'되어야 한다. 이를 위해서는 한편으로는 기계화되고 표준화된 동작을 통해 각각의 작업자가 수행해야 할 작업의 형태가 명확하게 정의될 수 있어야 하며, 다른 한편으로는 기계화된 라인의 동작과 리듬에 맞게 기계화되어야 한다. 이런 점에서 어셈블리 라인은 공간-기계 만큼이나 '기계'-기계의 차원을 중요한 성분으로 하며, 따라서 그 두 축이 만드는 평면상에 있다고 할 수 있다.

어셈블리 라인은 이동 자체가 내포하는 시간적 요소를 배제할 수 없

---

69) 기디온, 같은 책, 63쪽.

지만, 엄격하게 말하면 그 정의 그대로 기계를 통해 노동대상을 이동시키는 것이며, 차라리 작업의 시간적 계열을 공간적 계열로 변환시키는 것이다. 물론 그 흐름이 시간의 진행을 따르지만, 여기서는 아직까지 시간이 기계와 결합된 독자적 성분을 구성하지 않는다는 점에서, 다시 말해 라인이 독자적으로 움직이는 것은 아니란 점에서 시간-기계의 성분은 충분히 추상될 수 있다.

이와 달리 컨베이어 시스템은 세 가지 성분 모두를 포함하고 있다. 우선 그것은 노동대상을 기능적으로 배열된 작업을 따라 공간적으로 이동시킨다. 그리고 그것은 기계적인 분해와 조립의 조건을 확보해야 한다는 점에서 이미 어셈블리 라인을 내용적으로 포함하고 있다. 동시에 거기서 운반장치의 움직임은 자기 자신의 시간적인 리듬을 가지며, 작업은 이 리듬과 속도에 따라 이루어져야 한다. 즉 시간-기계의 성분이 어셈블리 라인에 추가된 것이다. 운반장치의 속도와 리듬에 작업자 전체의 속도와 리듬이 맞추어져야 하기 때문에, 분할된 작업 각각이 '기계'에 따라 표준화되고 동작이 동질화되어야 한다는 사실은 더욱 긴요한 조건이 된다. 이로써 규율화된 시간적 리듬을 장악한 '기계'는 스스로 그것을 강제할 수 있는 물질적 장치가 된다. 여기서 '기계'의 중심성과 독재는 완성된다. 이제 '기계'는 노동하는 신체가 버틸 수 있는 한계를 실험하고 언제나 그 한계에 도전한다.

기계 운반장치의 동일한 시간의 리듬과, 그것이 인간과 기계 사이에 주는 척도의 통일은 근대 대량생산의 유동식 생산방법의 가장 두드러진 특징을 이룬다. 결합된 노동과, 그와 결합된 기계는 이러한 척도의 통일 아래 움직인다.[70)]

이러한 기술들은 특정한 형태로 노동을 강제하며, 그런 방식으로 노동할 수 있는 신체를 일상적으로 만들어 낸다는 점에서, 근대적인 노동의 체제를 만들어 내고 유지하는 기술이며, 나아가 그것을 통해 노동자의 신체에 작용하는 권력을 작동시키는 기술이고, 그럼으로써 노동 자체를 권력의 벡터로 포섭해 내는 기술이다. 각각의 기술들이 갖는 위치는 그것이 **작동시키는 권력의 성분을 보여 주며, 그것을 통해 노동자의 신체에 새겨지는 생체-권력의 형상을 보여 준다.**

그러나 이러한 기술들은 언제나 산 노동의 생산적이고 창조적인 의지에 작용하며, 그것이 갖는 생산적 능력의 자유로운 흐름을 규범화되고 표준화되며 동질화된 동작으로 고착시키고 가두는 방식으로 작용한다는 점에서, 처음부터 이탈과 저항, 혹은 투쟁과 조우할 운명을 갖고 있다.

출근시간을 지키고, 작업시간을 엄수하게 하려는 시도는 처음부터 무수한 이탈과 무시, 불복종에 부닥쳤고, 그것을 제압하기 위해 다 합치면 임금 전체보다도 더 큰 벌금과 신체적 징벌 등을 동원해야 했다. 테일러주의는 테일러 자신의 엄청난 노력에도 불구하게 제대로 실현된 적이 단 한 번도 없으며, 그것을 구현하려는 자본가의 시도 역시 번번이 실패했다. 시간관리나 동작관리는 다만 자본가의 입장에서 바람직한 방향을 표시하는 일종의 '이념형'이었던 셈이다. 노동자들이 초기에 기계의 도입과, 그로 인한 노동의 기계화에 대해 응수하는 방식은, "생산력 발전에 반하는 운동"이라는 이유로 좌파로부터도 비난받았던 '기계파괴운동'이었다.[71] 포드가 임금 유인과 더불어 적극 도입했던 컨베이어 시스템은 적

---

70) 존 레텔, 『정신노동과 육체노동』, 191쪽.
71) 이는 앞서 푸코가 말했듯이, 근대적 노동의 신체를 생산하는 권력기술들이 과학의 형식을 취

지않이 노동자의 손에 의해 정지되어야 했다.

푸코 말처럼 그것은 언제나 과학의 형태로 진행되었고, 과학의 이름으로 정당화되었음에도 불구하고, 그리하여 '유용성'을 입증하는 다양한 수단이 있었음에도 불구하고, 그것은 언제나 저항과 이탈, 투쟁에 '시달려야' 했다. 근대적 노동의 체제가 그것이 세 가지 성분을 갖는 강력한 권력의 벡터장임에도 결코 안정적이지 못한 것은 이처럼 권력은 끊임없이 누수하고 거스르는 탈주선의 저항이나 이탈, 투쟁을 근본적으로 제거하지 못하기 때문이다. **권력 이전에 탈주선이 존재하는 것이고, 바로 그런 의미에서 차라리 권력 이전에 저항이 있다고 말해야 한다.** 권력이 완벽히 작용하여 탈주선이 사라지는 순간, 그것은 더 이상의 어떠한 생산적 힘도 이용할 수 없게 될 것이다. 여기에 완벽한 통제가 생산성의 증가로 이어지지 않는다는 것이 무수히 입증되었다는 식의 얘기를 굳이 추가할 이유도 없을 것이다.

그렇지만 노동의 체제를 항상적으로 불안정하게 만드는 저 이탈과 저항, 투쟁을 겨냥하여 작용하는 또 하나의 '보이지 않는 차원'이 그 체제 안에 내재한다. 그것은 앞서 본 과잉인구 내지 실업화 압력이라는 생체정치적 메커니즘이다. 그것은 표면적으로 본다면 노동의 체제를 표상하는 저 3차원의 공간 안에 노동자의 유입과 유출을 통제하는 메커니즘이다. 그렇지만 그것은 이탈하거나 저항하는 자, 투쟁하는 자들을 배제하는 메커니즘이고, 그런 사실을 '실업화 압력'의 형태로 반복하여 상기시킴으

하며, 유용성을 통해서 설득력을 획득한다는 점과의 긴밀한 연관을 보여 주는 셈이다. 한편 이를 『자본』의 중요한 일부로 다루었던 맑스의 직관은, 그것을 주로 기계를 통한 착취의 증가라는 주제에 결부하여 다룸에도 불구하고, 그런 '생산주의적' 통념으로는 결코 환원될 수 없는 것이었다.

로써 저항과 투쟁을 향한 의지를 무력화시키는 메커니즘이며, 반대로 개별화하는 경쟁을 통해 충성과 복종을 욕망하게 하는 메커니즘이다. 이런 점에서 그것은 근대적 노동의 체제가 안정적으로 작동하게 하는 또 하나의 차원이다.

이 네번째 차원으로 인해 앞의 세 가지 성분들은 저항과 투쟁에도 불구하고 유효화되고 효과적으로 작동할 수 있다. 세 가지 해부정치적 요소가 노동을 포섭하는 방식으로 작용하는 데 반해 이 생체정치적 요소는 배제하는 방식으로 작용한다. 그렇지만 전자가 노동자들로 하여금 이탈하고 저항하게 하는 반면, 후자는 충성하고 복종하게 하는 것이다.

포드주의가 근대적 노동의 체제의 '완성'이라고 할 수 있다면, 그것은 앞의 세 가지 성분에, 바로 이 네번째 차원을 유기적으로 통합하고 있다는 점 때문일 것이다. "포드는 테일러주의의 본질적인 측면들을 이어받았지만 동시에 그는 한 걸음 더 나아가 새로운 노동통제방법 및 일관작업대열이라는 두 가지 원리를 추가로 도입하였다."[72] 그것은 거대한 기계적 집적으로 인해 자본의 유기적 구성을 극도로 높임으로써 노동인구의 강력한 과잉화에 기초하고 있다는 점과 더불어, 일당 5달러 (FDD ; Five Dollars A Day)라고 요약되는 고임금 체제를 도입하여, 노동력의 순탄한 공급을 보장하고, 노동자들을 소독하여 노동자 반란을 방지하여 최상의 조건에서 대량생산과 자본 축적의 급속한 진전을 보장하고자 했다.[73]

---

72) 크리스티앙 팔루아, 「노동과정의 역사적 전개 : 포디즘에서 네오포디즘으로」, 『노동과정』, 허석렬 엮고 옮김, 이성과 현실사, 1986, 244쪽.
73) B. Coriat, "Un développement créateur du Taylorisme", 팔루아, 앞의 책, 245쪽에서 재인용.

요컨대 포드주의는 채취된 노동인구에게 높은 임금을 지불함으로써 내부와 외부의 격차를 확대하고 노동력 채취의 절단선을 유례 없이 강화했다. 이는 새로운 노동의 체제가 주는 고통을 보상의 형태로 변환시키고, 외부와의 격차를 통해 새로운 '욕망의 노예'로 변환시키는 방식인 셈이다. 나아가 그것은 새로운 욕망의 자극을 통한 새로운 시장의 확장을 추구하는 방법이기도 했다.

이러한 체제 역시 또 다른 저항과 투쟁에서 자유롭지 못하다는 말을 굳이 추가할 필요는 없는 것이다. 애시당초 그 체제는 탈주선으로 표시되는, 생산적 활동을 수행하는 저 **자발적인 힘과 능력에 대해** (반)작용하는 것이기 때문이다. 그 힘과 능력은, 근대적 노동의 체제가 모든 것을 포괄할 듯한 입체적 공간으로 표상됨에도 불구하고 결코 모든 것을 포괄할 수 없게 하는, 권력의 근본적인 무능력 지대인 셈이다. 그것은 근대적 노동의 체제에 내재하는 외부다. 따라서 어쩌면 그 자발적인 능력은, 그리하여 탈주선과 저항, 혹은 계급투쟁은 그 노동의 체제가 작동하기 이전부터 선재하는 것이란 점에서, 그 체제의 보이지 않는 또 하나의 차원이라고 해야 할지도 모른다. 제0차원.

5. 자본의 흔적과 노동의 주체

지금까지 우리는 맑스의 주 저작인 『자본』을 통해 근대적인 노동의 체제를 작동시키고, 자본이 요구하는 규율을 노동하는 신체에 새기는 중요한 양상에 대해 검토했다. 이는 자본이 노동 자체를 노동자로부터 분리하여 자신 아래에 포섭함으로써 노동하는 신체에 자신의 흔적을 새기는 메커니즘을 보여 주는 것이다. 이를 통해 우리는 노동에 새겨진 자본의 흔적을 추적할 수 있으리란 가정을 갖고 있었던 셈이다.

『자본』은 맑스 자신이 정의한 대로 물질적 생산양식으로서 자본주의를 그 대상으로 한다. 그러나 물질적 생활 그 자체의 생산으로서 생활양식 내지 활동양식이 그와 전혀 무관하게 구성되는 것은 아니라고 할 때, 특히 공장처럼 두 가지 양식이 중첩되는 영역에서라면, 그 겹친 주름을 통해 자본주의 생산양식이 작동시키는 주체생산양식의 요소들이 있을 수 있다. 이런 관점에서 우리는 맑스의 연구에 묵시적인 형태로 존재하는 이러한 요소들을 찾아내려고 했던 셈이다. 이를 통해 근대적 활동방식 내지 근대적 주체생산양식의 전체는 아니라 해도, 적어도 공장에서 작용하는 주체생산양식의 중요한 고리들을 추적할 수는 있으리란 것이다. 그리하여 공장이라는, 근대의 가장 기본적인 사회적 영역 가운데 하나에서 자본주의와 근대적 주체의 생산이 결부되는 양상을 포착하려고 했다.

여기서 우리는 생산양식과 주체생산양식이라는, 역사유물론의 이중의 대상으로 잠시 돌아갈 필요가 있다. 그것은 하나의 영역을 관찰하는 두 가지 상이한 방식을, 그리하여 '사건화'하는[74] 두 가지 상이한 방식을 보여 줄 수 있기 때문이다. 다시 말해 맑스가 훌륭하게 보여 준 것처럼, 생산양식에 대한 연구는 일차적으로 착취와 계급적 지배의 맥락에서 적대와 계급투쟁에 대한 연구다. 여기서 노동시간의 문제는 '절대적 잉여가치의 생산'에서 명시화되어 있듯이 노동일을 둘러싼 계급적 착취와 적대

---

74) 여기서 사용하는 사건 내지 사건화의 개념에 대해서는 Gilles Deleuze, *Logique du sens*, Minuit, 1969, pp. 68~69 이하[질 들뢰즈, 『의미의 논리』, 이정우 옮김, 한길사, 1999] ; Deleuze/ Guattari, *Mille Plateaux*, p. 235 이하 ; M. Foucault, "Questions of Method", *The Foucault Effect : Studies in Governmentality*, ed. G. Burchell et al., The University of Chicago Press, 1991, pp. 76~77 ; 이진경, 「들뢰즈 : '사건의 철학'과 역사유물론」 참조.

의 문제로서 나타난다. 공장이라는 공간의 문제는 '상대적 잉여가치의 생산'에서 다루듯이 일차적으로는 노동생산성과 노동강도의 강화를 통한 착취의 문제로 나타난다. '기계'의 문제 역시 상대적 잉여가치의 착취를 강화하는 문제로 나타나며, 이로 인해 노동이 단순화됨에 따라 여성과 아동 노동이 노동자의 축출에 이용되며, 근본적으로 노동조건의 악화와 임금의 저하 등을 야기한다. 기계파괴운동 역시 주로 '기계'로 인한 노동자의 축출과 연관해서 다루어진다. 상대적 과잉인구의 문제는 자본 축적에 따른 임금의 저하의 문제로 주로 다루어진다.

한편 주체생산양식에 대한 연구는, 대비해서 말하자면 노동방식이나 노동 체제의 문제를 주로 노동자의 신체를 장악하고 통제하는 생체권력과 그에 대한 저항의 계열 안에서 본다. 이 경우 노동시간의 문제는 테일러가 극명하게 보여 준 것처럼 노동자의 신체를 훈육하는 시간-기계의 문제로 다루어지고, 공장이라는 공간의 문제는 노동 자체를 해부학적으로 분해하고 그렇게 분할된 요소 동작을 배열하는 문제로 다루어지며, '기계'의 문제 역시 '기계'의 중심화를 통한 노동 자체의 기계화의 문제로 다루어진다. 이로 인해 기계파괴운동은 단지 생산력 발전에 반하는 반동적 운동이 아니라 '기계'를 통해 노동을 통제하고 장악하려는 권력에 대한 노동자의 저항이요 투쟁으로 다루어질 수 있게 된다. 과잉인구 역시 임금의 문제와는 다른 차원에서, 생존조건을 상실한 '자유로운' 타자를 통해 정상적인 노동자의 삶을 정의하고 강제하며, 동시에 경쟁과 실업화 압력을 통해 자본에 대한 충성과 복종을 자신의 욕망으로 변환시키는 메커니즘으로 다루어진다. 이러한 계열화의 선 안에서 저항은 신체를 장악하려는 생체권력에 대한 저항으로, 그리하여 결국은 신체에 새겨지는 자본의 흔적에 대한 저항으로 위치지어진다. 이는 과잉인구를 다루면서 썼던 것과는 겹치면서도 상이한 외연을 갖는 '생체정치'의 영역이다.

이 상이한 두 가지 사건화 방식을 통해 자본가계급의 권력을 둘러싼 계급투쟁과 근대적인 생체권력을 둘러싼 생체정치가 서로 교차하는 지대를 포착할 수 있다. 그것은 맑스의 책에서 읽어 낸 것처럼 생산양식과 주체생산양식이 교차하는 지대며, 근대적 노동의 체제 안에서 작용하는 생체권력과 자본가계급의 권력이 교차하는 지대고, 그런 만큼 노동자들의 저항이 계급투쟁과 접속되고 노동자계급의 투쟁이 생체권력을 전복하려는 노동자의 생체정치로 변환될 수 있는 지대다. 역사유물론이 이중의 대상을 전복하는 이중의 혁명을 꿈꾼다면, 자본에 반하는 계급투쟁이 근대적 권력에 반하는 생체정치와 결합되고, 하나가 다른 하나로 끊임없이 변환되는 이 과정처럼 중요한 것이 또 어디 있을까?

이제 이 두 가지 정치가 교차하는 겹침의 지대를 통해, 그리고 그 양자의 접속과 변환을 통해 계급투쟁이나 생체정치 자체가 상이한 것이 되는 것을 상상할 수 있다. 성장하여 제도적인 안정성을 얻게 되는 데 근접할수록 노동운동이나 계급투쟁에 가까이 다가오는 또 다른 전체주의의 위험, 그것은 자본의 권력을 대신해 대중을 효율적으로 통제하려는 욕구/필요에 내재하는 근대적 생체권력의 무의식적 작동에 기인한다. 그것은 계급투쟁을 통해 자연적으로 소멸하지 않는, 독자적인 영역과 체제를 갖고 있는 것이다. 반대로 생체권력에 대한 저항은 자본에 의한 고용과 포섭을 통해서만 생존할 수 있는, 그런 만큼 끊임없이 자본의 욕망을 스스로 욕망하게 되는 저 조건을 겨냥하지 않는다면, 어느새 자본에 의한 끊임없는 재영토화를 벗어나지 못하거나 아니면 '죽음의 선'을 타게 될지도 모르는 일이다.

노동이 '창조적이고 생산적인 활동'이라면 '노동의 정치'는 그러한 능력이 '정치화'하는 것을, 다시 말해 정치가 창조적이고 생산적인 활동 그 자체에 의해 정의되고 이루어지는 것을 뜻한다. 이는 자발적이고 자주적인 활동으로서 코뮨주의적 정치의 잠재성을 형성한다. 반면 그것은 또한 근대적 노동의 체제를 통해서, 노동하는 신체를 장악한 생체권력과 노동 그 자체에 새겨진 자본의 흔적이 만들어 내는 정치적 효과를 포함하고 있다. 자신의 욕망의 배치인 만큼 발견하기 어렵고, 이미 습속화되어 버린 일상적인 생활양식의 무의식적 지반인 만큼 제거하기 어려운 것. 결국 '노동의 정치'가 자본주의의 극복일 뿐만 아니라 '근대'의 극복일 수 있다면, 그것은 노동 자체에 새겨진 이 자본의 흔적을 변이시키는 것을 통해서가 아닐까?

6장_근대적 정체성과 횡단의 정치

1. 정체성의 사회학으로

사회학적 통념에 따르면 정체성(identité ; 동일성)은 자기 자신이 무엇이
며, 무엇을 해야 하고, 어떻게 해야 하는지에 대한 판단의 집합이다. 그것
은 헤겔 식으로 말하면 주체의 '자기의식'이다. 나아가 그것은 반복적 실
행을 통해 어느덧 습속화되고 무의식화되어 버린, '특정한 상황에서의 전
형적 반응과 태도의 집합'[1]을 형성하기도 한다. 이를 통해 그때그때의 개

---

1) 이를 피아제는 '도식'(Schema)이라고 부른다. J. Piaget, *La psychologie de l'intelligence*,
Armand colin, 1952(노베르그-슐츠, 『실존·공간·건축』, 김광현 옮김, 태림문화사, 1997, 12쪽에
서 재인용). 이와 연관해 공간 도식에 대해서는 같은 책, 11~15쪽 참조. 노베르그-슐츠는 이
를 현상학적 지향성 개념을 구체화하기 위해 재전유한다(슐츠, 앞의 책 ; 슐츠, 『건축론』, 정영수
옮김, 세진사, 1986). 한편 부르디외는 파노프스키(Erwin Panofsky)에 의거하면서, 어떤 문화
에 고유한 사고, 행동, 지각을 낳게 하는 내적 도식의 체계를 아비투스(Habitus)라고 정의한다
(Pierre Bourdieu, "Postface", in Erwin Panofsky, *Postface à Architecture gothique et la pensée
scolasique*, tr. Pierre Bourdieu, Minuit, 1967, p. 152). 그 역시 이를 현상학적 개념인 '지향성'
(intention)과 연관시키는데, 이 경우 지향성은 선험적 현상학의 개념에서 벗어나 사회적 규
범과 규칙의 산물로 간주된다(피에르 부르디외, 『구별짓기(상) : 문화와 취향의 사회학』, 최종철
옮김, 새물결, 1995, 59~63쪽).

별적인 행위는 하나의 일관된 전체로서 통일성을 갖게 되고, 행위하는 주체 역시 그러한 통일성을 통해 정의되는 자기-동일성을 갖게 된다. 이런 점에서 정체성은 사회적 주체가 자신을 하나의 동일한 주체로 인지하게 되는 일종의 '공통감각'(sens commun)인 셈이다.[2]

자명한 '주체'의 범주에 기초하고 있는 데카르트의 철학이나, 마찬가지로 자명한 주체의 자유로운 의지에서 출발하고 있는 홉스의 근대적 사회이론에게 '정체성'은 근본적으로 문제가 되지 않았다. 그것은 '실체'로 간주되었던 주체의 당연한 통일성이고, 끝없는 의심을 하는 경우에도 의심할 수 없는 자명한 전제였기 때문이다. 그러나 주체의 개념이 실체적 확실성을 갖지 않으며 어떤 단일성도 가정하기 힘들다는 흄의 비판으로 인해 주체의 '동일성'은 위기에 처하게 된다. 다양한 표상이나 판단의 분열을 넘어서, 혹은 능력들(facultés) 간의 분열을 넘어서 그것을 하나로 통일하고 '종합'할 수 있는 가능성의 문제가 칸트에게서 중요한 것은 이런 맥락에서였다. 즉 그러한 통일성과 확실성을 가능하게 해주는 "선험적 종합판단은 과연 어떻게 가능한가?" 칸트의 성공은 무엇보다 그러한 종합의 능력을 이성이 갖는다는 것, 그리고 공통감각이라고 불리는 종합능력이 상이한 심급의 능력들을 통일시킨다는 것을 보여 준 데 있었다.[3]

한편 사회의 분열이 대개의 경우 극단적 대립과 적대로 드러나게 되면서, 그리고 그러한 분열이 이론적으로 인지되면서, 그러한 동일성은 또 다른 맥락에서 그 자명함의 옷을 벗게 되었다. 그 분열과 대립을 치유하

---

2) Deleuze, *Logique du sens*, pp. 95~96 참조.
3) 이와 연관된 칸트의 '공통감각' 개념에 대해서는 질 들뢰즈, 『칸트의 비판 철학: 이성 능력들에 관한 이론』, 서동욱 옮김, 민음사, 2006, 44~50쪽 참조.

여 사회의 통일성과 단일성을, 적어도 그러한 가능성을 다시 발견하고자 했던 사회학자들에게, 이제 정체성/동일성은 이론적으로 설명되어야 할 대상이었고, 실천적으로 확보되어야 했던 대상이었다.[4] 이런 맥락에서 정체성은 사회학의 가장 중심적인 자리에 들어선다. 이미 헤겔이 저 유명한 '주인과 노예의 변증법'을 통해 보여 주었던, 적대가 상호 인정의 변증법적 과정을 통해 하나의 동적인 동일성에 이르는 과정은, 미드(George Herbert Mead)에게서는 적대 없는 관계를 통해 완화된 양상으로 반복되었고, 이는 사회적 정체성의 형성을 설명하는 중요한 논리가 되었다.[5]

반면 맑스가 보기에 보편성이란 특수한 이해관계를 은폐하는 허구며, 사회나 인간이라는 개념이 전제하는 보편적 본질의 동일성이란, 사회적으로 존재하는 광범위한 적대로 인해 해체되어 마땅한 허상이었다. 즉 노동자계급에게 '사회적 동일성(identité)'이란 불가피하게 계급적 허위의식을 통해 형성되는 것이었고, 부르주아적 질서를 뜻하는 규범을 내면화하는 것이며, 따라서 그것은 노동자계급의 진정한 의식으로 대체되어야 한다. 여기서 맑스는, 비록 정체성이라는 사회학적 용어를 직접 사용하지는 않았지만, 적대적인 정체성의 존재, 지배적인 정체성이 포함하고 있는 권력, 그리고 그 권력에 대한 저항을 처음으로 사유하려 한 셈이다.

---

4) 이는 뒤르켐의 근본적인 문제설정이었다. 그리고 이러한 문제설정은 철학자들을 대신해서 사회학자들이 국가적 사유의 모델을 제공하게 된 것과 역사적으로 관련되어 있다. "철학이 스스로 지반의 지위를 차지한 이후 그것은 끊임없이 기존 권력을 축복했으며, 자신의 분과원칙을 국가의 권력기관 위에서 모사해 왔다.…… 근대적 국가에서 사회학자는 철학자를 대체할 수 있었다(예컨대 뒤르켐과 그의 제자들이 공화국에 사유의 세속적 모델을 제공하기 시작했을 때)."(Deleuze/Guattari, *Mille Plateaux*, p. 466)

5) 이러한 논리는 의사소통과 합의라는 개념을 이론적 중심으로 부각시킨 하버마스에게서 변형된 방식으로 반복되는 것 같다. '헤겔적' 맑스주의자라는 자신의 언명은 이 점에서 매우 의미심장하다.

이것은 정체성을 통해 작동하는 권력의 문제를 사회학적 전통과는 다른 맥락에서 사유하고, 그런 면에서 정체성을 둘러싼 정치를 사유할 수 있는 것으로 다시 제기하는 것이 아니었을까?

2. 주체화와 동일시

주체들이 순수한 자아나 순수 주체, 혹은 순수한 인간이라는 개념을 통해 정의되지 않는다면, 반대로 그것은 사회적 관계 속에서 상이하게 규정되는 '사회적 존재'요, '세계-내-존재'(In-der-Welt-Sein)라면, 이 주체는 개인을 둘러싼 다양한 사회적·역사적 관계 속에서 각이하게 정의된다. 이러한 입장은 구조주의 이후 근대 철학이 전제하는 주체 개념에 대한 명시적 비판으로 발전하며, 전제되는 주체가 아니라 만들어지는 주체, 구성되는 주체에 대한 개념을 발전시킨다.

이는 크게 두 가지 상이한 관점으로 나누어 대비할 수 있다. 하나는 언어학과 프로이트의 정신분석학에 기초한 것으로 일종의 '집합표상'을 통해서 주체화와 정체성을 설명하는 것이고, 다른 하나는 습속의 도덕과 니체적 권력 개념을 통해서 설명하는 것이다. 전자에는 라캉, 알튀세르가 대표적이고, 후자에는 푸코, 들뢰즈/가타리가 대표적이다.[6]

라캉은 주체가 되는 과정과 메커니즘을 욕망과 언어를 통해서 설명한다. 그에 따르면 무의식은 언어처럼 구조화되어 있으며, 오이디푸스기를 통해서 개개의 사람은 그 상징적 질서 안으로 들어간다. 생물학적 욕

---

6) 이에 대해서는 박태호, 「근대적 주체의 역사이론을 위하여」, 『근대주체와 식민지 규율권력』, 김진균 외, 문화과학사, 1997, 30~43쪽 참조.

구(besoin)는 이제 그러한 상징계의 질서 안에서 요구(demande)되지만, 욕구와 요구 간의 간극과 격차는 메울 수 없다. 욕구와 요구 간의 이러한 간극을 욕망(désir)이라고 하는데,[7] 이는 욕구를 충족시킬 수 있는 근본적 대상을 언제나 결여하고 있음을 뜻한다. 이런 의미에서 라캉은 욕망이란 결여(manque)라고 한다. 욕망은 언제나 그 대상을 갖지만, 이러한 근원적인 결여로 인해 그 대상은 끊임없이 다른 것으로 치환된다. 여기서 욕망은 근본적으로 타자(l'Autre), 특히 아버지나 어머니로 대표되는 타자로부터 남근(Phallus)으로 인정받고자 하는 욕망이다.[8] 타자 안에서 '나'의 자리, 그에 대한 상징적 동일시, 그리고 자아의 이상. 이러한 인정 욕망으로 인해 스스로를 타자가 욕망하는 특정한 형태의 주체로 만들어 간다. "무의식은 타자의 욕망이다."

이런 맥락에서 라캉은 다음과 같이 말한다. "나는 존재하지 않는 곳에서 생각한다, 고로 나는 생각하지 않는 곳에 존재한다."[9] 이는 생각하

---

7) Lacan, "The Signification of the phallus", *Ecrit : A Selection*, pp. 286~287 ; "욕망은 요구가 욕구로부터 분리되는 그 한계지점에서 형태를 취하기 시작한다."("The Subversion of the Subject and the Dialectic of desire in the Freudian Unconscious", *ibid.*, p. 311) 이와 연관하여 주체의 구성과정에 대한 라캉의 이론에 대해서는 이진경, 「자크 라캉:무의식의 이중구조와 주체화」, 『철학의 탈주』, 새길, 1995 참조.

8) Lacan, *Ecrit : A Selection*, p. 312. 여기서 남근은 현전하는 질서의 중심이요, 모든 기표가 그로부터 발원하는 로고스다(자크 데리다, 「라캉의 음성중심 형이상학」, 『해체』, 김보현 엮고 옮김, 문예출판사, 1996, 399~403쪽 참조). 데리다는 여기서 라캉이 말하는 남근이란 기표가 "그것을 상징화하는 신체기관이나 음경이나 음핵이 아니라 남근으로 은유되어 온 로고스를 상징한다"고 본다(데리다, 같은 책, 402쪽). 이런 점에서 남근이라는 라캉의 특권적 개념에는 프로이트의 남근중심주의와 소쉬르의 음성중심주의, 그리고 전통적인 서구 형이상학의 로고스중심주의가 복합되어 있다고 하며, 이런 의미에서 남근로고스중심주의(Phallogocentrisme)이라고 비판한다.

9) Lacan, "The Agency of the letter in the unconscious or reason since Freud", *ibid.*, pp. 164~165.

는 나에서 나의 존재를 추론했던 데카르트를 직접 겨냥하여 뒤집는 명제인데, '나'라고 불리는 주체가 사실상 타자로서, 타자의 응시 속에서 구성되며, 따라서 '나'라는 존재는 '생각하지 않는 곳'에 존재한다는 것을 보여 준다. "무의식은 타자의 담론이다."

그리고 그는 거울단계에 대한 유명한 이론을 통해[10] 이처럼 획득된 '자아의 이상'을 타자가 아니라 자신(이상적 자아)이라고 '오인'하는 상상적 동일시가 작동한다고 설명한다. 주체의 정체성은 이런 메커니즘을 통해 구성된다.[11] 따라서 주체란 언어적으로 구조화된 무의식을 통해, 타자인 상징계가 구성해 낸 결과물이라는 것이다.[12] 동일시를 통한 주체화.

한편 푸코는 『지식의 고고학』에서 주체와 지식 사이의 근대적인 관계 설정을 뒤집는다. 그는 주체란 특정한 담론 안에서 정의되는 기능이

---

10) Lacan, "The mirror stage as formative of the function of the I as revealed in psychoanalytic experience", *ibid.*, pp. 1~7.

11) *Ibid.*, p. 2 ; 이진경, 「자크 라캉 : 무의식의 이중구조와 주체화」, 34~36쪽 참조.

12) 이와 유사한 관점에서 알튀세르는 이데올로기를 무의식으로 정의하고, 그러한 이데올로기를 통해 개개인은 주체로 구성되는 것임을 보여 준다. 이를 위해 그는 '호명'(interpellation)이라는 개념을 제안한다. 즉 이데올로기 안에서 작동하는 큰 주체(Sujet)가 개개인을 주체(sujet)로서 호명하며, 이에 대답하고 그에 따름으로써 개개인은 주체화된다고 한다(루이 알튀세르, 「이데올로기와 이데올로기적 국가장치」, 『아미엥에서의 주장』, 김동수 옮김, 솔, 1991, 115~121쪽).

페쇠는 동일시하지 않는 경우를 반동일시와 비동일시로 구분하여 동일시로 포괄할 수 없는 경우에 대해 설명하려 한다. 예를 들면 교사와 규범에 반하여 반대되는 방향으로 가는 학생들의 경우를 반동일시라고 하고, 교사와 규범에 동일시하지 않으며 나름의 방향을 취하는 학생들의 경우를 비동일시라고 부른다(Michel Pêcheux, *Language, Semantics and Ideology*, St. Martin's Press, 1982).

이로써 동일시로 포괄할 수 없는 것을 설명할 수 있다는 장점이 있지만, 이는 그 모두를 **동일시의 일종**으로 만든다는 대가를 치러야 했다. 그렇지만 왜 모든 방향으로 열린 다양한 행동들이 모두 동일시의 일종이 되어야 하는 것일까? 이는 아마도 동일시라는 개념이 그가 전제하고 있는 이데올로기 개념의 전제요 출발점이기 때문일 것이다. 그러나 모든 것을 동일시의 일종으로 몰아넣는 그 전제 내지 출발점이 과연 적절한 것일까?

며, 이 점에서는 그 짝인 대상 역시 마찬가지라고 한다. 그리고 이 양자가 연관되는 방식을 표시하는 개념이나 전략 역시 담론 안에서 정의되는 것이다.[13] 예를 들면 정신병리학에서 주체는 '의사'라고 불리는 어떤 기능이며, 정신병원에서 언표할 수 있는 주체는 오직 의사(및 간호사)뿐이다. 환자들은 의사 등이 행하는 조치(진료·치료)의 대상일 뿐이며, 의사 등이 행하는 조치에 대해 따라야 한다. 환자에게 적절한 것으로 간주되는 말들이나, 의사의 조치에 항의하는 말들은 언표가 되지 못한다. 즉 말하되 들리지 않고, 즉시 무효화된다. 환자 아닌 방문자 역시 이 점에선 마찬가지다. 어떠한 강제적이고 폭력적인 조치조차 치료의 이름이 붙으면 정당한 것이 된다. 거기서 '사유하는 주체'는 오직 의사의 기능을 수행하는 자에게만 허용될 뿐이다.

결국 주체란 이처럼 정신병리학이나 병원과 같은 배치 안에서 정의되고 그것들에 의해 유지되는 특정한 기능이다. 정체성이란 그러한 배치 안에서, 그리고 그 배치를 통해서 담론적 및 비담론적인 방식으로 정의되는 주체의 위치를 고정하고 유지하는 것이다. 그것은 의사의 역할을 하는 개인으로 하여금 치료라는 이름으로 환자들에 대해 조치하고, 진리의 이름으로 환자들의 말에 귀를 닫게 한다. 또한 정체성은 단지 의사만의 것은 아니다. 그것은 환자라는 '대상' 또한 가져야 하는 것이고, 갖도록 반복하여 강제되는 것이다. 그것을 갖는 순간 환자들은 스스로를 환자로서 관리하고 통제해야 한다. 그것을 제대로 수행하지 못할 경우 의사나 간호사들의 '도움'이 여러 가지 형태로 행해지는데, 이것이 바로 자신을 위한 것임을 인정하도록 강제된다. 환자가 스스로 동일시하지 않는 경우에도

---

13) 미셸 푸코, 『지식의 고고학』, 이정우 옮김, 민음사, 2000, 83~106쪽

달라지는 것은 없다. 동일시할 때까지는 동일시 없는 강제가 그를 환자로서 유지한다. 차라리 동일시는 그러한 반복적 강제의 결과 형성된 '동일시하는 습관'이다. 감옥이나 학교, 군대, 공장 등에서 수인이나 학생, 군인, 노동자들의 주체화는 이처럼 처음에는 동일시 없는 행위의 반복적 강제를 통해서 이루어진다.[14] 동일시 없는 주체화.

여기서 주체화와 동일시의 문제에 관해 몇 가지 논점을 요약하자면, 첫째, 동일시는 자명한 전제가 아니라 설명되어야 할 대상이다. 둘째, 동일시는 정체성의 형성에는 긴밀하게 결부되어 있음이 분명하지만 주체화하는 유일한 방법은 아니다. 다시 말해 배제나 강제를 통한 동일시 없는 주체화가 가능하다. 셋째, 동일시는 주체화 과정의 출발점이 아니라 반대로 다양한 방법으로 수행되는 그 과정의 결과물이다.

3. 정체성과 권력

정체성은 사회학적 정의가 보여 주듯이, 내가 누구며, 나는 무엇을 해야 하고, 어떻게 해야 하는지에 대한 판단의 집합이다. 그것은 나를 둘러싼 사회적 관계 속에서 나의 지위와, 그 지위에 결부된 역할에 관한 일련의 정의들로 구성된다. 정체성을 갖는다는 것은 그러한 일련의 정의를 자신의 것으로 인정하고 동일시하는 것을 뜻한다. 이런 점에서 그것은 사회적 관계 속에서 개인이 주체화된 결과를 보여 준다.

그것은 이중의 의미에서 동일성(identité)을 포함하고 있다. 첫째로는, 지위로 요약되는 사회적 관계가 '나'라는 주체가 서 있는 자리와 동일

---

14) 이에 대해서는 푸코, 『감시와 처벌』, 제3부 참조.

하며, 역할로 요약되는 규범의 집합이 내가 선택하는, 혹은 당위로 간주하는 행동의 집합과 동일하다는 의미에서 동일성. 이것은 내가 하는 행동이고, 따라서 나 자신의 의지에 따르는 것이라는 관념. 그것이 대개는 사회적 규범에 따르는 것이지만 그것은 이미 나 자신과 분리할 수 없는 하나를 이루는 것(동일한 것)이다.

둘째는, 끊임없이 변화하고 있는 '나'의 모습과 위상이 이전의 '나'와 동일하며, 이후에도 여전히 '나'는 '나'일 것이라는 의미에서의 동일성. 그것은 언제나 나를 나로서 고정한다. "길동아"라고 불리는 15세의 '나'와 "홍길동 씨"라고 불리는 40세의 '나' 사이에, 중학교에 다니는 '나'와 대학에서 가르치는 '나' 사이에, 혹은 일찍이 전복과 저항을 꿈꾸던 '나'와 이제는 돌아와 가족을 걱정하며 주어진 일을 성실히 수행하는 '나' 사이에 존재하는 '동일성'이란 얼마나 취약한 것일지! 그러나 정체성은 이러한 상이한 모습과 상이한 태도들 사이에 동일성의 등가선을 설치하고 고정한다. 신원의 동일성을 보장하는 증명서(예를 들면 주민등록증)는 이러한 동일성을 법적으로 고정한다. 그것은 적어도 새로운 변이와 변화를 항상-이미 방지하고, 발생하는 경우에도 그것을 최소한의 폭으로 제한하는 효과를 갖는다. 주체화가 포함하는 가변성은 이러한 정체성을 통해 고정화되고 안정화된다.

이처럼 정체성은 자신에 대한 복종을 통해 이루어지는 사회에 대한 복종이며, 과거와의 동일성을 통해 이루어지는 삶의 반복이다. 그러나 주체화(subjectivation)가 언제나 주어진 자신의 위치를 받아들이는 것만은 아니며, 그런 만큼 단지 예속화(assujettissement)만을 뜻하는 것은 아니다. 차라리 주체화는 벗어나고 이탈하는 주체화의 점(point de subjectivation)에서 시작한다. 들뢰즈/가타리의 말을 빌리면 주체화는 신에게서 얼굴을 돌리는 배신에서, 기존의 상징적 질서를 담지하고 있는 언표(énoncé)의 주체로부터 벗어나는 독자적인 언표행위(énonciation)의 주체를 통해 시작한다.[15] '나는 생각한다'라는 언표행위의 주체 '나'는 신이 제공한 창조와 계시의 언표에서 벗어남으로써 새로운 주체화의 점을 창출한다. 하지만 좀더 근본적인 것은 차라리 그러한 이탈을 가능하게 하는 힘으로서 정염(情炎, passion)이다. 그것은 예속화하는 모든 기표에서 벗어나려는 힘이며, 질서의 중심으로서 이성에 포섭되지 않은 힘이다. 요컨대 주체화는 탈주선을 타는 데서 시작한다.

주체화의 선은 단지 탈주선에 머물지 않는다. 그것은 탈주선상에 있는 주체화의 점을 사회적 질서의 체제로 연결한다. 자본주의는 직접 생산자를 생산수단으로부터, 토지로부터 분리하는 과정을 통해 자신의 기초를 마련하지만,[16] 그 결과 양산된 탈영토화된 생산자들의 부랑을 그대로 허용하지 않는다. 부랑을 금지하는 법과 부랑을 처벌하는 강력한 제도들, 혹은 부랑자를 감금하는 장치들이 '빈민의 구제'[17] 내지 '종합병원'(L'Hôpital général)의 이름으로[18] 탈주선을 절단한다. 그리고 새로운 주체화의 선이 그려진다. 감금과 노동을 통한 갱생, 감시와 엄격한 규율에 따른 신체의 훈육, 감시자 없이도 작동하는 감시장치 등등.

그러나 정염 내지 욕망의 유목적인 운동을 근본적으로 제거하지 않는 한, 이러한 주체화의 선은 불안정하다. 더구나 주체화가 주체화하는 방식으로 이루어지는 한, 주체화의 선은 또 다른 새로운 주체화의 점을,

---

15) Deleuze/Guattari, *Mille Plateaux*, p. 160.
16) 맑스, 『자본론 I(하)』, 979쪽 이하.
17) 같은 책, 1009쪽 이하.
18) Foucault, *Histoire de la folie à l'age classique*, p. 59 이하.

새로운 탈주선의 생성을 피할 수 없다. 주체화를 작동시키는 권력은 그것의 안정성을 위해 현존하는 주체화의 선을 고정시키려 한다. 정착과 통합(integration). 정체성/동일성은 현존하는 형태로 동일하게 주체화의 선을 고정시키고 그 선으로 대상을 포섭하고 통합하려는 힘이다.

정체성은 당연시된 통념 내지 '다수적인'(majeur) 통념을 통해 주체화의 벡터를 사회적 질서 내지 지배권력과 상응하는 하나의 방향으로 고정하려 한다. 양식(bon sens)과 공통감각(sens commun)은 이처럼 다양한 잠재성을 갖는 욕망의 의미/방향(sens)을 하나의 **동일한 것으로 고정**시킨다.[19]

예를 들면 노동자는 생산하는 자로서 창조적이고 적극적인 위상을 통해 노동자계급 내지 프롤레타리아트의 방향으로 나아갈 수 있지만, 동시에 자본에 의해 고용되고 자본의 지휘 아래 노동해야 한다는 위상을 통해 자본의 일부인 노동력의 방향으로 나아갈 수도 있다. 이런 점에서 노동자 각각은 두 가지 방향(deux sens, 두 가지 의미)을 갖는다. 그런데 대개는 효율성과 생산성이라는 경제학적 '양식', 그것을 위한 성실성과 순종이라는 도덕적 '양식'에 따라, 그리고 좀더 근본적으로는 자본을 통해 이루어지는 생산 단위의 부분적 기관(organe)[20]이라는 '공통감각'을 통해 하나의 방향을 취한다. 노동자의 정체성 역시 '다수자'(majorité)로서 자본을, 자본에 의한 노동자의 규정성을 지향한다. 이것이 자본주의에서 노동자의 정체성을 지배적으로 정의한다.

여기서 다수성(majorité)이란 개념에 대해 잠시 언급할 필요가 있다.

---

19) Deleuze, *Logique du sens*, p. 93.
20) *Ibid.*, p. 95. sens commun에서 sens는 감각, 기관의 의미를 갖는다.

다수자/소수자나 다수성/소수성의 문제는 단지 양적인 차원에서 대립하는 것이 아니다.[21] 그것은 분자적인 움직임 혹은 대중들에 대해 영향력을 뻗칠 수 있는 **경로의 다수성**이며, 그것을 포획하기 위해 확보한 **장치의 다수성**이고, 그것을 지배하고 통제하기 위해 사용하는 **권력의 다수성**이다. 이런 점에서 "다수성이 권력과 지배를 전제하고 있는 것이지, 그 반대는 아니다".[22] 예를 들어 민주주의는 다수자에 의한 다수자의 지배지만, 여기서 다수자가 노동자나 민중처럼 수저인 다수로 생각하는 것처럼 순진한 일은 없을 것이다.

반면 소수성(minorité)은 **그러한 다수적 가치와 다수자의 지배에서 벗어나 새로운 가치와 활동을 생성하는 것**이고, 언제나 권력과 대결하는 변이의 힘이다. 다수성은 동질적이고 항상적인 것의 체계지만, 소수성은 창조적이고 잠재적인 생성(devenir)이다. "다수자는 그것이 추상적 척도 안에서 분석적으로 포착되는 한에서 결코 누구도 아니며, 또한 아무도 아니다(Personne). 반면 소수자는 만인이 되는 것(devenir tout le monde)이며, 사람이 모델로부터 벗어나는 한에서 잠재적으로 만인이 되는 것이다."[23]

덧붙일 것은 이러한 소수성이 주변성(marginalité)을 뜻하는 것도 아니란 점이다. 주변성은 많은 경우 다수성의 대칭적 양상을 취하며, 다수성을 지향하는 경우가 많다(예컨대 조직폭력단). "나는 스스로를 주변인으로 자처하는 사람들에 대해 미셸[푸코]이 가지고 있던 공포를 공유한

---

21) Deleuze/Guattari, *Mille Plateaux*, p. 133.
22) *Ibid.*, p. 133.
23) *Ibid.*, pp. 133~134.

다. 광기와 범죄, 변태, 마약 등등에 관한 낭만주의는 점점 더 참을 수 없는 것으로 느껴진다. 그런데 내가 보기에 탈주선들, 즉 욕망의 배치는 주변인들에 의해 창출되는 것이 아니라 반대로 객관적인 선들이, 주변인들이 여기저기 자리잡고 있는 사회를 횡단하면서 매듭과 소용돌이를 만들고 재코드화를 야기한다."[24]

정체성은 사회학자들이 흔히 말하는 것처럼 어떤 개인의 지위와 역할에 대한 정의의 집합만은 아니며, 자신이 누구며 어떤 일을 해야 하는지에 대한 상상적 설명을 제공해 주는 표상체계만도 아니다. 차라리 정체성에는, 혹은 정체성을 형성하는 **메커니즘에는 권력이 작동하고** 있다고 말해야 한다. 왜냐하면 정체성은 각각의 개인에게 현재 주어진 위치를 고정된 것으로 받아들이고, 그 위치에 걸맞은 역할을 안정적으로 수행하라는 지시를 포함하고 있으며, 그것은 현재의 주체 형태를 고정시키고 그것을 통해 그를 사회적 질서 속으로 통합해 내는 메커니즘이기 때문이다.

정체성은 그것이 동일성인 만큼 동일자(le Même)의 작동 아래 있다. 그것은 동일성을 형성하기 위해 다양한 차이와 이질성을 배제하거나 하위적으로 위계화하여 통합시키기 때문이다. 예를 들어 노동자 역시 자본가나 '중산층'처럼 다양한 자기-가치화를 통해 자신의 욕망을 배치할 수 있다. 대금을 부는 일용공, 첼로를 연주하는 버스 운전수, 조각을 하는 선반공, 밴드와 함께 드럼을 치는 페인트공, 발레를 하는 미싱사, 테니스를 치는 점원…… 그러나 노동자의 정체성은 이러한 다양한 삶의 가능성을 봉쇄하고 있는 것처럼 보인다. "노동자가 무슨……" 다만 부지런히 일하

---

24) Deleuze, "Désir et plaisir"[「욕망과 쾌락」, 이호영 옮김, 『탈주의 공간을 위하여』, 서울사회과학연구소 엮음, 푸른숲, 1997, 109~110쪽].

는 성실한 노동자, 기계를 잘 다루고 어떤 고장에도 훌륭하게 대처하는 유능한 노동자만이 쉽사리 떠오른다. 정체성은 동일성의 형식으로 차이를, 상이한 가치와 삶의 가능성을 억압한다.

이는 성적인 정체성이나 민족적 정체성의 경우도 마찬가지다. 독일은 자국민의 나치즘과 전쟁범죄에 대해 분명히 인정하고 사죄했지만, 아이러니하게도 일찌감치 그에 대해 비판하면서 전쟁에 반대하여 징집을 거부했거나 탈영을 했던 사람들은 아직도(!) 복권되지 않았다. 비록 전쟁은 잘못된 것이지만, 그들은 민족의 배신자인 것이다! 전쟁에 대한 자기비판도 민족적 동일성 안에서만 인정되는 것일까?

4. 근대적 정체성의 모델

근대적 정체성은 어떻게 작동하는가? 혹은 정체성의 권력이 작동하는 근대적 양상의 특징은 무엇인가? 이는 근대인을 생산해 내는 권력의 도식(diagramme)을 통해서 검토할 수 있다. 푸코는 『감시와 처벌』에서 원형감시장치(panopticon)를 통해 이러한 권력의 모델을 추출하고 있다. 이는 다른 두 가지 유형의 모델과 유효하게 비교된다. 그것은 나병과 페스트의 모델로서, 이를 통해서 우리는 세 가지 권력의 도식을 비교해 볼 수 있다.

첫째, 나병의 모델. 나병은 신의 저주를 받은 자들이었으며, 신의 통치 아래 있던 서구 중세사회에서는 수용할 수 없는 외부였다. 서양의 중세사회는 이들을 배제하고 추방함으로써 정상성을 정의할 수 있었다. 도시 외곽에 있었던 나병 환자 수용소는 중세사회의 경계선이었다. 그러나 중세 말에 이르면 나병 환자가 거의 사라지면서 그 수용소들은 비게 되었다. 17세기에 오면서 그 수용소는 이제 부랑자, 가난뱅이, 게으름뱅이, 광인, 범죄자 등을 감금하는 새로운 수용소가 된다. 종합법원(L'Hôpital général)이란 간판이 거기에 걸린다. '거대한 감금'(Le grand renfermement).[25] 이는 나병의 모델이 제공한 배제 내지 추방의 형식을 보여 준다. "나병은 배제(exclusion)의 제의를 만들어 냈는데, 이는 '거대한 감금'의 모델 및 그 일반적 형식을 어느 정도까지 제공했다."[26] 이를 **배제와 감금의 도식**이라고 부르자.

둘째, 페스트의 모델. 여기서는 페스트의 전염을 막기 위해 공간을 엄격하게 분할하고 해당된 도시와 지방을 봉쇄했으며, 거기서 밖으로 나가는 것을 금지했고, 어기면 사형에 처했다. "폐쇄되고, 세분되고, 모든 면에서 감시받는 이 공간에서 개인들은 고정된 자리에서 꼼짝 못하고, 아무리 사소한 움직임이라도 통제되며, 모든 사건들이 기록되고, 끊임없는 기록 작업이 중심부와 주변부를 연결시키고, 권력은 끊임없는 위계질서의 형상으로 완벽하게 행사되고, 개인은 줄곧 기록되고 검사되며, 생존자, 병자, 사망자로 구별된다. 이러한 모든 것이 규율중심적 장치(dispositif)의 충실한 모형을 만든다."[27] 여기서 페스트의 모델은 분할되고 고정된 공간을 구성한다. "공간은 세분화되고 고정되어 있으며 동결되어 있다."[28]

그리고 이 분할되고 고정된 공간 속에 사람들을 가두고 그들을 치밀하고 세심하게 감시한다. "감독의 기능은 끊임없이 작동된다. 감시의 눈

---

25) 푸코, 『광기의 역사』, 제2장 참조.
26) 푸코, 『감시와 처벌』, 307쪽.
27) 같은 책, 306쪽.
28) 같은 책, 304쪽.

길은 도처에 있다.……성문에는 감시초소를 두고, 모든 거리의 끝부분에는 보초를 세운다. 감독관은 매일 담당지구를 순찰하고……마찬가지로 동장이나 읍장은 매일 자기 담당구역을 다니면서, 집집마다 그 앞에 멈춰서서 온 가족을 창가에 불러 모으고……한 사람 한 사람 호명하여 모든 사람들의 상태를 개별적으로 조사하고……창문에 모습을 보이지 않는 사람이 있을 경우, 그 이유를 반드시 물어보도록 한다."[29]

요컨대 페스트의 권력 모델은 분할·고정과 감시의 도식이다.

셋째, 원형감시장치의 모델. 알다시피 중심의 감시탑과 그 주위를 둘러싼 원형의 건물이라는 건축적 형상을 취하며, 빛이 개개의 방에서 감시탑을 향하여 들게 하는 빛의 배치를 이용하는 원형감시장치는 최소한의 비용으로 최대한의 감시효과를 거두려는 공리주의적 사고의 극한에서 탄생한 것이다. 건물의 배치와 빛의 효과로 인해 감시탑에서는 매우 효율적으로 갇힌 자들의 움직임을 포착할 수 있으며, 감시자는 한 명이면 충분하고 심지어 없어도 상관없다. 그것은 "항상 밖의 시선에 노출되어 있는 한 사람의 배우가 연기하고 있는 수많은 작은 무대들이자 수많은 감방이다. 일망감시의 이 장치는 끊임없이 대상을 바라볼 수 있고, 즉각적으로 판별할 수 있는, 그러한 공간적 단위들을 구획 정리한다."[30]

여기서 대중은 통제가능한 개인으로 나누어지고, 항상적인 감시의 시선이 그에게 주어진다. 그들은 항상 감시되고 있으며, 반면 감시하는 자는 보이지 않는다. 따라서 감시자가 있건 없건 간에 개인은 항상 감시하고 있는 시선 아래 있다. 감시자가 누구인지, 권력을 누가 행사하는 것

---

29) 푸코, 『감시와 처벌』, 304~305쪽.
30) 같은 책, 310쪽.

인지는 중요하지 않다. "그 권력의 근원은 어떤 인격 속에 있는 것이 아니라 신체, 표면, 빛, 시선 등의 신중한 구분 속에, 그리고 내적인 메커니즘이 만들어 내는 관계 속에, 개개인들이 포착되는 그러한 장치 속에 존재한다.……따라서 그 관리책임자가 부재중이라면 그의 가족이나 측근, 친구, 내방객, 그리고 하인조차 그 일을 대신할 수 있다."[31] 항상 보여지고 있다는 생각은 의식을 넘어 습속이 된다. 감시자가 없어도 그는 감시당한다. 감시를 의식하는 습속 아래서 자신의 시선이 감시의 시선을 대신한다. 어느 곳을 가든 그림자처럼 따라다니는 감시의 시선, 그것은 바로 자신의 시선이다. 이제 권력은 자동적인 것이 된다.[32]

따라서 페스트에 감염된 도시와 원형감시장치의 차이는 중요하다. 전자는 예외적 상황으로서 비정상적인 악성 유행병에 대항하여 권력이 발동한 것이고, 그 권력은 고정하고 정지시키며, 반대로 움직이는 것은 죽음을 전달하고 또한 죽음을 당한다. 반대로 원형감시장치는 감시의 대상을 개별화함으로써 항상적으로 감시하는 메커니즘을 작동시키며, 감시자 없이 작용하는 시선은 자신의 시선으로 감시의 시선을 대행하게 함

---

31) 같은 책, 313쪽.
32) 이런 맥락에서 원형감시장치와 유사한 또 다른 감시장치를 현대 자본주의의 한 구석에 찾아내려는 시도(예를 들면 시월·윌킨슨, 「"누군가 나를 감시하고 있다": 감시, 규율, 그리고 저스트-인-타임 노동과정」, 『생산혁신과 노동의 변화』, 강석재·이호창 엮고 옮김, 새길, 1993)는 적어도 푸코에 관한 한 일반화된 유명한 오해를 보여 준다. 그 오해는 푸코의 『감시와 처벌』을 단지 감시장치에 대한 연구로 이해한다. 그러나 그것은 벤담의 연구일 수는 있어도 푸코의 연구는 아니다.
알다시피 감옥뿐만 아니라 공장, 행정부에까지 확장시키고자 했던, 그리하여 공리주의적 유토피아의 뼈대를 이루던 벤담의 꿈은 어디서도 제대로 실현되지 않았으며, 푸코도 지적했듯이 그것이 원형적으로 실현된 감옥에서 훈육과 교정은 실패했다. 이를 잘 알고 있는 푸코에게 원형감시장치가 중요했던 것은, 그것이 스스로를 감시하고 통제하는 근대적 권력의 도식을 극한적인 양상으로 보여 주고 있다는 점에서다.

으로써 일반적인 상황에서 일상적으로 작동한다. 이런 점에서 그것은 그 기능을 일반화할 수 있는 권력의 모델이며, "인간의 일상생활과 권력의 관계를 규정하는 하나의 방식이다".[33] 보되 보이지 않는 권력의 도식,[34] 그것은 일상화되고 일반화된 자기감시의 도식을 그 이면에 창출한다.

이러한 권력의 도식을 통해서 우리는 정체성의 몇 가지 상이한 형태에 대해서 사고할 수 있다. 배제와 감금의 도식으로 작동하는 나병의 모델에서 개인은 언제나 자신이 선택할 수 없는 선택지 앞에 있다. 신의 저주와 배제, 그리하여 추방과 감금을 감수할 것인가, 아니면 그 끔찍한 외부 세계와 달리 신의 축복이 있는 안정되고 정상적인 세계 속에서 살 것인가? 저주의 징후를 가진, 신에게서 배제되고 버림받은 자와 그것을 갖지 않은 신의 어린 양.

하나의 동일한 두 가지 동일성(정체성)이 나타난다. 나병과 저주의 동일성, 비-나병과 축복의 동일성. 순종하는 이런 양들로 구성된 순수한 공동체에 대한 이상은 그 저주받은 자들을 인간의 집단에서 배제함으로써 구성된다. 이제 그들은 저주의 낙인을 감수하며, 추방된 자의 운명을 묵묵히 받아들여야 한다. 동일시?

한편 페스트의 모델에서 개인은 자신의 의사와 무관하게 주어진 고정된 자리에 동결되고 구속된다. 개인들은 권력에 의해 분할되고, 건강한 자와 병든 자, 감염의 위험이 있는 자와 그렇지 않은 자, 움직이고 옮겨 다니며 죽음을 전파하는 자와 그렇지 않은 자 등등으로 분류된다. 고정된 자리에 나타나지 않는 자는, 그 이유가 무엇이든 이제 죽음과 조우하게

---

33) 푸코, 『감시와 처벌』, 318쪽.
34) 질 들뢰즈, 『들뢰즈의 푸코』, 권영숙·조형근 옮김, 새길, 1995.

된다. 페스트에 의한 것이든, 처벌에 의한 것이든 간에. 권력이 분배하는 그 고정되어야 할 위상들은 '참된' 이름, '참된' 위치, '참된' 신체, '참된' 질병에 대한 결정의 분류된 집합이다.[35] 그리고 감시는 그 위상들과 개인들의 대응을 확인하는 것이다. 그리고 그것을 따르고 받아들이도록 훈련된 사회에 대한 몽상.

따라서 여기서 정체성이란 권력이 분배하는 그 고정되고 동결된 자리를 받아들이는 것이고, 그것을 '참된' 자신의 자리로 인정하는 것이며, 어떤 일이 있어도 그로부터 벗어나지 않는 것이다. 그런 점에서 그것은 분배된 위상과 자신의 동일성(정체성)을 확립하는 것이다. 이러한 동일성은 죽음이라는 극단적 처벌을 동반하는 권력에 의해서 강제되고 확인되며 강요되는 것이다. 이러한 동일시에서, 개인이 그것을 기꺼이 받아들이려 하는가의 여부는 아무런 의미도 갖지 않는다. 아니 차라리 동일시는 없다.

마지막으로 원형감시장치의 모델에서 개인은 고정되지 않으며 움직이고 유동한다. 권력은 규범과 규칙, 의무를 분배하지만, 그것을 위한 어떤 고정된 공간도 만들지 않는다. 보되 보이지 않는 권력, 그것은 차라리 **원형감시장치를 벗어나서** 작동한다. 가족이 있는 공간, 부부만의 가장 은밀한 행동이 행해지는 공간, 심지어 혼자만의 공간에서도 감시의 시선은 감시자 없이 작동한다. 자기 자신의 신체, 자기 자신의 행동, 나아가 자기 자신의 사고에까지 미치게 된 **자신의 시선**.

하지만 그것은 자기의 시선이기에 강제와 강요의 형식을 벗어난다. 그것은 내가 선택해서 내가 행하는 것이다. 나 자신의 이성, 나 자신의 양

---

35) 푸코, 『감시와 처벌』, 306쪽.

식, 나 자신의 양심. 따라서 여기서 동일성(정체성)은 감시하는 시선과 자신의 시선, 보되 보이지 않는 권력의 시선과 이성 내지 양심의 이름으로 행해지는 자기 감시의 시선 사이의 동일성이다. "나는 선생인데, 선생답게 행동해야지……", "나는 학생인데……", "나는 남잔데……", "나는 한국인인데……", "나는 성실한 사람인데……" 등등.

동일시란 바로 이처럼 감시하는 시선, 어디선가 보고 있는 듯한 시선과 자신의 시선을 동일시하는 것이다. 하지만 그것은 '인간 조건'처럼 처음부터 주어지는 작용이 아니라, 반대로 사람들이 '주위'를 의식하게 되면서, 그리고 '주위'의 눈총을 염두에 두는 습속이 만들어지면서, 그리하여 그로부터 벗어나면 어떤 비난과 처벌이 쏟아질 것이라는 걸 알게 되면서, 그를 피하기 위해선 좋든 싫든 감수해야만 하는 조건으로 강제되는 조건이다. 그리고 그것이 바로 자신의 시선이고 자신의 선택이라는 착각과 오인으로 인해 '동일시'로 간주되는 조건이다.

알다시피 근대는 자유로운 개인, 자유로이 이동할 수 있고, 자유로이 행동할 수 있는 인간이란 개념 위에서 성립한다. 따라서 어떤 초월적인 권력이나 전제적 지배자도 적어도 이론적으로는 있을 수 없는 사회가 근대사회다. 그러나 일찍이 홉스가 던졌던 질문처럼 사회적 질서가 가능하기 위해선 이 자유로운 개인들을 특정한 질서와 권력에 의해 통제하고 지배해야 한다. 지배자 없는 지배.

이를 아렌트는 '익명의 지배'라는 개념으로 표현했다.[36] 하지만 아렌트 말처럼 이러한 익명의 지배, 지배자 없는 지배가 가능하기 위해선 특정한 종류의 인간, 특정한 종류의 개인이 전제되어야 한다. 그것은 주어

---

36) 아렌트, 『인간의 조건』, 93~94쪽.

진 어떤 질서와 규범에 알아서 복종할 수 있는 그런 개인이다. 엄격한 감시와 통제가 가능한 어떤 고정된 자리에 머물지 않지만 이동하고 유동하면서도 스스로를 감시하고 통제할 수 있는 그런 종류의 개인. 보이지 않는 권력의 시선을 언제나 잊지 않으며, 그 시선을 염두에 두고 행동하는 개인, 그리하여 결국은 자신의 시선으로 그 감시의 시선을 대신하여 스스로를 감시하고 통제하는 개인.

국가로서는 입법자와 주체의 동일성(identité)을 사유할 수 있는 조건 하에서 그 양자를 구별해야 한다. 언제나 복종하라. 당신이 더욱 복종할수록 당신은 더욱 주인이 될 것이다. 이는 당신의 복종이 순수한 이성, 다시 말해 당신-자신에 대한 복종이기 때문이다.[37]

바로 이런 점에서 원형감시장치의 모델이 창출해 낸 형태의 동일성/정체성은 근대적 정체성의 모델이요 일반적 형식이다. 자기복종의 형식으로 복종하게 하는 정체성/동일성.[38] 스스로 자신의 위치를 알아서 판단하고 그에 따라 행동하는 이 근대적인 '동일시'와 정체성은 바로 보되 보이지 않는 권력을 작동시키고 있다는 것을 잊어선 안 된다.

---

37) Deleuze/Guattari, *Mille Plateaux*, p. 466.
38) 푸코는 자신이 『성의 역사』에서 17세기 이후 강화된 고백 장치와, 네 가지 전략을 통해 성립된 근대의 성적 장치에서, 가장 은밀한 '성'이라는 영역에서조차 작용하는 권력을 발견한다. 그는 이를 생체권력(bio-pouvoir)이라고 부르는데, 이러한 권력의 요체 역시도 건강하고 건전한 신체와 성을 위한 자기관리 형식으로 작용하는, 스스로를 감시하고 통제하는 권력이었다. 여기서도 자기-복종, 자기-감시 형식의 정체성 모델을 다시 확인할 수 있다(푸코, 『성의 역사 1 : 앎의 의지』).

5. 자본주의와 근대적 정체성

맑스의 『자본』에서 분석되고 있는 바에 따르면, 자본주의하에서 노동의 조직은 시간, 공간, 기계의 축을 따라 이루어진다. 이는 근대적인 노동의 체제를 구성하는 세 가지 축을 이룬다.[39]

첫째 시간의 축. 도자기를 만들던 웨지우드가 새로운 기계의 도입 없이도 생산성 상승을 이루어 냈다는 것은 유명한 사실이다. 그 비결은 노동에 시간적인 규율과 통제를 도입했다는 점에 있었다.[40] 이러한 시간적 통제와 규율은 19세기에 들어와 매우 일반화되며, 엥겔스가 극명한 사례를 보여 준 것처럼,[41] 잘못하다간 하루치의 일당 전체보다도 많은 벌금을 물어야 하는 극단적인 처벌의 체계와 결부되어 있었다.

여기서 근대의 직선화된 시간은 단위시간에 의해 분할되면서 분명한 양끝을 갖는 선분이 된다. 이러한 시간-기계의[42] 도입은 한편으로는 규율을 노동자들에게 시간적으로 강제하고 생활을 시간에 따라 통제하기 위해서였고, 이를 통해 일관성 없는 작업습관을 폐기하기 위해서였다.[43] 시간표가 잘 보여 주듯이 이는 한편으로는 시간과 동작을 대응시키는 방식으로 작동하며, 다른 한편으로는 작업장에서 분할된 노동을 공시

---

39) 이 절의 내용은 이 책의 5장(「자본주의와 근대적 노동의 체제」)에서 서술한 것 중의 일부를 요약한 것이다. 반복되지만, 이 장의 내용을 다루는 데 불가피해서 그대로 둔다.

40) E. P. Thompson, "Time, Work-Discipline and Industrial Capitalism", *Customs in Common*, p. 385.

41) 엥겔스, 『영국 노동자계급의 상태』, 219~220쪽.

42) 시간-기계라는 개념에 대해서는 이진경, 『근대적 시·공간의 탄생』 참조.

43) Andrew Ure, *The Philosophy of Manufactures*, pp. 15~16(맑스, 『자본론 I(하)』, 569쪽에서 재인용).

화(synchronazation)하는 방식으로 작동한다.[44)]

둘째, 공간의 축. 집이나 학교, 공장에서 보이듯이 근대의 공간-기계는 각각의 부분공간과 다른 공간 사이에 불연속성과 단절을 도입함으로써 공간의 구획화를 달성한다.[45)] 이러한 분절방식의 기초 위에서 공간-기계는 분할되고 고정된 자리를 개인에게 배정하며, 그렇게 분배된 위치들을 기능적인 연관에 의해 공간적으로 배열한다. 그리고 분배된 각각의 동작을 일정하게 양식화하고 동질화한다.

셋째, '기계'의 축. 산업혁명 이후 노동은 '기계'와 결합되어 이루어진다. 이로 인해 '기계'가 작업의 중심을 차지하게 된다. 사람이 '기계'를 이용하는 것이 아니라 '기계'가 사람을 이용하게 된다. 기계적 리듬에 노동의 리듬을 통합시킨다. 그 결과 '기계'에 일치하도록 노동자들을 훈육한다. 나아가 '기계'는 노동 자체를 '기계'에 의해 정의한다. 마치 역학이 복잡한 '기계'들의 운동을 단순한 기계적 과정의 복합과 반복으로 환원했듯이, 기술공학은 기계화될 수 있는 형태로 운동을 분석하여 노동에 요구되는 작업을 단순하고 표준적인 요소 동작들로 환원시켰다. 이런 점에서 '기계'는 노동 자체를 기계화(mécanisation)한다. 그리고 이러한 요소 동작의 조립을 통해 복합노동을 구성한다. 따라서 '기계'는 노동 자체를 특정한 양상으로 절단하고 채취하는 기계(machine)다. '기계'-기계.

자본주의적 공장에서 노동은 이러한 세 가지 축을 따라서 표준화되고 동질화되며 규범화된다. 그리고 노동자는 그 규범과 표준에 따라, 혹은 그것을 강제하는 규율에 따라 근대적 노동자로 훈육되고 생산된다. 벌

---

44) Thompson, "Time, Work-Discipline and Industrial Capitalism", p. 370.
45) 이에 대해서는 이진경, 『근대적 시·공간의 탄생』, 232~261쪽 참조.

금으로 강제되며 결국은 해고라는 결정적 절차를 통해 노동자에게 작용하는 규율, 시간적으로 처지거나 노동의 질이 평균에 못미칠 때 그것을 상기시키고 제대로 할 것을 요구하는 바로 옆의 동료 노동자, 그리고 시간적으로나 양식화된 동작이란 면에서나 적절하지 않은 것을 결코 허용하지 못하는 기계 등이 특정한 양상의 노동을 반복하게 강제한다. 그리고 그것은 채플린이 매우 극명하게 잘 보여 주었듯이 노동하는 자의 신체에 새겨진다.

다른 한편 이러한 규율과 강제가 노동자의 신체와 무의식에 침투하는 또 다른 경로가 있다. 상대적 과잉인구화를 야기하며 진행되는 자본의 축적. 그것은 '실업화 압력'을 통해 취업자나 실업자 모두를 자본의 요구 아래 포섭한다. 실업화 압력은 실업자나 취업하려는 모든 사람으로 하여금 스스로를 좀더 나은 노동능력의 소유자로 만들어야 한다는 강박증으로 몰아넣으며, 취업자를 잠재적 실업자로 만듦으로써 자본에 대한 복종과 충성을 자극한다. 그리하여 "상대적 과잉인구, 또는 산업예비군을 언제나 축적의 규모 및 활력에 알맞도록 유지하고 있는 그 법칙은 헤파이토스의 쐐기가 프로메테우스를 바위에 못박은 것보다 더 단단하게 노동자를 자본에 못 박는다".[46]

과잉인구화하는 이 자본 축적의 메커니즘은 취업을 생존을 위한 노동자들 간의 경쟁으로 만들어 그들을 개별화하고, 그 성패의 문제를 개별적 능력으로 환원한다. 이로써 고용을 위한 노력은 '자신 스스로 선택한 문제'요 '자신의 욕망'이 되며, 실업은 개개인의 무능력 탓으로 환원된다.

이제 노동자는 자본의 시선으로 자신의 신체와 자신의 능력을 본다.

---

46) 맑스, 『자본론 I(하)』, 881쪽.

자신의 행동과 자신의 언행, 자신의 처신을 자본의 눈으로 보며, 자신의 행동과 언행, 신체와 사고를 자신의 시선이 실어나르는 자본의 욕망에 동일화한다. 가치증식(Verwertung)의 욕망과 가치화(Verwertung)된 시선, 그러한 자본의 시선과 노동자 자신의 시선의 동일성/정체성. 그것은 좋든 싫든 저 험한 취업 경쟁에서 살아남기 위해서는, 결국에는 생존을 위해서는 스스로 선택하고 받아들여야 하는 동일성/정체성이다.

자본주의가 작동시키는 근대적 정체성의 메커니즘. 경쟁과 과잉인구화를 통해 작동하는 자본의 권력은 노동자 자신의 눈으로, 노동자 자신의 신체를 자본의 시선에 따라 만들어 내게 한다. 노동자의 정체성. 자본으로서 생산되는 노동자. 그렇지만 여기서 노동자의 정체성은 원형감시장치로 환원될 수 있는 형식과는 다른 양상을 보인다. 노동자가 동일시하는 시선은 규범의 망으로 코드화된 감시의 시선이라기보다는, 증식능력을 추구하는 자본에 영토화된 시선이다. 과잉인구와 가치법칙의 냉혹한 작용 아래서 노동자의 동일시는 '자신의 욕망'이라는 형식을 취하기 때문이다.[47]

이처럼 시선의 질이 갖는 차이에도 불구하고, 자본가 없이도 자본의 시선으로 자신을 보게 한다는 점에서, 근대적 정체성을 구성하는 감시의 시선과 형식적 동형성을 갖는다. 차라리 일상화되고 일반화된 자기-감시의 도식을 여기서 새로운 양상으로 발견한다. 이는 두 가지 정체성의 형식이 갖는 근대적 동형성이라고 해도 좋을 것이다. 하지만 여기서도 주

---

47) 물론 자본가는 감시한다. 그러나 이 감시의 시선은 공장의 범위에 국한된다. 오히려 그 외부에서 자기-감시의 형식을 취하는 시선은 원형감시장치를 모델로 하는 시선이다. 하지만 이는 노동자에 국한되지 않는다. 결국 노동자의 신체에는 이중의 시선이 작용하는 셈이다.

어진 노동의 규범을 자신의 욕망으로 간주하는 동일시와 동일성/정체성은 경쟁과 실업화 압력, 근본적으로는 생존 그 자체의 위협의 이면이요 효과라는 점을 잊어선 안 된다.

6. 횡단의 정치와 유목적 정체성

요약하면, 지배자 없이도 지배받는 주체, 스스로를 지배하고 통제하는 주체는, 개인들의 동등한 자유 위에서 지배와 질서를 구성해야 했던 근대사회의 이율배반에 대한 대답이었다. 사회적 규율 내지는 자본의 욕망을 통해 자기-감시 내지 자기-복종 형식으로 규범화하고 훈육하는 권력은 그러한 근대인을 일상적으로 생산해 낸다. 그것은 규범화된 틀 안에 이전과 동일한 모습으로 사고와 행동의 폭을 제한하고 고정하는 것을 뜻한다. 이런 점에서 정체성은 권력이 작용하는 메커니즘이라고 했다.

그런데 정체성이 권력의 문제라면, 이제 우리는 정체성의 정치에 대해서 사고해야 하지 않을까? 정체성을 통해 작용하는 권력뿐만 아니라, 그것에 대한 투쟁과 저항의 문제를.

맑스는 이미 정체성을 둘러싼 적대와 투쟁의 문제를 제기한 바 있다. 그것은 개념을 달리해 표현하자면, 분명히 자본의 시선과 자본의 욕망에 따른 노동자의 생산을, 집합화된 노동자계급의 코뮨적인 욕망과 시선으로, 또는 노동자 자신의 '이해'에 의한 것으로 대체하는 것이다. 비록 그는 이를 '계급의식'의 개념으로, 그리하여 '의식화'와 '대자화'의 개념으로 포착할 수밖에 없었지만, 노동자가 '노동자계급'으로 변환되는 것을 사유하려고 했다. 그것은 자본으로서 생산되는(이런 점에서 이는 '허위'의식으로 간주되었다) 노동자의 정체성을 변환시키는 문제고, 기존의 정체

성에 대한 투쟁과 전복의 문제다. 혁명은 그런 **정체성의 변환** 없이는 불가능하다.[48)]

정체성의 변환, 그것은 한편으로는 항상-이미 주어지는 다수화하는 규범이나 자본의 욕망에서 벗어나고 그것을 변환시키는 것이며, 또 다른 한편으론 그것을 실어나르는 시선의 권력을 빗겨나는 것이다. 횡단(橫斷)의 정치와 유목적 정체성은, 또 지각불가능하게-되기(devenir-imperceptible)는 이러한 변환을 사유하고 실천하는 하나의 중요한 방법이다.

가타리가 사용하는 횡단성(transversalité)이란 개념은 이미 구획되어 있는 틀을 뛰어넘는 모든 것을 지칭한다.[49)] 이는 자유로운 흐름을 가로막는 수직적 장애와 수평적 장애 모두를 넘어서 소통과 생성을 이루어 내는 것이다. 다시 말해 첫째, 그것은 여러 요소들 사이에 흐름을 가로막는, 권력이 장착한 벽을 트거나 새로운 창을 만드는 것이다. 계·과·부 등

---

48) 주체화하고 고정시키는 정체성은 벗어나고 이탈하며 누출하는 흐름을 막을 수 없으며, 사실 그런 흐름은 언제나 도처에 있다. 원형감시장치의 모태인 감옥은 근대 이래 언제나 실패해 왔으며, 반대로 범죄자를 양산해 왔다. 자기-감시하는 메커니즘을 가르치고 훈육하려는 학교 역시 평균적인 모범생보다도 적지 않은, 종종 '낙오자'로 불리는 이탈자들을 만들어 낸다. 또한 항상적으로 존재하는 실업인구가 자본의 욕망에 맞추기를 포기한 자들을 불가피하게 만들어 내며, 과잉인구가 표상하는 일상화된 생존의 위협은 빈번이 원치않는 이탈자──'자전거 도둑'──를 만들어 낸다.

물론 정체성의 메커니즘은 그들에게 할당할 자리와 '낙인'을 준비해 두고 있으며, 그것에 많은 사람이 속한다──상상적 동일시 혹은 '오인'──는 것 또한 사실이다. 하지만 이 모두가 규범이 정의한 범죄자, 낙오자, 이탈자의 정체성을 유지하며, 언제나 그 '낙인'을 자기화하리라는 생각은 너무도 순진한 것이다. 혁명적 운동으로 나아가는 노동자계급, 범죄와 폭력을 조직함으로써 이익을 추구하는 집단, 속도에서 새로이 삶의 자리를 찾아내려는 폭주족……, 이들은 새로운 정체성을 형성한다. 때론 반-근대적인, 때론 근대적인, 때론 탈-근대적인.

49) 횡단성 개념에 대해서는 F. Guattari, "La transversalité", *Psychanalyse et transversalité*, Maspéro, 1972; 허재영, 「정신분석과 정치는 어떻게 만나는가?」, 『탈주의 공간을 위하여』; 윤수종, 「제도요법과 집단적 주체성」, 『탈주의 공간을 위하여』 참조.

등으로 분할하는 벽, 신경학·심리학·정신분석학·사회학 등등으로 분할하는 벽, 육체노동자와 사무노동자·금속노동자와 섬유노동자·용접공과 도장공 등등으로 분할하는 벽을 넘어서는 횡단적 접속. 둘째, 그것은 여러 요소 사이에 존재하는 위계를 돌파하고 뛰어넘는다. 예를 들어 병원에서 그것은 의사와 환자, 간호사와 환자 사이에 만들어진 위계를 부수는 것이다.

횡단의 정치는, 흐름을 정해진 지대 안에 고정하는 정체성의 벽을 넘어서 새로운 지대로 생산적 힘과 활동, 사유가 흘러갈 수 있는 통로를 만드는 것이다. 그것은 상하좌우로 그어진 정체성의 경계선을 가로지르고 넘나드는 것이며, 그 경계선 자체를 가변화시키는 것이다. 그리하여 정체성을 정의하는 규범과 규칙의 획일적인 선을 변이시키거나 복수화하는 것이고, 경계들을 가변화하거나 교착 내지 중첩시키는 것이다. 이로써 정체성에 영토화(territorialisation)된 사고와 행동을 탈영토화한다.

따라서 정체성의 경계를 가로지르는 횡단의 정치는 그 횡단성 계수에 따라 정체성 자체의 고정성을 가변화시킨다. 이는 새로운 정체성이 생성되는, 하지만 지속적으로 가변화되기에 고정시키지 않는 유목적 정체성을 형성한다. 하지만 그것은 어떤 고정된 자리에 대한 머무는 동일성이 아니란 점에서, 반대로 변이를 통해 끊임없이 유동화되는 새로운 장을 형성한다는 점에서 이미 정체성/동일성이 아니라 끊임없는 생성/되기(devenir)다. 여기서 정체성의 권력, 정체성의 정치는 '생성의 정치'로 대체된다.[50]

횡단의 정치와 유목적 정체성은 단지 기존의 고정하는 권력에 대한 속임수가 아니라, 다시 말해 기존의 '오인'을 대신하는 또 다른 오인이 아니라 차라리 그로부터 얼굴을 돌리는 것(détournement)이고, '배신'

(trahison)이다. 그것은 단순히 주어진 자리들을 옮겨 다니는 것이나 주어진 자리들의 상이한 조합을 뜻하는 것이 아니라,[51] 오히려 그 자리들을 구획하는 경계선의 변환이요, 겹침과 뒤섞임이며, 그것을 통해 기존의 경계조차 중의화(重意化)하는 변이다.

그것은 구획된 선을 넘는 흐름 간의 접속에 의해, 그리고 그것의 미시적 전염에 의해 이루어진다. 또한 말벌의 오르키데-되기(devenir-orchidée)와 오르키데의 말벌-되기가 그렇듯이, 다른 것이 '되기'는 일정한 블록과 집단을 전제한다. 예를 들어 노동자의 자주-관리는 자본(정확히는 생산수단)과 노동이라는 블록을 전제하며, 생산단위와 연관된 특정한 형태의 집단을 통해 이루어지며, 여기서 노동자의 자기-관리를 통한 자본의 '노동'-되기와 노동자의 '자본'-되기가 이루어진다.

그러나 여기서 노동과 자본이라는 말은 이전의 그것과 경계를 달리

---

50) 이와 관련해 흔히 말하는 '차이의 정치'에 대해 간략히 언급할 필요가 있다. 이는 철학적으로 부흥된 '차이' 개념의 정치학화라고 할 수 있는데, 많은 경우 동일화 내지 획일화에 대해 차이의 인정을 강조하는 것(예를 들면 Charles Taylor, "The Struggle for Recognition and Human Rights : Toward a Politics of Difference", 서울대 공개 강연 자료집, 1996), 혹은 소통과 합의를 통한 차이의 봉합을 강조하는 것으로(이는 하버마스에 해당된다) 특징지어진다. 하지만 여기서 강조하고자 하는 '횡단의 정치' 내지 '생성의 정치'는 이미 구획된 경계를 가로지르면서 끊임없이 차이를 생성하는 것이고, 그리하여 끊임없이 '다른 것이 되는 것'(devenir-l'autre)이란 점에서 차이의 '인정'이나 합의 ─ 이는 '봉합'일 뿐인데 ─ 라는 '반작용적'(reactive) 범주를 처음부터 벗어난다. 이에 대해서는 고병권, 「투시주의와 차이의 정치 : 봉합과 승인을 가로지르는 생성의 정치로」, 『탈주의 공간을 위하여』, 223쪽 이하 참조.

51) 라클라우(Ernesto Laclau)/무페(Chantal Mouffe)는 주체위치를 상이한 정체성 요인들 ─ 계급적·성적·민족적·인종적 등등 ─ 로 분해한 뒤, 적대에 의해 정의되는 조건 속에서 정체성들의 접합을 통해 주체위치를 가변화하려고 한다(샹탈 무페·에르네스토 라클라우, 『헤게모니와 사회주의 전략』, 이승원 옮김, 후마니타스, 2012). 그러나 각각의 정체성과 그것을 통해 고정화시키는 권력은 문제되지 않으며, 단지 접합의 효과를 통해 가변화되는 것으로 상정된다. 그러나 접속을 통해 기존의 정체성 자체가 변이되지 않는다면, 접합되는 정체성의 조합이 아무리 다양해도 근본적인 변환을 생각하기 힘들지 않을까?

한다. 왜냐하면 이제 노동은 더 이상 상품을 통해, 양화된 가치를 통해 정의되지 않기 때문이고, 자본은 더 이상 가치화와 착취를 통해 정의되지 않기 때문이다. 즉 중첩과 뒤섞임이 그 의미를 중의화하고 변환시킨 것이다. 따라서 예전의 관념으로는 그것은 **인지불가능한 것**(l'imperceptible)이 **된다.** 인지불가능하게-되기. 자신의 시선이 대신하던 감시의 시선, 자본의 시선은 여기서 무력화된다. 왜냐하면 그 시선이 그것을 따라 작용하던 기준선들이 중첩되고 뒤섞였으며 중의화되었기 때문이다. 그것은 더 이상 초점이 맞지 않게 되어 버렸고, 감시하고 추적할 대상을 놓쳐 버린 것이다. 자신의 시선조차 그것을 추적할 수 없다. 이를 새로이 감시하기 위해선 시선은 새로운 초점을 찾아야 하고 새로운 기준선을 마련해야 한다. 혹은 기존의 선들로 그 새로운 대상을 다시 분절하여 기존의 격자 안에 다시 위치지으려 할 것이다. 그러나 횡단과 유목이 멈추지 않는다면, 그것은 또 다시 초점을 잃을 것이다.[52] 그리고 또…….

---

52) 이 점에서 파우스트의 계약은 시사적이다. 그것은 멈추는 순간 패배하는 계약이다. 이 계약은 계약 자체가 주어진 질서에 대해 외부적이다. 왜냐하면 그것은 악마와의 계약이고, 기존의 선악의 격자 외부에서 행해진 계약이며, 기존의 정체성을 변환시키려는 계약이기 때문이다. 허용될 수 없는 저 악마와 함께 파우스트는 멈추어선 안 되는 여행을 시작한다. 그리고 끝없이 변이한다. 그것은 그레트헨의 타락과 죽음으로 시작하는 '죄'와 고통, 근심 등을 수반하지만, 그리고 결국 근심으로 눈멀지만 즐거운 여행이었다. 하지만 파우스트는 수로를 만들며 자신이 할당받은 땅을 개척하는 데서 멈추라고 선언한다. 그는 근대적 개척, 혹은 자본주의적 산업의 상징 앞에서 멈추어 선다. 패배.

그러나 돌이킬 수 없는 그 패배는 천사와 성모, 예전에는 그레트헨이라 불리던 속죄하는 여인에 의해, 결국은 신과 교회에 의해 구원된다. 죄많은 유랑의 대속(代贖). 신은 메피스토펠레스를 속이고, 파우스트의 영혼을 다시 신의 질서 아래로 끌어들인다. 그것은 그가 멈춘 지점을 그 계약 이전으로 돌리는 것이며, 그로써 그가 멈춘 지점의 역사적 승리를 선언하는 것이기도 하다. 그리고 바로 거기가 괴테가 멈춘 지점이기도 하다. 결국 멈추지 않기로 한 운동은 이 교묘하고 거대한 속임수에 의해 질서 속으로, 정착과 안정, 선함과 속죄의 격자 속으로 포획된다. 절대정신의 반성(Reflexion)과 자기내 복귀. 괴테의 '정신현상학'.

반면 카프카의 K는 멈추지 않으며, 『성』은 끝나지 않는다. 피터 그리너웨이의 「요리사, 도둑,

근대를 넘어서는 새로운 정체성은 한편으로는 자본의 시선, 자본의 권력을 대신하는 노동자 자신의 권력과 정치를 통해서, 다른 한편으로는 횡단의 정치와 유목적 정체성을 통해서 정의될 수 있을 것이다. 자본의 지배를 대체하는, 동시에 자본에 의해 부여된 정체성을 넘어서는 새로운 집합적 주체성의 생산, 그것은 생산수단과의 직접적 결합 위에서, 혹은 그러한 조건이 부재한 상태에서 그것을 지향하는 **생산자들 자신의 집합적 접속을 통한** 새로운 노동자-되기를 뜻할 것이다.[53] 동시에 그것은 정체성의 변이가 만드는 멈추지 않는 무한의 프랙털한 선들이 그리는 코뮨적인 일관성의 구도(plan de consistance)요 내재성의 장(champs de immanence)이다.[54] 그것을 맑스는 '자유로운 개인들의 자발적 연합'이라고 부른 바 있다.

그의 아내 그리고 그녀의 정부」에서 멈춘 자는 패하고 죽는다.

53) 이는 기존의 노동자의 개념으로부터 벗어난다는 점에서 어쩌면 '비노동자-되기'이기도 하다. 이런 점에서 자본과 대립되는 위상의 노동자계급을 통해서 노동자의 정체성을 구성하고, 이를 자본에 포섭된 정체성에 대항하는 것으로 강조하는 것은, 노동운동의 초기라면 충분히 이해할 수 있는 것이지만, 그에 머문다면 또 다른 고착의 지대로 노동자의 능력을 영토화하는 것일 수 있다. 이는 서구의 대부분의 노동운동이 반복하여 보여 준 양상이기도 하다. 새로운 노동자 되기란 자본에 의해 정의된 노동자의 경계로부터 벗어나는 것인 동시에, 이처럼 이해관계의 대립선을 따라 노동자 자신에 의해 그어진 노동자의 경계로부터도 벗어나는 것이다.

54) '일관성의 구도'와 '내재성의 장'에 대해서는 『천 개의 고원』, 제3장(도덕의 지질학)과 제11장(리토르넬로에 관하여) ; 혹은 들뢰즈·가타리, 『철학이란 무엇인가』, 이정임·윤정임 옮김, 현대미학사, 1994 참조.

7장_로자 룩셈부르크의 탈근대적 정치철학

1. 로자를 통해 질문하기

소련의 붕괴로 일단락된 사회주의 체제의 해체 이후에, 어떤 사회주의자가 다음의 질문을 피해갈 수 있을까? ——"아직도 사회주의는 가능한가?" 이로 인해 혁명을 거론하는 것 자체가 낡은 고집으로 간주되는 시기에, 어떠한 운동가가 다음의 질문을 피해갈 수 있을까? ——"아직도 혁명운동은 가능한 것일까?" 그리하여 이제 맑스주의는 '너무나도 분명히 검증된 역사적 사실'에 거스르는 시대착오적 이념으로 간주되는 이 시기에, 대체 어떤 맑스주의자가 다음의 질문을 피해갈 수 있을까? ——"아직도 맑스주의는 가능한 것인가?"

이런 상황에서 머리를 흔들며 돌아서는 것은 차라리 쉬운 일처럼 보인다. 반면 이러한 질문에 대해 예전의 맑스주의가 제공하던 확고한 대답을 통해 우리는 스스로를 위안할 수 있을지도 모른다. 하지만 그것은 막대한 곤란 앞에서 머리를 땅에 처박는 타조 식의 지혜일 따름이다. 자본주의 체제에 대한 개방을 통해 사회주의를 살릴 수 있으리라는 '개혁'의 논리는, 그것이 어떤 사회주의 정권의 생존을 연장하는 데 유용할 순 있다 해도 이 근본적인 질문에 대답이 되진 않는다. 자본주의 나라의 인민에게 그것은 자본주의의 역사적 승리를 입증하는 또 하나의 증거로 보일 뿐이다. 그것은 지연된 해체인 것이다. 물론 이런 비판적 태도가 '개방'이나 '개혁'을 반대하는 입장의 공허함을 메워 주진 못한다. 어쩌면 이도저도 못하는 이 난감한 상황이 바로 위기인 것이고, 바로 이것이 앞서의 질문을 불가피하게 하는 게 아닐까?

그러나 맑스주의의 운명이 어떻게 귀착되었든, 우리가 맑스로부터 배운 중요한 정신은 이처럼 난국에 처했을 때는 오히려 가장 근본적인 지점까지 거슬러 올라가 다시 사고하는 것이다. 우리는 기존의 지배적 형태의 맑스주의의 뿌리로 거슬러 올라가 그 지반을 다시 검토해야 한다. 즉 '맑스-레닌주의'라는 이름으로 불리던, 그러나 사실은 스탈린적 '시대정신'과 떼어놓을 수 없는 사상과 대면해야 한다.

지금 우리가 로자 룩셈부르크에 대해 다시 거론하려는 것은 이런 맥락에서다. 로자의 사상은 초기부터 레닌적인 맑스주의와 명시적으로 대립하고 논쟁했다는 점에서, 레닌의 이름으로 정착된 기존의 지배적 맑스주의와 매우 상이한 색조와 방향을 갖는다. 그렇지만 맑스주의나 레닌주의에 대한 대부분의 비판가와는 반대로, 로자의 일관되고 철저했던 혁명적인 태도와 정신은 기존 사회주의의 난점과 붕괴조차 어렴풋이나마 앞서 예견할 수 있었다. 이런 의미에서 그것은 우리를 좀더 근본적인 지점으로 인도한다.[1]

---

1) 우리는 이와 유사한 이유에서 빌헬름 라이히(Wilhelm Reich) 역시 기존 맑스주의와 사회주의에 대해 좀더 근본적으로 다시 사고할 수 있는 이론적 요소를 제공한다고 생각한다. 그는 『파

그러나 유독 로자의 이름과 사상을 지금의 맥락에서 다시 거론하는 것은, 그럼으로써 우리에게 되돌아갈 훌륭한 땅이 있었다는 것을 상기시키려는 것은 아니며, '많은 한계에도 불구하고 건져낼 훌륭한 내용이 있었다'는 식의 자구책을 거기서 찾아내려는 것도 아니다. 그것은 어쩌면 너무도 소박하고 순진한, 동시에 이전에 자주 반복되던 더없이 안이한 태도처럼 보인다(부디 '룩셈부르크주의'라는 식의 명명으로 '손쉬운 상대자'로 만들지 마시길……). 우리가 여기서 유독 로자에 대해서 언급하는 것은, 차라리 기존의 지배적인 맑스주의에 대해 명확하고 뚜렷한 경계선을 그었던 사상가를 통해서 기존 맑스주의의 외부를 다시 사고하려는 것이고, 그것을 통해 근대의 경계를 넘어서는 맑스주의적 정치를 다시 사유하려는 것이다.[2] 이런 점에서 우리는 로자를 통해서 근대적인 맑스주의적 정치에 대해 다시 질문하려는 것이다.

여기서 우리는 로자의 사상이 갖는 근본적인 혁명성을 되짚어 보려고 한다. 하지만 그것은 많은 사람들에게 알려져 있지만, 상투적인 평가 속에 위치지어져 있어서 그다지 잘 보이지 않는다. 따라서 기존의 상투적인 평가를 비집고 그 틈새를 균열시키면서 붉은 정염(passion)의 불씨를 살려내는 식으로 서술하는 것이 불가피하다.

여기서 우리는 로자에 대한 극히 상반되는 두 가지 평가가 있다는

시즘의 대중심리』에서 이미 소련 사회의 근본적인 난점과 지배적인 맑스주의에서의 이론적 공백을 지적한 바 있다. 물론 그 대가로 그는 독일 공산당과 프로이트협회에서 동시에 축출되는 비운을 감수해야 했지만(빌헬름 라이히, 『파시즘의 대중심리』, 황선길 옮김, 그린비, 2006) 이런 점에서 최고의 지성과 혁명적 실천을 통해 지배적인 흐름에 대항한 대가로 제2인터내셔널과 제3인터내셔널에서 동시에 매장되어 버린 로자의 운명과도 매우 유사하다.

2) 이런 관점에서 우리는 기존에 거론되던 많은 맑스주의자들을 다시 검토할 수 있으리라고 생각한다. 맑스주의의 사상사, 아니 맑스주의의 역사는 이제 다시 쓰여져야 한다.

사실을 다시 주목한다. 역사의 필연성을 강조하다가 결국은 자본주의의 (자동)붕괴론으로까지 나아간 '경제주의자'요 객관주의자. 대중의 자발성을 강조하다 못해 결국은 그것이 자본주의를 붕괴시킬 것이라고 본 '주의주의자'(voluntarist).

그러나 상반되는 이 두 가지 대립된 평가는 대중의 자발성이, 그리고 그 표현으로서 대중파업이 역사의 객관적인 요소요 역사적 필연성이라고 거듭 주장했던 로자의 글들을 무시함으로써만 가능한 것이다. 나중에 보겠지만, 오히려 중요한 것은 **대중의 자발성을 필연성으로서 정의하는 로자 주장의 특이함이다.** 특이한 방식으로 결합되어 있는 상반되는 이 두 개념이 우연성-주의주의나 필연성-객관주의(경제주의)라는 상반되는 평가가 공통으로 기반하고 있는 지점인 것이다.

2. 정치철학으로서 자발주의

1) 의식성과 자생성/자발성

알다시피 로자 룩셈부르크에 대한 가장 일반적인 평가는 그녀가 대중의 자발성을 다른 무엇보다도 우위에 두었던 사상가였다는 것이다. 그녀 자신이 '자발주의'(spontaneitism)라는 말을 즐겨 사용했다는 점에서 이에 관한 한 별다른 이견이 있을 수 없다. 그러나 '자발주의'라는 말을 통해 이해되는 의미는 매우 상이하다. 여기서 일반적인 것은 레닌과 대비 속에서 해석되는 것이다. 즉 자발성과 의식성이라는 이항적 대립 속에서 로자의 사상을 해석하는 것이다.

자발성/의식성이란 대립선은 레닌이 자신의 고유한 사상적 기초를 확립한 저작『무엇을 할 것인가?』전체를 가르고 있는 근본적인 축이다.

그는 자발성/의식성의 분할선을 따라 조합주의적 의식과 사회민주주의적 의식을 나누고, 경제주의와 사회주의를 나누며, 경제투쟁과 정치투쟁, 대중조직과 전위조직을 나눈다. 이러한 분할선 위에서 조합주의적이고 경제주의적인 사상과 노선을 비판하는 것이 『무엇을 할 것인가?』의 주 내용이다.

이는 객관적으로 주어진 것에 안주하려는 태도에 대해, 주동적 개입을 통해 주어진 것을 변혁시키려는 그 나름의 철학——'주동성의 철학'이라고 할 만한——을 담고 있다. 따라서 "(현재) 가능한 투쟁만이 바람직한 투쟁이며, 지금 이 시점에서 진행되고 있는 투쟁만이 가능한 투쟁"이라는 경제주의자의 주장은 그가 보기에 "자연발생성에 몸을 내맡기는 거리낌 없는 기회주의"다.[3] 중요한 것은 해야 할 것을 할 수 있게 바꾸는 것이기 때문이다. 이런 점에서 이는 객관주의요 정관주의일 따름이었다. 이상과 같은 레닌의 사상은 이후에도 일관해서 지속된다.[4]

이러한 분할선은, 두말할 여지도 없이, 국제 공산주의 운동에서 로자의 '자발주의'를 평가하는 동일한 기준이 되었다. 즉 레닌과는 반대로 로자 룩셈부르크는 대중의 자발성을 일면적으로 강조했으며, 노동자계급의 당이나 지도적 부분이 그것을 따라야 한다고 주장했다는 점에서 자연

---

3) 블라디미르 일리치 레닌, 『무엇을 할 것인가?』, 최호정 옮김, 박종철출판사, 1999.
4) 대표적인 예는 『민주주의 혁명에서의 사회민주주의당의 두 가지 전술』에서 제시하고 있는 '프롤레타리아트가 주도하는 부르주아 혁명'이란 개념이다. 그는 민주주의혁명이란 과제가 객관적으로 부르주아적이란 사실에 의해 단지 부르주아지에게 맡기려는 플레하노프와 멘셰비키의 태도를 비판한다. 프롤레타리아트는 오히려 민주주의혁명에 주동적으로 참여해야 하며, 그 참여와 개입의 정도에 따라 그 성과가 결정되리라는 레닌적인 '헤게모니 사상'은 이런 '주동성의 철학'을 집약하고 있는 것이다. 이는 레닌이 근대적인 정치, 근대적인 혁명의 개념을 넘어서는 지점을 마련한다(레닌, 『민주주의 혁명에서의 사회민주주의당의 두 가지 전술』, 최호정 옮김, 박종철출판사, 2003).

스레 '자생성에 몸을 맡기는 기회주의'로 간주된다. 도식적으로 말해 '레닌 = 의식성의 사상가', '로자 = 자발성의 사상가', 따라서 '로자 = 대중추종주의'라는 삼단논법이 이루어진다. 이것은 그토록 혁명적인 삶과 이론에도 불구하고 로자를 국제 공산주의 운동에서 침묵 속에 묻어 버리는 데 충분한 이유가 되었던 셈이다.

그러나 자명한 것에 대해 던지는 어리석은 질문이 때로는 매우 생산적인 것일 수 있다. 정말 레닌과 로자를 가르는 차이가 의식성과 자생성 간의 차이와 동일한 것일까?

레닌이 자발성에 대해 의식성을 대립시킴으로써 강조하려 했던 것은 경제주의와 조합주의에 대한 반대였다. 한편 로자 룩셈부르크가 대중의 자발성을 부각시킴으로써 강조하려 했던 것 역시 경제주의와 조합주의에 대한 반대였다.[5] 더불어 로자의 경우에는 의회주의로 정치투쟁을 제한하려는 개량주의에 대한 반대 역시 중요한 자리를 차지하고 있었다.

그렇다면 우리는 하나의 역설에 봉착하게 된다. 의식성과 등치되었던 레닌, 그와 반대로 자생성과 등치되었던 로자가 사실은 거의 동일한 정치적 결론에 이르고 있는 것이다. 아니, 좀더 정확하게 말해 동일한 정치적 주장을 위해서 그들은 정반대되는 지점에서 출발한 것이 된다. 의식성과 자발성이라는 대립이 '정치적으로는' 무의미하다는 것을 의미하는 것일까? 그건 분명 아닐 것이다. 그렇다면 이 역설을 어떻게 설명할 수 있을까?

---

5) 이는 로자 룩셈부르크의 「대중파업, 당, 노동조합」(Rosa Luxemburg, "Massenstreik, Partei und Gewerkschaften", *Selected Political Writings of Rosa Luxemburg*, ed. D. Howard, Monthly Review Press, 1971)에서 두드러지게 나타난다.

우선은 이를 사회적 맥락 속에서 설명하는 방식(사회학적 설명)이 있을 수 있다. 즉 동일한 정치적 결론을 위해 상반되는 개념이 동원되는 것은 러시아와 독일이 처한 상황의 차이 때문이라는 것이다. 독일의 경우 오래된 사회주의 운동의 전통과 조직된 대중, 그리고 대중운동이 있었다. 그런데 로자가 보기에 조합의 지도자들은 대중의 혁명적 요구를, "아직 기금이나 여러 조건이 갖추어지지 않았다"는 핑계로 의회투쟁('정치투쟁'!)에 복속시키고 있었다. 따라서 로자가 갖고 있는 혁명적 사상은 당연히 대중의 자발성을 지도자의 보수성에 대비해 부각하는 방식으로 표현된 것이다.

반면 러시아의 경우 대중운동의 경륜이 짧고 대중의 의식은 사회주의적 의식과는 너무도 거리가 멀었다. 다만 노동조합적 운동이 비로소 그 발걸음을 내딛던 상황이었다. 이러한 상황에서 기회주의, 보수주의는 대중을 볼모로 나타난다. 즉 대중을 핑계로 혁명적 운동이나 요구를 경제적이고 조합적인 수준에 종속시키는 형태로 나타난다. 따라서 레닌이 갖고 있던 혁명적 사상은 혁명적인 의식성을 대중의 자발성에 대비해 부각하는 방식으로 표현된 것이다.

결국 사회적 상황이 상반되기 때문에 서로 상반되는 개념을 통해 동일한 혁명적 결론을 주장했다는 것이다. 그럼 레닌과 로자는 같은 얘기를 하고 있는 것일까? 레닌의 의식성의 사상과 로자의 자발성의 사상은 용어와 사회적 맥락의 차이만 갖고 있을 뿐 동일한 것이라 해도 좋을까?[6]

---

6) 이런 식으로 레닌의 사상에 로자의 사상을 끼워맞춤으로써 로자를 침묵과 곤란에서 구해내려는 시도들이 있다. 그러나 이런 시도는 로자 사상의 고유성을 소거함으로써만 완결될 수 있다는 점에서 진퇴양난에 빠진다. 고유한 성격을 갖는 사상, 그리하여 다른 사람이 보지 못하던 영역을 찾아내고 사고토록 하는 사상만이 시대를 넘어서까지 존재할 수 있는 게 아닐까?

우리의 주장은 결코 그렇지 않다는 것이다. 여기서 차라리 중요한 것은 레닌과 로자가 마찬가지로 사용하고 있는 'spontaneous', 'spontaneity'란 말이 정의되는 맥락의 차이다. 레닌은 "자발적 요소란 초보적인 형태의 의식성"이라고 한다.[7] 이는 조합적인 의식 등으로 표현되는데, 대중이 갖는 '최초의 각성' 같은 것이다. 그러나 대중의 삶이 부르주아지의 지배 하에 있는 한, 그들이 자연발생적으로 갖게 되는 이러한 태도는 아직 부르주아적인 요소로부터 자유로운 것이 아니며 오히려 그것에 의해 포섭된 것이다. 자연발생성이란 대중들이 일상적인 상황에서 갖고 있는 각성된 의식을 지칭한다. 따라서 레닌으로선 다음과 같이 말하는 게 당연하다.

> 대중의 자생적 각성운동이 성장할수록, 그 운동이 더욱더 광범위해질수록, 그리고 이런 변화의 속도가 빠르면 빠를수록, 사회민주주의 운동의 이론적·정치적·조직적 작업에서 의식성에 대한 요구는 더욱 커진다.[8]

반면 로자가 말하는 자발성은 "대중의 건강한 혁명적 본능과 생생한 지성의 표시"로서, 혁명적 시기에 드러나는 것이고, 일상적 시기에는 억압되거나 감추어지는 것이다. 로자는 1905년의 러시아 혁명을 통해 대중의 이 감추어졌던 힘이 전면적으로 드러났으며, 이는 계급투쟁의 조건상에 나타난 변화의 징후라고 말한다.[9] 이런 점에서 레닌의 정의와는 차라

---

7) 레닌, 『무엇을 할 것인가?』, 38쪽.
8) 같은 책, 68쪽.
9) Luxemburg, "Mass Strike, Party and Trade Unions", p. 232.

리 정반대의 의미를 갖는다.[10]

그러나 그렇다고 해서 로자의 자발성 개념이 레닌의 의식성 개념과 대응하는 것은 결코 아니다. 로자는 자발성에 대해 사회민주당이 이래라저래라 결정하고 지도하는 것은 불가능하다고 한다. 그것은 '지도'(leadership)의 요소가 아니라 오히려 그것에 반대되는 요소라는 점에서 레닌의 의식성 개념에 대립한다. 즉 로자에게도 의식적 지도와 대중의 자발성은 서로 대립되는 개념이다.

그렇다면 의식성/자발성을 가르는 선이 레닌의 것과는 전혀 다른 것임을 알 수 있다. 즉 로자에게서 자발성은 "초보적인 형태의 의식성"이 아니다. 차라리 그것은 의식성과 대비되는 한에서 **무의식적인 힘**을 의미한다. 실제로 로자는 이 힘을 표현하기 위해 '본능'이나 '감정'이란 말을 등치시켜 사용하며, 의식적인 형태의 시위나 지도에 대비시켜 사용한다.[11] 비록 그녀가 프로이트의 정신분석학을 알 기회는 없었음에도 불구하고 이런 생각은 명확했던 것 같다. 레닌의 조직이론을 비판하는 논문에서 로자는 사회민주주의의 전술은 발명되는 게 아니라 계급투쟁의 기본적인 경험 속에서 행해지는 일련의 창조적 활동의 산물이라고 주장하면서, 이런 의미에서 **"무의식적인 것**(the unconscious)**이 의식적인 것**(the conscious)**에 선행한다**"고 말한다.[12]

그녀가 말하듯이 이 무의식적 힘은 의식과는 다른 차원의 힘이어서

---

10) 따라서 같은 spontaneity란 단어지만, 레닌의 개념은 자연발생적으로 만들어진 요소를 지칭하기에 '자생성'이란 단어가, 로자의 경우는 대중의 자발적인 힘을 지칭하기에 '자발성'이란 단어가 번역어로 적합하다.

11) Luxemburg, "Mass Strike, Party and Trade Unions", pp. 288~289.

12) Luxemburg, "Organizational Problems of Russian Social Democracy", ed. D. Howard, *op. cit.*, p. 293.

의식적으로 결정하고 지도하거나 할 수 있는 게 아니라 오히려 의식과 지도가 그에 맞추어야 할 요소다. 그것은 일상적으로는 억압되어 잠재된 형태로 존재하지만, 그 억압하는 힘이 약화되는 혁명적 시기에는 전면적으로 폭발하며, 적어도 그 억압하는 힘과 대항하여 투쟁하는 과정 속에서 창조적 활동을 통해 드러난다. 이런 점에서 프로이트 이후 발전된 무의식 개념과 동일한 위상학적 지위를 갖고 있음을 확인할 수 있다. 물론 프로이트가 말하는, 주로 성적인 형태를 취하던 힘(libido) 대신에 혁명적인 힘이 자리하고 있다는 점에서 커다란 차이가 있지만.

그러나 로자가 지적하고 있는 것은 무의식적인 힘의 한 가지 차원이다. 그것은 두 차원을 갖는데, 하나는 기존의 지배계급에 의해 대중에게 각인된 행동방식과 사고방식으로서, 푸코의 개념을 빌려 표현하면 '생체권력'(bio-pouvoir)이라 할 수 있는 것이다.[13] 다른 하나는 이러한 생체권력에 반하는, 통제받지 않으려 하는 힘으로서, 들뢰즈/가타리의 개념으로 말하면 '욕망'(désir)이요 '욕망하는 생산'(production désirante)이다. 그것은 코드화하거나 영토화하려는 권력 이전에 존재하는 창조적인 생산능력이요 활동능력이다.[14] 이 통제받지 않으려 하는 힘을 기존 사회의 지배질서 내에 포섭하기 위해 바로 생체권력이 작동하는 것이다.

---

13) 푸코, 『성의 역사 1 : 앎의 의지』, 149~150쪽. 푸코는 감옥과 성적인 장치(dispositif)에 대한 연구를 통해서 니체적인 권력 개념을 발전시킨다. 즉 감옥이나 성적인 장치를 통해 기존 사회의 질서는 사람의 신체와 정신을 통제하는 무의식적 메커니즘으로 신체에 각인된다는 것이고, 이런 뜻에서 '생체권력'이라고 한다. 들뢰즈/가타리는 이를 '(재)코드화'와 '(재)영토화'라는 개념을 통해 포착한다. 이를 통해 그들은 '욕망하는 생산'이라는 무의식적인 힘을 기존 사회의 질서에 맞추어 통제하기 위해 신체에 각인되는 무의식적 메커니즘을 개념화하고 있다(들뢰즈·가타리, 『앙띠 오이디푸스』, 제1부 참조).

14) G. Deleuze/F. Guattari, *Anti-Oedipus : capitalism and schizophrenia*, tr. Robert Hurley et al., Viking Press, 1977, p. 4, p. 183 이하 등.

이 두 가지 무의식적 힘 가운데 전자는 대중이 자본주의적 체제 안에서 무의식적으로 길들여진 측면을 지적하는 것으로서, 레닌이 ——비록 그것을 무의식이란 차원에서 파악하지 못했지만—— '자생성 비판'을 통해 주목하는 지점이 바로 여기다. 즉 저항과 투쟁을 하는 경우조차도 무의식적인 이 힘에서 벗어날 수 없기 때문에 사회주의적 의식이 외부에서 도입되어야 한다는 것이고, '자생성에 굴종'해선 안 된다는 것이다.

반면 자발성이란 말이 더 적합한 후자는, 그 길들임 가운데서도 틈만 나면 저항하고 투쟁하려는 무의식적 힘으로서, 로자가 '자발주의'란 이름으로 주목하고 있는 것이 바로 이것이다. 이는 일상적으로는 기존 체제 (régime) 안에서 억압되고 코드화되거나 영토화된 형태로 존재하지만, 그것과 충돌하는 시기인 투쟁 속에서 다시 활력을 찾기 시작하며, 지배적인 코드의 힘이 결정적으로 약화되는 혁명적 시기에 그 균열의 틈새로 전면적으로 분출하며, 탈코드화하고 탈영토화한다.[15]

이제 우리는 앞서의 역설이 갖는 의미를 이해할 수 있다. 그것은 첫째, 자발성/자생성의 개념이 전제하는 문제설정이 매우 상이했다는 점에서, 레닌과 로자의 자발성/자생성 개념은 전혀 다른 것이라고 할 수 있다. 그들은 상반되는 개념에서 동일한 정치적 결론으로 나아가는 것이 아니라, 상이한 문제설정 속에서, 그리고 상이한 차원에서 조합주의와 개량주의를 비판하고 있는 것이다. 둘째, 그러므로 의식성/자생성이란 분할선으로 레닌과 로자를 구별함으로써, 로자를 의식적 지도의 반대자로, 대중의 자생성 옹호자로 간주하는 것은 근본적으로 잘못된 것이다. 그녀가 지

---

15) 로자가 대중의 자발성을 자발주의라는 형태로 확고하게 제시하는 것이 바로 1905년의 러시아 혁명을 통해서였다는 사실은 이런 점에서 더욱더 시사적이다.

도의 곤란을 말하는 경우에도 그것은 지도의 포기를 종용하는 게 아니라, 대중의 자발적이고 혁명적인 힘을 억지로 막으려는 보수적 지도부를 비판하는 것이다.

자발성이 무의식적 힘이요 객관적인 힘임을 이해함으로써, 때로는 '필연성과 객관주의'라고 요약되는 로자 해석과 때로는 '우연성과 주의주의'라고 요약되는 로자 해석이 공존한다는 또 하나의 역설을 이해할 수 있다. 이는 로자에게선 결코 분리될 수 없는 개념인 자발성과 필연성을 분리하여 일면적으로 취한 데서 연유한다. 하지만 이 역설적 개념을 이해하는 데 결정적인 것은 그녀가 말하는 '**자발성**'이 **무의식적인 힘으로서 정의될 때에만 비로소 그것은 필연성이란 차원에서 이해될 수 있다는 것**이다. 이런 점에서 자발성은 대중의 의식적이고 주관적인 의지가 아니며, 오히려 **무의식적이고 객관적인 힘**인 것이다. 바로 이것이 '역사의 객관적 논리가 그 담지자의 주관적 논리에 선행하며', 무의식적인 것이 의식적인 것에 선행한다는 로자의 명제가 갖는 의미가 아닐까?

자발주의란 주관적인 어떤 의지면 역사를 만들기에 충분하다는 주의주의가 아니다. 반대로 그것은 객관적인 어떤 법칙(이를테면 경제법칙)이나 필연성으로 역사는 작동할 뿐이며, 대중이 개입할 여지는 없다는 식의 객관주의도 아니다. 로자의 사상은 주관/객관이라는 '근대적' 이분법을 넘어서 있다.[16] 로자 룩셈부르크의 '자발주의'란 의식적 지도에 대한

---

16) 데카르트는 주체란 범주를 신으로부터 독립시킴으로써 근대철학의 새로운 지반을 마련한다. 그러나 그러자마자 주관과 객관이 분리되며, 이 양자의 일치를 증명할 수 있어야 한다는 철학적 과제가 대두된다. 인식론이 근대철학의 중심에 서는 것은 이런 이유에서다. 이를 중심으로 근대철학 전체가 공전한다. 이런 점에서 주관과 객관의 양분은——비록 이전에도 이 단어들이 있었다고 해도—— 근대철학 전체의 문제설정을 보여 준다는 점에서 근대적이다. 이에 관해서는 이진경, 『철학과 굴뚝청소부』 참조.

무의식적 힘의 선행성을 주목한다는 점에서, 좀더 근본적으로 대중의 힘과 역사의 동력을 이해하려는 '탈근대적(ex-modern) 정치철학'[17]이라고 할 것이다.

2) 대중파업과 '대중정치의 사상'

로자의 정치철학으로서 자발주의는 대중파업(Massenstreik)이란 개념과 긴밀한 연관을 갖고 있다. 이는 1905년 러시아 혁명을 통해 그것이 명확하게 구체화되었기 때문일 것이다. 그 결과 대중파업은 자발주의만큼이나 로자의 사상을 요약하는 단어가 되었다.

그런데 여기서도 우리는 또 하나의 경솔한 평가와 만나게 된다. '대중파업'과 혁명을 동일시하고 당의 지도 자체를 부정했던 '아나코-생디칼리스트'. 하지만 이런 평가는 이미 「대중파업, 당, 노동조합」의 모두(冒頭)에서 로자 자신이 이미 충분히 반박한 것이기에 다시 언급할 필요는 없을 것 같다. 차라리 이런 평가가 어이없이 반복되는 이유에 대해 언급하는 것이 유용할 듯하다. 그것은 한마디로 로자가 말하는 '대중파업'이란 개념이 특정한 투쟁형태를 지칭하는 용어로 이해되기 때문이다. 그러나 이런 의미라면 그게 로자의 '사상'이랄 게 무엇이 있을까? 그건 맑스주의자나 무정부주의를 들 것도 없이, 노동조합운동에서 가장 흔히 사용

---

17) 이 말을 상투적인 '포스트-모더니즘'이란 말과 연루시키지 않기를 바란다. 보통 포스트모더니스트의 주장은 이미 자본주의가 근대를 넘어섰다거나, 적어도 예전의 근대와는 다른 특징을 갖는다는 것으로 이해된다. 그러나 우리는 이런 평가에 동의하지 않는다. 반대로 사회주의조차도 근대를 넘어서지 못했기에 붕괴했다는 게 지금 강조하고자 하는 바다. 나아가 사회주의 혹은 공산주의가 현실적인 가능성으로서 정의되기 위해선 근대적 한계를 벗어나야 한다고 생각한다. 우리가 로자의 '탈근대적' 정치철학이, 사회주의 붕괴 이후 피할 수 없는 질문을 다시 유효화하는 데에 중요하리라고 생각하는 것은 이런 맥락에서다.

하는 말일 테니까. 이를 두고 로자는 이렇게 말한다. "순수한 무정부주의적 통념 하에서 대중파업은 단지 하나의 기술적인 투쟁수단에 불과할 뿐이다. 의사에 따라 결정되거나 금지될 수 있는 기술적 수단 말이다."[18]

우리는 '대중파업'이란 말의 표면적 의미에 집착하기보다는 그것이 다른 개념들과 관계 속에서 정의되는 방식을 보는 것이 중요하리라고 본다. 그 경우 '대중파업'이란 개념은 차라리 철학적인 수준에서 정의되고 있음을 이해할 수 있을 것이다.

일단 대중파업에 대한 로자의 고유한 주장을 몇 개의 테제로 간략히 요약하자.

① 대중파업은 그것이 주관적으로 좋은가 싫은가에 무관하게 발생하는 객관적 현상이다.[19]

② 대중파업은 프롤레타리아 대중의 운동양식이다.[20] 이것은 계급투쟁에서 대중의 임무와 역할에 대해 이해할 수 있는 계기다.[21] 대중파업은 대중이 갖고 있는 건강한 혁명성과 생생한 지성의 표현이다.

③ 대중파업은 특정한 행동이나 고립적인 행위가 아니라 계급투쟁의 전 시기를 아우르는 총체적 개념(totality-concept)이다.[22]

④ 대중파업은 경제투쟁과 정치투쟁의 분리를 넘어서며,[23] 그 자체로 양자의 통일이다. 이를 통해 정치투쟁과 경제투쟁은 서로를 위한 토양을 만

---

18) Luxemburg, "Mass Strike, Party and Trade Unions", p. 229.
19) *Ibid.*, p. 231.
20) *Ibid.*, p. 237.
21) *Ibid.*, p. 232.
22) *Ibid.*, p. 237.
23) *Ibid.*, p. 240.

들어 준다.[24)]

⑤대중파업은 혁명과 분리될 수 없으며, 이는 혁명으로 나아갈 것이다. 대중파업으로 이해되는 한 혁명은 단지 유혈낭자한 가두상의 전투를 의미하지 않는다.[25)]

⑥대중파업은 심지어 혁명의 시기에조차도 하늘에서 떨어지지 않으며, 노동자들에 의해 만들어져야 한다.[26)] 여기에 요구되는 이니셔티브와 지도력은 혁명적 상황에 가장 훌륭하게 적응하고 대중의 분위기에 가능한 한 밀착하는 데 있다.[27)]

⑦대중파업은 기존의 착취와 억압의 사슬을 더할 수 없는 강도로 느끼고 저항하게 만든다.[28)]

이 테제들을 통해 알 수 있는 것은 로자가 '대중파업'이란 개념을 단지 전술적이고 기술적인 의미를 넘어서 매우 일반적이고 '총체적인' 개념으로 사용하고 있다는 것이다. 테제③에서는 대중파업이란 개념이 계급투쟁과 대중운동 전체를 아우르는 포괄적이며 일반적인 개념임을 명시적으로 말하고 있다.[29)]

'대중파업'을 이처럼 (정치)철학적 개념으로 이해한다고 할 때, 그것

---

24) Luxemburg, "Mass Strike, Party and Trade Unions", p. 241, p. 243.

25) *Ibid.*, p. 242.

26) *Ibid.*, p. 244.

27) *Ibid.*, pp. 244~245.

28) *Ibid.*, p. 243.

29) 물론 대중파업이란 말이 갖고 있는 전술이나 투쟁형태를 지칭하는 기술적(technical) 개념을 완전히 벗어나지는 못한다. 이 점에서는 테제⑤가 유난히 그런 편이다. 이것이 끊임없이 로자의 대중파업 개념을 생디칼리즘에서의 전술개념과 유사한 것으로 간주하게 한 요인일 것이다.

이 갖는 고유한 의미는 무엇인가? 그것은 첫째, 대중파업이 자발성과 마찬가지 차원에서 객관적 요인이요, 프롤레타리아 대중의 운동양식으로 정의된다는 것이다. 즉 그것은 하기로 결정한다고 해서 할 수 있고 못하게 금지한다고 해서 막을 수 있는 것이 아니라, 대중의 통제 안 되는 무의식적 힘이요 무의식적 능력(puissance)의 표출인 것이다.[30] 이는 계획과 통제의 문제설정에서 벗어나 대중운동과 대중의 힘을 정의한다는 점에서, 그것이 무의식이란 차원에서 정의된다는 것과 함께 로자에게 고유한 것이다.

둘째, 이러한 정식화를 통해서 로자는 앞선 자와 뒤처진 자, 전위와 대중, 지도와 피지도, 교육과 피교육의 계몽주의적 이분법을 벗어난다는 것이다. 혁명적 상황 속에서 대중은 의식하지 못한 채 혁명적 운동으로 나아가며, 이 시기에 가능한 유일한 지도는 어떤 특정한 지령을 고안하는 게 아니라 혁명이란 상황에 적응하고(왜냐하면 그 어떤 지도부도 혁명이란 상황에는 익숙하지 못하므로), 대중의 분위기에 최대한 밀착하는 것이다(왜냐하면 혁명 속에서 대중의 분위기란 바로 혁명의 흐름과 필연성을 뜻하는 것이기 때문이다). "요컨대 러시아의 대중파업에서 자발적인 요소가 그토록 엄청난 역할을 했던 것은 러시아 프롤레타리아트가 '교육을 못받아서'가 아니라, 혁명이 어떤 누구에게도 그들에 대해서 선생노릇을 할

---

30) 네그리는 스피노자에 대한 연구에서, 지배계급의 제도화되고 체제화된 권력(pouvoir) 개념에 대해서, 대중이 갖고 있는 제도화되지 않고 잠재적인 능력을 'puissance'라고 정의한다. 이는 대중에 대한 통제 메커니즘으로서 pouvoir에 반하는, 하지만 그것 이전에 존재하는 대중의 능력이다. 권력은 이러한 능력을 장악하고 통제하거나 그것을 무력화하기 위해 자신의 전략과 전술을 동원하며, 이로써 대중의 능력에 반작용(reaction)한다. 여기서 네그리는 스피노자 철학의 '반근대적'(anti-modern) 계기를 발견한다. 이에 대해서는 안토니오 네그리, 『야만적 별종』, 윤수종 옮김, 푸른숲, 1997 참조.

여지를 주지 않았기 때문이다."[31]

이러한 관점은 맑스가 보기엔 매우 중요한, 그러나 맑스 이후 대개는 잊고 있었던 것이다. 맑스는 「포이어바흐에 관한 테제들」에서 다음과 같이 쓰고 있다.

> 인간은 환경과 교육의 산물이라는 …… 유물론적 교의는 환경을 변화시키는 것이 인간(대중!—인용자)이며 교육자 자신도 반드시 교육되어야 한다는 사실을 망각하고 있다. 따라서 이 교의는 사회를 두 부분(교육자와 피교육자!—인용자)으로 나누게 되는데, 그 중 하나는 다른 것보다 더 우월하다. 환경의 변화와 인간활동의 변화는 오직 혁명적 실천으로만 파악될 수 있으며 합리적으로 이해될 수 있다.[32]

여기서 맑스는 정확하게도 교육자/피교육자, 혹은 전위/대중의 계몽적 이분법을 비판하고 있으며, 이 모델을 넘어서는 길은 혁명적 실천을 경유해서임을 지적하고 있다.[33]

그녀가 말하는 혁명의 대중성은 바로 이와 같은 탈계몽주의적 관점에서 나오는 것이다. "우리는 밑으로부터 작업해야 하며, 바로 이것이 혁

---

31) Luxemburg, "Mass Strike, Party and Trade Unions", p. 245.
32) 맑스, 「포이어바흐에 관한 테제들 3」, 185쪽.
33) 이러한 모델은 로자 자신도 사실 완전히 벗어나지는 못한 것이다. 『사회개혁이냐 혁명이냐』 (송병헌·김경미 옮김, 책세상, 2002)에서는 프롤레타리아의 각성과 의식화라는 모델이 중심적인 자리를 차지하고 있다. 「대중파업, 당, 노동조합」이란 저작이 중요한 것은 이 모델을 벗어나는 사고가 여기서 비로소 시작하고 있다는 이유 때문이다. 이러한 이탈조차 1905년 혁명의 결과인 걸 보면 계몽적 모델의 혁파 자체도 맑스 말대로 '혁명적 실천의 산물'이었던 셈이다.

명의 대중적 성격에 상응하는 것인바, 이 대중적 성격이 사회를 (새로이) 구성하는 데 기초가 되어 줄 것이다." 따라서 로자가 보기에 권력의 정복은 위로부터가 아니라 밑으로부터 행해져야 하는 것이었다.[34] 그리고 바로 이것이 혁명이 어렵고 곤란한 이유기도 하다.

요약하자면, 혁명의 경험을 통해 로자가 제시한 '대중파업'의 개념은 일반적이고 정치철학적인 개념이다. 그것의 요체는 통제할 수 없는 대중의 무의식적 힘을 보여 주는 대중의 운동양식이다. 이는 앞서 대중의 자발성이라고 표현되었던 개념의 정치적 연장이라고 할 수 있다. 이러한 관점에서 정치철학적 개념으로서 '대중파업'을 정의하며, 대중의 그 무의식적 힘에 기초하려 한다는 것은, 근본적으로 대중에 대한 통제를 그 요체로 하는 근대사회의 정치 개념과 전혀 다른 정치의 개념을 세우고 있음을 의미한다. 이는 대중의 힘에 기초할 뿐 아니라, 대중이 투쟁의 중심이어야 하며, 정치의 중심이어야 한다고 본다는 점에서 "대중정치의 사상"이라고 요약할 수 있겠다. 이로써 전위와 대중, 교육자와 피교육자의 계몽적 이분법과 '의식화' 모델 자체를 로자는 분명하게 벗어나서 '대중정치의 사상'이라고 불러 마땅한 새로운 정치철학을 발전시키고 있는 것이다.

3) 근대정치와 대중정치

로자 룩셈부르크의 정치철학인 자발주의는 대중정치의 사상이란 형태로 요약되었다. 그렇다면 이것이 실제로 근대적인 정치철학과 어떻게 갈라서는지 살펴볼 필요가 있다.

---

34) Luxemburg, "Our Program and the Political Situation", ed. D. Howard, *op. cit.*, p. 407.

근대정치는 한마디로 말해 '통치 내지 통제의 문제설정'이라고 요약될 수 있을 것이다. 알다시피 사고와 행동의 독자적인 '주체'란 범주가 철학적 근대를 가능하게 했다. 유사하게도 어떠한 신분적 속박이나 생산수단에도 매이지 않은 자유로운 개인, 그리하여 적어도 법 앞에서는 어떠한 차별도 인정되지 않는 평등한 개인이란 범주가 정치적인 근대를 열었다고 할 수 있다. 이는 '인간'이라는 철학적 범주를 빌려 표현되기도 했고,[35] '자유인'이란 개념을 빌려 표현되기도 했다. 즉 근대사회의 기초는 자유로운 개인, 즉 인간이었다.

그러나 이렇듯 인간이란 범주에 서자마자 매우 어려운 문제가 발생한다. 즉 모든 사람이 평등한 가치를 갖는 자유인이라면, 그리하여 그들 각각의 의사와 의지가 보장되어야 한다면 대체 사회질서는 어떻게 가능할 것인가? 다시 말해 사회란 어떻게 가능할 것인가?

홉스가 앞서 던진 이 질문에 대해 계약론자들은 "계약"과 "양도"의 개념으로 대답한다. 홉스 자신은 물론 로크나 루소 역시 이런 점에선 공통적이다. 나아가 자연법론자나 자유방임주의자들 역시 상이한 대답을 하지만 그에 앞서는 동일한 질문을 공유하고 있다. 따라서 사회적 무질서를 어떻게 넘어설 것인가를 출발점으로 한다는 점에서 로자가 말하는 "무질서의 관점"에[36] 충실한 이들 근대의 사회사상가들은, 이제 질서를 위해 자신의 권리를 양도한 자들과 그 양도를 받아 질서를 유지하는 통치자 간의 관계 속에서 정치를 정의한다. 이로써 정치란 본질적으로 사회

---

35) 대표적인 것은 홉스의 『리바이어던』(*Leviathan*)이다. 이 책은 인간이란 범주에서 출발하여 국가와 사회, 정치의 개념들을 도출하고 있다.
36) Luxemburg, "Mass Strike, Party and Trade Unions", p. 242.

적 질서를 유지하기 위해 '자유로운' 대중을 통제하고 통치하는 것을 뜻하게 된다. 이런 의미에서 로자가 '경찰적 관점'이라는 예리한 말로 간파한 근대의 문제설정을 '통치의 문제설정' 혹은 '통제의 문제설정'이라고 요약하자.

통제/통치의 문제설정은 정치가/대중이란 이분법에, 즉 통치자/피통치자의 이분법에 기초하고 있다. 이는 앞서 맑스가 계몽주의적 유물론에 대해 지적하던 교육자/피교육자의 이분법과 동위적(同位的)이다. 우월한 정치가와 우매한 대중, 우월한 교육자와 우매한 대중이란 형태로. 이런 점에서 이는 계몽주의의 문제설정과 외연을 같이한다.

반면 지금까지 본 것처럼 로자의 정치철학은 근대적 문제설정 자체에 대한 근본적 비판이었다. 그녀의 문제설정을 기초짓고 있는 개념인, '객관적인 필연성으로서 자발성'은 지배계급의 통제/통치에 정면으로 반하는 것이며, 그것에 대해 저항하고 도전하는 대중의 무의식적 힘과 세력을 담고 있는 것이란 점에서, 통치/통제의 문제설정 자체를 해체하려는 탈근대적 문제설정을 보여 준다. 또한 통제/통치의 문제설정에 깔려 있는 통치자/피통치자 혹은 교육자/피교육자의 계몽적 이분법을 해체하는 요소 역시 앞서 본 것처럼 이 근대적 문제설정에 대한 해체적 요소라고 할 수 있다. 나아가 '대중정치의 사상'이란 새로운 정치의 기초로서 대중을 정립하고 새로운 정치의 동력으로서 대중의 자발성을 우위에 둔다는 점에서 통제/통치의 문제설정과 전혀 다른 '탈근대적' 정치철학이라고 할 수 있다.

물론 대중이 정치의 중심이요 혁명과 건설의 중심이라는 명제는 전혀 새로운 것이 아니다. 이는 기존의 맑스주의적 문헌 곳곳에 빠짐 없이 끼어 있던 문구다. 이는 맑스 이래 대중정치의 사상이 맑스주의에서 중요한 이론적이고 실천적인 요소였음을 보여 주는 것이지만, 애석하게도 실제로는 대개 상투적인 립 서비스 수준을 넘지 못했다. 교육자/피교육자, 전위/대중이란 계몽주의적 이분법을 넘어서지 못하는 한, 그리하여 "당은 노동자계급의 가장 뛰어난 분자들의 집합"이며 "조직되지 않은 대중을 전위부대의 수준으로까지 끌어올리는" 임무를 갖기에 "노동자계급의 모든 조직을 당과 계급을 연결시키는 보조기관과 전달벨트로 변형시키는"[37] 것이 당연시되는 한, 대중이란 '우월한' 전위의 지도와 통제에 따라야 하는 존재며, 대중조직은 그 지도를 전달해 대중을 '끌어올리는' 전달 벨트일 뿐이기 때문이다. 즉 통제/통치의 문제설정에서 벗어나지 못하는 한 대중에게 부여하는 어떠한 무게도 사실은 '참을 수 없는 존재의 가벼움'에 불과할 뿐이다.

이러한 난점에 대해서도 어쩌면 로자는 예견하고 있었는지 모른다. 그녀는 단순히 대중정치라는 관점을 제시하는 데 머물지 않는다. 즉 대중정치를 현실적인 것으로 가능케 할 조건에 대해서, 그녀는 일관된 원칙을 가지고 요구하고 있다.

[대중정치의] 부활을 위한 유일한 길은 제한받지 않고 가장 광범위한 민주주의와 여론, 공공생활 자체의 가르침 등이다. [그것을] 붕괴시키는 것은 공포에 의한 지배다.[38]

---

37) Joseph Stalin, "Foundations of Leninism", *Problems of Leninism*, Peking, 1976, pp. 99~107.
38) 로자 룩셈부르크, 「러시아 혁명」, 『러시아 혁명/ 맑스주의냐 레닌주의냐』, 박영옥 옮김, 두레, 1989, 91쪽.

구속되지 않고 표출되는 공공생활만이 수많은 새로운 형태와 즉흥적 상태에 도달하고 창조력을 점화하며 모든 잘못된 시도들을 스스로 바로잡아 갈 것이다.…… 전체 인민대중은 공공생활에 참여해야만 한다. 그렇게 하지 않는다면 사회주의는 소수 지식인들의 탁상공론에서 결정될 것이다.[39]

이런 관점에서 대중정치가 억제되고 통제/통치가 다시금 질서를 잡아가는 사회주의의 '미래'에 대해 로자는 예리한 칼날을 들이댄다.

보통선거, 언론결사의 자유, 여론을 끌어들이기 위한 자유로운 투쟁이 보장되지 않는 상태에서는 모든 공공기관 내의 생활은 파괴되고 단지 관료제만이 판을 치는 껍데기뿐인 정치활동만이 유지된다. 공공생활은 점점 동면에 들어가고 '지칠 줄 모르는 정력과 무한한 경험을 가진' 소수 당 지도자들만이 명령하고 지배하게 될 것이다. 실제로는 그 중에서도 몇몇 탁월한 지도자가 전권을 행사할 것이며, 노동계급 엘리트들은 가끔씩 회의에 초대되어 당지도자의 연설에 박수를 치고, 이미 결론내려진 제안을 이의없이 만장일치로 통과시키는 들러리가 될 뿐이다.[40]

지금이라면 이러한 서술이 매우 예리하고 정확한 예견이었다고 말할 수 있다. 로자가 보기에 이러한 독재는 대중정치가 아니라 대중에 대한 통제/통치가 지배한다는 점에서 프롤레타리아 계급의 독재, 인민대중

---

39) 같은 책, 90쪽.
40) 같은 책, 91~92쪽.

의 독재가 아니라 한줌 '정치가'의 독재일 뿐이며 "부르주아적인 의미에서 독재"일 뿐이다.[41]

결국 로자는 대중의 자발성이 충분히 발현될 수 있는 조건, 대중정치가 부활할 수 있는 조건을 위해 정치적으로 자유로운 공간을 최대한 보장(혹은 확보)하고 광범위한 민주주의를 창출할 것을 요구하고 있다. 하지만 이를 단지 "대중은 더 이상 정치(통치!)의 대상에 머물지 않아야 하며, 차라리 정치의 주체가 되어야 한다"는 주장으로 단순화하지는 말자. 오히려 그것은 통치자/피통치자라는 정치의 주체/대상의 이분법에서 벗어나 대중이 스스로의 삶을 만들어 가는 것으로서 새로이 정치를 정의하려는 것이다. 즉 이제 정치는 '위임과 대행에 의한 통치'가 아니라 대중의 생활 그 자체여야 한다는 것이다. 이를 로자는 '생활 속의 사회주의'라는 말로 표현하고 있다.[42]

이는 러시아 혁명에 대한 비판적 분석에서 나온 것이지만, 단지 사회주의에 대한 것만은 아닐 것이다. 즉 자본주의하에서 대중정치를 구현하기 위한 투쟁이 지향해야 할 방향과 내용이 무엇인가를 사고할 수 있게 해주며, 기존의 민주주의를 위한 투쟁이 사실은 무엇을 의미하는 것이었는가를 다시 생각하게 해준다. 나아가 대중정치의 조건이 자본주의보다 협소한 사회주의가, 한마디로 대중이 자본주의보다 자유롭지 못한 사회주의가 맑스주의의 미래여선 곤란하다는 지적이기도 한 셈이다. 우리는 이것을 대중의 자발성이 발현될 수 있는 정치적 조건의 획득이라는, 좀더 일반화된 의미로 확대 정의할 수 있다고 생각한다. 이런 의미에서 이를

---

41) 룩셈부르크, 「러시아 혁명」, 92쪽.
42) 같은 책, 90쪽.

'대중민주주의'라는 개념으로 부를 수 있으리라고 생각한다.[43]

대중의 직접적인 조직이며 권력기관이었던 소비에트마저, '크론슈타트의 반란'을 거치면서 거세되어 지역단위의 대의기구(의회!)로 전환되는 것은, 통치/통제의 문제설정이 요구하는 '대의/대행의 논리'가 대중정치를 대체하게 되었다는 사실을 보여 준다는 점에서, 사회주의적 정치가 근대적인 정치의 궤도 속에 포섭되었음을 보여 주는 또 하나의 증거는 아닐까?

3. 조직과 규율의 정치해부학

로자 룩셈부르크의 이론과 관련해 또 하나의 명시적 논점은 조직과 규율(discipline)에 관한 것이다. 이 역시 레닌과의 직접적이고 공개적인 대립으로 인해 이른바 '국제 공산주의 운동사'에서 유명한 스캔들이 되었으며, 로자의 사상이 어둠 속에 묻히도록 하는 데 또 하나의 중요한 요인이 되었다.

이 문제를 다루는 세 가지 방식이 있다. 첫째, 로자의 주장을 규율에 대한 지식인의 거부감을 보여 주는 것으로서, 대중추종주의의 일종으로 취급하는 것이다. 이는 주로 스탈린 시대 이후 공식적인 역사가들이 견지했던 태도다. 비록 로자의 혁명적 삶과 독일공산당 창건자라는 사실로 인

---

43) 이는 절차적인 민주주의나 형식적인 요건을 갖춘 '일반 민주주의'라는 의미로 제한되어선 곤란하다. 오히려 그것은 부르주아적인 제도와 형식을 넘어서고, 부르주아적인 정치의 틀을 극복하는 또 다른 실천과 조직, 제도 등을 필요로 한다. 예컨대 코뮨이나 소비에트 등의 직접적인 대중정치조직이 그것이다. 물론 그것은 일반 민주주의적 요소를 배제하지 않는데, 이는 민주주의에 대한 절차적 조건이라는 점에서보다는, 그것이 대중정치의 조건을 최대한 확장하는 데 유효할 수 있다는 점에서다.

해 매우 절제된 방식으로 다루어지긴 했지만 말이다. 이는 오직 하나의 '정통'만을 사고할 수 있을 뿐인 독단적 태도의 산물이다.

둘째는 프뢸리히(Paul Frölich)가 보여 주는 것처럼, 로자가 반대한 것은 엄격한 규율이나 중앙집권주의 자체가 아니라 '지나친' 중앙집권주의였다는 것이다.[44] 이는 국제 공산주의 운동에서 로자를 되살리기 위해 그녀와 레닌 간의 차이를 가능한 한 축소하려는 노력으로 보이는데, 그것이 '역사적으로는' 충분히 이해할 만한 것이라고 하더라도, 로자가 새로이 제기한 요소를 보지 못하게 은폐하는 효과를 그 대가로 치러야 한다는 점을 잊어선 안 된다.

셋째, 레닌과 로자의 차이를 양자가 운동하고 논의하던 사회적 상황의 차이로 환원하는 것이다. 이는 사회학적 방식의 설명을 통해 레닌과 로자 양자를 모두 살려내려는 것이지만, 이 경우 남는 것은 상황에 따라 모든 것은 전혀 달라질 수 있으며, 로자나 레닌을 연구할 때는 특히 상황에 유의해야 한다는 '교훈'이다.[45] 그러나 좀더 중요한 것은 로자가 레닌 비판을 통해, 맑스주의 이론에서 매우 쉽게 간과되어 온 요소를 이론적으로 분명히 하고 있다는 사실을 분명히 하는 것이다.

1) 프롤레타리아트와 규율

규율과 조직에 대한 레닌과 로자의 논쟁은 전혀 다른 입론의 대립이지만,

---

44) 파울 프뢸리히, 『로자 룩셈부르크의 사상과 실천』, 최민영 옮김, 석탑, 1984, 113쪽.
45) 토니 클리프(T. Cliff)의 해석은 전반적으로 이런 입장에 포함될 수 있겠다. 그는 레닌의 조직 원칙을 상대화하기 위해 그것이 러시아적 특수성의 소산이었음을 강조하며, 결코 일반화될 수는 없는 것이었다고 말한다. 그는 레닌도 로자도 상황에 의해 정당화될 수 있다고 본다(토니 클리프, 『로자 룩셈부르크』, 조효래 옮김, 북막스, 2001).

그렇다고 양자가 대칭적인 양상을 취하는 건 결코 아니다. 이 차이는 근본적인 문제설정과 사고방식의 차이인데, 이것을 부각시킴으로써 자주 잊혀 온, 그러나 결코 잊어선 안 될 것이 드러날 것이다.

알다시피 레닌은 전위와 대중 간에, 그리고 당과 대중조직 간에 경계선이 명확해야 한다고 본다. 그것은 양자의 성격이나 과제가 전혀 다르기 때문이며, 활동방식이나 요구되는 활동능력이, 나아가 조직이 갖는 힘의 원천이 전혀 다르기 때문이다. 특히 전위조직인 당에는 엄격한 규율과 그것을 수용하여 지속적으로 활동하겠다는 의지를 가진 사람만이 가입할 수 있다. 이에 대한 비판에 레닌은 엄격한 규율만이 조직의 전위적 활동을 유지하고 적으로부터 지켜나갈 수 있으며, 그것이 보장하는 조직력이야말로 프롤레타리아트의 유일한 힘이라고 반박한다. 그리고 그러한 비난은 개인주의적 성향을 여전히 떨쳐버리지 못한 지식인의 태도에서 나오는 것이며, 프롤레타리아는 그와 달리 규율을 두려워하지 않는다고 한다. 왜냐하면 프롤레타리아는 이미 공장에서 규율에 의해 이미 훈련되어 있기 때문이다. 한마디로 요약하면, 프롤레타리아의 힘은 규율이며, 그것은 이미 공장에서 일상적으로 훈련된 것이라는 주장을 통해 규율의 도입에 근거를 마련하고 있는 것이다.

규율의 도입이 야기하는 효과는 대략 다음과 같다. 첫째, 프티 부르주아 지식인의 유입을 제한하여, 당이 지식인의 토론장화되는 것을 막는다. 둘째, 정보경찰에 대한 투쟁을 유지하고, 행동의 효율적인 통일성을 확보하는 데 긴요한 강력한 통제력을 마련할 수 있다. 셋째, 규율을 통해 다양한 질의 구성원을 훈련시킬 수 있으며, 노동자 대중이 전위로 성장하는 데 필요한 훈련을 시킬 수 있다.

이에 대한 로자의 비판은, 프롤레타리아가 이미 규율에 의해 훈련되어 있으며, 바로 그것이 노동자계급 조직의 힘인 것은 사실이다. 그러나 불행하게도 그것은 부르주아에 의해 길들여진 부르주아적 규율이요 **부르주아적** 힘이라는 것이다. 그녀의 말을 직접 빌리면, "레닌이 의중에 갖고 잇는 '규율'은 공장뿐만 아니라 군대 및 근대적 관료제에 의해서, 요컨대 중앙집중화된 부르주아 국가의 전체 메커니즘에 의해서 프롤레타리아트에게 심어진 규율이다".[46]

이러한 규율이 야기하는 효과는 "기계적으로 움직이는 신체 속에서 대중의 사고와 의지의 부재"며, 개개인의 노동자를 "피지배계급의 시체 같은(corpselike) 복종"으로 길들이는 것이다.[47] 이러한 규율이 당조직에 도입되었을 때 그것은 조직에서는 노동자들을 상부의 명령에 기계적으로 복종하는 개인으로 만들어 버리는 **'구속복'**(strait jacket)으로 작용할 것이다. "노동자를 '위원회'의 유순한 도구로 저하시키는 관료주의적 집중제의 '구속복' 속에 아직은 젊은 노동운동을 가두어 버리는 것보다 그것을 지식인의 권력욕에 건네주기 쉬운 것은 없을 것이다."[48]

여기서 우리는 공장이나 관료제가 노동자 개개인 속에 심어 놓은 규율의 효과에 대한 로자의 근본적인 비판을 볼 수 있다. 그것은 노동자 개개인을 자본가나 관료들의 명령에 순종하는 '대상'으로 만드는 것이며, 자본가와 관료제의 메커니즘에 스스로 알아서 따르는 '주체'로 만드는 것이다. 즉 부르주아지는 공장과 관료제를 통해 '부르주아적' 규율을 개개인의 노동자들에게 심어 놓음으로써, 외부적으로 주어지는 과제와 규

---

46) Luxemburg, "Organizational Questions of the Russian Social Democracy", p. 291.
47) *Ibid.*, p. 291.
48) *Ibid.*, p. 302.

율에 무의식적으로 따르는 '부르주아적' 개인으로 만드는 것이다. 이런 의미에서 '구속복'이라는 로자의 표현은 매우 의미심장한 것이다.

이는 공장이나 관료조직 내부에서 집단 전체의 일부분으로서 ─ 레닌 말대로 '톱니바퀴'로서 ─ 활동하게 만들지만, 이것이 그들을 어떤 '사회적 본성'[49]을 갖도록 훈련시키는 것으로 간주한다면 이는 매우 위험한 착각이다. 왜냐하면 노동자는 부르주아의 조직 및 규율과 개인으로서 대면하며 개인으로서 거기에 포섭되는 것이기 때문이다. 즉 공장이나 관료조직은 노동자 집단을 상대로 규율을 부과하고 통제하는 게 아니라 각각의 노동자 개인을 상대로 규율을 부과하며 통제한다. 즉 부르주아가 부과하는 규율은 노동자를 개별화하며, 그 개별자를 통합하는 것은 오직 노동자 외부의 공장/관료조직일 뿐이다. 따라서 이러한 규율은 노동자를 표면상의 집단적 형태에도 불구하고 사회적 본성으로 훈련시키는 것이 아니라 로자 말대로 '개인주의적 본성'[50]으로 길들이는 것이다. 노동조합을 비롯한 노동자 조직은 일차적으로 이러한 개별화된 '계약'과 규율, 통제에 대한 저항 내지 '방어(!)'로서 만들어지는 것이다.

로자가 문제를 파악하는 방식은 매우 탁월한 것이다. 푸코는 감옥의 탄생에 대한 계보학적 연구를 통해, 감옥에서 규율과 감시, 처벌을 통해 작동하는 권력은 개인들을 근대사회에서 요구되는 '주체'로서 생산해 내는 메커니즘을 구성했다고 말한다. 나아가 감옥에서 형성된 이러한 규율

---

49) 룩셈부르크, 「러시아 혁명」, 91쪽.
50) 룩셈부르크, 같은 책, 91쪽. 우리는 이러한 규율이 반복되고 노동자들이 그것으로 훈련되었을 때, 그 규율은 의식되지 않은 채 노동자 개개인을 움직이게 한다. 이런 점에서 그것은 일종의 '본성'을 이루는 것이 되는 셈이다. 이런 의미에서 우리는 로자가 말하는 '본성'이 의식되지 않은 채 노동자들을 움직인다는 점에서 일종의 '무의식'을 가리키는 것으로서 재정의해야 한다고 생각한다. 푸코라면 이를 '생체권력'의 한 형태로 이해할 것이다.

과 감시, 처벌의 메커니즘이 학교와 군대, 병원과 공장에서 개인들을 '사회적 주체'로 길들이는 메커니즘의 모델이 되었다고 한다.[51] 이런 의미에서 "근대사회 전체가 하나의 규율적 사회(société disciplinaire)로 되었다"고 말한다.[52] 공장의 규율에 대한 로자의 분석이 도달한 지점 역시 바로 여기가 아니었을까?

여기서 우리는 공장에서 노동자에게 부과되고 반복적으로 훈련시키는 규율이 노동자 개개인에게 미치는 효과에 대해 로자와 푸코의 분석이 매우 유사하다는 점을 주목해야 한다. 즉 조직논쟁을 통해 로자가 제기한 핵심적인 논점은, 푸코 식의 표현을 빌리면, 공장의 규율이 신체를 통제하는 기술이며, 신체를 통제하는 '권력'(생체권력)을 포함하고 있다는 것이다. 이런 의미에서 그녀는 조직과 규율의 '해부-정치'(anatomo-politique)에 대해 '미시정치학적' 분석을 하고 있는 셈이다.

따라서 당내에서조차 이러한 규율로써 노동자들을 '훈련'시킨다는 것은 로자가 보기엔 매우 위험하고 그릇된 발상이었다. 그것은, 노동자들을 훈련시키면 시킬수록 그들을 개인주의적 본성을 가진 '유순한 도구'로 만드는 것임을 뜻하며, 새로운 사회의 기초인 '사회적 주체'가 아니라 여전히 부르주아지가 만들어 놓은 근대적 생체권력의 산물로(이를 우리는 '근대적 주체'라고 부를 것이다) 만드는 것임을 뜻하기 때문이다. 결국 여기에서 로자는 "레닌의 관심이 당의 활동을 풍성하게 하기보다는 당을 **통제하려는 것**"임을 갈파한다. 즉 그것은 통제/통치의 문제설정에 입각한 것이어서, 결국에는 "당의 활동을 발전시켜 나가기보다는 제약하게

---

51) 푸코, 『감시와 처벌』, 335~347쪽.
52) 같은 책, 335쪽.

되며, 당의 활동을 하나로 통합시키기보다는 결박하게 될 것"이라고 경고하고 있다.[53]

그렇다면 로자가 생각하는 조직원리는 어떤 것인가? 그녀는 억압된 계급의 시체 같은 순종성이 아니라 "해방을 위해 투쟁하는 계급의 조직된 반역"을 요구한다. "프롤레타리아트가 사회민주주의의 새로운 규율로, 즉 자원적인 자기규율(voluntary self-discipline)로 교육되는 것이 자본주의 국가에 의해 심어진 규율에 매이는 것이어선 안 되며, 부르주아지의 손아귀에 있는 권위를 사회민주당 중앙위원회의 권위로 대체하는 것이어도 안 된다. 그것은 (자본주의에서) 규율이 만들어 내는 노예적 정신을 깨부수고 뿌리째 뒤엎어 버리는 것이어야 한다."[54]

이러한 맥락에서 로자는 프롤레타리아의 선진적 층위에 의한 '자율적 집중주의'(self-centralism)라는 개념을 조직원리로서 제시한다. 이를 실현하기 위해 로자는 몇 가지 필수적인 전제를 제시한다. 그것은 첫째, 정치투쟁과정에서 이미 깨우친 선진적 프롤레타리아층의 존재, 둘째, 이들 (다수의) 노동자가 공적으로 당대회와 당출판물 등에 대해서 영향력을 미칠 수 있는 가능성이다.[55] 물론 로자는 이러한 조건이 러시아에 결여되어 있다고 보며, 이러한 조건이 레닌의 중앙집중주의를 제약한다는 점을 인정한다.

중요한 것은 권력이 모이는 중앙의 부정이 아니라, 그 중앙에 대해 비판적인 능력을 가지며, 오히려 권력의 일방적 흐름에 거슬러 그것에 영

---

53) Luxemburg, "Organizational Questions of the Russian Social Democracy", p. 295.
54) *Ibid.*, p. 291.
55) *Ibid.*, p. 290.

향력을 미칠 수 있는 '다수'의 선진적 노동자들의 존재다.[56] 나아가 이러한 조직은 대중이 스스로 정치활동을 할 수 있는 기회를 보장해야 하며, 이는 노동자 개인으로 하여금 조직의 문제를 자신의 문제로서 풀어 가게 하는 새로운 훈련을 제공할 것이다. 새로운 사회 건설에 요구되는 '사회적 본성'은 바로 이런 과정을 통해서만 획득될 수 있을 것이다. 이는 부르주아지가 창출한 근대적 생체권력과는 전혀 다른 '사회적' 생체권력이 형성될 수 있는 전제조건인 셈이다.

2) 사회혁명과 규율

규율이 이처럼 생체권력을 통해 특정한 형태의 주체를 생산한다면 이제 규율의 문제는 단지 조직에서만의 문제는 아님 또한 분명하다. 즉 그것은 일상적으로 살아가는 각각의 생활영역에서 개개의 인민이 살아가는 '생활방식'(Lebensweise)의 문제인 것이다. 사회적 관계는 물론 사람들 개개인을 변혁시키는 것이 사회혁명이라 할 때, 규율과 생체권력의 문제는 낡은 형태의 주체를 혁파하고 새로운 형태의 주체를 만들어 내는 문제로서 제기된다.

이에 관해 레닌은 두 가지 사항을 지적하고 있다. 첫째, 그는 "수백만 수천만 사람들의 습관의 힘은 가장 무서운 힘"이라고 하면서, 이에 대한 교육적인, 혹은 행정적인 투쟁이 필요함을 역설하고 있다.[57] 이러한 투쟁

---

56) 이런 점에서 그녀가 레닌의 관심을 들어 그의 조직원칙을 통제의 문제설정으로 간주하여 비판한 것은 그녀 나름대로 일관된 것이었다. 앞절의 연장선상에서 해석한다면, 그녀의 이러한 태도 역시 조직 자체를 대중의 자발성에 근거하여 '대중정치'라는 관점에서 이해하고 있음을 보여 준다고 하겠다.

57) V. I. Lenin, "Left-wing Communism, An Infantile Disorder", *Collected Works*, vol. 31[Stalin, *Problems of Leninism*, pp. 108~109에서 재인용·].

이 특히 목표로 하는 것은 소부르주아의 습관이다. 규율의 문제가 제기되면서부터 레닌이 주로 착목했던 지점은 엄격한 규율에 대한 혐오감과 비판이 주로 소부르주아적 개인주의를 벗어나지 못한 지식인의 태도(습관!)에서 비롯된다는 것이었다. 반대로 진정한 프롤레타리아는 계급의 본성상 엄격한 지도와 냉엄한 규율에 스스로를 포기하는 데서 일종의 쾌감마저 느낀다고 본다.[58] 여기서 중요한 대립선은 노동자와 소부르주아 지식인 간에 그어져 있는 셈이다.[59]

이런 생각을 근거로 스탈린은 프롤레타리아 독재를 규율의 차원에서, 즉 주체를 생산하는 생체권력의 차원에서 새로이 정의한다.

독재를 '유지하고' '확대한다'는 것은 무엇을 의미하는가? 그것은 수백만의 프롤레타리아에게 규율과 조직의 정신을 불어넣는 것을 의미한

---

58) Luxemburg, "Organizational Questions of the Russian Social Democracy", p. 296 참조.
59) 그러나 이러한 개인주의가 단지 소부르주아만의 것일까? 앞서 말했던 것처럼 공장에서의 규율이 노동자들을 사회적이고 집단적인 본성으로 훈련시키는 게 아니라 오히려 개인주의적 본성을 갖도록 훈련시킨다는 것, 그럼에도 불구하고 그것이 사회적 본성인 것처럼 보이는 것은 그 개별화된 노동자들을 하나로 엮는 규율의 '전체성'(wholeness), 나아가 그들에 대한 부르주아 지배의 '전체성' 때문이다.

이는 자본이 개별화된 노동력으로서 고용계약을 하며, 자본과의 관계 속에서 (일차적으로) 노동자는 개별자로서 대면하지만, 부르주아가 그것을 생산수단과 결합시키는 생산과정이 하나의 전체로서 나타나는 양상과 동형적(isomorphic)이다. 반복하지만, 이런 이유에서 공장의 규율 속에서 노동자들이 집단적인 형태로 나타나는 양상을 그 규율의 집단성 혹은 그렇게 길들여진 노동자들의 사회적 본성으로 오해해선 매우 위험하다.

오히려 지식인의 자유주의와 통제적인 규율 앞에서 노동자들이 보여 주는 인내는 모두 근대적 규율의 두 가지 양상이라고 하겠다. 브레이버맨의 논리를 빌려서 약간 도식적으로 말하자면(브레이버맨, 『노동과 독점자본』), 이는 노동과정에서 구상기능과 실행기능의 분리로 인한 것으로, 구상기능은 작업조직의 규율로부터 상대적으로 매우 자유롭다는 점, 반대로 실행기능은 좋든 싫든 규율에 대한 확고한 복종을 통해 조직된다는 점에서 기인한다고도 할 수 있겠다. 이 두 가지 모두가 개별화된 주체, 개인주의화된 주체로서 '근대적 주체'의 특징을 공유한다는 점에 주목하자.

다.……그것은 소부르주아적 요소와 소부르주아적 습관의 부식적 영향력에 대한 보호능력과 방법을 프롤레타리아 대중 속에서 만들어 내는 것을 의미한다. 그것은 소부르주아층을 재교육하고 개조하는 데서 프롤레타리아트의 조직적 작업을 강화하는 것을 의미한다. 그것은 프롤레타리아 대중이 계급을 소멸시킬 수 있고 사회주의적 생산의 조직을 위한 조건을 준비할 수 있는 세력으로서 자신을 교육시키는 것을 도와주는 것을 의미한다. 그러나 결속과 규율로 인한 강력한 당이 없으면 이러한 모든 것을 달성하는 것은 불가능하다.[60]

둘째, 알다시피 레닌은 『국가와 혁명』에서 혁명을 통해 공산주의로 직접 이행할 수 없다는 것을 지적한다. 즉 인민들이 자본주의적 생활방식 속에서 길들여져 있기 때문에, "능력에 따라 일하고 필요에 따라 분배받는" 것은 불가능하며, 이를 위해 "능력에 따라 일하고, 일한 만큼 분배받는다"는 슬로건을 새로운 사회의 깃발로 내걸어야 한다고 한다. 이것이 바로 사회주의의 불가피성이었으며, 바로 이 사회주의의 시기가 프롤레타리아 독재의 시기와 일치함은 유명한 사실이다. 이것이 자본주의적 성격을 갖는다는 것은 레닌 자신이 분명히 인정한 바다.

이러한 명제는, 규율로서 프롤레타리아 독재를 정의하는 것과는 다른 차원에서(경제적인 차원까지 포함해서) 사람들의 활동을 습관의 힘, 습속의 무의식(니체)에 의해 파악하는 것을 의미한다. 혁명의 현실정치 속에서 레닌은 이것이 근본적으로 변혁되지 않는 한 공산주의 사회는 불가능하다는 것을 직관적으로 포착해 낸 셈이다. 이는 생산관계가 바뀌면 사

---

60) Stalin, *Problems of Leninism*, p. 108. 강조는 인용자.

회적 의식 역시 그에 따라 '당연히' 바뀌며 그 결과 사회주의적 인민이 자연히 만들어질 것이라는 식의 '안이한 역사유물론'을 뛰어넘는 측면을 보여 준다. 즉 그는 사회주의적 인민은 자동적으로 만들어지는 게 아니라 규율이나 제도 등을 통해 만들어 내야 하는 것임을 인식하고 있다.

그러나 아이러니한 것은 이러한 관점에서 인민을 전환시키기 위한 수단으로 제시되는 것이 부르주아의 공장에서 만들어진 규율이요, '가치법칙'이라는 자본주의적 분배원리라는 점이다. 정작 중요한 문제는 이러한 규율과 원리가 사람들을 어떤 생활방식으로 훈련시킬 것인가 하는 것이다. 아직 우리의 상상력은 이러한 규율이나 원리를 통해 근대적인 주체를 벗어날 길을 찾아내지 못하고 있다.

로자는 소부르주아 지식인과 프롤레타리아 대중 간 차이를 중심적인 대립선으로 긋는 데 반대한다. 즉 역사적 조건에 대한 분석 없이 "조직을 위한 프롤레타리아트의 내재적 능력을 찬양하고 사회민주주의 운동의 지적인 요소를 불신하는 것은 그 자체로 '혁명적 맑스주의'의 표시가 결코 아니라는 것"이다.

한편 규율을 통해 (소)부르주아적 요소의 유입을 막고 기회주의를 추방하려는 레닌의 시도는 자칫 사회민주주의 운동 자체에 해를 끼칠 수 있다. 왜냐하면 그것은 운동 자체의 활력을 제거함으로써 저항을 위한 생생한 힘과 능력을 마비시킬 위험이 있기 때문이다. 오히려 중요한 것은 이 저항이 기존 질서 자체에 대한 것임을 인식하는 것이다.[61] 다시 말해 기존 질서를 유지하는 규율을 통해 기존 질서를 전복해야 할 운동을 통제하려는 것은, 수단이 목적으로 전도되는 결과를 빚을 것이라는 것이다.

---

61) Luxemburg, "Organizational Questions of the Russian Social Democracy", p. 305

로자가 보기에 프롤레타리아 대중 자신의 "대중의 완전한 정신적 변혁"이 필요하다.[62] "프롤레타리아 대중은 자본에 의해 그 위치를 할당받은 죽은 기계와 같은 처지로부터 (해방을 향한) 이러한 과정의 자유롭고 독립적인 방향타로 스스로를 전환시키는 방법을 배워야 한다. 그들은 모든 사회적 부의 소유를 유일하게 관장하는 집단성의 적극적 구성원이란 위치에 걸맞은 책임감을 획득해야 한다. …… 집단의 이익을 위한 최고의 이상주의와 가장 엄격한 규율, 대중의 진실한 공공정신이야말로 사회주의 사회의 도덕적 기초다."[63]

이러한 책임감과 공공정신, 독립적이고 적극적인 위치를 대중은 어떻게 획득하는가? 여기서 우리는 로자 자신의 삶 전체를 관통한 중요한 원칙 중의 하나를 이용해 말할 수 있다. "태초에 행동이 있었느니라!" 바로 이 행동을 통해 대중은 새로운 사회에 필요한 '도덕적 기초'를 습득할 수 있으며, 이로써 새로운 주체로 만들어진다. 마치 "대중이 권력을 사용함으로써 권력을 사용하는 법을 배우듯이" 말이다.[64] "프롤레타리아 대중은 혁명의 목표와 방향을 분명히 하는 것에 그쳐선 안 된다. 그들은 **행동을 통해서 개인 개인마다(personally) 생활 속으로 사회주의를 한걸음 한걸음 끌어들여야 한다.**"[65] 프롤레타리아의 사회적 본성이란 바로 이런 식으로 만들어지는 것이다.

62) 룩셈부르크, 「러시아 혁명」, 305쪽.

63) Luxemburg, "What Does The Spartacus League Want?", ed. D. Howard, *op. cit.*, p. 369.

64) Luxemburg, "Our Program and Political Situation", p. 406.

65) Luxemburg, "What Does The Spartacus Want?", p. 368. 이러한 발상과 개념은 러시아 혁명에 대한 비판에서도 마찬가지로 확인된다. 「러시아 혁명」, 90~91쪽 참조.

4. '사회주의 운동의 딜레마'

마지막으로 부르주아 사회에서 사회주의 운동이 피할 수 없는 모순 혹은 딜레마에 대해 간단히 언급하자. 로자의 관점에서 보기에, 레닌주의는 하나의 근본적 딜레마에 빠져 있다. 부르주아 사회에서 부르주아와 투쟁하기 위해 불가피하게 부르주아적인 형식에 기댈 수밖에 없다는 딜레마. 여기서 레닌은 그 불가피성을 하나의 현실로 받아들인다. 그래서 그는 차르의 전제정을 뒤엎기 위해, 그리고 부르주아지와 투쟁하기 위해 통제의 문제설정과 계몽주의적 이분법, 그리고 그것을 구현하기 위해 불가피하다고 보았던 엄격한 규율을 무기로써 이용한다. 이게 어쩌면 루카치가 레닌에게서 발견했던 '혁명의 현실성'인지도 모른다.[66] 그러나 이 불가피성은 조직된 전위는 물론 프롤레타리아 대중을 부르주아와 대칭적인 존재로 만들어 놓았다.

로자는 이러한 딜레마를 명확하게 인식하고 있었다. 로자는, 레닌이 기회주의의 연원을 오직 부르주아적 요소의 유입으로 간주하는 데[67] 대해 비판하면서, 오히려 그 연원을 사회주의 운동 자체의 본질에서, 그것이 처해 있는 근본적인 딜레마 속에서 찾는다.

승리를 향한 프롤레타리아트의 세계사적 전진은 특수한 성질을 갖는 과정인바, 그 특수성은 역사상 최초로 인민대중 자신이 모든 지배계급에 맞서서 자신의 의지를 표현한다는 사실에 있다. 그러나 이 의지는 현존

---

66) 죄르지 루카치 외, 『레닌』, 김학노 옮김, 녹두, 1985.
67) 이는 그 이후로도 지속되었던 명제였다. 얼마전까지도, 어쩌면 지금까지도.

하는 사회를 넘어서, 그 외부에서만 실현될 수 있는 반면, 기존 질서와의 일상적인 투쟁 속에서만, 즉 기존 질서의 틀 내에서만 발전할 수 있다.[68]

그러나 여기서 로자는 부르주아적 형식을 이용해야 한다는 불가피성에 안주하려 하지 않는다. 그리고 차라리 그것이 야기하는 근본적 난점에 주목한다는 점에서 레닌보다는 차라리 '덜 현실적인' 길을 선택하는 것 같다. 대중의 '자발성'에 대한 신앙적인 믿음은 어쩌면 이 난점을 '혁명적 실천'을 통해 돌파하려는 맑스적인 노력의 이면이 아닐까? 나아가 그녀는 현존하는 질서 속에서 대중이 갖는 '길들여진' 순종성에 눈감지 않으며, 그것을 깨부술 수 있는 방식을 사고하려 한다. 혁명은 직접적인 목표 이외에, 이러한 근본적인 변혁을 포함하고 있어야 한다는 것이다.

이러한 로자의 태도에서 확인할 수 있는 것은 무엇일까? 그것은 한마디로 말하면 대중이 갖고 있는 무의식적인 능력과 힘에 기반하여, 계급적 지배권력과 생체권력이라는 이중의 권력을 돌파하려는 의지다. 자발성에 대한 신앙에 가까운 태도는 대중에 대한 막연한 찬사나 아부가 아니라 대중이 가지고 있는, 무의식적인 힘이기에 잘 드러나지 않는 능력을 주목하고 그것을 통해 혁명을 사고하려는 것이다.

그것은 불가피성 속에서 쉽게 이용할 수 있는 '현실적' 방법이 아니라, 대중의 그러한 능력을 통해서 통제나 통치의 대상이기를 그친 대중의 자기-정치와 자기-규율을 생성하려는 어려운 '실험'——그것은 결과의 확실성이 보장되어 있지 않다는 점에서 정말 실험일 수밖에 없다——이다. 그리고 그러한 자기-정치와 자기-규율을 통해 새로운 사회성의 지대

---

68) Luxemburg, "Organizational Questions of the Russian Social Democracy", p. 304.

를 형성할 수 있는 대중의 능력을 향상시키고, 대중의 자기-결정 능력과 자기-수행 능력을 상승시키려는 것이다. 그것은 직접적으로 새로운 대안적 사회로서 사회주의 내지 공산주의를 뜻하진 않지만, 적어도 그것이 가능하게 될 지반을 만들어 내리라는 확신 같은 것은 아닐까? 그리하여 심지어 새로운 체제가 달성되지 못하는 경우에도 결코 무화되지 않을, 새로운 삶의 방식이 생성되는 탈주의 지대를 확장하려는 것이 아니었을까? 이것이야말로 로자가 제2인터내셔널의 다수적 사유 전체와의 투쟁을 감수하면서, 혹은 성공한 혁명이 갖는 설득력에도 맞서서, 사회주의 운동의 딜레마를 통해 차라리 그 가장 근본적인 지점으로까지 밀고 들어가며 혁명을 사유했던 동력이 아니었을까? 이미 성공한 혁명이 붕괴한 역사로 끝나 버린 상황에서, 로자가 앞서 부닥쳤던 문제들은 우리의 현재적 문제로 다시 던져진다. 이제 우리는 로자를 따라서 그 문제에 관해 다시 질문하고 사유해야 한다.

그렇다면 우리는 "아직도 혁명운동은 가능한가?"라는 질문에 대해 이렇게 답할 수 있지 않을까?──사회주의 붕괴로 인해 드러난 이 문제들을 피해가지 않고, 오히려 그것을 지반으로 삼아 지배적인 형태의 맑스주의, 근대적 형태의 맑스주의를 넘어설 수 있다면, 그리하여 근대를 넘어서는 변혁을 사고할 수 있다면 그것은 아직도 가능한 것이라고.

8장_코뮤주의와 이행의 문제

1. 가치법칙과 이행

이제 마지막으로 이행의 문제를 다루어야 한다. 자본주의 내지 근대사회에서 변혁과 전복을 꿈꾸는 한, 결국은 당면하게 되는 가장 '직접적인' 문제가 바로 이행의 문제다. 그런데 '이행'이라는 말은 두 가지 상이한 맥락으로 인해 상이한 의미를 갖는다. 첫째, 이행은 자본주의 사회에서 다음 사회로의 이행을 뜻하는 것이고, 따라서 기존의 지배적인 생산양식의 전복이요, 그것을 직접생산자가 생산수단을 소유하는 생산양식의 사회로 대체하는 것을 의미한다. 둘째, 이행은 자본주의와 코뮤주의 사이의 과도기에, 코뮤주의의 물질적 기초를 마련하는 문제다. 즉 자본주의에서 코뮤주의로 직접 넘어가는 것은 불가능하기 때문에, 그 사이에 이행의 과정이 진행되는 과도기 내지 이행기가 필요하며, 이 이행기를 통해 코뮤주의의 기초를 마련해 가는 별도의 과정이 필요하다는 것이다.

맑스주의에서 이론적으로 다루는 이행의 문제는 대부분 후자에 관한 것이다. 전자의 경우 이행은 혁명에 대한 정의와 외연이 다르지 않기 때문이다. 즉 그것은 혁명이라는 개념처럼 외연이 넓고 포괄적이어서 그 것을 따로 다루기보다는 그 하위적인 주제들을 통해 세부적으로 다룬다. 반면 후자의 경우 이행의 문제는 '이행기'의 정치·경제적 문제가 되는데, 러시아 혁명이나 기타 다수의 '성공한' 혁명에서 현실적이고 실제적인 문제로 제기되었다. 여기서도 일단 후자를 통해 이행의 문제에 접근할 것이다.

이 문제를 다루는 데 이론적 단서가 되는 것은 알다시피 맑스의 「고타 강령 비판」에 나오는 유명한 언급이다. 거기서 맑스는 혁명을 통해 자본주의로부터 코뮨주의로 바로 넘어갈 수 없다고 말한다. 왜냐하면 혁명을 통해서 성립된 "이 사회는 모든 면에서, 즉 **경제적·도덕적·정신적인 면**에서 그 모체였던 **낡은 사회의 흔적**을 아직 지니고 있"기 때문이다.[1] 그리고 바로 이런 점에서 그는 "그 자체의 토대 위에서 발전하는 코뮨주의"와 "자본주의 사회로부터 방금 생겨난 코뮨주의"를 구별한다. 후자는 낡은 사회의 흔적을 아직 지니고 있는 사회인 것이다. 이를 흔히 '사회주의'라는 이름으로 부른다는 것은 다 아는 바와 같다.

그런데 맑스가 말하는 저 '낡은 사회의 흔적'이란 대체 무엇인가? 일단 경제적인 측면에서 낡은 사회의 흔적에 대해서는 맑스 자신이 분명하게 지적한 바 있다. 첫째 단계인 사회주의에서는 생산력의 제약으로 인하여 분배 능력이 제약되고, 그에 따라 인민들의 욕구를 충족시키는 데 필요한 충분한 양의 재화를 분배할 수 없다. 여기에서 "생산자 개개인은 정확히 그가 사회에 주는 것만큼 ── 공제할 것을 공제한 후에 ── 을 사회

---

1) 칼 맑스, 「고타 강령 초안 비판」, 이수흔 옮김, 『칼 맑스·프리드리히 엥겔스 저작선집 4』, 박종철출판사, 1997, 375쪽. 강조는 인용자.

로부터 돌려받게 된다." 따라서 능력에 따라 일하고 필요에 따라 분배받는 것이 아니라, "능력에 따라 일하고 [자신이 수행한] 노동[량]에 따라 분배받는다."[2]

따라서 각자가 제공하는 노동력과, 그 대가로 분배받는 것 사이에는 가치대로의 교환이라는 가치법칙이 작용하고 있는 것이다. 즉 자본주의에서 상품교환을 규제하던 것과 동일한 규칙이 노동과 분배 간의 관계를 지배한다. 결국 가치법칙이 유통 및 분배 원리로서 존재하며, 그것이 작용하는 상품-화폐 경제 및 시장이 존재한다.[3] 부르주아 사회의 유물 내지 흔적으로서 가치법칙.

다음으로 정치적 측면에서 '방금 태어난 코뮤주의'를 특징짓는 것은 프롤레타리아의 혁명적 독재다. 자본주의의 지배권력을 프롤레타리아트의 권력으로 대체했다고 해서, 자본가계급이 즉시 사라지거나 소멸하는 것은 아니며, 더구나 소부르주아지나 기타 다양한 계급들이 단시일 내에 사라지는 것은 아니다. 나아가 가치법칙과 상품-화폐 경제는 그러한 계급의 새로운 형성이 가능한 기초를 포함하고 있다. 따라서 계급투쟁은 사라지지 않는다. 그렇기 때문에 사회 전반에 대한 노동자계급의 지배를 유지하고 확장하기 위한 '프롤레타리아트 독재'는 불가피하다는 것이다.[4] 물론 그것은 반드시 폭력적인 형태를 취하는 계급투쟁 내지 독재의 양상으로 진행되지는 않지만.

2) 칼 맑스, 「고타 강령 초안 비판」, 376쪽.
3) N. A. 차골로프, 『정치경제학 교과서 Ⅱ-1』, 윤소영 옮김, 중원문화, 2012 ; G. A. 코즐로프 외, 『정치경제학 원론 Ⅱ : 사회주의 정치경제학』, 녹두편집부 엮음, 녹두, 1989 등 참조.
4) 블라디미르 일리치 레닌, 『국가와 혁명』, 문성원·안규원 옮김, 아고라, 2013 ; 에티엔 발리바르, 『민주주의와 독재』, 최인락 옮김, 연구사, 1988.

마지막으로 도덕적·정신적인 면에서 낡은 사회의 흔적은 무엇인가? 그거야 한마디로 부르주아적 도덕과 규범일 것이다. 하지만 그것은 대체 어떤 것을 지칭하는 것일까? 부르주아 이데올로기?

여기서 우리는 실제로 갓 태어난 코뮨주의로서 사회주의를 처음으로 건설했던 레닌의 경험을 참조할 수 있다. 레닌은 이를 무엇보다도 우선 노동의 표준적인 척도로서 "부르주아적 권리"라고 말한다.[5] 그렇지만 이는, 전혀 무관하다고 말할 수야 없겠지만, '권리'라는 단어가 표상하는 법적인 어떤 것을 지시하는 것만은 아니다. 그것은 오히려 "남보다 한 시간 더 일했다거나 남보다 적게 대가를 받았다거나 하는 식의 샤일록 같은 냉혹한 계산심리를 강요하는 편협한 부르주아적 권리의 지평"이다.[6]

다시 말해 그것은 사람 간의 관계를 가치에 따른 등가교환으로 재고 계산하는 심성이나 심리요, 그러한 심성과 심리를 낳는 습속이다. 알다시피 이는 가치관계를 통해서 노동과 모든 활동이 계산되고 규제되던 자본주의의 습속이다. 사람들의 모든 노동과 활동, 나아가 신체에 새겨진 '습속의 도덕'으로서 가치법칙. 그것은 단지 경제적 교환관계를 규제하는 법칙일 뿐만 아니라, 사람들의 **모든 일상적인 관계 속에서 사람들이 서로에 대해 취하는 태도를 규정하는 습속**이다.

여기서 레닌은 가치법칙의 문제가 단지 교환의 비율을 정하는 경제적 규칙의 문제일 뿐만 아니라, 사람들의 행동과 활동을 일상적으로 규제하고, 그들의 '의지'를 방향짓는 습속의 문제요 도덕의 문제라는 것을 직관적으로 포착하고 있다. 그런데 여기서 두 가지 의문이 떠오른다.

---

5) 레닌, 『국가와 혁명』, 159쪽.
6) 같은 책, 162쪽.

첫째는 경제적 측면에 관한 것이다. 가치법칙이 사회주의라는 이행기의 경제를 규제하는 규칙이라고 했을 때, 그것은 코뮤주의로 나아갈 이행의 계기를 포함하고 있는가? 가치대로 교환하고, 가치로 분배가 이루어지는 한, 그것은 가치에 의해 규제되는 관계를 오히려 확장하게 되는 것은 아닐까? 그렇다면 거기서 이행의 계기를 찾기는 힘들다. 그렇다면 사회주의를 '이행기' 내지 과도기로 규정하는 그 이행의 계기는 어디서 발견되는가?

이 질문에 대해서는 명료한 답이 제시되어 있다. 생산력이 발전하고, 그에 따라 재화의 물량이 풍부해지면 능력에 따라 일하고 필요에 따라 분배받을 수 있을 것이라는 것이다. 그러나 정말 그럴 수 있을까? 알다시피 자본주의의 흔적인 가치법칙은, 자신에게 필요하지 않은 것이 있다고 해도 그것을 '남아도는 것, 따라서 남에게 주어도 좋은 것'으로 만들지 않는다. 그것은 언젠가 다른 것과 교환하거나 다른 목적을 위해 사용할 '가치'를 갖고 있기 때문이다. 필요 없고 욕구되지 않는 것도 집적하고 축적하는 것이 가치법칙이 만들어 내는 경제적 태도 아니었던가? 그렇다면 생산력이 발전한다고 해서 남는 물자를 아무런 계산이나 대가 없이 남에게 기꺼이 넘겨주게 되리라는 예상은 적어도 경제학적 논리 안에서는 불가능하다.

반대로 생산력 발전에 따라 능력에 따른 집적과 축적의 격차가 만들어지리라고 말해야 하지 않을까? 그렇다면 생산력이 충분히 발전하면 가치법칙을 넘어서 필요에 따른 분배가 이루어지리라는 것은 너무도 순진한 생각이 아닐까? 차라리 반대로 말해야 한다. 가치법칙에서 '이미' 벗어나지 못하는 한, 생산력 발전은 코뮤주의로 이행할 계기를 마련해 주지 못한다고. 여기서 이 질문은 둘째 질문으로 회귀한다.

두번째 질문. '도덕적 측면'에 관한 것으로, 사회주의에서 가치법칙이 사람들의 생활방식과 활동방식을 샤일록 식의 계산으로 묶어 두리라는 것은 분명하다. 그런데 거기에서 사람들로 하여금 그 냉혹한 계산의 습속에서 벗어나 코뮨적인 습속 내지 도덕을 형성할 계기 ——그것이 곧 이행의 계기일 텐데—— 를 찾을 순 없지 않을까? 가치법칙이 서로에 대해 가치와 등가의 잣대로 재는 생활방식을 내포한다고 할 때, 그것은 진행되면 될수록 사람들을 냉혹한 계산의 수렁으로 끌고가는 무의식적 습속을 강화하는 게 아닐까? 그렇다면 이행의 계기는 어디서 찾을 수 있을 것인가?

레닌은 이렇게 말한다. "우리는 자본주의를 타도함으로써 인민이 일시에 **그 어떤 권리 기준도 없이** 사회를 위해 일하는 것을 배우게 될 것이라고 생각해서는 안 된다."[7] 그리고 이러한 권리 기준을 또 다시 공장의 규율에서 찾는다. 즉 공장 노동의 규율을 전 사회적 차원으로 확장함으로써, 냉혹한 계산의 습속을 넘어서는 이행의 계기를 마련할 수 있다고 본다.[8] 마치 이전에 프롤레타리아트의 혁명 조직의 경계를, 노동자들을 일상적으로 훈련시키는 공장의 규율을 통해 구획하려고 했던 것처럼. 이러한 "공동체의 단순하면서도 기초적인 규율을 준수하는 것은 아주 빠른

---

7) 레닌, 『국가와 혁명』, 159쪽. 강조는 레닌의 것이다. 이처럼 사람들의 일상적인 활동방식이나 생활양식을 규정하는 습속의 문제는 사실상 우리가 앞서 사용한 개념을 빌려 다시 말하자면 개개인을 특정한 형태의 주체로 생산하는 주체생산양식에 관한 문제다. 결국 레닌의 말은 자본주의에서 형성된 무의식적인 '활동방식' 내지 '주체생산양식'을 변이시키고 넘어서지 않는다면 코뮨주의는 불가능하다는 것을 보여 준다고 하겠다.
8) 혹은 국가적 소유에 기초한 전국적인 수준의 '회계와 통제'의 달성이 유사한 맥락에서 제시되기도 한다. 이에 대해서는 서울사회과학연구소, 『사회주의의 이론·역사·현실』, 민맥, 1991, 78쪽 이하 참조.

시일 안에 **습성**으로 자리잡을 수 있다……"[9]

이러한 규율을 통해 "사회 전체는 노동과 임금의 평등을 이룬 하나의 단일한 사무실이나 단일한 공장으로 되어 갈 것이다. 그러나 이러한 '공장'(에서의 훈련을 통한) 규율, 즉 자본가들을 축출하고 착취자들을 타도한 후에 프롤레타리아트가 사회 전체로 확장시킬 이러한 규율은 우리의 이상이나 우리의 궁극적인 목표가 아니다. 그것은 단지 이 사회에서 자본주의의 착취라는 온갖 파렴치한 행위들과 만행을 성실하게 세척해내고 **더 나아가기 위한 하나의 필연적인 단계**일 뿐이다".[10]

그리하여 "인민들이 사회적 상호교통의 기본 규칙들을 준수하는 것에 익숙해질 때, 그리고 그들의 노동이 **자신들의 능력에 따라서** 자발적으로 노동할 만큼 아주 생산적으로 되었을 때, 국가는 완전히 소멸하게 될 것이다.[11]

그러나 거기에는 또 다시 중요한 질문이 이어진다. 이미 레닌에 대한 로자의 비판에서 충분히 본 것이지만, 공장에서 이루어지는 노동의 규율과 그것을 통한 노동자의 훈련은, 복종에 길든 노동과 활동을 만들어 낸다. 더구나 실업화 압력과 경쟁은, 불가피한 결합노동을 통해 길들이는 규율을 횡단하려는 노동자들을 다시 개별화하려 하고, 복종이나 충성은 '성공'의 꿈과 뒤섞여 노동자 자신의 욕망이 되기도 한다. 그렇다면 공장의 규율을 확장함으로써 가치법칙이 생산하는 저 샤일록 식의 냉혹한 계산의 습속을 극복할 수 있으리란 것은 너무도 소박한 생각이 아닐까? 차

---

9) 레닌, 『국가와 혁명』, 172쪽.
10) 같은 책, 170~171쪽. 강조는 지은이.
11) 같은 책, 162쪽. 강조는 지은이.

라리 여기서도 우리는 반대로 말해야 하는 게 아닐까? 가치법칙을 통해 형성되는 저 샤일록 식의 계산에서 '이미' 벗어나지 못한다면, 그리하여 노동자들조차 서로 계산에 의해 행동하는 습속에서 '이미' 벗어나지 못한다면, 저 공장의 규율에 길든 노동은 이행의 계기를 마련해 주지 못한다고.

우리는 이제 이 문제를 상반되는 두 가지 항목을 통해서 좀더 검토할 것이다. 하나는 '소비에트 테일러주의'고, 다른 하나는 '코뮨주의적 토요일'——수보트닉스(subbotniks)——이다. 전자가 사회주의에서 근대적 노동과 관계되어 있다면, 후자는 코뮨주의적 노동과 관련되어 있다.

2. 소비에트 테일러주의와 근대적 노동

테일러주의에 대한 레닌의 입장은 시기와 상황에 따라 적지 않은 강조점의 변화가 있기는 하지만, 대체적으로 일관된다. 테일러주의에 대하여 가장 먼저 쓰여진 글은 1913년 3월에 『프라브다』(*Pravda*)에 발표한 것으로, 테일러주의를 제목 그대로 '노동자를 억압하는 과학적 체계'로 비판하고 있다.[12] 하지만 이듬해 3월에 『풋 푸라브디』(*Put Pravdy*)에 발표한 글에서 비판의 지점은 달라진다. 여기서 테일러주의는 한편으로는 마치 기계가 그랬듯이, 필요 없는 노동을 제거하고 효율성을 증대시켜 노동생산력을 거대하게 증대시키지만, 자본주의 아래서 그것은 더욱더 심한 억압과 착취로 이끈다고 비판한다. 다른 한편으로는 그것의 사용이 단위공

---

12) Vladimir Illich Lenin, "A 'Scientific' System of Sweating", *Collected Works*, vol. 18, Progress Publishers, pp. 594~595.

장으로 제한되기 때문에 사회적 무정부성에 기인하는 시간과 생산물의 낭비를 막을 수 없다는 것을 지적한다.[13] 따라서 "테일러주의는, 그 고안자들이 알지도 못했고 바라지도 않았지만, 프롤레타리아트가 사회적 생산을 장악하고 자신의 노동자 위원회로 하여금 모든 사회적 노동을 적절하게 분배하고 합리화하도록 하는 그런 시기를 준비하고 있는 것이다. 대규모 생산, 기계, 철도, 전화──이 모두는 조직된 노동자의 작업시간을 3/4으로 줄이고 그들이 오늘날 하는 것보다 4배는 더 낫게 해줄 수많은 기회를 제공할 것이다. 그리고 노동조합에 의해 지지되는 노동자 위원회는, 노동이 자본에 의한 노예화에서 벗어나는 그때, 사회적 노동을 합리적으로 분배하는 이 원리들을 적용할 수 있게 될 것이다".[14]

혁명 이후 테일러주의의 문제는 단지 공장에서 노동의 조직화만이 아니라 전국적인 수준에서 규율과 통제를 확립해야 한다는 과제 속에서

---

13) Lenin, "The Taylor System: Man's Enslavement by the Machine", *Collected Works*, vol. 20, p. 152. 여기서 그는 아마도 길브레스의 책에서 본 것으로 보이는 조명과 사진을 이용한 동작관리의 기술과 영화를 이용한 교육·훈련 방법을 언급하고 있다. 즉 그가 말하는 테일러주의는 테일러의 발상에 기초한 노동의 통제기술 전반을 지시하는 포괄적 의미로 사용되고 있다.

14) *Ibid.*, p. 154. 레닌에게 테일러주의는 『제국주의론』을 쓰면서도 지속적인 관심사였던 것으로 보인다. 거기서 그는 독점자본주의 시대에 사회주의를 예비하는 이행적 형태로서 테일러와 기술적 합리화를 이해하는 한편, 테일러 체계 안에서 지휘와 실행의 새로운 분할을 노동귀족에 대한 관심사 속에서 포착하려 한다. 그는 『제국주의론』을 위한 자신의 노트에 테일러주의에 대한 조이베르트(R. Seubert)의 책에 대해 언급하면서, 그것을 노동귀족의 발전과 연결시킨다. 반면 길브레스의 책(『국민적 부의 증가 관점에서 본 운동의 연구』, 1915)에 대한 코멘트에서는 공장과 학교가 근접하게 되었음을 지적하면서, 테일러주의를 다음과 같이 지적하고 있다. 첫째, 육체노동을 측정가능하고 자본에 의해 통제가능한 형태로 '규범화'(normaliser)했다. 둘째, 사회주의를 향한 중요한 진전으로서, 육체노동을 '표준화'(standardisation)했다. 셋째, 노동생산성이 급격히 증가했다(Robert Linhart, *Lénine, les paysans, Taylor*, Seuil, 1976, pp. 87~92 참조). 물론 이런 특성은 레닌이 보기에 사회주의를 위해 긍정적이고 진보적인 것이었다.

다시 제기된다. 혁명 직후 쓰여진 「소비에트 정부의 당면 과제」에서 레닌은 중요한 과제 가운데 하나로 '전국적인 행정의 조직화'라는 과제를 제시한다.[15] 전국적 수준의 계산(회계)과 통제의 조직, 노동생산성의 향상이 과제인 것이고, 이에 대해 부르주아 전문가들의 수동적 저항과 사보타주를 분쇄하는 한편, 노동자들은 화폐의 정확하고 정직한 계산, 경제적 경영, 게으름과 절도의 추방, 엄격한 노동규율의 준수와 같은 문제를 즉각적인 슬로건으로 삼아야 한다는 것이다.[16] 이를 위해 노동자들의 직접적인 참여와 노동규율의 준수와 복종이라는, 매우 상반된 두 가지 요구를 제시하고 있다.[17] 그리고 후자와 연관해 테일러주의의 적극적 이용을 주창하고 있다.

> 좀더 계급의식화된 러시아 프롤레타리아트의 전위는 이미 노동규율을 고양시키는 과제를 스스로 제기해 왔다.……이러한 작업은 지지되어야 하며, 최대한의 속도로 추진되어야 한다. 우리는 성과급의 문제를 제기하고 적용하며 실천 속에서 검토해야 한다. 우리는 테일러 체계에서 과학적이고 진보적인 많은 것을 적용하는 문제를 제기해야 한다.……우리는 러시아에서 테일러 체계에 대한 연구와 가르침을 조직해야 하며, 그것을 체계적으로 수행하고 우리의 목적에 맞도록 변형시켜야 한다.[18]

---

15) Lenin, "The Immediate Tasks of the Soviet Government", *Collected Works*, vol. 29, p. 242.

16) *Ibid.*, pp. 243~251에서 요약.

17) 리나르는 이를 '경제적 민주주의'와 '기술적 독재'라는 말로 대비시킨다. 그의 지적처럼 레닌의 「소비에트 정부의 당면 과제」라는 텍스트는 이런 상반되는 내용을 담고 있다(Linhart, *Lénine, les paysans, Taylor*, pp. 106~108).

18) Lenin, "The Immediate Tasks of the Soviet Government", pp. 258~259.

물론 이에 대한 부분적인 반대와 비판이 있었지만, 끝이 불투명한 내전과 경제적 사정의 악화, 통제불가능한 상태로 나아가는 무정부주의적 공장위원회 등으로 인해 이러한 제안은 폭넓게 받아들여졌다. "무정부주의를 종식시키려는 의도와 어떤 대가를 치르고서라도 생산을 회복시키려는 열망, 그리고 노동규율을 확립해야 할 필요성에 대한 강조는 점차 더 가혹한 강제수단을 채택하는 것으로 나타났다."[19] 여기서 레닌은 강철 같은 규율이 프롤레타리아트의 자연적인 특성이며, 심지어 "프롤레타리아들은 규율을 추구하고 질서를 갈망한다"고까지 생각했다.[20]

더불어 테일러 체계의 연구와 도입 역시 마찬가지로 받아들여지게 되는데, 이는 신경제정책(NEP)의 도입과 더불어 본격화된다. 금속노조의 가스테프(A. Gastev) 등은 산업노동강령을 작성·제출하였고, 또한 이들의 주창으로 1918년 4월까지 엄격한 노동규율, 생산표준, 성과급과 상여금 등의 도입이 채택되었다.[21] 이를 둘러싼 논란은 1918년 5월에 개최된 제1차 경제협의회에서 재개되었는데, 예를 들어 로조프스키(S. Lozovsky)는 상여금을 통한 고소득 노동자의 창출이 노동자 내부에 일종의 금권정치를 만들 것이라고 비판했다. 이에 가스테프는 테일러주의에 대한 반대는 '기계에 반대하는 투쟁'(기계파괴운동)과 다를 바 없다고 반

---

19) 마르셀 리브만, 『레닌주의 연구』, 안택원 옮김, 미래사, 1985, 358쪽. 리브만에 따르면, 이후 서구에서 자본가들이 노동자들을 복종시키는 수단으로 사용하던 '근무일지'나 '노동수첩'이 이제는 소비에트 러시아에 다시 등장하였고, 노동규율을 어긴 자를 처벌하기 위한 법정이 열렸다. 공장을 떠난 노동자들은 직무유기로 처벌받았고, 노동수용소에 억류되었다고 한다(같은 책, 359~360쪽).

20) Lenin, "Session of the All-Russia C. E. C (April 29, 1918)", *Collected Works*, vol. 27, p. 313.

21) Steve Smith, "Taylorism Rules OK? : Bolshevism, Taylorism and the Technical Intelligentsia in the Soviet Union, 1917-1941", *Radical Science Journal*, no. 13, 1983, pp. 13~15.

박하지만, 그 문제에 대한 공식적인 결의안이 채택되지는 않았다.

내전기간 동안에도 노동운동 내부에서는 테일러주의를 둘러싼 논쟁이 지속되는데, 테일러주의에 대한 가장 적극적인 지지자는 엔지니어층이었다. 테일러주의는 과학적 단위로 조직된 기업을 근간으로 하기에 보다 높은 차원의 집단주의를 전제하며, 프롤레타리아 정부의 존재는 테일러주의의 성과를 노동시간의 감소로 귀착시킬 것이기에 노동자들의 건강에 유해하지 않으면서 노동자경영이나 일인경영제 대신 전문가들의 지도를 도입해야 한다는 것이 그들의 주장이었다.

1920년 과학적 노동조직(NOT)을 연구하고 대중화하는 것을 목적으로 중앙노동연구원(CIL)이 창립되었다. 그 책임자 중 하나는, 이전에는 프롤레트쿨트(Proletkult)의 성원이었던, 그리고 소비에트 테일러주의의 지속적 주창자 가스테프였다.[22] 그는 NOT는 테일러주의에 기초해야 한다고 주장했다.

레닌은 사회주의에서 테일러주의가 갖는 착취적 기능을 전복할 수 있는 두 가지 조건을 제시한 바 있다. 첫째, 노동자에 의한 테일러적 지식의 집합적 영유로서, 노동과학에 대한 대중적 확산이, 기술의 습득에서 적극적 역할을 하리라는 생각이다. 즉 테일러주의가 기술의 독점을 분쇄하고 대중이 그에 접근하는 것을 가능하게 하리란 것이고, 이런 점에서 프롤레타리아적 테일러주의가 있을 수 있다는 것이다.[23] 둘째, 테일러주의의 이용을 통해 노동시간을 단축시키고, 이로써 노동자의 정치활동을

---

22) Charles Bettelheim, *Les Lutte de classe en URSS : 1923-1930* [*Class Struggle in the USSR : 1923-1930*, tr. B. Pearce, Monthly Review Press, 1978, p. 239].

23) Linhart, *Lénine, les paysans, Taylor*, p. 112.

발전시킬 수 있으리란 것이다.[24)]

　이러한 관점의 연장선상에서 가스테프는 소비에트 테일러주의는 이미 수립된 소비에트 권력에 의해 착취 기능이 제거될 수 있다고 본다. 따라서 NOT는 단지 기술적인 것이며, 그것의 관심사는 오직 생산성의 증대고, 나아가 그러한 합리적 생산체계는 오히려 사회주의하에서만 그 잠재력을 발휘할 수 있다고 한다. 이를 전제로 가스테프는 NOT를 '정확하고 계산된 방식으로 노동을 조직하는 과정'으로 정의한다. 그의 NOT 개념의 중심에는 하부 작업장에서의 합리적 노동조직과 작업방식의 문제가 자리잡고 있다. 그것은 노동자들의 부정확성과 게으름 등을 대상으로 한다. 이를 제거하기 위해 그는 테일러나 길브레스처럼 대장장이와 금속노동자의 작업동작을 연구함으로써 개인의 작업을 합리적으로 계산된 것으로 바꾸려 한다.[25)]

　가스테프 NOT 개념의 요체는 소수의 정예 '숙련' 노동자를 양성함으로써 새로운 노동조직과 노동형태를 확산시키려는 것이었다.[26)] 다른 한편 성과급과 상여금과 같은 물질적 유인책을 사용함으로써 작업의 개인적인 추동력을 만들어 내는 방법도 적극 채택한다. 반면 작업장에서, 혹은 작업하는 생산자들 간에 회의나 토론은 불필요하며 행정적 명령으로 모든 것이 수행되고 검토된다. 즉 대중운동 방식으로는 NOT를 만들어 낼 수 없다는 것이다.

　또 다른 프롤레트쿨트의 일원이던 케르젠체프(P. Kerzhentsev)는 가

24) Linhart, *Lénine, les paysans, Taylor,* pp. 113~114.
25) Zenovia & Sochor, "Soviet Taylorism", *Soviet Studies,* XXXIII, 1981.
26) Bettelheim, *Class Struggle in the USSR : 1923-1930,* p. 240.

스테프와 달리 테일러주의를 근본적으로 재구성해야 한다는 입장을 갖고 있었으며, CIL이 모든 노동자들을 압박하는 수단을 고안하고 있다고 비판한다. 그는 인민들의 생활방식이나 노동방식, 노동규율의 문제를 해결하기 위한 방법으로 대중운동적 접근방식을 제안하며, 노동 및 생활방식을 합리화하기 위해 합리적인 시간 이용의 기치 아래 '시간동맹'(Time League) 운동을 전개한다.

케르젠체프는 NOT를 게으름이나 부정확성 같은 어떤 결함을 제거하는 문제라기보다는 새로운 노동의 습속과 생활규범을 수립하는 문제로 본다. 따라서 그것은 단지 생산을 합리화하는 문제일 뿐만 아니라 전사회적인 문제기도 하다. 이런 점에서 그는 오히려 생산합리화에서 도출된 원리를 기업은 물론 학교, 국가기구, 군대 등에 이르기까지 확산시켜야 한다고 주장한다. 그가 보기에 NOT란 문화운동이요 문화혁명인 것이다. 이런 이유로 인해 그는 NOT를 대중운동으로서 사고하고 대중운동으로서 진행시킨 것이다.[27]

그에게 NOT는 코뮨주의 사회의 특징이자, 미래사회의 싹을 담고 있는 요소며, 그것을 준비해 가는 과정이다. 그것은 단지 기술적인 문제로 환원되지 않으며, 생산과 기술의 관점에서 노동을 통제하는 것보다는 오히려 생산과 노동이 조화되도록 하는 것이다. 노동강화가 아니라 노동보호가 NOT의 핵심이라는 것이다. 한편 물질적 유인책에 대해서도 거리를 두며, 그보다는 노동자들에 대한 규범적 자극과 호소가 중요하다고 보는 점에서도 가스테프와는 대비된다.

이러한 두 입장 가운데 결국은 가스테프의 CIL이 승리한다. 그것은

---

27) Zenovia & Sochor, "Soviet Taylorism". 참조.

아마도 공업화를 급속히 추진해야 한다는 압력이, 특히 제1차 5개년 계획의 수립과 진행과정에서 매우 강하게 작용했기 때문이었을 것이다. 즉 합리화의 효과를 빠르게, 그리고 직접 확인할 수 있는 기술적 방법이, 결과를 예측하기 힘들고 안정적인 보장을 마련하기도 힘든 대중운동적 방식보다는 훨씬 더 분명한 결과를 보장하는 것이었기 때문이다.[28] 다른 한편 케르젠체프의 시간동맹 조직은 당과 국가로부터 독립적인 대중운동조직이고, 그로 인해 위로부터의 통제가 잘 먹히지 않으며, 자율성을 획득하려 하던 조직이었기에, 당이 이를 국가구조 안에 흡수함으로써 그 성격을 희석시킨 측면도 있었다.[29]

앞서 가스테프의 소비에트 테일러주의는, 그것이 자본의 이윤으로 직접 전환되지 않는다는 점을 제외하고는 그 질적인 내용에서 자본주의적 테일러주의와 근본적으로 구분되지 않는다. 그것은 효율성과 생산성, 과학성 등의 기치 아래 노동조직을 효율적으로 통제가능한 형태로 바꾸었고, 또 그에 적절한 노동의 형태를 수립했으며, 이를 통해 근대적인 노동자의 신체를 만들어 내려고 했다. 그는 두드리기, 누르기 등과 같은 부분동작들을 동작의 경로와 시간경과를 축으로 정밀하게 조사했고, 개별적인 작업에서 관찰되는 신체의 동작과 신체의 작업리듬을 체계적으로 연구하였으며, 그것을 쉽게 해주는 작업대나 기계 등을 연구했다. 이를 위해서 그가 이끌던 CIL은 대부분 농촌 출신인 미숙련 노동자를 2주일에서 3개월에 걸쳐 마련된 교육을 통해 훈련시켰다.[30]

---

28) Bettelheim, *Class Struggle in the USSR : 1923-1930*, p. 241.

29) Kossler & Muchie, "American Dreams and Soviet Realities : Socialism and Taylorism", *Capital & Class*, Spring 1990, vol. 14., no. 1.

30) 쉬나이더 외, 『노동의 역사 : 고대 이집트에서 현대 산업사회까지』, 483~484쪽.

그것은 작업을 단순한 요소 동작으로 분해하고, 이를 시간-관리, 동작-관리라는 기술을 이용해 효율적으로 통제하는 것으로, 앞서 살펴본 근대적 노동의 체제를 사회주의 노동과정에 적극 도입한 것이며, 이로써 노동자의 신체에 작용하는 근대적 생체권력을 형성한 것이다.

예컨대 정해진 시간에 출근해서 퇴근할 때까지는 주어진 공간적 위치에서 주어진 동작을 반복해야 하는 작업을 결코 견뎌내지 못했던, 농촌에서 갓 올라온 수많은 노동자들은, 근대적 노동의 체제에 익숙한 근대인으로 만들어지지 않으면 안 되었던 셈이다. 그것은 '근대화'라는, 당시 소련의 가장 중심적인 과제에 필요한 것이기도 했고, 적절하게 부합하는 것이기도 했다. 더불어 물질적 유인책을 적극 활용하고, 성과급을 확장시킴으로써, 노동을 더욱더 '가치'로 포섭했다.[31] 이 역시 노동에 대한 가치화되고 근대화된 태도를 갖게 하는 데 유용했을 것이다.

이러한 특징은 1935년 이후 스타하노프(Stakhanov) 운동에서 유사하게 반복된다. 우크라이나의 이르미노 광산에서 시작된 이 운동의 원리는 채탄과 버팀목 설치를 분리함으로써 다른 동작으로 옮겨갈 필요성을 없애고, 채굴기와 기계를 이동하면서 계속하여 사용할 수 있게 하는 것이었다.[32] 당시 중공업 위원회 위원이었던 오르조니키제(G.

---

31) "혁명 초기 이래로, 주로 레닌의 주장에 따라, 그리고 많은 노동조합주의자들의 편견에 반대하여 성과급을 도입한다는 원칙이 ──그러한 임금지불 형태가 어떤 조건에서 유리한가와 상관없이 ──전 산업에서 관철되었다. …… 1931년 이후 성과급의 영역이 더욱 확대되어 1930년대 후반경까지는 전 노동자의 3/4에 달하는 인구가 이 체계의 변형된 제도에 따라 급료를 지불받았다"(모리스 돕, 『소련경제사』, 임휘철 옮김, 형성사, 1989, 514~515쪽). 여기에 산출이 어떤 비율을 넘으면 수입도 크게 오르는 누진성과급이 사용되기도 했다(같은 책, 516쪽).
32) 같은 책, 520쪽.

Ordzhonikidze)는 이렇게 말한다. "이 모든 것에는 낯선 것도, 당혹하게 하는 것도 전혀 없었다. 정확한 노동의 분할, 작업장의 정확한 조직, 기술적 과정의 정확한 배치──바로 거기에 스타하노프 운동의 비밀이 있었다."[33] 동시에 그것을 수행한 사람들은 "노동에서 시간적 요소를 인식할 수 있을 뿐만 아니라 초까지도 계산하는 것을 배운, 문화와 기술적 지식을 지닌 사람들"이었다.[34] 더불어 스타하노프 운동은 성과급과 상여금이라는 물질적 유인책을 명시적으로 동반하고 있었고, 그 결과 수많은 스타하노프 운동가들은 몇 개월 지나지 않아 그들 소득을 3배 내지 4배까지 증가시켰다.[35] 이는 노동자들 사이에 소득격차를 매우 크게 벌여 놓았고, 임금의 표준이 되는 작업기준을 높임으로써 낮은 소득은 더욱더 낮게 만들어 노동자 간에 갈등을 만들었다.

이처럼 가스테프 식의 소비에트 테일러주의나 스타하노프 운동은 테일러나 길브레스 등이 연구하고 추구했던 통제기술을, 유용성과 효율성이라는 동일한 기준 아래서 동일하게 연구하고 추구했으며, 국가의 지원 아래 대대적으로 확장해 갔다. 그러한 통제기술은 스스로 명시적으로 밝히듯이 근대적 노동과 근대적 신체를 만들어 내는 것을 목적으로 했

---

33) 돕, 『소련경제사』, 519쪽에서 재인용. 돕은 이러한 방법을 이용한 개선의 사례를 인용하고 있다. 기관차 공장 대장공인 노실코프의 말: "전에 나는 고로에서 철봉을 직접 꺼내어 그것을 해머 아래 놓곤 했다. 지금은 내가 내내 해머를 들고 서 있고, 다른 사람이 철봉을 꺼내어 준다. 내가 이곳저곳으로 옮겨다닐 때는 해머의 이용이 비생산적이었다."──작업의 분할과 공간적 고정. 신발 공장의 스메타닌: "일을 잘하기 위해서는 기계를 잘 알아야 한다. …… 나는 육체적 노고의 결과로서가 아니라 오로지 리듬을 유지함으로써, 그리고 각각의 기계작동을 세밀히 연구함으로써 1,400켤레를 만들었다."──노동의 기계화. 섬유공장의 키리아노바: "나는 불필요한 운동을 제거함으로써 우수한 결과에 도달했으며, 그것이 내 작업 비밀의 전부다."──동작관리. 같은 책, 522~523쪽에서 재인용.
34) Stalin, "Address on the First Congress of Stahanovist"[돕, 『소련경제사』, 526쪽에서 재인용].
35) 같은 책, 532쪽.

고, 결과는 그에 정확하게 부합했다. 하지만 그것이 야기하는 근대적 '주체 효과'는 전혀 주목되지 못했다. 물질적 유인으로 성과급을 매우 강한 형태로 지극히 폭넓은 영역에서 사용했던 것은 노동자 간의 갈등과 대립을 만들어 냄으로써, 가치법칙이 상이한 집단의 분화를 야기할 수 있다는 것을 보여 주었다. 그리하여 소비에트 테일러주의나 스타하노프 운동은 국가적 지원 아래 성공했고, 확산되었으며, 공식화되었지만, 그 결과 코뮨적인 성격의 새로운 주체를 형성했다는 징후나 계기는 전혀 보여 주지 못했고, 정반대의 징후만을 보여 주었다. 이는 아마도 '사회주의 인민 없는 사회주의 사회'라는 역설을 만들어 냈던 가장 직접적인 원인이 아니었을까?

여기서 무엇보다도 우선 분명히 해야 할 것은 우선 그러한 **소비에트 테일러주의가 작동시키는 저 근대적인 노동의 체제와 성과급으로 대변되는 '가치법칙'에서는**[36) **코뮨주의로의 이행의 계기가 나오지 않는다는 것**이다. 다음으로는 사회주의가 '이행기'가 되기 위해 필수적인 그 이행의 계기가 어떤 식으로든 만들어지고 자라나지 않는다면, 이행은 불가능한 것이 되고, 이행기라는 규정은 공허한 것이 된다는 점이다.

그렇다면 케르젠체프의 시도는 어떤가? 앞서 말했듯이 케르젠체프에서 과학적 노동조직은 코뮨주의의 특징이며, 시간동맹 운동은 대중 스스로 자신의 주도로 코뮨주의의 싹을 만들어 가는 문화혁명이고, 그것을 통해 미래에 속하는 생활양식과 노동의 습속을 만들어 가는 것이다. 그런

---

36) 성과급에 대해, 앞서 인용한 레닌의 글에 붙인, 맑스-레닌주의 연구소의 편집자는 그것이 '능력에 따라 일하고, 노동에 따라 분배받는' 사회주의 원칙에 충실한 것이라고 주를 달아 두고 있다. 더불어 그런 성과급이 소련 전체에 매우 넓게 확산되었고 일반화되었다는 주석도 잊지 않고 있다(Lenin, *Collected Work*, vol. 27, p. 583).

만큼 그것은 운동의 주도권을 가진 대중 자신을 새로운 형태의 주체로 만들어 가는 운동이며, 시간적인 규율 등조차도 밖에서 주어지며 복종을 요구하는 규율이 아니라, 자신이 자발적으로 만들어 가고 자기 스스로 통제하는 자기-규율이라는 성격을 갖는다. 그것이 겨냥하는 초점은 단지 가스테프처럼 노동 생산성이나 효율성이 아니라 생산과 노동의 조화를 통한 노동의 보호였다는 점에서 전혀 다른 방향성을 갖는다. 따라서 그것이 노동에 시간적 형식을 부여하고 노동의 효율성을 증가시키려고 할 때조차, 그것은 노동의 직접적이고 가시적인 결과보다는 차라리 노동의 생산적인 능력의 향상을 도모하는 것이었다고 할 수 있겠다. 물질적 유인책이 결코 동의할 수 없는 방법이었음은 이런 점에서 보면 당연한 것이다. 그것은 한마디로 이행의 계기가 되는 새로운 습속을 대중 스스로 형성해 가려는 운동이었다.

그러나 이러한 운동은 성공을 가로막는 이중의 장애에 부닥쳤던 것 같다. 하나는 그러한 운동이, '과학적 노동조직'(NOT)이 전제하고 있는 테일러주의 자체로부터 결코 자유롭지 못했다는 것이다. 즉 NOT 자체는 앞서 본 것처럼 사회주의의 건설과 근대화를 위한 노동의 과학화 및 생산성 증가를 직접적인 목표로 하고 있었으며, 노동에 대한 통제와 효율성 등의 테일러적 목표를 갖고 있었다. 케르젠체프는 이를 변형시켜야 한다고 주장했지만, 이를 근본적으로 부정할 순 없었다. 그 결과 자신의 의도가 무엇이든 테일러주의를 대중운동에 의해 보급하고 추진한다는 딜레마에 빠지고 만다.

더불어 그는 물질적 유인책에 동의하지 않았지만, 사회적 제도로서 포괄적으로 시행되는 그것을 피할 수는 없었다. 그것에 대한 적극적인 공격 내지 방어의 지대(地帶) 없이 그대로 방치한다면, 마치 자발적으로 시작한 '사회주의적 경쟁'이 물질적 유인책에 포섭되면서 자신의 소득을 올리기 위한 경쟁으로 변형되고, 그 결과 대중적 자발성이 소멸하거나 전이되었던 것처럼,[37] 가치관계에 의한 포섭과 전이는 피할 수 없는 것이 되었을 것이다.

다른 하나의 장애는 NOT 자체가 대중에 대한 효율적 통제를 목적으로 하고 있었지만, 대중의 주도에 의한 대중운동이라는 방식은 그러한 목적에 부합하기 힘들었다는 점이다. 대중의 자발성은 종종 통제할 수 없다는 점에서 국가나 당의 '공포'를 유발한다.[38] 이러한 공포는 많은 경우 그것을 포섭하거나 분쇄하는 방식으로 개입한다. 국가나 당이 시간동맹 운동의 취지에 공감하면서도, 사실상은 결코 동의하고 지지하지 않았던 것은, 그것이 공산당과 프롤레타리아트의 국가지만, 그 역시 이제는 행정을 확립하고 대중을 통치해야 하는 위상에 서 있는 한, 결코 택하기 쉬운 선택지는 아니었던 셈이다.

결국 이 이중의 장애를 통해 확인할 수 있는 것은, 케르젠체프가 만들어 내고자 시도했던 코뮨주의적 이행의 계기는 근대적 노동의 체제나 가치법칙(가치화) 내부에서 발생하지 않으며, 이행의 단서마저 그 내부에 머문다면 가치에 포섭되거나 파괴 내지 무력화된다는 것이다. 따라서 우리는 이행의 계기는 그 근대적 노동의 체제나 가치법칙에 대해 외부적이라는 명제를 다시 반복할 수 있을 것이다. 앞서 소비에트 테일러주의가 거기에 이행의 계기가 포함되어 있지 않으며, 그것을 발생시킬 계기로 내

---

37) Bettelheim, *Class Struggle in the USSR : 1923-1930*, pp. 241~257.

38) 네그리, 『야만적 별종』; 에티엔 발리바르, 「스피노자, 반 오웰 : 대중들의 공포」, 『스피노자와 정치』, 진태원 옮김, 그린비, 근간.

포하지 않는다는 것을 보여 주었다면, 케르젠체프의 시간동맹 운동은 이행의 계기가 새로운 습속을 통한 새로운 주체의 생산이라는 지점에 있다는 것을, 그것이 근대적 노동에 대해 외부적이라는 것을, 그리고 그 양자가 적대적이라는 것을 보여 준다.

3. 수보트닉스와 코뮨주의적 노동

소련에서 내전은 상당한 정도로 '철도전쟁'이었다. 즉 전쟁이 간선철도를 따라 발생했다. 이는 장거리로 군대, 병기, 군수물자를 이동하는 데 철도가 거의 유일한 수단이었기 때문이다. 그런데 이러한 수송 부담의 가중과 수리의 곤란, 더불어 점령자의 수시 변경 등으로 인해 수송망의 해체와 물리적 파괴 현상이 나타났다.[39] 나아가 혁명 직후였던 1918년에는 철도 조직이 극단적으로 해체되기에 이른다. 이는 철도 노동자조직인 전러시아 철도노동자 집행위원회(Vikjel)의 태업 때문이었다. 대부분의 공장위원회처럼 이 조직 역시 무정부주의 운동의 강력한 지지와 지도 아래 있었는데,[40] 이들은 무정부주의와 조합주의가 결합된 태도를 갖고 있었고, 이로 인해 각각의 역이 '독립적인 공화국'이 되기에 이르렀다.[41] 이는

---

39) 돕, 『소련경제사』, 119쪽.
40) 리브만, 『레닌주의 연구』, 352~353쪽.
41) Linhart, *Lénine, les paysans, Taylor*, p. 119. 여기서 우리는 노동에 새겨진 자본의 흔적을 매우 뚜렷한 형태로 발견하게 된다. 수많은 공장위원회들이 보여 준 이 무정부주의적 조합주의는 그 자체로 폐쇄적이며 스스로의 조합적 이익에 안주하고자 한 셈이다. 그렇다고 그들이 자본의 지배가 이루어지는 선들을 횡단하면서 새로운 생산적 접속의 시도를 한 것도 아니었다. 그것은 볼셰비키와 무정부주의 간의 정치적 대립을 생각한다고 해도, 열악한 물자보급 상황과 내전이라는, 혁명 자체가 위협받는 상황에서 지극히 이기적인 것이었고, 사실은 자본주의가 만들어 놓은 선분성 속에 갇힌 것이었다. 리브만은 이런 이유로 인해 로조

단지 군수물자의 이동뿐만 아니라 내전과 기근으로 인해 중요한 문제였던 물자공급의 곤란을 훨씬 더 가중시켰다. 1918년 봄, 이런 상황은 더 이상 참을 수 없는 것이 되었다. 레닌은 "우리는 철도 없이 전쟁을 치를 순 없다"고 선언하게 된다.

이에 대처하기 위해서 볼셰비키는 자신을 지지하는 하부 철도노동자를 중심으로 새로운 경쟁적 조직인 빅제도르(Vikjedor)를 창설했으며, 인민위원회는 교통위원에게 철도에 관한 독재적인 전권을 부여했다. 한편 철도노동자의 태업과 빈둥거림을 분쇄하고 통일적인 지도로 노동과정 전체를 포섭하기 위해서 효율적인 노동의 규범과 계산의 정착 및 보상금 도입 등이 시도된다.[42] 또한 의무적인 노동과 강제적인 규율이 강조된다.[43]

다른 한편 1919년 1월, 기존 노동의 한계에 국한되지 않고 반대로 그것을 넘어섬으로써 수송의 재활성화를 이룰 수 있는 혁명적 노동을 호소하는 레닌의 제안에 부응하여, 그해 5월 모스크바와 카잔 구간의 철도에서 처음으로 수보트닉스(코뮨주의적 토요일)가 출현한다. 이는 매일 한 시간씩을 절약하여 두었다가 토요일에 6시간의 추가노동을 임금 지불 없

프스키처럼 권력의 독점을 반대했던 노조지도자도 "각 기업의 노동자들은 기업이 자기들의 소유물이라는 인식을 가져선 안 된다"고 비판했고, 리아자노프 같은 비판적 민주주의자조차 공장위원회가 "사회주의적 기반에 근거하여 경제를 재건하려는 움직임에서 벗어나 훼방을 놓고 있다"고 비난했다고 말한다(리브만, 앞의 책, 353쪽). 정말로 '광범위한 인간 변혁'이 필요한 것이다! 여기에서도 새로운 사회를 위한 새로운 주체성의 생산과, 그것을 위한 새로운 생활양식과 활동방식이라는, 요컨대 새로운 주체생산양식이라는 주제와 다시 대면하게 된다.

42) Linhart, *Lénine, les paysans, Taylor*, p. 121. 리나르는 철도를 기능하게 하기 위한 이 전투에서 소비에트 테일러주의의 특질이 처음으로 등장하게 되었다고 본다.

43) Lenin, "Left-wing Communism, An Infantile Disorder", *Collected Works*, vol. 31.

이 하는 것으로, 이후 많은 지역으로 확산되어 갔으며, 지역 간 노동자의 경쟁을 야기하기도 했다.[44]

이는 보급은 물론 노동조건이 매우 열악한 상황에서 이루어진 것이었지만, 노동자들의 열정과 팀 정신으로 인해 이전보다 250~300%를 상회하는 예상치 못했던 높은 생산성의 증가를 보여 주었고, 작업은 기쁨으로 가득찬 채 이루어졌으며, 작업이 끝난 뒤에는 자연스럽게 「인터내셔널가」나 기쁨에 넘치는 노래를 불렀다고 전한다. 레닌은 이러한 기사를 7쪽에 걸쳐 매우 소상하게 인용하면서 이 새로운 노동의 형태에 대해 분석하는 소책자를[45] 시작하고 있다.

이 책자에서 그는 혁명의 승리를 위해, 그리고 사회주의를 공고히 하기 위해 프롤레타리아트는 이중의 과제를 수행해야 한다는 것을 지적한다. 첫째, 프롤레타리아트는 자본에 반하는 혁명적 투쟁으로 노동 대중 및 피착취 인민을 획득해야 한다.[46] 자본과 부르주아지에 대한 투쟁에서의 승리. 이는 파괴와 해체의 형태로 진행되는, 혁명의 부정적 과제다. "둘째 과제는 첫째 과제보다 더욱 어려운 것인데, 이는 그것이 단번의 영웅적 행동으로 충족될 수 없는 것이기 때문이다. 그것은 **평범하고 일상적인 작업에서 가장 지구적이고 가장 지속적이며 가장 어려운 대중의 영웅주의를 요구한다. 하지만 이것은 첫째 것보다 훨씬 본질적이다.**"[47]

말할 것도 없이 전자는 자본 혹은 자본주의적 생산양식의 전복을 뜻

---

44) 1918년 5월 17일의 『프라브다』 기사[Lenin, "A Great Beginning : Heroism of the Workers in the Rear, 'Communist Subbotniks'", *Collected Works*, vol. 29, p. 412에서 재인용].

45) *Ibid.*

46) *Ibid.*, p. 423.

47) *Ibid.*, p. 423.

하는 것이다. 반면 후자는 평범하고 일상적인 작업/노동에서 낡은 노동의 방식, 활동방식, 생활방식을 전복하고 변환시키는 지구적이고 곤란한 투쟁을 요구한다. 수보트닉스는 이러한 과제의 단서를 사고할 계기를 제공했다.

이는 앞서 우리가 제안한 개념으로 다시 표현하면 새로운 생산양식 및 주체생산양식의 형성이다. 새로운 혁명적 정신으로 새로운 철학적 혁명을 밀고 나가던 책에서 보았던 '이중의 역사유물론', '이중의 혁명'이라는 맑스의 주제를, 사회주의 혁명이 들끓으며 진행되던 와중에 진정 혁명적인 노동이 시작되던 지점에서 레닌은 다시 발견한 것이다.

> 노동자 대중 자신의 창발에 의해 조직된 **코뮌주의적 토요일**은 정말로 거대한 중요성을 갖는다. 분명히 그것은 출발일 뿐이지만, 실로 거대한 중요성을 지니는 출발이다. 그것은 부르주아지의 분쇄보다도 훨씬 어렵고 훨씬 생생하며 훨씬 근본적이고 훨씬 결정적인 **혁명의 출발**이다. 왜냐하면 그것은 우리 자신의 보수주의와 무규율, 소부르주아적 이기주의에 대한 승리요, 지긋지긋한 자본주의에 의해 노동자와 농민에게 유산처럼 남겨진 습관에 대한 승리기 때문이다.[48]

여기서 일상적으로, 그리고 장기간 지속되어야 하는 근본적이고 결정적인 두번째 과제란 보다시피 근대인의 특징을 이루는 습관이요 습속과 싸우는 것이고 그것에 대해 '승리'하는 것이다. 이 낡은 습속은 바로 자본주의 아래서 대중들의 노동방식, 활동방식에 새겨진 채 남겨진 자본

---

48) Lenin, "A Great Beginning", p. 411. 강조는 인용자.

의 흔적이다. 개인화된 자신을 중심으로 행동하며 결코 가족의 경계를 넘지 않는 이기주의, 그리고 주어진 일을 주어진 요구와 명령에 의해 수행하는 보수적인 노동/행동의 습관……

이를 넘어서는 것은 오히려 자본주의적 관계를 혁파하는 것보다도 어렵고 끈질기며 근본적이고 결정적이다. 그것은 코뮨주의를 향한 '혁명의 출발'이고, 긍정적 건설이다. "위대한 출발." 이제 혁명은 부정이 아니라 긍정이다. "오로지 **이러한** 승리가 공고화될 때만 새로운 사회적 규율, 사회주의적 규율은 창조될 수 있으며, 그리하여 자본주의로의 회귀는 불가능하게 될 것이며 코뮨주의가 진정 굴복하지 않을 수 있을 것이다."[49]

이 새로운 규율, 사회주의적 규율——정확하게는 코뮨주의적 규율이라고 해야 할 것이다——은, 지금까지 레닌이 강조해 온, 프롤레타리아가 일상적으로 익숙해져 있는 공장에서의 규율과 근본적으로 다른 것이다. 그것은 더 이상 명령과 의무에 의해 움직이는 낡은 노동과 무관하며, 그러한 낡은 활동의 습속을 만들고 유지하는 규율이 아니다. 그것은 스스로 어떠한 보상이나 대가가 예견되지 않아도 '공동의 좋음'을 위해 움직이는 노동의 방식을 창출하고, 그것을 통해 서로가 하나의 **코뮨적 연대**를 확보할 수 있는 활동의 규율이다. 자본의 구속에서 벗어나고 가치법칙의 굴레를 벗어 던진 '자유로운 개인들의 자발적인 연합.'

레닌은 수보트닉스의 노동에서 '자유로운 개인들의 자발적인 연합'의 기초를 발견한다. 그것은 "사회 전체의 이익을 위해, 전체 근로 인민의 이익을 위해 보수 없이 노동하는 것"이다.[50] 여기서 그는 '코뮨주의적 노

---

49) Lenin, "A Great Beginning", pp. 411~412. 명조는 레닌의 강조, 고딕은 인용자의 강조다.
50) *Ibid.*, p. 431.

동'에 대한 명확한 정의를 얻는다.

> 협의의 엄격한 의미에서 코뮤주의적 노동은 **사회의 이익을 위한 무보수 노동**이고, 정해진 의무에 의한 노동이 아니라 **특정한 생산물을 얻기 위한 노동**이며, 사전에 만들어지고 법적으로 고정된 할당량에 따른 노동이 아니라 **그런 할당량에 무관한 자발적 노동**이다. 그것은 **보상을 예견하지 않으며 보상을 조건으로 하지 않고 수행되는 노동**이다. 이제 노동이 행해지는 것은 공동의 좋음(common good)을 위해 작업하는 습관이 되었기 때문이고, 공동의 좋음을 위해 일할 필요성을 의식적으로 실현하는 것이다(이것이 습관이 된다).[51]

수보트닉스의 사례를 통해 추출된 코뮤주의적 노동 개념에 대해 세 가지 방향에서 다시 서술할 수 있다. 첫째로, 수보트닉스는 이러한 코뮤주의적 노동이 갖는 고유한 힘이 '자발성'에 있다는 점을 잘 보여 주었다.

레닌도 강조하듯이 "코뮤주의적 수보트닉스는 그들이 어떤 특별히 좋은 조건에 있는 노동자에 의한 것이 결코 아니었으며, 다양한 전문가만큼이나, 전혀 숙련되어 있지 못한, 통상적인, 즉 극도로 열악한 조건에 처해 있는 노동자들에 의해 이루어졌다는 점으로 인해 더욱더 중요하다".[52] 앞서 말했듯이 당시의 사정은 (스타하노프 운동처럼) 훌륭한 모델을 만들기 위해 좋은 노동조건을 마련해 줄 상황이 아니었고, 실제로 레닌이 인

---

51) Lenin, "From Destruction of the Old Social System to the Creation of the New", *Collected Works*, vol. 30, p. 517. 강조는 인용자.
52) Lenin, "A Great Beginning", p. 426.

용하는 신문에 따르면, 작업은 작업수단이 매우 황폐한 상황에서 시작되었고, 준비도 조직도 부족했으며, 이로 인해 어떤 작업 팀은 30, 40분을 일하지 못하고 멈출 수밖에 없는 경우가 흔했으며, 매우 주먹구구식으로 진행되는 경우가 많았다. [53]

그럼에도 불구하고 그 성과는 매우 좋아서, 모스크바-카잔 철도에서 수보트닉스 노동은 통상적인 노동생산성의 270%를 달성했고, 그 뒤 다른 곳에서도 널리 행해지면서 평균 생산성은 통상 노동생산성의 200~300% 정도였다고 한다. 신문은 이전의 통상적 작업으로는 옮기지 못했던 보일러를 이 '비조직적' 작업을 통해 성공적으로 옮겨 놓은 사례를 전해 준다.

결국 이러한 노동의 생산성은 시간이나 공간, '기계' 등을 통한 노동의 합리화와는 전혀 다른 지점에서 발생한 것이다(노동의 기계화는커녕 작업에 필요한 기계도 부족했고, 공간의 분할이나 시간적 통제도 거의 없었다). 그것은 대중 자신의 열정에 가득찬 자발성에서 연유하는 것이다. 이런 점에서 수보트닉스의 노동은 **근대적 노동의 체제 외부에 있는 어떤 힘**을 보여 준 것이며, 그것으로 환원되지 않는 노동의 잠재성을 보여 준 것이다.

둘째로, 그것은 양화된 어떤 의무나 가치로부터 벗어나 그 질적인 성격을 회복한 노동이고, 그런 만큼 자신의 의지와 욕망에 의해 다양하게 방향지어지는 노동이다. 나아가 사회의 이익, 공동의 좋음을 위해 자발적으로 수행하는 노동이란 점에서 **코뮨적인 공동체를 만들어 가는 노동**이고, 그것을 통해 **스스로를 코뮨적인 주체로 만들어 가는 노동**이다. 이러한 노동

---

53) 이에 대해서는 "A Great Beginning", pp. 414~416쪽에 인용된 신문을 참조.

이 낡은 노동의 습속을 대체하는 새로운 습속이 된다. ─새로운 노동방식, 새로운 삶의 방식의 생성.[54]

이와 연관해 레닌은 '코뮨'이라는 말의 통상적인 용법에서 그 말을 구해 낼 것을 제안하고 있다. 그것은 '진정한 코뮨주의적 발전을 향한 지속적이고 끊임없는 노력과 실천적 성취에 의해 획득되어야 하는 더없이 명예로운 이름'이어야 한다는 것이다. 그는 코뮨이라는 이름을 진정 코뮨주의적인 방식으로 작업을 조직하는 경우에 한정해서 사용하자고 한다. 이를 위해서는 사회의 이익을 위해, 노동하는 모든 사람을 위해 보상 없이 일할 수 있는지, 혁명적 방식으로 작업할 수 있는지 등을 조건으로 해야 한다는 것이다.[55] 요컨대 코뮨은 코뮨주의에 의해 정의되어야 한다는 것이다.

물론 이는 사회주의 정부의 수반으로서, 실제로 그런 호칭의 이용을 제한하는 문제에 대한 언급이어서, 맥락의 변용 없이 그대로 이용할 수는 없는 말이다. 하지만 맑스가 새로운 사회에 대한 자신의 문제의식을 추동

---

54) 이는 레닌으로 하여금 당의 '정화'(purge)라는 문제를 다시 사고하는 계기를 제공한다. "이 '공산주의적 토요일'이라는 위대한 출발은 또 다른 목적을 위하여, 즉 당의 정화를 위해 이용되어야 한다.…… 그것이 없다면 어떠한 혁명도 없으며, 어떠한 혁명도 있을 수 없다. 요체는 지배하는 당은, [수보트닉스의 공산주의적 노동자와 같은] 건강하고 강력한 선진 계급에 의해 그 대열을 정화할 수 있어야 한다."(Lenin, "A Great Beginning", p. 432)
이러한 정화는 당 자체를 수보트닉스와 같은 공산주의적 주체생산방식이 일상적으로 작동하는 장으로, 그리하여 활동 그 자체를 통해 끊임없이 공산주의적 정화가 이루어지는 주체생산의 장으로 변환시켜야 함을 뜻한다. 반면 이는 실제로 많은 경우 신원(출신성분)으로 '계급성'을 환원하는 일종의 경제주의로 대체되었고, 이는 또한 대개 혁신적인 시도를 낡은(자본의 흔적으로 가득찬!) 노동자의 이름으로 가로막는 것이었다. 또한 그것이 조잡한 인민주의 내지 노동자주의의 형태를 빌려, 지도자의 목적과 판단에 따라 당원들을 제거하는 정치적 숙청이었다는 점은 굳이 덧붙일 필요도 없을 것이다.
55) *Ibid.*, p. 431.

했던 출발점을 상기한다면, 그리고 파리 코뮌의 실패에서도 열광적으로 배우려 한 것이 있다면, 그리고 1905년의 러시아 혁명이 다수의 맑스주의자들을 감동시킨 것이 있다면, 그것은 무엇보다도 대중의 자발적인 행동과 투쟁에 의해 '자유로운 개인들의 자발적 연합'으로서 코뮌적 공동체를 건설했다는 사실이 아니었을까?

그렇다면 가치법칙에 대해 투쟁 내지 방어하면서, 대중 자신의 자발적인 힘으로 새로운 노동방식과 새로운 규율을 창조해 가고, 그를 통해 스스로를 새로운 형태의 주체로 생산해 가는 이러한 운동을, 레닌처럼 '코뮌'이라는 말을 강한 의미로 사용해서 '코뮌주의'라고 다시 불러도 좋지 않을까? 노동에 새겨진 자본의 흔적에 대해, 자신의 신체에 새겨진 낡은 습속에 대해 투쟁하면서, 스스로를 새로운 주체로 생산해 가는 이 운동을, 자본의 지배를 전복하려는 투쟁과 구별해 코뮌주의라는 별도의 이름을 부여할 수 있지 않을까? 새로운 주체생산양식으로서 코뮌주의.

셋째로, 수보트닉스나 그로부터 끌어낸 레닌의 정의는 코뮌주의적 노동이 가치법칙에 대해 외부적이라는 점을 분명히 보여 주고 있다. 반복하자면, 그것은 개인적인 보상을 조건으로 하는 노동이 아니며, 사회적으로 배분된 할당량에 무관한 노동이라는 점에서, 자본주의적인 가치법칙은 물론 사회주의에서 가치법칙에서 벗어난 노동이다. 그것은 가치법칙에 따른 노동이 아니며, 반대로 가치법칙의 외부에 있는 노동이고, 가치법칙에 반하는 노동이다. 바로 이것이 새로운 사회로의 이행의 계기다. ──다시 추가하자면, 이 이행의 계기는 가치법칙에 대해 외부적이다. 따라서 그 이행의 계기는 **가치법칙의 외부에서**, 가치법칙과 독립적으로, 아니 가치법칙에 반하여 만들어져야 한다.

하지만 레닌은 이전에 자신이 갖고 있던 규율이나 이행의 관념으로부터 자유롭지 못했다. 그는 근본적으로 새로운 이러한 노동의 정의를 다시 자본주의로부터 성장하는 것, 자본주의에 내부적인 것으로 환원하고 있다.

사회주의를 향한 첫걸음인 사회적 노동의 코뮨주의적 조직은 지주와 자본가의 속박을 벗어던진 근로 인민 자신의 자유롭고 의식적인 규율에 의거하며, 시간이 지날수록 더욱더 그렇게 될 것이다. 이 새로운 규율은 하늘에서 떨어지지 않으며, 경건한 소망에서 탄생하는 것도 아니다. 그것은 대규모 자본주의적 생산이라는 물질적 조건에서, 오직 그것으로부터만 성장한다.[56]

코뮨주의적 노동 내지 그에 상응하는 규율이 성립하는 데 대규모 생산이 필요하다는 말을 받아들이는 경우에도, 그것이 자본주의적 생산이란 조건에서만 성장하리란 테제는 타당하지 않다. 왜냐하면 코뮨주의적 노동은 가치법칙에 대해 외부적이고, 가치법칙에서 연원하지 않으며, 종종 그것과의 길항관계 속에서 그것을 침범하기도 하고 그것에 의해 침윤당하기도 하기 때문이다. 새로운 사회에 필요한 새로운 규율과 노동의 습속, 그것은 **가치법칙에서 벗어난 새로운 방식의 활동과 조직을 형성함으로써** 성립될 수 있는 것이다.

더불어 '전체 사회를 위한' 무보수 노동이라는 레닌의 코뮨주의적 노동의 정의가 갖는 약간 '미묘한' 문제를 짚고 넘어 가자. 그것은 '생산과 노동의 직접적 통일'이라는 맑스가 제시한 코뮨주의의 조건과 달리

---

56) Lenin, "A Great Beginning", p. 420.

'전체 사회'라는 매개를 통해 정의되고 있다. 여기서 흔히 그러하듯이 '전체 사회'가 강조되는 경우, 이는 자기-생산·자기-조직을 통해 가치법칙을 통해 작용하는 자본주의적 영역을 침범하고 해체하는 문제, 혹은 자기-노동과 자기-규율을 통해 새로운 주체를 생산해 가는 문제라기보다는, 자본주의와 대비되는 전체 사회로서 '코뮨주의'의 이미지를 상정하고, 가치화되지 않은 노동이나 활동을 전체 사회의 이익이란 관점에서 정의하고 있는 것이다.

그러나 이러한 노동이 가치법칙과 공존하면서, 아니 그것을 침범하고 해체하지 않으면서 그것에 대해 승리할 수 있을까? 아마도 반대로 가치법칙과 공존하면서 가치법칙의 침투에 대해 무력하게 패배할 위험이 훨씬 더 큰 것이 아닐까? 그렇다면 그것이 가치법칙에 대해 이행의 계기를 확보할 수 있을까? 반대로 자기-생산, 자기-관리, 자기-노동 및 자기-증식이라는 원칙에 의해, 다시 말해 직접적인 생산과 노동의 장에 의해 코뮨주의적 영역이 설정될 수 있을 때, 그리하여 가치법칙과 투쟁하고 그것을 능가하는 생산과 활동의 장을 확보할 수 있을 때 코뮨주의적 노동은 가치법칙을 침범하고 그것을 가로지르면서 그것에 대해 승리할 수 있는 것이 아닐까? 그리고 바로 이처럼 코뮨주의적 노동이 직접성을 통해 정의될 때 자본주의 안에서조차 그것은 이행의 계기로서 존재할 수 있는 것이 아닐까?

4. 코뮨주의와 이행

앞서 본 것처럼 코뮨주의적 노동이란 대중 자신의 자발성에 의해서 행해지며, 그런 만큼 그것은 로자가 이미 말했듯이 대중 자신이 가지고 있는 무의식적이고 '필연적인' 힘과 능력에 기초한다. 그것은, 무의식적인 그 능력의 나타남을, 현재적인 질서의 홈을 통해서 유인할 수 있는 한에서만, 자발적인 그 힘을 현존하는 질서의 망으로 포섭할 수 있는 한에서만 수용할 수 있는 현재적 질서와 언제나 부딪치고 충돌한다. 그것을 돌파하지 못할 때, 그것은 그 질서의 일부로 흡수되거나 아니면 그 힘을 잃고 좌절되며 무력화된다. 마치 '시간동맹 운동'이 소비에트 테일러주의의 틀 안에서 그것을 돌파하지 못하고 무력화되고 좌절되듯이. 하지만 그 무의식적인 힘은 전혀 예상치 못한 곳에서 때로는 터지듯이, 때로는 은근슬쩍 난데없이 출현한다. 파리 코뮌이 그랬고, 1905년 혁명이 그랬으며, 또한 '소비에트'라는 조직이 그랬고, 수보트닉스가 그랬듯이. 그리고 우리의 주변에서도 종종 발견되는 코뮌적인 관계들이 그렇듯이.

하지만 바로 그렇기 때문에 어떤 체제(régime)나 어떤 질서도 그러한 자발성을 그대로 수용하지 못하며, 그것에 대한 '공포'를 가지고 있어서, 그것을 자신의 질서에 따라 거세하고 재배열한다. 그것은 자본주의는 물론 사회주의 체제 역시 마찬가지였고, 이후 탄생할지도 모를 어떤 체제도 근본적으로는 다르지 않을 것이다. 그러나 지금까지 그래왔듯이, 그 경우에도 대중의 자발성이라는 힘과 능력은 또 다시 예상치 못한 곳에서 터져나올 것이며, 그로써 기존의 체제화된 질서에 변용을 가하며 재배열하는 계기를 만들 것이다. 그리고 또 그 재배열된 체제는…… 이 무한히 반복되는 힘 간의 이 내재적인 변용과 운동을 니체는 '영원회귀'라고 불렀다. 자발성은, 자발성으로서 코뮌주의적 노동은 이 무한한 변용을 야기하는 능동적인(active) 힘이다. 맑스는 이를 '역사의 동력'이라고 불렀다.

다음으로 코뮌주의적 노동은 가치화된 노동에 대한 거부고, 가치화하려는 자본의 계열에서 벗어난 노동이다. 그것은 가치화의 계열 안에 생산 자체를 포섭하려는 힘에 대한 거부요, 가치화를 통해 노동의 의지 자체를 가치화하려는 자본의 의지에 대한 거부다. 네그리가 말하는 '노동거부'는[57] 이처럼 가치화된 노동의 거부며, '노동에서 해방된 노동'은[58] 가치화된 노동에서 해방된 생산적이고 창조적인 힘으로서 노동이다. "코뮨주의 혁명은 지금까지의 활동 방식에 반대하며, 노동을 제거하고 모든 계급들의 지배를 계급들 자체와 함께 지양한다."[59] 이런 점에서 이는 가치화하려는 의지에 대한 '부정'의 양상으로 나타난다.

그러나 사실은 반대다. 노동이 가치화된 것은 맑스가 훌륭하게 보여주었듯이, 역사적으로 특정한 조건 아래서이며, 노동이라는 생산적인 능력으로부터, 그것이 실현되기 위한 조건을 탈취함으로써 가능해졌고, 그자체로 존재하는 노동의 생산적 능력을 거세하고 무력화시킴으로써 가능해졌다. 여기서 힘을 무력화하는 방식으로 방향짓는 의지, 니체의 정의 그대로 '부정적인 권력의지'가[60] 무엇인지는 분명하다. 가치화에 대한 거부는 부정적으로 작용하는 자본의 권력, 자본의 의지에 대한 거부다. 그것은 긍정적인 의지가 새로운 생성의 지대를 형성하기 위해 불가피하게 취하는 부정의 형식이다. 이런 점에서 코뮨주의는 부정자로서 프롤레타

---

57) 안토니오 네그리, 『맑스를 넘어선 맑스』, 윤수종 옮김, 중원문화, 2012 ; 안토니오 네그리·마이클 하트, 『디오니소스의 노동』, 이원영 옮김, 갈무리, 1996 ; 세르지오 볼로냐·네그리 외, 『이딸리아 자율주의 정치철학』, 이원영 엮고 옮김, 갈무리, 1997 참조.

58) 네그리, 『맑스를 넘어선 맑스』, 291쪽.

59) 맑스, 「독일 이데올로기」, 219쪽.

60) "이러한 부정의 권력의지는 힘을 '할 수 있는 것'으로부터 끊임없이 분리시킨다. 그러한 권력의지는 끊임없이 차이를 생산하고자 하는 그 내용을 힘에서 박탈한다."(고병권, 「니체 사상의 정치사회학적 함의에 관한 연구」, 서울대 사회학과 석사학위 논문, 1997, 82쪽) "모든 차이들을 소멸시키고 생성의 능력을 박탈하고자 하는 부정의 권력의지와 그것에 계속해서 균열을 내고 끊임없이 새로운 차이, 새로운 생성을 만들어 내는 긍정의 권력의지의 대비."(같은 논문, 83쪽) ; 들뢰즈, 『니체와 철학』 참조.

리아트를 포함한다. 마치 긍정자로서 디오니소스가 부정자로서 차라투스트라를 자기 아래 두듯이.[61]

가치화를 벗어난, 혹은 가치화를 부정하고 거부하는 노동, 그것은 가치화의 계열 외부에서 발생하며, 가치화의 계열들 외부에, 그와 상반되는 성격의 계열들을 생성시킨다. 이행이란 대립되는 이 두 종류의 상이한 계열들이 경쟁하고 교차하며 부딪치는 과정이다.

나아가 코뮨주의적 노동은 (교환)가치라는 양적 계열에서 벗어나 '사용가치'라는 질적 성격을 회복한 노동이고, 의무나 강제로부터 벗어나 자기가 하고자 하는 바를 자신의 의지에 따라서 결정하는 노동이다. 그것은 자신의 의지——자신의 욕망——에 의한 노동이고, 따라서 욕망의 풍부한 세계를 형성하는 노동이다.[62] 그것은 더 이상 자본의 욕망에 대한 욕망이 아니라 자신의 창조적이고 생산적인 활동에 대한 욕망이고, 자본으로부터 인정받으려는 '인정 욕망'이[63] 아니라 스스로 창조하고 생성하는 것으로 충분한 자기-욕망이다. 코뮨주의는 욕망과 생산의 통일이다.[64]

---

61) "차라투스트라의 첫번째 책은 사자 위에서 열리고, 마지막 책은 사자 위에서 닫힌다. 그러나 사자, 그것은 창조적이고 긍정적으로 된, 소위 '성스러운 아니오'이며, 긍정이 말할 수 있는 그 아니오, 모든 부정이 그 속에서 힘과 성질로 개종되고 전환되는 그 아니오이다.…… 차라투스트라는 영원회귀의 원인이고 초인의 아버지이다. 멸망하길 원하는 인간, 극복되길 원하는 인간은 초인의 선조이고 아버지이다. 알려진 모든 가치의 파괴자, 성스러운 아니오를 가진 사자는 최후의 변신을 준비한다. 그는 [절대적 긍정으로서] 아이가 된다."(들뢰즈,『니체와 철학』, 329~330쪽)

62) 네그리,『맑스를 넘어선 맑스』, 298~299쪽.

63) Jacques Lacan, "Subversion du sujet et la dialectique du désir dans l'inconscient freudienne", ed. & tr. A. Sheridan, *Ecrits : A Selection*, W. W. Norton, 1977.

64) 그것은 '벗어날 수 없는 배타적 영역에 매이지 않는' 것이고, '활동이 자유의지[욕망!]에 의해 분할되는' 것이며, 그리하여 '자신이 원하는[욕망하는] 분야에서 자신을 [욕망과 생산의 새로

그것은 더 이상 자본의 시선으로 자신을 보지 않으며, 규범화된 감시의 시선으로 자신을 보지 않는다. 그것은 자기-자신의 시선으로, 즉 자신이 형성하는 코뮨의 시선으로 자신을 본다. 따라서 그것은 '자기-결정'을 특징으로 하며, 자기-규율이라는 새로운 규율을 통해 이루어진다. 그것은 자기 스스로 새로운 사회적 관계를 형성하는 노동이고, 자기 스스로를 새로운 관계의 주체로 생산해 가는 활동이다. 이런 점에서 코뮨주의적 노동은 새로운 주체성의 생산과 직접적으로 결부되어 있으며, "코뮨주의는 주체성의 형태로 나타난다".[65] 다시 말하면, "현 사회의 개별 조건들에 반대해서만이 아니라 현재의 '생활 생산' 자체, 즉 기존의 사회가 기초하고 있는 '전체' 활동에 반대하여 혁명을 일으키는 혁명적 대중의 형성이 현존하지 않는다면 혁명의 이념이 수백 번 외쳐지든 말든 그것은…… 실제적인 발전과는 전혀 무관한 것이다".[66]

그렇지만 지금까지 본 것처럼 이러한 코뮨주의적 노동 내지 그것을 통해 정의되는 코뮨주의는, 사회주의가 가치법칙을 일반화하며 그것을 전 사회적으로 확장하는 한, 사회주의에 대해 외부적이다. 즉 사회주의가 가치법칙을 내적인 법칙으로 하는 한, 코뮨주의는 사회주의에 대해 외부적이다. 그러나 사회주의가 또한 '갓 태어난 코뮨주의 사회'요, '코뮨주의 제1단계'인 한, 다시 말해 코뮨주의로 '이행기'인 한, 이행의 계기로서

운 주체로] 도야할 수 있는 사회'를 형성하는 것이다(맑스, 「독일 이데올로기」, 214쪽). 이를 맑스는 좀더 환상적인 상상의 형식으로 서술했다. "내가 하고 싶은 그대로 오늘은 이 일, 내일은 저 일을 하는 것, 아침에는 사냥하고 오후에는 낚시하고 저녁에는 소를 치며 저녁 식사 후에는 비판하면서도 사냥꾼으로도 어부로도 목동으로도 비판가로도 되지 않는 일이 가능하게" 되는 사회(같은 책, 214쪽).
65) 네그리, 『맑스를 넘어선 맑스』, 295쪽.
66) 맑스, 「독일 이데올로기」, 221쪽.

코뮨주의를 포함하며, 포함해야 한다. 이러한 점에서 코뮨주의는 사회주의에 내재적이며 필수적인 계기다. 따라서 **코뮨주의는 사회주의에 대해 내재적인 외부다.**

사회주의가 코뮨주의의 한 단계라면, 그래서 그것을 내재적인 계기로 포함해야 한다면, 그것은 이러한 이행 운동의 독자성을 인정하고 수용하며, 그것이 잘 자랄 수 있는 조건을 갖추어 주어야 함을 뜻하는 것이다. 그러나 코뮨주의의 외부성은, 그것이 사회주의의 내부적인 법칙이나 논리를 따라서 발생하지 않으며, 나아가 사회주의가 발전할수록 발전하는 것도 아니라는 것을 뜻한다. 반대로 그것은 사회주의의 발전을 그대로 방치한다면 그것이 발생하고 형성되는 지대가 점점 축소하고 만다는 것을 뜻한다. 코뮨주의적 노동과 코뮨주의적 운동, 그것은 사회주의에서도 마찬가지로 체제화된 권력의 수로를 범람하고 횡단하면서 이행의 계기를 확보하고 확장하는 운동이다. 사회주의 체제의 뜻하지 않은 곳에서, 예상치 못한 시간에 갑자기 발생하는 이행운동, 그래서 많은 경우 사회주의적 권력에 의해 질서의 이름으로 비난받고 핍박받을 수도 있는 이행운동, 그것 없이 이행은 불가능한 것이다.

여기서 우리는 이제 자본주의의 이율배반과 경계에 대한 앞서의 논의로 다시 돌아가야 한다. 우리는, 잉여가치는 가치의 공리계로 환원되지 않는, 그러나 그것이 필수적으로 요구한다는 점에서 가치의 공리계에 내재적인 외부라고 주장한 바 있다. 그리고 잉여가치의 외부성이란, 가치의 공리계 혹은 가치법칙으로 환원되지 않는 외부로서 계급투쟁이라는 영역이 자본주의에 처음부터 내재함을 뜻한다고 주장했다. 그리고 계급투쟁은 자본주의의 내재하는 외부며, 자본주의의 경계란 그처럼 내재적인 외부를 통해서 구획되는 내적 경계임을 밝힌 바 있다. 알다시피 그 외부로서 계급투쟁이란 자본주의에서 새로운 관계, 새로운 사회로의 이행의 계기이기도 하다. 계급투쟁이 코뮨주의의 형태를 취할 때, 그것은 이제 이행의 계기가 되는 것이다. 그리고 이런 점에서 **자본주의** 역시 코뮨주의라는 이행의 계기를 내재하는 외부로서 자신 안에 포함한다.

그렇다면 자본주의와 사회주의를 이율배반이라는 내적인 경계——내재하는 외부——를 통해 포착함으로써, 그리고 그것을 통해 이행의 문제를 다시 사고함으로써, 그리하여 외적 경계의 개념과 결부된 '이행기'의 관념을 벗어남으로써, 우리는 코뮨적인 공동체를 형성하는 새로운 노동방식과 생활방식을, 동시에 코뮨적인 주체를 생산하는 새로운 주체생산양식을 다시 사유할 수 있지 않을까?

여기서 이행의 문제를 이행기의 문제로 환원하는 것에 대해서 다시 질문할 수 있다——'이행'의 문제는 '이행기'의 문제와 과연 동일한 문제인가?

사회주의가 레닌 말처럼 가치법칙이나 가치에 따른 생산과 '계산(회계)', 그리고 통제를 위한 공장의 규율을 그 중심적인 원리로 한다면, 그리하여 그에 외부적인 이행의 계기를 포함해야 한다면, 혹은 그 이행의 계기를 창출하기 위한 고유한 운동의 영역이 존재해야 한다면, 우리는 자본주의에 대해서도 마찬가지로 말할 수 있다. 즉 자본주의 역시 가치법칙과 가치에 따른 생산과 계산(회계), 통제를 위한 규율을 그 중심적인 원리로 포함하고 있으며, 그에 대해 외부적인 이행의 계기를 자기 내부에 포함하고 있다고. 그리하여 계급투쟁을 그 이행의 계기로 전환시키는 고유한 운동의 영역이 존재해야 한다고. 따라서 '이행기'인 사회주의뿐만 아니라 자본주의에서도 이행의 문제는 동형적인 양상으로 존재한다고 말할 수 있다.

그러므로 이행의 문제는 자본주의와 코뮨주의 사이에 있는, 이행이 유독 문제가 되는 어떤 시기에만 특권적인 어떤 문제가 아니며, 그 특별한 시기와 결부되어 있는 어떤 문제가 아니라, 차라리 **자본주의, 사회주의 모두에서 진행되어야 하는, 이행운동 그 자체를 조직하는 문제.** 이를 자본주의와 코뮨주의 사이에 이행이 이루어지는 어떤 시기를 설정하는 문제로 보는 것은, 자본주의와 사회주의, 코뮨주의를 외적인 경계를 통해 구분하는 통념에 이행의 문제설정을 다시 가두는 것이다. "코뮨주의란 조성되어야 할 하나의 상태, 현실이 이에 의하여 배열되는 하나의 이상이 아니다. 우리는 현재의 상태를 지양해 나가는 현실적 운동을 코뮨주의라고 부른다."[67]

더 이상 코뮨주의에 의해 이행을 정의해선 안 된다. 반대로 **이행에 의해, 이행운동 그 자체에 의해 코뮨주의를 정의해야 한다.** 이럼으로써 우리는 이제 이렇게 말할 수 있다. 코뮨주의, 그것은 자본주의나 사회주의 발전을 통해 도달하게 될 역사의 목적이나 종착지가 아니다. 그것은 또한 부재하는 이상향으로서 유토피아도 아니다. 혹은 과학이나 철학 등의 주변에서 미끄러지듯 형성되는 이데올로기도 아니다. 그것은 맑스 말대로 "현재의 상태를 지양해 나가는 이행운동 그 자체"며, **가치법칙이 지배하는 사회에서 그것의 지배에 반하여, 그것과 투쟁하고 그것을 무시하며 그것을 침범하기도 하는 코뮨적인 운동에 의해 이루어지는 이행운동 그 자체.**

---

67) 맑스, 「독일 이데올로기」, 215쪽.

참고문헌

강이수. 「1930년대 면방대기업 여성노동자의 상태에 관한 연구: 노동과정과 노동통제를 중심으로」, 이화여대 사회학과 박사학위 논문, 1992.

_____. 「공장체제와 노동규율」, 김진균·정근식 엮음, 『근대주체와 식민지 규율권력』, 문화과학사, 2003.

고병권. 「니체 사상의 정치사회학적 함의에 대한 연구」, 서울대 사회학과 석사 논문, 1997.

_____. 「투시주의와 차이의 정치: 봉합과 승인을 가로지르는 생성의 정치로」, 『탈주의 공간을 위하여』, 서울사회과학연구소 엮음, 푸른숲, 1997.

그람시, 안토니오. 『옥중수고』(1·2), 이상훈 옮김, 거름, 1987/1993.

그로, 디터. 「독일의 '맑스주의적' 노동자운동」, 『역사적 맑스주의』, 서관모 엮고 옮김, 중원문화, 2010.

김규영. 『시간론』, 서강대학교 출판부, 1987.

김용운·김용국. 『집합론과 수학』, 우성문화사, 1989.

김진성. 『베르그송 연구』, 문학과 지성사, 1999.

김필호. 「질 들뢰즈와 펠릭스 가타리의 욕망이론에 대한 연구」, 서울대학교 석사학위 논문, 1996년 2월.

다쓰오 나루세. 『생활양식론』, 백욱인 옮김, 민글, 1994.

네그리, 안토니오. 『맑스를 넘어선 맑스』, 윤수종 옮김, 중원문화, 2012.

_____. 『야만적 별종』, 윤수종 옮김, 푸른숲, 1997.

네그리, 안토니오·마이클 하트, 『디오니소스의 노동』, 이원영 옮김, 갈무리, 1996.

노베르그-슐츠, 크리스티안. 『건축론』, 정영수 옮김, 세진사, 1986.

_____. 『실존·공간·건축』, 김광현 옮김, 태림문화사, 1997.

니체, 프리드리히. 『인간적인, 너무나 인간적인』, 강두식 옮김, 동서문화사, 2007.

데리다, 자크. 「라캉의 음성중심 형이상학」, 『해체』, 김보현 엮고 옮김, 문예출판사, 1996.

돕, 모리스. 『소련경제사』, 임휘철 옮김, 형성사, 1989.

들뢰즈, 질. 『니체와 철학』, 이경신 옮김, 민음사, 2001.

_____. 『들뢰즈의 푸코』, 권영숙·조형근 옮김, 새길, 1995.

_____. 『스피노자와 표현의 문제』, 이진경 옮김, 인간사랑, 2003.

_____. 「영역판에 붙이는 서문」, 『칸트의 비판철학』, 서동욱 옮김, 민음사, 1995.

_____. 「욕망과 쾌락」, 이호영 옮김, 『탈주의 공간을 위하여』, 서울사회과학연구소 엮음, 푸른숲, 1997.

_____. 『칸트의 비판 철학 : 이성 능력들에 관한 이론』, 서동욱 옮김, 민음사, 2006.

들뢰즈, 질·펠릭스 가타리. 『철학이란 무엇인가』, 이정임·윤정임 옮김, 현대미학사, 1994.

라이언, 마이클. 『해체론과 변증법』, 나병철·이경훈 옮김, 평민사, 1994.

라이히, 빌헬름. 『파시즘의 대중심리』, 황선길 옮김, 그린비, 2006.

레닌, 블라디미르 일리치. 『국가와 혁명』, 문성원·안규남 옮김, 아고라, 2013.

_____. 『무엇을 할 것인가?』, 최호정 옮김, 박종철출판사, 1999.

_____. 『민주주의 혁명에서의 사회민주주의당의 두 가지 전술』, 최호정 옮김, 박종철출판사, 2003.

_____. 『유물론과 경험비판론』, 정광희 옮김, 아침, 1989.

로크, 존. 『통치론』, 이극찬 옮김, 삼성출판사, 1993.

루소, 장 자크. 「인간불평등 기원론」, 『사회계약론(외)』, 이태일 외 옮김, 범우사, 1999.

루카치, 죄르지. 「서문」(1967), 『역사와 계급의식』, 박정호 옮김, 거름, 1999.

_____. 『청년 헤겔』, 김재기·이춘길·서유석 옮김, 동녘, 1990.

루카치, 죄르지 외. 『레닌』, 김학노 옮김, 녹두, 1985.

룩셈부르크, 로자. 『러시아 혁명 / 맑스주의냐 레닌주의냐』, 박영옥 옮김, 두레, 1989.

_____. 『사회개혁이냐 혁명이냐』, 송병현·김경미 옮김, 책세상, 2002.

리브만, 마르셀. 『레닌주의 연구』, 안택원 옮김, 미래사, 1985.

맑스, 칼. 「고타 강령 초안 비판」, 이수흔 옮김, 『칼 맑스·프리드리히 엥겔스 저작선집 4』, 박종철출판사, 1997.

_____. 「독일 이데올로기」, 최인호 옮김, 『칼 맑스·프리드리히 엥겔스 저작선집 1』, 박종철출판사, 1990.

_____. 「임금 노동과 자본」, 최인호 옮김, 『칼 맑스·프리드리히 엥겔스 저작선집 1』, 박종철출판사, 1990.

_____. 『자본론 I』(상·하), 김수행 옮김, 비봉출판사, 2001(제2개역판).

_____. 「『정치경제학 비판을 위하여』 서문」, 최인호 옮김, 『칼 맑스·프리드리히 엥겔스 저작선집 2』, 박종철출판사, 1992.

_____. 「1844년의 경제학 철학 초고」, 최인호 옮김, 『칼 맑스·프리드리히 엥겔스 저작선집 1』, 박종철출판사, 1997.

_____. 「포이어바흐에 관한 테제들」, 최인호 옮김, 『칼 맑스·프리드리히 엥겔스 저작
    선집 1』, 박종철출판사, 1990.

무페, 샹탈·에르네스토 라클라우. 『헤게모니와 사회주의 전략』, 이승원 옮김, 후마니타스,
    2012.

박찬국, 「현대 기술 문명의 본질과 위기에 관한 하이데거의 사상」, 한국 철학사상 연구회,
    『시대와 철학』 11호, 1995년 가을.

박태호, 「근대적 주체의 역사이론을 위하여」, 『근대주체와 식민지 규율권력』, 김진균 외,
    문화과학사, 1997.

발리바르, 에티엔. 「맑스의 계급정치 사상」, 『역사유물론의 전화』, 서관모 엮고 옮김, 민맥,
    1993.

_____. 『민주주의와 독재』, 최인락 옮김, 연구사, 1988.

_____. 『스피노자와 정치』, 진태원 옮김, 그린비, 근간.

_____. 『역사유물론 연구』, 이해민 옮김, 푸른산, 1989.

베르그손, 앙리. 『시간과 자유의지』, 삼성출판사, 1990.

베버, 막스. 『프로테스탄티즘의 윤리와 자본주의 정신』, 박성수 옮김, 문예출판사, 1996.

볼로냐, 세르지오·안토니오 네그리 외, 『이딸리아 자율주의 정치철학』, 이원영 엮고 옮김,
    갈무리, 1997.

부르디외, 피에르. 『구별짓기(상): 문화와 취향의 사회학』, 최종철 옮김, 새물결, 1995.

브레히트, 베르톨트. 「해결방법」, 『살아남은 자의 슬픔』, 김광규 옮김, 한마당, 2004.

브로델, 페르낭. 『물질문명과 자본주의 I-1 : 일상생활의 구조(상)』, 주경철 옮김, 까치,
    1995.

비트겐슈타인, 루트비히. 『철학적 탐구』, 이영철 옮김, 책세상, 2006.

서울사회과학연구소, 『사회주의의 이론·역사·현실』, 민맥, 1991.

쉬나이더, 헬무트 외. 『노동의 역사: 고대 이집트에서 현대 산업사회까지』, 한정숙 옮김,
    한길사, 1982.

스미스, 애덤. 『국부론(상)』, 김수행 옮김, 동아출판사, 1992.

시웰, 그레이엄·배리 윌킨슨, 「"누군가 나를 감시하고 있다": 감시, 규율, 그리고 저스트-
    인-타임 노동과정」, 『생산혁신과 노동의 변화』, 강석재·이호창 엮고 옮김, 새길, 1993.

아렌트, 한나. 『인간의 조건』, 이진우·태정호 옮김, 한길사, 1997.

알튀세르, 루이. 『맑스를 위하여』, 이종영 옮김, 백의, 1997.

_____. 『아미엥에서의 주장』, 김동수 옮김, 솔, 1991.

알튀세르, 루이·에디엔 발리바르, 『자본론을 읽는다』, 김진엽 옮김, 두레, 1991.

엥겔스, 프리드리히. 『루트비히 포이어바흐와 독일 고전철학의 종말』, 강유원 옮김, 이론
    과 실천, 2008.

_____.『반듀링론』, 김민석 옮김, 중원문화, 2010.

_____.『영국 노동자계급의 상태』, 박준식 외 옮김, 두리미디어, 1988.

_____.「유토피아에서 과학으로의 사회주의의 발전」, 최인호 옮김,『칼 맑스·프리드리히 엥겔스 저작선집 5』, 박종철출판사, 1997.

_____.『자연변증법』, 한승완 외 옮김, 새길아카데미, 2012.

옵트, 조르주.「맑스와 맑스주의」,『역사적 맑스주의』, 서관모 엮고 옮김, 중원문화, 2010.

윤수종.「제도요법과 집단적 주체성」,『탈주의 공간을 위하여』, 서울사회과학연구소 엮음, 푸른숲, 1997.

이브스, 하워드.『수학사』, 이우영·신항균 옮김, 경문사, 1995.

_____.『수학의 기초와 기본 개념』, 허민·오혜영 옮김, 경문사, 1995.

이진경,『근대적 시·공간의 탄생』, 그린비, 2010.

_____.「들뢰즈: '사건의 철학'과 역사유물론」,『탈주의 공간을 위하여』, 서울사회과학 연구소 엮음, 푸른숲, 1997.

_____.「미셸 푸코와 담론 이론: 표상으로부터의 탈주」,『철학의 탈주: 근대의 경계를 넘어서』, 이진경·신현준 외, 새길, 1995.

_____.「자크 라캉: 무의식의 이중구조와 주체화」,『철학의 탈주: 근대의 경계를 넘어서』, 이진경·신현준 외, 새길, 1995.

_____.『철학과 굴뚝청소부』, 그린비, 2005.

_____.「푸코의 미시정치학에서 저항과 적대의 문제」,『프랑스 철학과 우리 3 : 포스트모던 시대의 사회역사철학』, 이구표·이진경 외, 당대, 1997.

전성우.「막스 베버의 근대화 사회론」,『막스 베버와 동양사회』, 유석춘 엮음, 나남, 1992.

존 레텔, 알프레드.『정신노동과 육체노동』, 황태연·윤길순 옮김, 학민사, 1986.

차골로프, N. A.『정치경제학 교과서 II-1』, 윤소영 옮김, 중원문화, 2012.

카시러, 에른스트.『계몽주의의 철학』, 박완규 옮김, 민음사, 1995.

칸트, 임마누엘.『순수이성비판』, 백종현 옮김, 아카넷, 2006.

코제브, 알렉상드르.『역사와 현실변증법』, 설헌영 옮김, 한벗, 1981.

코즐로프, G. A. 외.『정치경제학 원론 II : 사회주의 정치경제학』, 녹두편집부 엮음, 녹두, 1989.

코지크, 카렐.『구체성의 변증법』, 박정호 옮김, 거름, 1985.

코프닌, 파벨.『마르크스주의 인식론』, 김현근 옮김, 이성과 현실사, 1988.

콘스탄티노프, 표도르.『철학의 기초 이론』, 성문출판사 편집부 엮음, 백산서당, 1990.

콜레티, 루치오.『마르크스주의와 헤겔』, 박찬국 옮김, 인간사랑, 1988.

클라인, 모리스.『수학의 확실성』, 심재관 옮김, 사이언스북스, 2007.

클레그, 스튜어트·데이비드 던클리.『조직사회학: 조직·계급·통제』, 김진균·허석렬 옮김, 풀빛, 1987.

클리프, 토니. 『로자 룩셈부르크』, 조효래 옮김, 북막스, 2001.

팔루아, 크리스티앙. 「노동과정의 역사적 전개 : 포디즘에서 네오포디즘으로」, 『노동과정』, 허석렬 엮고 옮김, 이성과 현실사, 1986.

폴라니, 칼. 『거대한 전환』, 홍기빈 옮김, 길, 2009.

푸코, 미셸. 「니체, 계보학, 역사」[이광래, 『미셸 푸코 : 광기의 역사에서 성의 역사까지』, 민음사, 1989, 부록으로 번역되어 실려 있음]

_____. 『말과 사물』, 이규현 옮김, 민음사, 2012.

_____. 『성의 역사 1 : 앎의 의지』, 이규현 옮김, 나남, 2010.

_____. 『지식의 고고학』, 이정우 옮김, 민음사, 2000.

프뢸리히, 파울. 『로자 룩셈부르크의 사상과 실천』, 최민영 옮김, 석탑, 1984.

하이데거, 마르틴. 『기술과 전향』, 이기상 옮김, 서광사, 1993.

허재영. 「정신분석과 정치는 어떻게 만나는가?」, 『탈주의 공간을 위하여』, 서울사회과학연구소 엮음, 푸른숲, 1997.

헤겔, 게오르크 빌헬름 프리드리히. 『정신현상학』, 임석진 옮김, 한길사, 2005

호프스태터, 더글러스·어니스트 네이글·제임스 뉴먼. 『괴델의 증명』, 고중숙·곽강제 옮김, 승산, 2010.

홉스, 토머스. 『리바이어던』, 신재일 옮김, 서해문집, 2007.

Ariès, Philippe. *L'enfant et la vie familiale sous l'ancient régime*[*Centuries of Childhood*, tr. R. Baldick, Vintage Books, 1962 ; 『아동의 탄생』, 문지영 옮김, 새물결, 2003].

Attali, Jacques. *Histoire du temps*, Fayard, 1982.

Babbage, Charles. *On the Economy of Machinery and Manufactures*, C. Knight, 1832.

Benevolo, Leonardo. *The Origins of Modern Town Planning*, MIT Press, 1967[『근대 도시계획의 기원과 유토피아』, 장성수·윤혜정 옮김, 태림문화사, 1996].

Bettelheim, Charles. *Les Lutte de classe en URSS : 1923-1930*, Seuil, 1977[*Class Struggle in the USSR : 1923-1930*, tr. B. Pearce, Monthly Review Press, 1978].

Braudel, Fernand. *The Structure of Everyday Life : The Limits of the Possible*, Harper & Row, 1979.

Braverman, Harry. *Labour and Monopoly Capital*, Monthly Review, 1976[『노동과 독점자본』, 이한주·강남훈 옮김, 까치, 1987].

Deleuze, Gilles·Félix Guatari. *Capitalisme et schizophrénie l'anti-Oedipe*, Éditions de Minuit, 1972[*Anti-Oedipus: Capitalism and Schizophrenia*, tr. Robert Hurley et al., University of Minnesota Press, 1983 ; 『앙띠 오이디푸스』, 최명관 옮김, 민음사, 2000].

_____. *Mille Plateaux*, Minuit, 1980[『천 개의 고원』, 김재인 옮김, 새물결, 2001].

Deleuze, Gilles. *Logique du sens*, Minuit, 1969[『의미의 논리』, 이정우 옮김, 한길사, 1999].

Feuerbach, Ludwig. *Das Wesen des Christentum*, Akademie-Verlag, 1973[『기독교의 본질』, 강대석 옮김, 한길사, 2008].

Foucault, Michel. *Histoire de la folie à l'age classique, Gallimard*, 1972[*Madness and Civilization*, Tavistock, 1975 ; 『광기의 역사』, 이규현 옮김, 나남, 2003].

_____. "Questions of Method", *The Foucault Effect : Studies in Governmentality*, ed. G. Burchell et al., The University of Chicago Press, 1991.

_____. *Surveiller et punir : naissance de la prison*, Gallimard, 1975[『감시와 처벌 : 감옥의 역사』, 오생근 옮김, 나남, 2003].

_____. "Truth and Power", *Power/Knowledge : Selected Interviews and Other Writings, 1972-1977*, ed. C. Gordon et al., Pantheon Books, 1980[『권력과 지식 : 미셸 푸코와의 대담』, 홍성민 옮김, 나남, 1991].

Giedion, Sigfried. *Mechanizaton Takes Command : A Contribution to Anonymous History*, Norton, 1948[『기계문화의 발달사 : 쓸모있는 물건이 만들어지기까지의 역사』, 이건호 옮김, 유림문화사, 1992].

Guattari, Félix. "La transversalité", *Psychanalyse et transversalité*, Maspéro, 1972.

Hofstadter, Douglas. *Gödel, Escher, Bach*, Vintage, 1979[『괴델, 에셔, 바흐』, 박여성 옮김, 까치글방, 1999].

Kossler & Muchie, "American Dreams and Soviet Realities : Socialism and Taylorism", *Capital & Class*, Spring 1990, vol. 14., no. 1.

Lacan, Jaques. *Ecrit : A Selection*, tr. A. Sheridan, W.W.Norton, 1977.

Landes, David S. *Revolution in Time : Clocks and the Making of the Modern World*, Belknap Press of Harvard University Press, 1983.

Lecercle, Jean-Louis. *Jean-Jacques Rousseau : modernité d'un classique*[『ルソーの世界, あるいは 近代の誕生』, 小林浩 譯, 法政大出版局, 1993].

Le Goff, Jacques. *Pour un autre moyen âge : temps, travail et culture en Occident*, Gallimard, 1977[*Time, Work and culture in the Middle Ages*, tr. Arthur Goldhammer, University of Chicago Press, 1980].

Lenin, Vladimir Illich. "A 'Scientific' System of Sweating", *Collected Works*, vol. 18,

Progress Publishers, 1964.

_____. "From Destruction of the Old Social System to the Creation of the New", *Collected Works*, vol. 30, Progress Publishers, 1965.

_____. "Left-wing Communism, An Infantile Disorder", *Collected Works*, vol. 31, Progress Publishers, 1966.

_____. "Session of the All-Russia C. E. C (April 29, 1918)", *Collected Works*, vol. 27, Progress Publishers, 1965.

_____. "The Immediate Tasks of the Soviet Government", *Collected Works*, vol. 29, Progress Publishers, 1965.

_____. "The Taylor System: Man's Enslavement by the Machine", *Collected Works*, vol. 20, Progress Publishers, 1964.

Linhart, Robert. *Lénine, les paysans, Taylor,* Seuil, 1976.

Luxemburg, Rosa. *Die Akkumulation des Kapitals, oder was die Epigonen aus der Marxischen Theorie gemacht haben : Eine Antikritik*, Franke, 1921.

_____. *Die Akkumulation des Kapitals*, tr. J. Robinson, *The Accumulation of Capital*, Monthly Review Press, 1964.

_____. "Massenstreik, Partei und Gewerkschaften", *Selected Political Writings of Rosa Luxemburg*, ed. D. Howard, Monthly Review Press, 1971.

_____. "Organizational Problems of Russian Social Democracy", *Selected Political Writings of Rosa Luxemburg*, ed. D. Howard, Monthly Review Press, 1971.

_____. "Our Program and the Political Situation", *Selected Political Writings of Rosa Luxemburg*, ed. D. Howard, Monthly Review Press, 1971.

_____. "What Does The Spartacus League Want?", *Selected Political Writings of Rosa Luxemburg*, ed. D. Howard, Monthly Review Press, 1971.

Panofsky, Erwin. *Postface à Architecture gothique et la pensée scolasique*, tr. Pierre Bourdieu, Minuit, 1967.

Pêcheux, Michel. *Language. Semantics and Ideology*, St. Martin's Press, 1982.

Piaget, Jean. *La psychologie de l'intelligence*, Armand colin, 1952.

Rosdolsky, Roman. *The Makings of Marx's 'Capital'*, Pluto Press, 1992.

Smith, Steve. "Taylorism Rules OK? : Bolshevism, Taylorism and the Technical Intelligentsia in the Soviet Union, 1917-1941", *Radical Science Journal*, no. 13, 1983.

Stalin, Joseph. *Problems of Leninism*, Peking, 1976.

Taylor, Charles. "The Struggle for Recognition and Human Rights : Toward a Politics of Difference", 서울대 공개 강연 자료집, 1996.

Taylor, Frederick Winslow. *The Principles of Scientific Management*, Harper, 1947[『과학적 관리의 원칙』, 박진우 옮김, 박영사, 2010].

Thompson, Edward Palmer. *Customs in Common*, Merlin Press, 1991.

_____. "Time, Work-Discipline and Industrial Capitalism", *Customs in Common*, Merlin Press, 1991.

Thompson, Paul. *The Nature of Work : An Introduction to Debates of the Labour Process*, Macmillan, 1983[『노동사회학 : 노동과정에 관한 제논쟁』, 심윤종·김문조 옮김, 경문사, 1987].

Zenovia & Sochor, "Soviet Taylorism", *Soviet Studies*, XXXIII, 1981.

찾아보기